婚姻家庭

专业指导简明教程

中华女子学院
孙晓梅　主编

中国妇女出版社

图书在版编目（CIP）数据

婚姻家庭专业指导简明教程 / 孙晓梅主编. -- 北京：
中国妇女出版社，2023.7
ISBN 978-7-5127-2270-5

Ⅰ. ①婚…　Ⅱ. ①孙…　Ⅲ. ①婚姻问题－中国－教材
Ⅳ. ①D669.1

中国国家版本馆CIP数据核字（2023）第075571号

项目统筹：万立正
责任编辑：陈　元
封面设计：李　甦
责任印制：李志国

出版发行：中国妇女出版社
地　　址：北京市东城区史家胡同甲24号　　邮政编码：100010
电　　话：（010）65133160（发行部）　　65133161（邮购）
网　　址：www.womenbooks.cn
邮　　箱：zgfncbs@womenbooks.cn
法律顾问：北京市道可特律师事务所
经　　销：各地新华书店
印　　刷：北京中科印刷有限公司

开　　本：185mm × 260mm　1/16
印　　张：25.5
字　　数：498千字
版　　次：2023年7月第1版　　2023年7月第1次印刷
定　　价：78.00元

本书编委会

主　　　编：孙晓梅

编委会成员：（按姓氏笔画为序）

王献蜜　生龙曲珍　朱晓佳　刘文利
孙婉璐　杜声红　李　敏　但淑华
汪连新　陈　朋　陈　敏　郝彩虹
黄　晶

编者的话

《婚姻家庭专业指导简明教程》已呈现在读者面前，作为主编特别感慨，因为这本书的编写与出版顺应了时代的需求，呈现出许多开拓性的创新与发展，也凝聚着写作团队多年来的努力和心血。

一、编写背景

随着时代的进步，婚姻家庭越来越受到党和国家的高度重视。2019 年，全国妇联启动“家家幸福安康工程”，实施家庭文明创建行动、家庭教育支出行动、家庭服务提升行动和家庭研究深化行动。2020 年 9 月，民政部、全国妇联联合印发《关于加强新时代婚姻家庭辅导教育工作的指导意见》，探索开展婚前辅导和婚姻家庭服务辅导，宣传婚姻家庭文化、婚姻沟通技巧、家庭发展规划等。2021 年 3 月，《中华人民共和国国民经济和社会发展第十四个五年规划和 2035 年远景目标纲要》明确指出：“以建设文明家庭、实施科学家教、传承优良家风为重点……加强婚姻家庭辅导服务，预防和化解婚姻家庭矛盾纠纷……促进家庭服务多元化发展。充分发挥家庭家教家风在基层社会治理中的作用。”2021 年 9 月，国务院妇女儿童工作委员会颁布《中国妇女发展纲要（2021—2030 年）》和《中国儿童发展纲要（2021—2030 年）》，第一次把“妇女与家庭建设”和“儿童与家庭”纳入重点目标。2022 年 10 月，中国共产党第二十次全国代表大会上的报告中明确指出：坚持男女平等基本国策，保障妇女儿童合法权益；弘扬中华传统美德，加强家庭家教家风建设，加强和改进未成年人思想道德建设，推动明大德、守公德、严私德，提高人民道德水准和文明素养。

党和政府制定的婚姻家庭政策关系到千万个小家的建设，千万个小家形成国家，小家和谐，国家才能稳定健康发展。《婚姻家庭专业指导简明教程》就是在这种背景下出版的，它为指导家庭成员改善家庭生活质量，为指导婚姻家庭服务人员开展家庭工作奠定了坚实的实践基础。

二、编写基础

2019 年，我们出版了《家庭教育专业指导简明教程》，指出家庭教育不仅是父母对子女的教育，而且是家庭成员之间相互实施的教育。写书过程中发现夫妻之间的婚姻关系对家庭教育有着不可分割的影响，在婚姻家庭建设中男女两性携手共进，夫妻忠诚和相互关爱，共同分担家务劳动和养育子女，在家庭生活管理中相互配合，才能实现家庭和谐稳定，于是我们决定写作姐妹篇《婚姻家庭专业指导简明教程》。目的是开创婚姻家庭专业课程，指导婚姻家庭工作与咨询服务，打造和维护更加平等和睦的婚姻家庭关系，正确处理婚姻家庭纠纷，引导树立正确的恋爱观、婚姻家庭观。

2022 年，人力资源社会保障部职业能力建设司委托我们完成了国家基本职业培训包（指南包课程包）《婚姻家庭咨询师》的编写工作（已由中国劳动社会保障出版社出版）。写作团队把《婚姻家庭咨询师》的专业基本知识和咨询技能知识结合融通，写入《婚姻家庭专业指导简明教程》，为人们深入学习和了解婚姻家庭各方面的内容，关注新时代婚姻家庭发展的新情况新问题，提供了严谨的逻辑线索和丰富的资料来源，对专业人士在社会实践中进行婚姻家庭辅导或咨询工作提供了理论依据。

三、编写目的

家庭是个体生活的最基本单元，婚姻是个体从原生家庭到建立新家庭的重要桥梁。婚姻质量的好坏，影响着家庭关系的建设。中国始终高度重视婚姻家庭建设，注重保障妇女婚姻家庭权利，男女平等的婚姻家庭关系日益巩固。但是随着社会的转型，人们的婚恋观变得复杂多元，主流的婚姻道德标准、家庭价值观受到挑战。编写此书的目的：引导家庭成员，发扬尊老爱幼、男女平等、夫妻和睦、勤俭持家、邻里团结等中华民族传统美德，抵制歪风邪气，弘扬清风正气，以好的家风支撑起好的社会风气；倡导男女平等婚姻家庭关系，忠诚、责任、亲情、学习、公益的理念，推动人们在为家庭谋幸福、为他人送温暖、为社会作贡献的过程中提高精神境界，培育文明风尚；践行新时代家庭观，建设好家庭、涵养好家教、培育好家风。

四、编写内容

《婚姻家庭专业指导简明教程》从婚姻家庭基础理论和婚姻家庭实践两方面，层层递进，深浅适宜，全面介绍了婚姻家庭专业应具备的基础知识。第一章到第六章是婚姻家庭基础理论部分，阐述了男女平等与家庭建设，婚姻家庭法律制度，中国婚姻家庭法律政策的发展、演变和特点，婚姻家庭伦理知识，婚姻家庭社会学，婚姻家庭社会工作等；第七章到第十三章是婚姻家庭实践部分，阐述了婚姻家庭教育、婚姻家庭服务发展、婚姻家庭与人口发展、婚姻家庭心理知识、家庭健康管理、婚姻家庭中的性、婚姻家庭消费与理财等。

《婚姻家庭专业指导简明教程》是集学习目标、课程规范、培训要求和教学资源为一体的婚姻家庭专业指导培训教材。为大学教师开设婚姻家庭课程提供参考教程，为婚姻家庭服务提供工作规范，为家庭成员学习婚姻家庭专业提供生活指南。结合《婚姻家庭专业指导简明教程》，我们还拍摄了婚姻家庭咨询师线上培训视频，推动终身职业培训体系高质量发展。

五、编写团队

十年前我们组建了全国范围内跨学科的婚姻家庭教学科研团队，这些专家和教师的学术背景涵盖女性学、社会学、人口学、教育学、法律、金融、社会工作等领域。教师们对婚姻家庭专业的研究和教学造诣颇深，特别是他们长期做婚姻家庭社会工作、婚姻家庭心理咨询和辅导工作、婚姻家庭法律维权工作、婚姻家庭政策制定工作和婚姻家庭消费指导工作等，丰富的专业理论知识和大量的社会实践经验，为推动家庭文明建设，提高婚姻家庭生活质量，解决家庭矛盾，创建家庭友好型城市奠定了基础，也造就了《婚姻家庭专业指导简明教程》的诞生。

《婚姻家庭专业指导简明教程》主编：孙晓梅。各章的作者具体如下：第一章，孙晓梅教授；第二章，但淑华副教授、黄晶博士；第三章，孙婉璐博士；第四章，朱晓佳博士；第五章，李敏教授；第六章，郝彩虹副教授；第七章，陈朋博士；第八章，生龙曲珍博士；第九章，杜声红博士；第十章，陈敏研究员；第十一章，王献蜜副教授；第十二章，刘文利教授；第十三章，汪连新副教授。

六、编写致谢

在此要特别感谢中华女子学院各位领导和院系教师，感谢全国妇联各位领导和同事，感谢全国从事婚姻家庭工作的专家和工作人员，感谢我的科研助手林晶、李稹、耿悦悦、曾莉和黄进嘉等同学。你们的鼎力支持和辛勤付出，不仅为中国家庭建设作出了重要贡献，也促使本书得以顺利出版。

孙晓梅

2023 年 5 月

目　录

第一章

导　言

第二章

婚姻家庭法律制度

第三章

中国婚姻家庭法律政策的发展、演变和特点

第四章

婚姻家庭伦理知识

第五章

婚姻家庭社会学

第六章

婚姻家庭社会工作

第七章

婚姻家庭教育

第八章

婚姻家庭服务发展

第九章

婚姻家庭与人口发展

第十章

婚姻家庭心理知识

第十一章

家庭健康管理

第十二章

婚姻家庭中的性

第十三章

婚姻家庭消费与理财

第一章

导　言

学习目标

了解男女平等基本国策的历史发展，分析联合国制定妇女与家庭发展的纲领和政策，研究中国家庭建设工作的基本情况，阐述有关男女平等的家庭立法和各项家庭建设工作政策，认真学习习近平总书记关于注重家庭家教家风建设的一系列重要论述，懂得家庭家教家风建设写入党的决议和政府规划的重大意义。

第一节　男女平等与家庭建设

男女平等和妇女发展是人类社会追求的崇高理想，社会文明进步的重要标尺，是实现可持续发展的基本目标。把男女平等作为促进社会发展的一项基本国策，是中国特色社会主义制度的创新，是党和国家推动男女平等事业和妇女全面发展的重要战略决策。制定实施男女平等基本国策，是我国回应国际社会倡导的社会性别主流化的中国实践。

在家庭建设中男女两性携手共进，妇女在培育子女品德、传承良好家风、倡导健康生活、建设幸福家庭等方面有天然优势；男性在增进家庭和睦、科学养育后代、促进社会和谐，弘扬中华民族家庭美德等方面也有其独特优势。男女两性只有平衡家庭成员之间的关系，夫妻忠诚和相互关爱，共同分担家务劳动和养育子女，在家庭生活管理中相互配合，才能实现家庭领域的男女平等。

一、男女平等的基本概念

1990 年，国务院成立了妇女儿童工作委员会，同年江泽民同志发表关于马克思主义妇女观的重要讲话；1992 年，全国人大常委会颁布实施了《中华人民共和国妇女权益保障法》；1995 年，中国政府向世界提出了“把男女平等作为促进我国社会发展的一项基本国策”这一具有重要战略意义的重大决策，同时国务院颁布实施了《中国妇女发展纲要（1995—2000年）》[①]。这些为男女平等和家庭发展提供了良好的法律政策环境和有效的机制保障。

（一）男女平等

男女平等是指权利平等，即妇女在政治、经济、文化、社会和家庭事务的参与上享有与男子均等的机会。机会均等是达到事实上地位平等必不可少的前提，事实上的平等是机会均等的自然结果，而实际地位的平等，才是最终的平等。

① 中国妇女发展纲要（1995—2000 年）妇女发展的任务与目标，百度学术 https://xueshu.baidu.com/usercenter/

男女平等国策的核心要义：尊重妇女的主体地位，重视和发挥妇女在经济社会中的主体地位和作用，推动妇女与经济社会同步发展。尊重男女生理差异，在承认男女现实差异的前提下，倡导两性权利、机会和结果的实质性平等，依法保障妇女合法权益。坚持社会主义核心价值观，从法律、政策和社会实践各方面消除对妇女一切形式的歧视，构建以男女平等为核心的先进性别文化。男女平等原则进入决策主流，将社会性别意识纳入决策主流，切实在出台法律、制定政策、编制规划、部署工作时充分考虑男女两性的现实差异和妇女的特殊利益。

在社会主义初级阶段提出男女平等基本国策，实际上暗含了一个理论前提，即男女不平等现象仍是普遍的社会性问题，争取两性的平等协调发展将是一个相当长的艰苦奋斗的历史过程。这是因为男女两性的关系是自人类诞生以来就形成的最为普遍的社会关系之一，渗透于不同历史发展阶段、不同民族、不同阶层的发展过程之中。

（二）社会性别

社会性别的基本概念：社会性别是建立在生理基础之上的，社会对男女两性特征、角色、活动、责任的期待和规范。生理性别（sex），具有生物因素决定的不变性（先天性），生理性别一旦形成，一般是不可改变的。社会性别（gender），通过社会化的过程不断传承（后天性），可以随着社会发展而改变。

提出社会性别的意义：为人们提供了一个分析社会问题的视角与方法；是对传统生物决定论的否定，性别分工是社会历史文化的产物；关注男女两性不同的处境、需求和立场，有利于改变妇女的次属地位。

社会性别意识纳入主流：也称“社会性别主流化”，指法律、政策、不同的需求、利益以及对它们的不同影响。规划在制定、实施和评估时，需考虑男女两性。社会性别意识纳入主流是一个过程，1995 年被联合国确定为推进性别平等的全球战略。目的是在各项决策中，保证男性和女性共同参与、分担代价、平等受益，各级决策者是推进社会性别主流化的关键。

社会性别视野下的政策分类：性别平等的社会政策，也称具有社会性别敏感的政策，看到男女不同的利益、需求，以促进两性平等为目标；性别中立的社会政策，也称社会性别盲视政策，看不到两性需求的差异，巩固现存的性别关系，一般会排除妇女；性别歧视的社会政策会导致性别不平等，如女性录用时的不同标准。

总之，男女平等成为我国一项具有历史和现代性特征的国策：一是男女平等基本国策是马克思主义妇女观在当代中国的新发展；二是男女平等基本国策深化了对社会主义初级阶段妇女发展规律的认识；三是男女平等基本国策是适应国际社会性别平等趋势的发展需要，是马克思主义妇女理论与当代中国妇女运动实践相结合的产物。中国共产党二十大报告第九部分（三）健全社会保障体系提出："坚持男女平等基本国策，保障妇女儿童合法权益。"男女平等和妇女发展是人类社会追求的崇高理想，社会文明进步的重要标尺，是实现可持续发展的基本目标。把男女平等作为促进社会发展的一项基本国策，是中国特色社会主义制度的创新，是党和国家推动男女平等事业和妇女全面发展的重要战略决策。

（三）男女在家庭中协同发展

1. 树立正确的家庭性别平等观念

随着工业化和城市化的发展，女性参加社会劳动，她们承担工作与家庭的双重责任。婚姻和生育是女性平衡工作与家庭关系的关键，已婚女性比男性面临更大的工作与家庭冲突。男性的生活重点可以放在工作上，而女性的生活重心更可能放在家庭上，对女性来说，产生家庭冲突的因素包括家务劳动时间、家庭结构和照顾老幼等。

通过宣传和倡导，引导公众正确认识家庭的重要性，强化对女性家庭劳动社会价值的认知，鼓励男性参加育儿和家务劳动，在家庭建设过程注重倡导性别平等，以实践男女平等基本国策。一是促进两性平等分担家庭责任。强调男女共担家庭责任，帮助女性兼顾工作与家庭，缓解家庭生育压力，不仅要倡导两性共同承担育儿责任，而且应重视女性在社会生活和家庭生活中的独特作用，促进两性平等参与家庭建设。二是构建家庭发展支持体系，建立完善生育支持政策，增强家庭抚幼功能，支持女性生育后重返工作岗位，鼓励用人单位制定有利于职工平衡工作与家庭的措施，促进社会性别平等。三是不断完善计划生育奖励假制度和配偶陪产假制度，鼓励男性参与儿童照料，共担生育责任和家务劳动。四是社区养老育幼服务供给结构和服务质量需要发展和提升，市场中提供的家政服务和家庭消费产品质量有待提升，推进服务消费持续提质扩容。

2. 建立平等和睦的婚姻家庭关系

家庭是个体生活的最基本单元，婚姻是个体从原生家庭到建立新家庭的重要桥梁。婚姻质量的好坏，影响着家庭关系的建设。中国始终高度重视家庭建设，注重保障妇女婚姻家庭权利，男女平等的婚姻家庭关系日益巩固。

当前我国婚姻家庭领域的主流是好的，婚姻自由、一夫一妻、男女平等已成为社会共识和绝大多数人的基本行为规范。但随着社会的转型，人们的婚恋观变得复杂多元，主流的婚姻道德标准、家庭价值观受到挑战，婚姻伦理观念受到拜金主义、享乐主义思想的冲击，变相的包办婚姻、买卖婚姻和天价彩礼、豪华丧葬、人情礼金、老无所养等现象出现。

从婚姻关系维持来看，婚姻家庭中存在着不平等现象。婚姻家庭中的暴力问题频现；从婚姻关系解除来看，我国离婚率居高不下。打造和维护更加平等和睦的婚姻家庭关系，一是开展基于社区的婚姻家庭咨询服务，引导树立正确的恋爱观、婚姻家庭观，引导正向婚姻家庭关系，为建立平等和睦家庭关系提供前置服务。二是在充分维护婚姻家庭关系稳定的同时，也应正确处理婚姻家庭纠纷。把弱势群体的保护放在维护婚姻稳定之上，若一方有家暴、虐待、吸毒、赌博等情形，法律应予以弱势一方适当帮助。

家庭是非正式教育的场所，却是家庭成员寻求正式教育的出发点，是家庭成员进行终身教育的场所。一是要引导家庭成员，发扬尊老爱幼、男女平等、夫妻和睦、勤俭持家、邻里团结等中华民族传统美德，抵制歪风邪气，弘扬清风正气，以好的家风支撑起好的社会风气。二是要倡导男女平等婚姻家庭关系，倡导忠诚、责任、亲情、学习、公益的理念，推动人们在为家庭谋幸福、为他人送温暖、为社会作贡献的过程中提高精神境界，培育文明风尚。三是通过开展丰富的家庭文化活动，宣传、弘扬先进典型，引导践行新时代家庭观，建设好家庭、涵养好家教、培育好家风。在家庭建设中，必须发挥政府部门的主导作用，有效利用行政、经济和法律手段，协调社会各种力量，推进家庭文化建设，培育文明家庭。

二、联合国制定妇女与家庭发展的纲领和政策

（一）联合国制定有关男女平等的纲领和政策①

男女平等是作为国际组织考察中国妇女地位的重要指标。

1970 年，联合国大会通过了一个加快提高妇女地位的国际行动纲领。该纲领呼吁各国批准有关妇女地位的国际公约，制定相应的法律，正确评价妇女在经济和社会发展中的贡献；研究科学与技术的变化对妇女地位的影响。这项纲领的制定，为联合国妇女十年的活动打下了良好的基础。1979 年，联合国大会通过了这个公约。该公约所列消除对妇女歧视应采取的措施，涉及政治、公共生活、国籍、教育、就业、保健、婚姻和家庭生活等领域。现在有 130 多个国家成为该公约的缔约国。缔约国定期向联合国消除对妇女歧视委员会提交报告。

1972 年，联合国设立 1975 年为“国际妇女年”。目的是促进男女平等、确保妇女参与社会发展，并发挥妇女对发展各国友好合作关系的作用。

1975 年 6 月，联合国在墨西哥城召开了“国际妇女年世界会议”，这是联合国成

① 孙晓梅：《联合国的妇女政策和活动对当代中国妇女运动的影响》，《中华女子学院学报》2009 年第 5 期。

立以来第一次专门讨论妇女问题的政府间会议，即第一次世界妇女大会。会议通过了《关于妇女的平等地位和她们对发展与和平的贡献的宣言》(简称《墨西哥宣言》)和《为实现妇女年目标而制定的世界行动计划》(简称《世界行动计划》)。不久，联合国大会宣布 1976—1985 年为“联合国妇女十年”，确定了十年的目标是平等、发展与和平。

1980 年 7 月，在丹麦首都哥本哈根召开了“联合国妇女十年中期会议”，即第二次世界妇女大会。会议审查和评价了为实现妇女十年目标所取得的进展和遇到的障碍。会议拟定并通过了《联合国妇女十年后半期行动纲领》(简称《行动纲领》)，以期早日实现平等、发展与和平的目标，特别强调就业、保健和教育是发展的重要组成部分。

1985 年 7 月，在肯尼亚首都内罗毕召开了“审查和评价联合国妇女十年成就世界会议”，即第三次世界妇女大会。会议的主要议题是，平等、发展、和平的总目标和就业、保健、教育的具体目标在国家、区域和国际社会取得的进展，遇到的障碍以及克服这些障碍应采取的战略和具体措施等。大会最后通过了《到 2000 年提高妇女地位内罗毕前瞻性战略》，第 40 届联合国大会核准了该项战略。

1995 年，在北京召开了第四次世界妇女大会，通过了《北京宣言》和《行动纲领》，这两项文件成为指导世界妇女不断进步的纲领性文献。

2000 年，联合国提出了《千年发展目标》。联合国 189 个会员国已承诺最迟在 2015 年实现下述目标：消除极端贫穷和饥饿；普及小学教育；促进两性平等并赋予妇女权利；降低儿童死亡率；改善产妇保健；与艾滋病毒 / 艾滋病、疟疾和其他疾病作斗争；确保环境的可持续能力；全球合作促进发展。国际社会对家庭的重视和为家庭提出的主要文献，为研究和推动中国家庭政策制定和家庭学科的建立，奠定了可以借鉴的理论基础。

（二）联合国提出家庭发展的宣言和政策

2004 年在世界家庭峰会上发表的《三亚宣言》，明确指出家庭的功能和作用。这次家庭峰会决定加强和支持家庭履行其社会和发展职责，特别是在国家和地方一级履行职责与发挥其优势，具体目标包括：(1) 提高各国政府和联合国机构对家庭问题的认识；(2) 加强国际机构拟定、执行和监测有关家庭问题的政策；(3) 努力解决引起家庭问题的因素和家庭因素导致的问题；(4) 在所有各级审查和评估家庭问题中，发现和解决具体问题；(5) 国家和国际非政府组织之间加强合作，共同支持家庭建设。如何重视妇女在家庭中的地位，协调家庭成员之间的关系，已成为中国制定家庭政策特别关注的领域。

2014 年在世界家庭峰会上，要求各国在各项政策法规中纳入家庭视角，并形成

《珠海宣言》。主要内容将重点关注千年发展目标和2015年后全球发展议程、关于家庭的作用和贡献、政府与家庭的关系、社会发展对家庭产生的影响、促进家庭发展的立场等内容。

2015年，联合国正式批准了《2030年可持续发展议程》。它涵盖17个可持续发展目标、169个子目标，其中目标5明确提出“实现性别平等，增强所有妇女和女童的权能”。它指出新的全球发展议程在性别平等方面对中国的挑战表现为：妇女承担无偿护理和家务劳动，没有承认并列入公共服务的范畴，妇女承担的双重负担，仍成为阻碍她们发展的障碍。

当今世界处于“百年未有之大变局”之中，世界经济重心在发生变化，世界政治格局也在悄然发生。新冠肺炎疫情的暴发，促使人们对家庭有了更加清醒的认识。在面临百年未有之大变局时，不仅要重视国际社会有关家庭政策，也要做好自己的事，把家庭建设做好，营造和谐的国际环境。

三、中国家庭建设工作的发展历程

（一）新中国成立初期的家庭建设工作

1950年5月1日颁布和实施《中华人民共和国婚姻法》，这是新中国成立初期一项极为重要的立法，在当时对女性解放有着举足轻重的作用。全国妇联的家庭工作重在宣传推动改造旧式婚姻家庭制度，建立新型婚姻家庭关系。婚姻法是“实行男女婚姻自由、一夫一妻、男女权利平等、保护妇女和子女合法权益的新民主主义婚姻家庭制度”。婚姻法颁布后，中央和地方政府机关及人民团体发出了一系列通知、指示，要求全国人民广泛学习，深入贯彻、执行婚姻法。

为达到废除封建婚姻制度，清除旧婚姻观，建立新民主主义婚姻制度，树立自由、平等、民主新婚姻观的目的，1953年3月，在全国范围内开展了大规模的贯彻婚姻法的运动。经过几年努力，婚姻法日益深入人心，新婚姻观被越来越多的人所接受，许多地方在婚姻问题上发生了变化，取得了明显的进步。

1957年5月，在全国总工会和全国妇联共同召开的全国职工家属代表会议上，提出了新的“五好”标准：第一，勤俭持家好；第二，团结互助好；第三，教育子女好；第四，清洁卫生好；第五，努力学习好。会议之后，以“勤俭持家”为中心的“五好”活动首先在全国各城市展开，之后又逐渐推广到农村。

1957年9月9日，中国妇女第三次全国代表大会在北京召开。全国民主妇联副主席章蕴作题为《勤俭建国、勤俭持家，为建设社会主义而奋斗》的报告，确定了“勤俭建国、勤俭持家”的方针。勤俭持家作为勤俭建国的一个重要方面，是妇女们支持国家的社会主义建设和建设社会主义新家庭的基本方法。在具体做法上，“勤俭建国”要求妇女树立劳动光荣观念，提高劳动积极性；“勤俭持家”要求妇女厉行节约、精打细算，有计划地生活，积极开展家庭副业生产。

20 世纪 50 年代家庭建设还反映在：发展妇女儿童福利事业，建立妇幼保健机构，兴办托幼园所；普及新法接生，大力宣传新法接生，改造旧接生人员，培养新型助产人员；提倡女性要过好“三关”，即恋爱关、结婚关和生育关。

（二）改革开放时期的家庭建设工作

1980 年，在第一部婚姻法的基础上，根据 30 年来我国婚姻家庭制度的发展及工作中取得的经验，经修订，颁布了我国第二部婚姻法。新婚姻法中，将婚姻自由、一夫一妻、男女平等，保护妇女、儿童、老人的合法权益，实行计划生育作为基本原则。特别是把原婚姻法中规定的“男女权利平等”改为“男女平等”，使平等的内容不仅表现在权利方面，而且体现在义务方面。据此，许多细则都贯穿了这一精神。

新婚姻法颁布后，各有关部门及群众团体相互配合，开展了大规模的宣传、贯彻活动。1981 年 11 月 30 日，最高人民法院、司法部、民政部、中华全国总工会、共青团中央、全国妇联联合发出关于深入宣传新婚姻法的通知。通知决定在 1981 年冬至 1982 年春，继续广泛深入开展宣传婚姻法的活动，并要求在活动中，以下面三个问题为重点：（一）提倡节俭办婚事；（二）深入宣传婚姻自由；（三）加强社会主义婚姻道德教育。通过宣传、贯彻新婚姻法，许多人受到正确的婚姻观的教育，并以此合理处理婚姻家庭问题，许多地方“文化大革命”中遗留的婚姻家庭问题得到初步缓解，促进了社会的安定团结，推动了我国婚姻家庭事业的发展。

1981 年 2 月，中央书记处对全国妇联作了重要指示，5 月党中央下发文件（中发〔1981〕19 号），明确指出妇联工作应围绕四化建设这个中心，以抚育、培养、教育好三亿以上儿童少年为重点，兼顾各方面的妇女工作，这是新的历史时期指导我国妇女运动的新方针。

中华全国妇女联合会在城乡开展评选“五好家庭”活动。1982 年，全国妇联倡导并发起了争创“五好家庭”活动，提倡家庭男女成员合理分担家务劳动，把改进家庭教育作为对社员、职工、干部、教师和部队指战员等进行思想政治工作的一项重要内容。1983 年，中国妇女第五次全国代表大会提出“要重视和改进家庭教育。父母是子女的第一任教师，家庭是教育子女的天然学校，子女的健康成长离不开父母教育与家庭的影响。因此，我们要树立民主和睦、平等相处、互相帮助、勤劳俭朴、好学向上、遵纪守法、文明礼貌的好家风，按照国家的教育方针和培养目标教育子女”。这是大会的重要议题。

20世纪80年代初期，各级妇联有组织、有领导地开展了家务劳动服务工作，为妇女解决实际困难。1983年12月，北京市妇联成立了家务劳动服务公司，同时举办了家庭服务员培训班。家务劳动服务公司解决了许多家庭的实际困难，因而受到群众的欢迎和各界的好评。上海、广州等地也兴办了类似的组织，为广大群众提供了多种内容的服务。

1984年，上海市首先将“五好家庭”活动纳入精神文明建设的总体规划；1985年，全国各城市也将“五好家庭”活动纳入各自精神文明建设的总规划中，当时的“五好家庭”的标准是：政治思想好、生产工作好；家庭和睦、尊敬老人好；教育子女、计划生育好；移风易俗、勤俭持家好；邻里团结、文明礼貌好。

1988年9月1日，中国妇女第六次全国代表大会在北京举行，大会提出，要坚持文明进步的家庭观，倡扬民主和睦、互助互敬的家风，清除封建宗族和狭隘家庭观念的影响；要帮助家长不断提高家庭教育和科学育儿水平，特别要重视对独生子女的教育。

20世纪80年代家庭工作的主要内容是宣传、执行宪法法律，维护妇女儿童权益；精心培育后代，做好母亲，当好园丁；正确处理恋爱婚姻问题，争创“五好”家庭；提倡正确处理婚姻家庭问题，从宣传社会主义婚姻家庭道德和宣传婚姻法两方面入手，教育青年男女以夫妻间互敬互爱为核心；必须以承担社会责任为前提，做到爱情与义务相统一，反对“第三者”；必须以讲社会主义道德为根本，尊重人，爱护人，照顾人。把处理婚姻家庭问题作为精神文明建设的主要内容。

1993年9月1日，中国妇女第七次全国代表大会在北京举行，大会提出，在“五好家庭”活动基础上发展起来的家庭文化建设活动，是把精神文明建设深入到亿万家庭的富有特色的活动，要将它纳入文明共建系列活动之中，坚持不懈，常抓常新，以家庭的文明进步促进社会的文明进步，促进社会育人环境的优化和家庭教育水平的提高。

1996年，为贯彻落实党的十四届六中全会《中共中央关于加强社会主义精神文明建设若干重要问题的决议》，全国妇联将“五好家庭”活动更名为“五好文明家庭”活动，评选指标也在与时俱进。“全国五好家庭”的评选为每年一次，每次有1000户家庭入选。20世纪80年代至90年代对该活动分别进行巩固充实和深化提高，这项形式新颖、影响广泛和效果扎实的群众精神文明建设活动，已经成为全国妇联的一项特定内容。

20世纪90年代家庭教育、托幼事业及其他为妇女儿童服务的事业不断发展，妇女儿童活动阵地逐渐增多，全国及各省、市儿童基金会相继建立，在妇联的倡导和扶持下，各类家长学校、民办托幼园所有了较大发展。为发展妇女儿童福利事业，中国妇女儿童服务中心于1991年8月28日在北京成立，该中心以服务妇女、造福儿童为宗旨，为广大妇女儿童提供卫生保健、婚姻、家庭、心理、教育、法律等方面的咨询服务和培训业务，并同时开展其他一些活动。

（三）21世纪以来的家庭建设工作

2000年1月至2003年6月，全国妇联会同中央文明办在我国亿万家庭中实施“家庭文明工程”，以提高家庭成员的思想道德素质和科学文化素质，帮助家庭树立文明、健康、科学的生活方式，以家庭的文明进步促进社会的文明进步。工程主要围绕绿化美化生活环境、活跃家庭文体生活、普及科学文化知识和法律知识、破除封建迷信和落后习俗、和睦家庭、邻里关系等方面的内容组织活动。开展了家庭读书、家庭教育、家庭文化、家庭健身、家庭环保等活动，在城乡家庭中影响广泛。

为了全面贯彻党的十六大和十六届三中、四中全会精神，认真落实胡锦涛关于深入开展基层安全创建和平安建设活动，切实把社会治安综合治理各项措施落到实处的重要指示精神，2005年7月，全国妇联、中央综治办、共青团中央、公安部、司法部、国家广电总局决定，在全国联合开展“平安家庭”创建活动，努力营造“五个”环境，即安定有序的治安环境、优美文明的社区环境、公平正义的法治环境、诚信友爱的人际环境、安全健康的成长环境；进一步增强“五个”意识，即增强家庭成员的懂法守法意识、安全防范意识、健康文明意识、和睦相处意识、男女平等意识；使更多家庭做好“四防”和实现“四无”，即防拐卖、防盗窃、防抢劫、防隐患，无毒品、无赌博、无暴力、无犯罪；使家庭成员更加充满活力，家庭更加和睦美满，社区更加优美文明，社会环境更加和谐稳定。

2014年，全国妇联开始面向全国，创新推出了寻找“最美家庭”活动。这是一种群众性参与的家庭文明活动，依据不同行业、不同地区开展不同的活动，真正体现了“因地制宜”和共创幸福。在全国妇联的组织下，全国“最美家庭”每年评选一次，每次推选出1000户，活动不设门槛、不定标准，充分调动人民群众的参与积极性，赋予人民群众决定权。截止到2017年年底，全国共有70多万个城乡社区的妇女之家、累计4.1亿人员参与线上线下“最美家庭”寻找活动，并推选出314.5万户各级“最美家庭”。2021年全国妇联表彰999户全国五好家庭、200个全国家庭工作先进集体、200名全国家庭工作先进个人，揭晓999户全国“最美家庭”。

2018年，在中国妇女第十二次全国代表大会上，习近平总书记在同全国妇联新一届领导班子成员集体谈话时指出：（1）坚持党的领导，是做好党的妇女工作的根本保证。（2）妇联要承担好代表和维护妇女权益、促进男女平等和妇女全面发展的重要任务。(3) 要坚持男女平等基本国策，维护妇女儿童合法权益。(4) 做好家庭工作，发挥妇女在社会生活和家庭生活中的独特作用，是妇联组织服务大局、服务妇女的重要着力点。(5) 要以更实的举措推进妇联改革，深化基层妇联组织改革，转变机关干部工作作风，提高服务能力，加大攻坚克难力度，确保改革在基层落地。(6) 要引导妇女带动家庭成员，发扬尊老爱幼、男女平等、夫妻和睦、勤俭持家、邻里团结等中华民族传统美德，抵制歪风邪气，弘扬清风正气，以好的家风支撑起好的社会风气。(7) 要帮助妇女处理好家庭和工作的关系，做对社会有责任、对家庭有贡献的新时代女性。①

2019 年，全国妇联组织实施“家家幸福安康工程”，聚焦人民群众对家庭建设的新需求新期盼，把握家庭领域出现的新情况新问题，以家庭文明、家庭教育、家庭服务、家庭研究为重点，统筹和创新推进妇联家庭工作，助力家庭发展及社会建设，夯实家庭在国家发展、民族进步、社会和谐中的重要基点作用，为决胜全面建成小康社会、实现“两个一百年”奋斗目标和中华民族伟大复兴的中国梦作出积极贡献。

2020 年 6 月 5 日，全国妇联举办了“绿色生活　让家更美”绿色家庭创建行动云启动活动，引导广大家庭践行简约适度、绿色低碳的生活方式。活动通过网络集中展现全国妇联近年来在寻找“最美家庭”活动中发现的绿色环保家庭典型，讲述他们在能源资源节约、公共环境卫生整治、自然生态环境保护、树立文明新风等方面的好经验和感人故事。

长期以来，妇联工作的重心之一是妇女权益的维护，而其中与家庭工作最为相关的就是反家庭暴力和开展婚姻家庭纠纷调解。开展婚姻家庭纠纷调解、人民调解组织建设，是妇女社会化维权服务的新拓展，建立了婚姻家庭服务新的机制，拓展了婚姻家庭服务新的内涵。

第二节　家庭建设法律与政策的完善与发展

家庭政策在不断适应变革和创造性过程中自我完善和发展。各种有关家庭的法律的制定和完善，促进家庭建设的理论不断发展和理念不断创新，科学制定家庭政策能够改善民生、提升家庭生活质量，使家庭建设工作迎来新的发展机遇。

① 习近平关于妇女儿童和妇联工作的重要论述，http://www.cnwomen.com.cn/cnwomen/xjpgyfnhfngzdzyls/index.shtml?fejyjw=vclx53.

一、有关男女平等的家庭立法

宪法历经几次修改，但对家庭的态度始终不变，即都承认家庭受国家保护，具体到宪法表述上，现行宪法第四十九条规定“婚姻、家庭、母亲和儿童受国家的保护”。这意味着宪法承认保护家庭是国家职责所在。1982 年，我国修订《中华人民共和国宪法》，在“公民的基本权利和义务”中规定：“父母有抚养教育未成年子女的义务，成年子女有赡养扶助父母的义务。”这是家庭教育内容首次写进新中国宪法，标志着家庭教育被正式纳入宪法框架，有了国家根本大法的顶层设计与支持。

婚姻法家庭政策既包括直接针对家庭的政策，也包括影响家庭的政策。1980 年修订，增补计划生育、保护老人合法权益；提高法定婚龄，扩大禁婚范围；确立夫妻感情破裂原则；修改离婚程序；加强调整家庭关系，鼓励夫到妻家落户；针对婚姻家庭违法行为，增设制裁和强制执行。2001 年婚姻法修正案主要包括：禁止有配偶者与他人同居，要求夫妻相互忠实；禁止家庭暴力；删除麻风病人禁婚规定，增设婚姻无效制；增设个人特有财产制，完善约定财产制，关注交易安全；法定离婚事由具体化，七类情形可确认为夫妻感情破裂；设立探望权，从制度上减弱父母离婚对未成年子女的不利影响；增设离婚损害赔偿、离婚时经济补偿请求权，扩大生活困难帮助范围；保障老年人的受赡养权和婚姻自由权；设法律责任专章。

1991 年，我国颁布了《中华人民共和国未成年人保护法》，该法强调保护未成年人的身心健康，保障未成年人的合法权益，明确了家庭、学校、社会、司法等各有关方面保护未成年人的责任。2020 年，修订未成年人保护法，设有“家庭保护”一章。第十五条规定：未成年人的父母或者其他监护人应当学习家庭教育知识，接受家庭教育指导，创造良好、和睦、文明的家庭环境。共同生活的其他成年家庭成员应当协助未成年人的父母或者其他监护人抚养、教育和保护未成年人等，更多的家庭政策写入法律，保护了家庭成员的权益，促进儿童健康成长。

1992 年，妇女权益保障法出台，它是中国保障妇女人权的基本法。妇女权益保障法全方位地对妇女权益进行了重点阐述，包括家庭平等权利、婚姻自主权利、离婚保护、反对家庭暴力、支配财产的权利等。

2005 年、2018 年和 2022 年对妇女权益保障法进行了三次修改。2022 年的修改一是全面落实男女平等基本国策，不断丰富妇女权益保障制度；二是根据新时代妇女工作特点和妇女事业发展要求强化特殊保护；三是完善政府相关保障措施，强化妇女联合会等有关方面的保障职责；四是倡导全社会尊重和关爱妇女，鼓励和支持妇女自强。

2001 年制定的人口与计划生育法，是为了实现人口与经济、社会、资源、环境的协调发展，推行计划生育，维护公民的合法权益，促进家庭幸福、民族繁荣与社会进步。2015 年，实施全面两孩政策时，全国人大常委会对该法作了第一次修改。2021 年，再次修改规定，国家提倡适龄婚育、优生优育，一对夫妻可以生育三个子女。

2012 年实施《女职工劳动保护特别规定》，对女职工的生育假期、生育津贴、生育保险、哺乳时间和女职工保健设施等进行详细规定。

2016 年颁布和实施反家庭暴力法，强调预防和制止家庭暴力，保护家庭成员的合法权益，维护平等、和睦、文明的家庭关系，促进家庭和谐、社会稳定。家庭暴力，是指家庭成员之间以殴打、捆绑、残害、限制人身自由以及经常性谩骂、恐吓等方式实施的身体、精神等侵害行为。家庭成员之间应当互相帮助，互相关爱，和睦相处，履行家庭义务。反家庭暴力是国家、社会和每个家庭的共同责任。国家禁止任何形式的家庭暴力。

2021 年制定民法典，其中的继承编和婚姻家庭编有很多亮点：夫妻共同债务规定倾向于保护债权人；协议登记离婚有三十天的冷静期；结婚前隐瞒重大疾病的，婚姻可撤销；婚姻无效或者被撤销的，共同共有的财产根据照顾无过错方的原则处理，且无过错方有权请求损害赔偿；婚内夫妻共同财产分割制度；挥霍夫妻共同财产的，会在婚内被少分财产；离婚分割夫妻共同财产时，照顾无过错方权益；家务劳动价值更受重视，离婚经济补偿范围扩大；对于子女的抚养，按照最有利于未成年子女的原则确定等。

2022 年出台家庭教育促进法，提出家庭教育是指父母或者其他监护人为促进未成年人健康成长，对其实施的道德品质、知识技能、文化修养、生活习惯等方面的培育、引导和影响。要求未成年人的父母或者其他监护人及其他家庭成员注重家庭建设，共同构建文明、和睦的家庭关系，培育积极健康的家庭文化，传承优良家风，弘扬中华民族传统家庭美德，为未成年人健康成长营造良好的家庭环境。要求未成年人的父母或者其他监护人及其他家庭成员实施家庭教育，关注未成年人的生理、心理、智力发展状况，尊重其参与相关家庭事务和发表意见的权利；未成年人的父母或者其他监护人应当树立正确的家庭教育理念，自觉学习家庭教育知识，特别是在孕期和未成年人进入婴幼儿照护服务机构、幼儿园、中小学校等重要时段进行有针对性的学习，掌握科学的家庭教育方法，提高家庭教育的能力。

这些法律措施为妇女在家庭中发挥独特作用起到了积极作用。各种有关家庭的法律的制定和完善，促进家庭建设的理论不断发展和理念不断创新。家庭立法工作伴随中国社会主义建设事业的进步而不断发展，更加注重从立法、执法、司法、普法等方面制定家庭政策，提升人民福祉，建设家庭和发展家庭，增加人民群众的安全感和幸福感，实现家庭祥和、社会稳定。

二、各部委出台有关家庭建设工作的政策

（一）中央文明办的文明家庭评选表彰工作

2016年，中央文明委开展第一届全国文明家庭评选表彰活动，全国文明家庭荣誉称号成为家庭文明建设的最高荣誉。2016年，中央文明办出台《关于深化家庭文明建设的意见》，中央文明办贯彻落实意见，并根据《全国文明家庭评选标准和评选办法》，印发了《关于做好第一届全国文明家庭推荐评选表彰工作的通知》，正式启动第一届全国文明家庭评选推荐工作。全国文明家庭的评选将培育和践行社会主义核心价值观贯穿其中，发扬光大中华民族传统家庭美德，建设新时代的家风文化，通过良好的家风支撑起良好的社会风气。目前全国文明家庭的评选共开展两届，推荐评选过程坚持以人民为中心的工作导向，面向城乡家庭，听取群众反映，吸引群众广泛参与，2016年第一届评选出300户全国文明家庭，2020年第二届评选出499户全国文明家庭。

（二）民政部的家庭建设工作政策

2006年，民政部提出建立“适度普惠的儿童福利体系”，并先后开展两批全国试点。2006年颁布的《关于加强孤儿救助工作的意见》，正式将孤儿救助范围由福利院集中供养孤儿，扩大到散居孤儿和事实无人抚养儿童；2007年，民政部开始实施“儿童福利机构建设蓝天计划”。

2012年8月28日，海峡两岸婚姻家庭协会成立，是大陆唯一一家开展两岸婚姻家庭服务的全国性团体。主要职责是：组织参与两岸与婚姻家庭有关的交流活动，推动两岸与婚姻家庭有关的民间组织友好往来；组织联合两岸婚姻家庭民间团体，引导其为维护两岸婚姻家庭的和睦幸福发挥积极作用；反映两岸婚姻家庭当事人合理诉求，帮助其解决相关问题，维护合法权益；发挥协会在提供婚姻家庭服务中的行业自律、规范引导作用；为婚姻当事人提供婚姻家庭辅导等服务，帮助其提升婚姻质量；开展其他有利于两岸婚姻家庭健康发展的工作。

2020年5月，民政部出台了《关于开展婚俗改革试点工作的指导意见》；2020年9月，为贯彻实施《中华人民共和国民法典》，进一步维护婚姻家庭和谐稳定，民政部、全国妇联联合印发了《关于加强新时代婚姻家庭辅导教育工作的指导意见》。2021年6月，民政部、国家发展和改革委员会印发《“十四五”民政事业发展规划》的通知。为了有效提高群众营造幸福婚姻、建设美满家庭的能力，引导建立和维护平等、和睦、文明的婚姻家庭关系：(1) 优化婚姻登记管理服务。完善婚姻管理服务标准，健

全涉外婚姻登记管理制度；推动建立婚介服务机构监管制度，规范婚介行业事中事后监管。（2）深入开展婚姻家庭辅导服务。加强婚前指导、婚前保健、婚姻家庭关系调适和离婚辅导，减少婚姻家庭纠纷。（3）推进婚俗改革。建立整治天价彩礼、铺张浪费、低俗婚闹、随礼攀比等不正之风的长效机制，营造良好社会风气。（4）积极倡导和推广体现优秀中华文化的传统婚礼，弘扬“风雨同舟、相濡以沫、责任担当、互敬互爱”的婚姻理念。（5）加强以父慈子孝、夫妻和睦、兄友弟恭、长幼有序为基础的家风建设，强化孝敬父母、尊敬长辈的道德观念等。（6）完善收养登记管理。统筹国内收养和涉外收养，健全完善儿童收养登记制度体系，推动建设全国统一的收养信息系统。

（三）卫健委的家庭建设工作政策

2021 年 7 月，国家卫生健康委发布了关于贯彻落实《中共中央　国务院关于优化生育政策促进人口长期均衡发展的决定》的通知，提出：“实施三孩生育政策及配套支持措施具有十分重要的意义，有利于改善人口结构，落实积极应对人口老龄化国家战略；有利于保持人力资源禀赋优势，应对世界百年未有之大变局；有利于平缓总和生育率下降趋势，推动实现适度生育水平；有利于巩固全面建成小康社会成果，促进人与自然和谐共生。”

2021 年 11 月，国家卫生健康委为进一步提高儿童健康水平，依据《中华人民共和国母婴保健法》《“健康中国 2030”规划纲要》，制定《健康儿童行动提升计划（2021—2025 年）》。儿童健康是全民健康的基础，是经济社会可持续发展的重要保障。到 2025 年，覆盖城乡的儿童健康服务体系更加完善，基层儿童健康服务网络进一步加强，儿童医疗保健服务能力明显增强，儿童健康水平进一步提高。强化儿童养护人为儿童健康第一责任人理念，提高儿童养护人健康素养。以家庭、社区、托幼机构为重点，加大健康知识宣传力度，普及健康生活方式。

（四）国务院和商务部的家庭建设工作政策

2010 年，国务院办公厅发布《关于发展家庭服务业的指导意见》，提出家庭服务业是以家庭为服务对象，向家庭提供各类劳动，满足家庭生活需求的服务行业。大力发展家庭服务业，对于增加就业、改善民生、扩大内需、调整产业结构具有重要作用。

2012 年，商务部为了满足家庭服务消费需求，维护家庭服务消费者、家庭服务人员和家庭服务机构的合法权益，规范家庭服务经营行为，促进家庭服务业发展，出台《家庭服务业管理暂行办法》。

2019 年 6 月，国务院办公厅印发《关于促进家政服务业提质扩容的意见》，意见指出，家政服务业作为新兴产业，对促进就业、精准脱贫、保障民生具有重要作用。采取综合支持措施，提高家政从业人员素质。

2021 年 10 月，商务部、发展改革委、人力资源和社会保障部、国家乡村振兴局等 14 部门印发了《家政兴农行动计划（2021—2025 年）》，统筹实现巩固拓展家政扶贫成果衔接乡村振兴与家政服务业提质扩容，统筹保障城市和乡村家政服务需求，以家政服务业供给侧结构性改革为主线，聚焦破解困扰家政兴农和行业高质量发展的堵点痛点，促进家政服务业高质量发展，更好满足城乡家政服务消费需求，助力乡村振兴，为构建新发展格局提供有力支撑。

（五）教育部的家庭建设工作政策

1997 年，教育部、全国妇联联合颁布《家长教育行为规范》。明确规范家长教育行为的“国家意志”，迈出公权干预的重要一步。2004 年又进行了修改，目的是不断提高家长素质，科学教育子女，使家庭成员共同进步。

2010年，国务院通过《国家中长期教育改革和发展规划纲要（2010—2020年）》(简称《教育规则纲要》)。要求各级党委和政府切实加强对教育工作的领导，把落实教育优先发展、推动教育事业科学发展作为重要职责，加强对《教育规划纲要》实施的组织领导。明确提出了家庭教育在教育改革和发展中的地位和作用，强调学校教育、社会教育和家庭教育要紧密结合。

2015 年 10 月，教育部印发《关于加强家庭教育工作的指导意见》，指导各地积极发挥家庭教育在少年儿童成长过程中的重要作用，提升对家庭教育工作的重视程度，提高家庭教育工作的水平，为每一个孩子打造适合健康成长和全面发展的家庭环境，构建学校教育、家庭教育和社会教育有机融合的现代教育体系。

第三节　新时代家庭工作的新任务与新要求

党的十八大以来，以习近平同志为核心的党中央高度重视家庭建设，习近平总书记多次作出重要指示，就注重家庭、注重家教、注重家风等，制定有针对性的家庭政策。家庭家教家风建设写入党的决议和政府规划，把家庭建设融入党的事业大局中进行统筹规划，不断完善家庭政策的体系建设。

一、习近平总书记提出家庭家教家风建设重要论述

党的十八大以来，以习近平同志为核心的党中央高度重视家庭建设，习近平总书记多次作出重要指示，就注重家庭、注重家教、注重家风等，提出了一系列带有根本性方向性引领性的新思想新论断新要求，制定有针对性的家庭政策，指导党和国家的各项家庭工作，推动政府和社会团体做好家庭工作。

2015 年，在春节团拜会上，习近平总书记指出："家庭是社会的基本细胞，是人生的第一所学校。不论时代发生多大变化，不论生活格局发生多大变化，我们都要重视家庭建设，注重家庭、注重家教、注重家风，紧密结合培育和弘扬社会主义核心价值观，发扬光大中华民族传统家庭美德，促进家庭和睦，促进亲人相亲相爱，促进下一代健康成长，促进老年人老有所养，使千千万万个家庭成为国家发展、民族进步、社会和谐的重要基点。"2015 年 10 月，在中共十八届五中全会第二次全体会议上，习近平总书记特别强调："要守住底线，严格执行党的纪律，决不越雷池一步。要做到廉以修身、廉以持家，培育良好家风，教育督促亲属子女和身边工作人员走正道。"

2016 年 10 月，中国共产党第十八届中央委员会第六次全体会议通过的《关于新形势下党内政治生活的若干准则》，指出领导干部特别是高级干部必须注重家庭、家教、家风，教育管理好亲属和身边工作人员。严格执行领导干部个人有关事项报告制度，进一步规范领导干部配偶子女从业行为。

习近平总书记关于家庭建设系列重要论述和指示精神的重要举措，回应新时代百姓日益增长的对美好生活新需求新期待，对于加速发展新时期中国家庭政策具有重大历史意义。

二、家庭家教家风建设写入党的决议和政府规划

党的重点会议和重大决议提出家庭家教家风建设，以传承中华优良家风为重点，引领党建工作和家庭工作不断发展，倡导积极向上的优良家风，形成良好的家庭文明理念，是促使家庭幸福、社会安定祥和的重要保障。

2018 年 9 月，中共中央、国务院印发了《乡村振兴战略规划（2018—2022 年）》，在第七篇繁荣发展乡村文化中指出："坚持以社会主义核心价值观为引领，以传承发展中华优秀传统文化为核心，以乡村公共文化服务体系建设为载体，培育文明乡风、良好家风、淳朴民风，推动乡村文化振兴，建设邻里守望、诚信重礼、勤俭节约的文明乡村。"

2019 年 7 月，在中央和国家机关党的建设工作会议上，习近平总书记强调："把对

党的忠诚纳入家庭家教家风的建设中。”在这个意义上，家庭建设对党和国家的建设具有独特的重要意义。

2020 年，党的十九届四中全会决议提出：“注重发挥家庭家教家风在基层社会治理中的重要作用。”通过家庭建设服务于基层社会治理，对于解决社会矛盾和社会问题，具有重大的社会意义。

2021 年 3 月，《中华人民共和国国民经济和社会发展第十四个五年规划和 2035 年远景目标纲要》第五十章第三节提到加强家庭建设：以建设文明家庭、实施科学家教、传承优良家风为重点，深入实施“家家幸福安康工程”……充分发挥家庭家教家风在基层社会治理中的作用。

2021 年 7 月，中宣部、中央文明办、中央纪委机关、中组部、国家监委、教育部、全国妇联印发《关于进一步加强家庭家教家风建设的实施意见》，指出要以习近平新时代中国特色社会主义思想为指导，立足新发展阶段、贯彻新发展理念、构建新发展格局，以培育和践行社会主义核心价值观为根本，以建设文明家庭、实施科学家教、传承优良家风为重点，强化党员和领导干部家风建设，突出少年儿童品德教育关键，推动家庭家教家风建设高质量发展。

2021 年 11 月，党的十九届三中全会通过的《中共中央关于党的百年奋斗重大成就和历史经验的决议》，特别指出“注重家庭家教家风建设，保障妇女儿童权益”。

2022 年 10 月 16 日，习近平总书记在中国共产党第二十次全国代表大会上的报告《高举中国特色社会主义伟大旗帜　为全面建设社会主义现代化国家而团结奋斗》第八部分的（三）提高全社会文明程度中指出：实施公民道德建设工程，弘扬中华传统美德，加强家庭家教家风建设，加强和改进未成年人思想道德建设，推动明大德、守公德、严私德，提高人民道德水准和文明素养。统筹推动文明培育、文明实践、文明创建，推进城乡精神文明建设融合发展，在全社会弘扬劳动精神、奋斗精神、奉献精神、创造精神、勤俭节约精神，培育时代新风新貌。加强国家科普能力建设，深化全民阅读活动。完善志愿服务制度和工作体系。弘扬诚信文化，健全诚信建设长效机制。发挥党和国家功勋荣誉表彰的精神引领、典型示范作用，推动全社会见贤思齐、崇尚英雄、争做先锋。

三、“两纲”提出的家庭建设目标

《中国妇女发展纲要》和《中国儿童发展纲要》（简称“两纲”）的制定和实施，目的是强化政府的有关职能，动员全社会的力量，为妇女的进步与儿童发展创造更好的社会环境。同时，鼓励妇女在参与经济和社会发展的过程中争取自身的进步与发展。

（一）"两纲"中的家庭建设目标

1995—2020 年，《中国妇女发展纲要》妇女发展有 7 个目标：妇女与健康、妇女与教育、妇女与经济、妇女与参与决策和管理、妇女与社会保障、妇女与法律、妇女与环境。1992 年，国务院妇女儿童工作委员会颁布《九十年代中国儿童发展规划纲要》，2001—2020 年《中国儿童发展纲要》儿童发展有 5 个目标：儿童与健康、儿童与教育、儿童与福利、儿童与社会环境、儿童与法律保护。"两纲"中一直没有单独设立家庭建设目标，但是这个内容包含在《中国妇女发展纲要》和《中国儿童发展纲要》中。

家庭文化体现在妇女儿童与环境目标里。营造平等、和谐的家庭环境。通过开展多种形式的宣传教育活动，弘扬尊老爱幼、男女平等、夫妻和睦、勤俭持家、邻里团结的家庭美德，树立先进的性别文化，倡导文明、健康、科学的生活方式和男女共同承担家庭责任。

家庭服务体现在妇女儿童与教育、社会保障和环境目标中。开展托幼、养老家庭服务，为妇女更好地平衡工作和家庭责任创造条件。大力推进社区公共服务体系建设。发展面向家庭的公共服务，为夫妻双方兼顾工作和家庭提供支持。发展公共托幼服务，为婴幼儿家庭提供支持。强化城乡社区儿童服务功能，提高家务劳动社会化程度。

家庭教育体现在妇女儿童与教育里。引导妇女参与家庭教育指导和宣传实践活动。多形式、多渠道宣传和普及家庭教育知识，积极引导儿童家长接受家庭教育指导服务和家庭教育实践活动。

家庭环境体现在妇女儿童与环境里。减少环境污染对妇女的危害。完善环境监测和健康监测数据库，分析评估饮用水、室内空气污染和生活、工业、农业等环境污染对妇女健康的危害。提高生活垃圾减量化、资源化和无害化水平。

值得关注的是，新制定的《中国妇女发展纲要（2021—2030 年）》和《中国儿童发展纲要（2021—2030 年）》十年规划中，把家庭建设作为一个独立的目标。

（二）《中国妇女发展纲要（2021—2030 年）》家庭建设目标

进入新时代，我国社会主要矛盾发生历史性变化，妇女群众对美好生活的需要日益广泛，妇女发展的不平衡不充分问题仍然突出。随着经济体制深刻变革、社会结构深刻变动、思想观念深刻变化，家庭领域也出现许多新情况新问题，如婚恋观呈现多元趋势，婚姻稳定度下降；养老观念出现分化，并呈现城乡差异；家教观念显露多重矛盾，重知识学习、轻品德培养现象凸显；受不良思潮和价值观影响，家庭生活中出现一些道德失范行为等，对社会形成了巨大冲击。

在新的《中国妇女发展纲要（2021—2030 年）》中建立家庭建设指标体系，是加强人们树立良好的家庭文明理念，倡导积极向上的家风家教的重要体现，也是解决家庭问题的理论基础。

《中国妇女发展纲要（2021—2030年）》妇女与家庭建设共有9个主要目标，10个主要策略措施。主要目标是：（1）树立新时代家庭观，弘扬爱国爱家、相亲相爱、向上向善、共建共享的社会主义家庭文明新风尚，推动社会主义核心价值观在家庭落地生根。（2）建立完善促进男女平等和妇女全面发展的家庭政策体系，增强家庭功能，提升家庭发展能力。（3）拓展支持家庭与妇女全面发展的公共服务。（4）注重发挥家庭家教家风在基层社会治理中的重要作用。（5）充分发挥妇女在家庭生活中的独特作用，弘扬中华民族家庭美德、树立良好家风，支持妇女成为幸福安康家庭的建设者、倡导者。（6）倡导构建男女平等、和睦、文明的婚姻家庭关系，降低婚姻家庭纠纷对妇女发展的不利影响。（7）倡导和支持男女共担家务，缩小两性家务劳动时间差距。（8）支持家庭承担赡养老人责任，不断提升老年妇女家庭生活质量。（9）促进夫妻共同承担未成年子女的抚养、教育、保护责任，为未成年子女身心发展创造良好家庭环境。

（三）《中国儿童发展纲要（2021—2030年）》家庭目标

儿童是国家的未来、民族的希望。促进儿童健康成长，是建设社会主义现代化强国、实现中华民族伟大复兴中国梦的必然要求。儿童生活在家庭中，目前家庭也存在一些问题：（1）有些家庭教育忽视育人功能，家庭已经沦为学校的附庸；（2）有些家庭不注重思想品德教育和优良家风传承，忽视家庭成员之间的互动和情感联系；（3）人口流动性加强，人口老龄化严重，少子化趋势明显，家庭功能发挥失衡；（4）家庭暴力的普遍存在，给儿童带来身心伤害，成为影响社会安定的隐患。

在《中国儿童发展纲要（2021—2030年）》中建立家庭指标体系，需要进一步落实儿童优先原则，以建设文明家庭、实施科学家教、传承优良家风为重点，突出少年儿童品德教育，推动家庭家教家风建设高质量发展。《中国儿童发展纲要（2021—2030年）》中儿童与家庭主要目标共有8个，策略措施共有9个。主要目标：（1）发挥家庭立德树人第一所学校作用，培养儿童的好思想、好品行、好习惯。（2）尊重儿童主体地位，保障儿童平等参与自身和家庭事务的权利。（3）教育引导父母或其他监护人落实抚养、教育、保护责任，树立科学育儿理念，掌握运用科学育儿方法。（4）培养儿童成为好家风的践行者和传承者。（5）增强亲子互动，建立平等和谐的亲子关系。（6）覆盖城乡的家庭教育指导服务体系基本建成，指导服务能力进一步提升。95%的城市社区和85%的农村社区（村）建立家长学校或家庭教育指导服务站点。（7）支持家庭生育养育教育的法律法规政策体系基本形成。（8）提升家庭领域理论和实践研究水平，促进成果转化应用。

第四节 婚姻家庭专业指导的基本内容

婚姻与家庭有着密切的联系，婚姻是产生家庭的前提和基础，家庭是缔结婚姻的结果。家庭是社会基本细胞，维持着社会的存续，是社会治理的基础，婚姻家庭的发展和婚姻家庭问题的解决需要多学科的理论支持。本书从婚姻家庭基础理论和婚姻家庭实践两方面，全面介绍了婚姻家庭专业的基本知识，为人们深入学习和了解婚姻家庭各方面的内容，提供了严谨的逻辑线索和丰富的资料来源。

一、婚姻家庭基础理论

（一）家庭建设基本内容

男女平等和妇女发展是人类社会追求的崇高理想，社会文明进步的重要标尺，是实现可持续发展的基本目标。把男女平等作为促进社会发展的一项基本国策，是中国特色社会主义制度的创新，是党和国家推动男女平等事业和妇女全面发展的重要战略决策。制定实施男女平等基本国策，是我国回应国际社会倡导的社会性别主流化的中国实践。

树立家庭中男女平等，要强化对女性家庭劳动社会价值的认知，鼓励男性参加育儿和家务劳动，帮助女性兼顾工作与家庭，完善包括生育支持政策，增强家庭抚幼功能；注重保障妇女婚姻家庭权利，维护婚姻家庭关系稳定，正确处理婚姻家庭纠纷；倡导忠诚、责任、亲情、学习、公益的家庭理念，引导践行新时代家庭观，建设好家庭、涵养好家教、培育好家风。

家庭建设法律与政策的完善与发展。各种有关家庭的法律制定和完善，促进家庭建设的理论不断发展和理念不断创新，科学制定家庭政策能够改善民生、提升家庭生活质量，使家庭建设工作迎来新的发展机遇。研究有关男女平等的家庭立法，归纳各部委出台有关家庭建设工作的政策。

新时代家庭工作的新任务与新要求。以习近平同志为核心的党中央高度重视家庭建设，习近平总书记多次作出重要指示，就注重家庭、注重家教、注重家风等，制定有针对性的家庭政策。家庭家教家风建设写入党的决议和政府规划，把家庭建设融入党的事业大局中进行统筹规划，不断完善家庭政策的体系建设。

中国家庭建设工作的发展历程。新中国成立初期家庭建设工作：废除封建婚姻制度，清除旧婚姻观，建立新民主主义婚姻制度，树立自由、平等、民主新婚姻观等。

改革开放时期家庭建设工作：维护妇女儿童权益；精心培育后代，做好母亲，当好园丁；正确处理恋爱婚姻问题，争创“五好”家庭；开展婚姻、家庭、心理、教育法律等方面的咨询服务和培训业务等。21世纪以来的家庭建设工作：实施“家庭文明工程”和“家家幸福安康工程”，开展评选“五好家庭”“平安家庭”，寻找“最美家庭”和绿色家庭创建行动；反家庭暴力和开展婚姻家庭纠纷调解，建立了婚姻家庭服务新的机制和内涵等。

（二）婚姻家庭法律制度

主要从结婚、夫妻关系、离婚三方面介绍了结婚的条件和程序，不符合婚姻条件的无效婚姻和可撤销婚姻的制度内容；夫妻人身关系和财产关系的内容；登记离婚的法定条件及程序，诉讼离婚的程序及法定标准，离婚对于夫妻关系、子女关系的法律后果。

结婚是男女双方按照法律规定的条件和程序建立夫妻关系的民事法律行为。结婚应男女双方完全自愿、达到法定婚龄，且不得重婚或与一定范围的亲属结婚，并依法履行结婚登记程序。男女双方符合结婚条件意味着具有结婚的可能性，只有履行法定的结婚程序，才能使这种可能变成现实，所成立的婚姻才能得到法律的承认与保护。

离婚是配偶生存期间依法解除婚姻关系的法律行为。我国离婚有登记离婚和诉讼离婚两种程序。登记离婚是在夫妻双方对离婚以及离婚的法律后果均能达成一致意见的情况下，婚姻登记机关予以登记，发给离婚证的离婚程序。诉讼离婚是指由人民法院管辖和处理的离婚纠纷，即对于夫妻一方或双方提出的离婚请求，由人民法院做出肯定或否定的裁决。

家庭法律制度中从父母子女关系、收养制度、监护制度、抚养制度四方面，介绍了父母子女的关系类型，父母与子女间权利义务的内容；收养关系成立或解除的条件和效力；监护人的类型，监护内容的法定条例，监护关系终止的法定条例；夫妻、父母子女、祖孙等近亲属之间的法定权利义务内容。

家庭暴力防治制度从家庭暴力的界定、家庭暴力受害人的求助途径、对特殊家暴受害人的求助措施、对家庭暴力加害人的告诫与惩戒措施四方面，介绍了家庭暴力的主体和类型；家庭暴力受害人投诉、反映、求助的途径；对特定家暴受害人采取特殊救助制度；对家庭暴力加害人行为的严重程度采取不同告诫与惩戒措施，当加害人的暴力行为情节轻微不构成治安处罚时由公安机关出具告诫书，督促加害人改正违法行为，当加害人的暴力行为符合治安管理处罚法的规定时予以行政处罚，追究行政责任，当加害人的暴力行为构成犯罪时依法追究其刑事责任，加害人应承担的民事责任的制度内容。

（三）中国婚姻家庭政策

从婚姻家庭政策基本概念与制度，介绍了制定政策的目的和思想来源。中国家庭政策从无到有、从少到多建立与发展。我国已经实施了一系列的家庭政策，包括计划生育政策、未成年子女教育、促进健康和养老的政策、困难家庭补助政策、最低生活保障政策等，规范家庭成员的抚养、赡养、扶助等行为。改革开放以来出台的重要政策有：中国家庭生活、婚姻关系与家庭政策变迁；修订的婚姻家庭法律法规主要从人口问题、福利问题、社会性别视角、家庭功能等方面来关注家庭发展。

中国婚姻家庭政策有三个特点：一是对家庭的支持和保护大多散见在综合性法律法规条例；二是联合发文的婚姻家庭政策数量越来越多，涉及的部门也逐渐增多；三是多以补救型和补缺型为主，政府对弱势群体一直较为关注，却缺少对普通家庭发展的支持。

中国婚姻家庭政策未来发展趋势：在政策设计中重视家庭多元化发展；注重家庭发展能力建设和工作家庭平衡。家庭是国家发展、民族进步、社会和谐的重要基点，是社会的微缩样本。

（四）婚姻家庭伦理教育

家庭伦理就是一种家庭道德的哲学，它是伦理的重要分支，是普通伦理在家庭领域中的应用和体现。家庭伦理道德教育，在当今对于切实落实“注重家庭、注重家教、注重家风”的重要指示具有实践意义。家庭的道德建设包括家德培育、家庭教化、家风营造、家业兴建等方面，它们相互影响、彼此渗透，构成一个统一的整体。

男女双方由于爱情而自愿结合进入婚姻状态，由此组建成家庭。因此，爱情作为组成家庭的起点，它也具有一定的社会性和遵循一定的社会道德规范。在恋爱中，要遵守以爱情为基础，相互尊重，志同道合，理智地处理爱情关系，树立正确的恋爱观的爱情原则。

婚姻的实质是一种伦理关系，夫妻的相处之道是男女平等、夫妻和睦。夫妻是家庭关系的核心，夫妻和睦是家庭幸福的重要前提和保证。夫妻关系应以平等互爱为基础。夫妻之间应多沟通，相互关怀，为孩子创造温暖的家庭生活环境。

在家庭中，对内要注重孝道，重视儿童青少年的道德教育问题，对外要懂得处理邻里关系，邻里之间要相互尊重，相互帮助，平等待人。

婚姻家庭伦理基础理论从夫妻关系、长幼亲子关系、邻里关系三方面，介绍了夫妻、家庭长幼亲子、邻里之间的伦理原则。社会文化冲突中的家庭伦理道德从性伦理、生育控制、安乐死三方面，介绍了性伦理是婚姻家庭伦理的重要组成部分，也是婚姻生活中必须解决且不可回避的问题。

（五）婚姻家庭社会学

婚姻家庭社会学是社会学的一门分支学科，它运用社会学的理论和方法研究婚姻和家庭及其演化的客观规律，研究家庭和社会的诸种关系，研究家庭在社会中的地位和作用。

婚姻家庭社会学，一是从婚姻要义、婚姻选择、婚姻缔结、婚姻调适四方面，介绍了婚姻是男女双方通过择偶，依据一定的法律、伦理和风俗所结成的夫妻关系，婚姻是社会制度和社会行为，婚姻的不同形态和婚姻制度；婚姻选择的择偶理论、择偶心理及择偶标准；婚姻的八种缔结方式和我国旧时的婚礼仪式习俗；影响婚姻的因素，婚姻质量测量的指标，婚姻满意度的分析，婚姻的艺术。二是从家庭与社会、家庭结构、家庭功能、家庭纽带四方面，介绍了家庭的内涵，家庭反映社会，家庭是个人和社会联系的纽带，在社会学视角中，家庭是人类最早的社会关系之一，是基本的社会群体，是普遍的社会制度，是历史范畴；家庭结构的定义及分类；家庭对社会及个人发挥的功能；家庭关系的结构和影响家庭关系的因素，夫妻、亲子的亲密关系，家庭的传统礼仪。

家庭和一定的社会相对应，通过社会观察家庭，或通过家庭认识社会。家庭的功能是多方面的，主要分为对社会的功能和对个人的功能：社会方面的功能主要体现在经济、生育、宗教文化、政治等方面，个人方面的功能主要体现在性生活、养育赡养、教育和社会化、情感、娱乐等方面。一个家庭的结构是由自然关系联结的多层次的社会关系的有机组合，围绕着这些组合，形成了许多不同的家庭结构类型。家庭结构可进一步划分为两个层面：一是家庭成员的构成，二是家庭成员的关系。

（六）婚姻家庭社会工作

从婚姻家庭社会工作的概念和内容、常用理论两方面，介绍了婚姻家庭社会工作是以婚恋关系、家庭以及其中的人为对象，对因社会或个人原因而陷入困境的个体和家庭开展专业性服务的实践，婚姻家庭社会工作的目标和任务、内容和方法、理念和原则；家庭生态系统理论、家庭压力理论、家庭抗逆力理论和社会性别理论。

婚姻家庭社会工作，从常用方法、一般技术、有效工具三方面，介绍了个案管理和小组工作及其在婚姻家庭社会工作中的应用；家庭会谈和家访及其在婚姻家庭社会工作中的应用；家谱图和家庭会议及其在婚姻家庭社会工作中的应用。

婚姻家庭社会工作的实务内容包括恋爱择偶辅导、婚姻辅导、亲职辅导、家事调解四方面。恋爱择偶辅导是由专业人员为在恋爱、择偶过程中遇到各种问题的服务对象提供的专业化咨询和指导服务。婚姻辅导是一种心理辅导和咨询的技术及方法，婚姻辅导的内容包括理性婚姻期待辅导、健康婚姻关系辅导、婚内沟通技巧辅导以及提供法律信息等。亲职辅导特指由社会工作机构的从业人员实施的，运用专业方法和技巧对父母进行具有专业特色的教育和服务，以帮助父母成为符合整体社会价值要求的合格而称职的父母。家事调解是指在本国家庭法律框架下，通过中立的第三方协助家庭解决纠纷、化解矛盾的活动和过程，工作者在调解过程中要尊重当事人自决的原则。

婚姻家庭社会工作作为社会工作的重要领域之一，其目的在于协助解决婚恋和家庭问题，改善婚恋品质和日常家庭生活，提升个体的社会适应能力和伴侣、家庭自身解决问题的能力，促进婚恋关系、家庭关系的和谐及婚姻家庭功能的正常发挥。

二、婚姻家庭实践

（一）婚姻家庭教育

婚姻家庭教育从家庭生命周期理论，选择了婚姻准备期、婚姻建立期、家庭生育期、子女学前期、子女学龄期、子女青春期、子女成年期七个阶段，分析婚姻家庭建立与发展的每一阶段中婚姻家庭教育面临的任务和挑战。

婚姻准备期，主要任务是指导青年人树立正确的婚姻家庭观，形成对于婚姻的合理预期。具体包括：认识婚姻承诺并理解家庭责任和义务，提升构建美满幸福婚姻的能力。

婚姻建立期，主要任务是引导新婚夫妻学习建立和维护平等、和睦、文明的婚姻家庭关系以及提升经营幸福婚姻、建设美满家庭的能力。具体包括：建立亲密关系；形成良好互动；管理家庭资源，合理分配家务；筹备生育计划，学习育儿知识。

家庭生育期，主要任务是指导夫妻在初为父母前后如何做出调整并适应这种转变。具体包括：优生优育，合理胎教；为分娩做准备，迎接新生儿的到来；适应家庭角色改变；为孩子选择合适照顾者或机构。

子女学前期，主要任务是指导父母为适应孩子的成长而做出各种努力。具体包括：调适生活中的各种压力，为子女营造良好的养育和教育环境，做好家庭再生育准备。

子女学龄期，主要任务是指导父母为孩子成长提供良好的环境，协助子女适应一个正规学习机构的生活。具体包括：夫妻增强相互理解和支持，重视孩子的养成教育，协助子女适应学校生活。

子女青春期，家长一方面要帮助青春期的孩子逐渐走向成熟、独立，另一方面还要面临彼此父母的衰老。主要任务是指导父母帮助子女顺利度过个体发展中的第二个成长高峰。

子女成年期，亲子关系持续发展，并出现转变。主要任务是指导父母适应子女离家以及与成年子女共同居住后的生活变化。

（二）婚姻家庭服务发展

婚姻家庭服务发展主要包括婚姻家庭服务概论、婚姻服务、家庭服务、婚姻家庭服务的发展。

婚姻家庭服务概论从概念界定和发展简史两方面，介绍了婚姻服务、家庭服务、婚姻家庭服务的概念，婚姻家庭服务在我国的发展阶段。

婚姻服务从婚姻介绍服务、婚姻管理服务两方面，介绍了婚姻介绍服务的概念和发展，婚姻登记服务，婚姻档案管理，婚姻法律服务，婚姻建设服务和特殊的婚姻服务。

家庭服务从家庭服务概论、家政服务、家庭综合服务、家庭社会工作四方面，介绍了家庭服务的概念和内容；家政服务在我国的发展阶段，市场化的家政服务，家庭服务业的政策及市场特点；家庭综合服务包括托幼、养老、助残；家庭社会工作是指运用社会工作的专业价值、理论和方法，协助家庭成员及其整体应对和解决所遇到的问题，实现家庭成员和家庭系统与社会环境之间的相互适应。

婚姻家庭服务的发展包括婚姻家庭服务的经验、婚姻家庭服务的发展两方面，我国大陆地区家庭服务的特点，港澳台地区和海外婚姻家庭服务的经验；婚姻家庭服务的观念变化及婚姻与家庭的变化，对于专业人才培养、行业平台搭建和法律制度完善的发展方向。婚姻家庭服务伴随着婚姻观念的变化，专业人才队伍的培养建设，专业化的行业平台的搭建，相关法律制度的完善，正朝着更标准化、规范化、专业化的方向发展。

（三）婚姻家庭与人口发展

婚姻家庭演变趋势从婚姻变迁、家庭变迁两方面，从未婚、已婚、离婚、丧偶四方面对我国婚姻演变趋势进行了分析：结婚仍是新家庭形成的标志；教育对初婚年龄有延长作用，初婚年龄的峰值升高；离婚率不断上升，但再婚可能会带来生育率的上升；丧偶老年人的规模不断增大，为长期照料带来挑战。从家庭规模、家庭结构、家庭功能和家庭关系四方面对我国家庭变迁特点进行分析：家庭规模逐渐减小，家庭结构进一步往核心家庭方向发展，抚养功能和赡养功能发生变化，家庭关系趋于平等。

从人口规模变化趋势、人口结构变化趋势、人口转变与人口发展三方面来把握人口发展情况，可知我国总人口呈增长趋势，性别比呈现波动下降趋势；年龄结构呈现人口老龄化趋势，且老年人口中呈现女性化趋势；介绍了人口转变理论，分析了生育率及死亡率变化趋势。

婚姻家庭与人口发展从婚姻家庭与生育、养老两方面，介绍了婚姻家庭与生育的关系，分析了我国生育意愿与原因、家庭养老的责任和负担、社会养老抚养比与家庭老年人口比，指出了家庭变迁对老年人的影响相对较大，为此应该重视老年人的自我发展和对失能老人的长期照料问题，防止由经济、情感、照料等造成的老无所依、老无所养问题。

（四）婚姻家庭心理教育

婚姻是否幸福并没有一个统一标准。掌握核心家庭夫妻关系和父母子女关系的心理学知识很重要，前者涉及关于良好婚姻和不良婚姻关系，以及被动离婚者的心理感受；后者涉及关于不同子女抚育方式带来的后果，以及如何理解青少年抑郁现象。

婚姻关系中的心理学知识从良好的婚姻关系、破坏婚姻关系的行为、被动离婚引发的痛苦情绪三方面，评估家庭关系质量。

父母子女关系从养育方式的核心、无法满足孩子核心需求的行为、青少年抑郁三方面，分析基本安全感、自主性、人际连接、自尊和规则意识这五个满足养育孩子的核心需求；儿童虐待、过度保护、上梁不正、总是批评孩子和溺爱是无法满足孩子核心需求的五类行为；以及青少年抑郁的情况和原因分析。

心理治疗方法的适用症阐述了三种情况的治疗流派，在婚姻和亲子关系议题中，任何流派都适用于在婚恋家庭关系中的心理困扰，唯一例外的是存在家庭暴力、虐待、性侵的情况，不适用于家庭治疗；女性主义治疗是一个建立在女性现实体验上的理论，也可以为男性来访者提供有效的治疗，适用于在父权制思想和性别歧视的压迫环境中产生的心理创伤；针对边缘人格障碍的四大心理治疗方法包括移情焦点治疗、辩证行为治疗、图式治疗和基于心智化的治疗。

国外心理专家认为，夫妻快乐生活的源泉来自能一起享受性、尊重彼此的兴趣爱好、有相同的价值观，养育孩子的方式、与双方亲友的相处方式也要能达成共识，有平等和尊重的意识。国内心理专家用头碰头、心碰心、伤碰伤、身碰身来评估家庭关系质量的四个维度。

（五）家庭健康管理

家庭是构成社会的细胞，家庭健康不仅关系到每个家庭成员，也关系到全社会的健康水平。家庭健康管理包括健康评估与健康管理两方面。家庭健康管理基于个人体检结果，建立专属的健康档案，做出健康状况评估，并有针对性地提出精准、个性化健康管理或治疗方案，使个人从社会、心理、环境、营养、运动等多个角度得到全面的健康维护和保障服务，从而能够满足家庭中不同个体，如儿童、老人、妇女等不同人群的个性化需求。

健康不仅仅是指躯体健康，还包括心理健康和社会适应良好。影响健康的因素包括五大类：生物因素、环境因素、心理因素、生活方式和医疗保健服务。

健康评估是有计划地系统收集、整理、分析评估对象的健康资料，以明确其健康状况、所存在的健康问题及其可能的原因，确定其健康需要，进而做出健康诊断的过程。健康评估包括身体健康评估、心理健康评估、社会健康评估三类。

通过会谈、观察、周期性健康检查、自测健康评定量表的使用等方法收集健康评估资料，并对家庭成员的健康进行综合分析，从生理、心理、社会三方面评估不同家庭成员的健康需求，为制订健康管理计划提供基础资料。

健康管理是对健康人群、亚健康人群、疾病人群的健康危险因素进行全面监控、分析、评估、预测和维护的全过程。健康管理的服务过程为环形运转循环，包括健康监测、健康评估、健康干预以及健康指标动态监测，整个健康管理过程通过不断循环运行，以减少或降低危险因素的个数和级别，保持低风险水平。家庭健康评估和家庭健康管理以健康促进和疾病预防为目标，对不同健康需求的家庭成员具有非常重要的现实意义。

（六）婚姻家庭性教育

性是婚姻家庭的重要基石。保持自身性与生殖健康、建立亲密关系、做好计划生育、养育孩子、发挥家庭功能，都与性密切相关。家庭中的性是婚姻家庭专业指导工作中不可或缺的核心内容之一。

女性生殖系统由外生殖器官、内生殖器官及相关组织组成。女性生殖系统的特点为自身形成了自然的防御机制，分别是解剖屏障和化学屏障。男性生殖系统分为外生殖器官和内生殖器官两部分。在日常生活中，要保持生殖器官的干净，进行自我检查，时刻留意它们的变化。当出现异常现象时，应及时到正规医院诊治。

女性受孕要经过受精、着床、胚胎及胎儿发育等过程。怀孕又称妊娠，妊娠通常分为三个时期：妊娠 13 周末以前称早期妊娠，第 14—27 周末称中期妊娠，第 28 周及其后称晚期妊娠。妊娠满 28 周及以上，胎儿及其附属物从临产开始到全部从孕妇体内娩出。

避孕是从关注女性身心健康的角度对生育进行有效管理和控制，是人类的基本需求。避孕方法包括使用避孕药品、避孕器具、安全期避孕法、体外排精法等。非意愿妊娠是指意外怀孕且夫妻双方不愿意接受。预防非意愿妊娠的方法包括不发生性交行为、发生性交行为时采取避孕措施、正确使用避孕措施、禁用低避孕效果的措施、鼓励男性承担避孕责任、事后紧急避孕。

人工流产，就是以人工的方法中断妊娠。人工流产所采用的方法通常是根据妊娠的时间来决定的。在妊娠早期，有药物流产、负压吸宫术和钳刮术三种方式。人工流产会对女性生理和心理造成破坏，男性在这一特殊时期应给予女性足够的陪伴关怀和支持，尽量让她受到的心理伤害降到最低。避孕直接关系到女性的身体健康和家庭幸福。为了不做或尽量不做人工流产，一是要坚持避孕，二是要选择适合自己使用的和可靠的避孕方法。

（七）婚姻家庭消费与理财

家庭消费是家庭成员为满足生存和发展而产生的生活费用支出或文化旅游教育支出等。家庭消费受多种因素影响，如家庭经济能力、家庭收入水平、家庭成员消费观念、家庭人口数量及教育水平等。家庭消费应遵循四个原则：量力而行、符合家庭整体利益、维护家庭和谐幸福、保护地球家园。家庭消费往往存在认识误区，如家庭资产缺乏流动性，没有抵御经济风险的现金；存在冲动、非理性消费；对健康消费缺乏科学认知和意识；对家庭财富管理缺乏风险管理和长远规划。

在家庭婚姻的不同阶段，都涉及财富的相关问题，在结婚前期、在婚期、离婚前都需要合理合法保护个人财产。家庭消费从家庭准备期、家庭形成期、家庭成长期、家庭空巢期和家庭衰老期五个时期介绍了理财需求和消费特征，通过案例导读对家庭资产状况和收入支出进行了分析。在生命周期不同阶段，家庭消费理财的特征、需求都有差异，家庭婚姻不同阶段对财务的处理也有不同需求，婚前财产公证依法保护婚姻期间夫妻共同财产和共同债务，离婚前财产依法分割，保护家庭弱者权益，遗嘱是逝者安心的重要制度。

家庭消费与理财概述从家庭消费、家庭理财、家庭消费理财理论三方面，介绍了家庭消费原则、家庭消费认识误区、健康消费的科学认知、家庭财富管理的风险管理和规划；家庭理财的内涵和八个基本原则；消费理论的基本观点，家庭理财内容，家庭生命周期理论及其在家庭消费与理财中的应用。婚姻与家庭财富从家庭婚姻相关法律规定、婚姻与家庭财务管理案例及分析两方面，介绍了我国民法典在第五编婚姻家庭编做出的法律规定；四个婚姻家庭财务管理案例以及相关分析。

本章总结

男女平等和妇女发展是人类社会追求的崇高理想，是社会文明进步的重要标尺，是实现可持续发展的基本目标。男女平等作为促进社会发展的一项基本国策，已在家庭建设工作中体现。各种有关家庭的法律的制定和完善，促进家庭建设的理论不断发展和理念不断创新，科学制定家庭政策能够改善民生、提升家庭生活质量，使家庭建设迎来新的发展机遇。以习近平同志为核心的党中央高度重视家庭建设，习近平总书记多次作出重要指示，就注重家庭、注重家教、注重家风等制定有针对性的家庭政策，指导党和国家的各项家庭工作，推动政府和社会团体做好家庭工作。家庭家教家风建设写入党的决议和政府规划，把家庭建设融入党的事业大局中进行统筹规划，不断完善家庭政策的体系建设。本书从婚姻家庭基础理论和婚姻家庭实践两方面，全面介绍了婚姻家庭专业的基本知识，为人们深入学习和了解婚姻家庭各方面的内容，提供了严谨的逻辑体系和丰富的资料来源。

思考题

1. 男女平等基本国策的主要内容是什么？
2. 简述中国“五好家庭”的发展状况。
3. 哪些法律涉及家庭建设？
4. “两纲”的家庭目标是什么？

第二章

婚姻家庭法律制度

学习目标

本章主要以民法典为基础，结合未成年人保护法、妇女权益保障法、家庭教育促进法、反家庭暴力法等法律，介绍我国婚姻法律制度、家庭法律制度以及家庭暴力防治制度。通过本章学习，掌握以下内容：

1. 掌握结婚的条件和程序，以及不符合结婚条件的无效婚姻和可撤销婚姻的制度内容。

2. 掌握夫妻人身关系和财产关系的内容。

3. 掌握离婚程序及其适用条件，以及离婚在夫妻关系、父母子女关系方面的法律后果。

4. 掌握父母子女、兄弟姐妹以及祖孙等近亲属之间的法定权利义务内容。

5. 掌握家庭暴力的概念和主要防治措施。

6. 能够正确运用法律知识解决家庭纠纷。

第一节　婚姻法律制度

2020 年 5 月 28 日，第十三届全国人民代表大会第三次会议通过的《中华人民共和国民法典》（以下简称民法典）是我国婚姻家庭法律制度的主要法律依据。结婚是男女双方按照法律规定的条件和程序建立夫妻关系的民事法律行为。结婚应男女双方完全自愿、达到法定婚龄，且不得重婚或与一定范围的亲属结婚，并依法履行结婚登记程序。婚姻有效成立，即在夫妻之间产生法定的权利与义务，包括人身关系和财产关系。夫妻财产制是夫妻财产关系的最重要内容，我国实行以法定财产制为主、约定财产制为辅的夫妻财产制。离婚是在配偶生存期间依法解除婚姻关系的法律行为。如果夫妻双方对离婚及其后果达成一致意见，则可采用登记离婚程序，否则须采用诉讼离婚程序。父母离婚不消除父母子女关系，但须妥善处理子女抚养归属、抚养费负担和非直接抚养方的探望权等问题。

一、结婚

结婚不仅关系到男女双方当事人的身份关系和权利义务，也会产生一系列重要的社会后果，具有很强的社会性。

（一）结婚条件

1. 男女双方完全自愿

民法典第一千零四十六条规定：“结婚必须男女双方完全自愿，禁止任何一方对他方加以强迫，禁止任何组织或者个人加以干涉。”依此规定，法律将是否结婚、与谁结婚、何时结婚的决定权完全赋予当事人本人，这为建立以爱情为基础的婚姻关系提供了有效的保障。

“男女双方完全自愿”包括以下具体要求：结婚必须是当事人双方自愿，而不是任何一方的一厢情愿；结婚必须是双方当事人本人自愿，而不是仅取决于当事人父母或其他第三人的意愿；结婚必须是当事人双方的完全自愿，而不是勉强同意。

2. 达到法定婚龄

法定婚龄是法律规定的男女双方结婚必须达到的最低年龄，即结婚年龄的下限。当事人达到法定婚龄始得结婚，未达法定婚龄结婚是违法的。

民法典第一千零四十七条规定："结婚年龄，男不得早于二十二周岁，女不得早于二十周岁。"考虑到我国的多民族特点和少数民族特有的历史传统、民族习惯，民族自治地方的人民代表大会可根据立法法的授权，结合当地民族婚姻家庭的具体情况，对法定婚龄等问题制定变通规定。

3. 禁止重婚

根据一夫一妻制原则的要求，任何人都不得同时有两个或两个以上的配偶，否则构成重婚，不仅后一次结合不能产生合法婚姻的法律效力，当事人还可能承担刑事责任。因此，申请结婚的双方当事人应无配偶，即只能是未婚者、丧偶者或离婚者。

4. 禁止一定范围的亲属结婚

禁止一定范围的亲属结婚反映了自然选择规律的要求，具有优生学上的科学根据，也是人类社会生活中长期形成的伦理观念的要求。民法典第一千零四十八条规定"直系血亲或者三代以内的旁系血亲禁止结婚"。其中，直系血亲是指彼此之间具有直接血缘联系的亲属，包括父母与子女，祖父母、外祖父母与孙子女、外孙子女，曾祖父母、曾外祖父母与曾孙子女、曾外孙子女等，无论代数多少均不得结婚。旁系血亲是指彼此之间具有间接血缘联系的亲属。根据我国采用的世代计算法，三代以内的旁系血亲包括：(1) 同源于父母的兄弟姐妹，既包括同父同母的全血缘兄弟姐妹，也包括同父异母或同母异父的半血缘兄弟姐妹；(2) 同源于祖父母、外祖父母的伯叔与侄女、姑与侄子、舅与外甥女、姨与外甥；(3) 同源于祖父母、外祖父母的堂兄弟姐妹、表兄弟姐妹。

（二）结婚程序

男女双方符合结婚条件意味着具有结婚的可能性，只有履行法定的结婚程序，才能使这种可能变成现实，所成立的婚姻才能得到法律的承认与保护。民法典第一千零四十九条规定："要求结婚的男女双方应当亲自到婚姻登记机关申请结婚登记。符合本法规定的，予以登记，发给结婚证。完成结婚登记，即确立婚姻关系。未办理结婚登记的，应当补办登记。"

依《婚姻登记条例》第二条，内地居民办理婚姻登记的机关是县级人民政府民政部门或者乡（镇）人民政府；省、自治区、直辖市人民政府可以按照便民原则确定农村居民办理婚姻登记的具体机关。婚姻登记机关的管辖范围原则上根据当事人的户籍确定，男女双方的常住户口在同一地的，为该地的婚姻登记机关；双方的常住户口不在同一地的，为任何一方当事人常住户口所在地的婚姻登记机关。

双方当事人应共同亲自前往有管辖权的婚姻登记机关提出结婚登记申请。当事人应出具本人的户口簿、身份证；本人无配偶以及与对方当事人没有直系血亲和三代以内旁系血亲关系的签字声明。婚姻登记机关对当事人出具的证件、证明材料是否真实、齐全进行审查，对符合结婚条件的，应当予以登记，发给结婚证；对不符合结婚条件的不予登记，并向当事人说明理由。依据妇女权益保障法第六十三条，婚姻登记机关应当提供婚姻家庭辅导服务，引导当事人建立平等、和睦、文明的婚姻家庭关系。

值得一提的是，自2003年《婚姻登记条例》实施以来，婚前健康检查不再是结婚登记的必经程序，当事人在办理结婚登记时无须向婚姻登记机关提交婚前健康检查证明。但婚前健康检查是保障当事人人身安全和婚姻权益、减少遗传缺陷儿出生率的有效措施。妇女权益保障法第六十二条规定：“国家鼓励男女双方在结婚登记前，共同进行医学检查或者相关健康体检。”

（三）无效婚姻和可撤销婚姻

结婚应符合法律规定的条件，对于欠缺法定结婚条件的违法结合，应依法认定其无效或予以撤销。

1. 无效婚姻

民法典第一千零五十一条规定：“有下列情形之一的，婚姻无效：（一）重婚；（二）有禁止结婚的亲属关系；（三）未到法定婚龄。”

有权申请宣告婚姻无效的主体，包括婚姻当事人及利害关系人。利害关系人包括：以重婚为由的，为当事人的近亲属及基层组织；以未到法定婚龄为由的，为未达法定婚龄者的近亲属；以有禁止结婚的亲属关系为由的，为当事人的近亲属。婚姻当事人及利害关系人应依法向人民法院申请宣告婚姻无效。

宣告婚姻无效的请求权应在无效原因消失前行使。最高人民法院在《关于适用〈中华人民共和国民法典〉婚姻家庭编的解释（一）》中还指出：“夫妻一方或者双方死亡后，生存一方或者利害关系人依据《民法典》第一千零五十一条的规定请求确认婚姻无效的，人民法院应当受理。”这是因为婚姻效力对当事人的财产分割、遗产继承等问题将产生实质影响，所以在一方或双方当事人死亡的情况下，仍有确定婚姻效力的必要。

2. 可撤销婚姻

民法典第一千零五十二条规定：“因胁迫结婚的，受胁迫的一方可以向人民法院请求撤销该婚姻。”胁迫是指行为人以给另一方当事人或者其近亲属的生命、身体健康、名誉、财产等方面造成损害为要挟，迫使另一方当事人违背真实意愿结婚的情况。因受胁迫而结婚，双方当事人之间缺乏有效的结婚合意，违反了结婚必须男女双方完全自愿的规定，应允许受胁迫方依法请求撤销该婚姻。撤销婚姻的请求权属于受胁迫一方的婚姻关系当事人本人，受胁迫方是否行使撤销权应由本人自行决定。受胁迫方撤销婚姻的请求应当自胁迫行为终止之日起一年内提出；被非法限制人身自由的当事人请求撤销婚姻的，应当自恢复人身自由之日起一年内提出。

需要特别指出的是，民法典不再将“患有医学上认为不应当结婚的疾病”作为禁止结婚的情形，相应地，“婚前患有医学上认为不应当结婚的疾病，婚后尚未治愈的”也不再构成无效婚姻，但“一方隐瞒重大疾病的，另一方可以向人民法院请求撤销婚姻。请求撤销婚姻的，应当自知道或者应当知道撤销事由之日起一年内提出”。

3. 婚姻无效与被撤销的法律后果

民法典第一千零五十四条规定：“无效的或者被撤销的婚姻自始没有法律约束力，当事人不具有夫妻的权利和义务。同居期间所得的财产，由当事人协议处理；协议不成的，由人民法院根据照顾无过错方的原则判决。对重婚导致的婚姻无效的财产处理，不得侵害合法婚姻当事人的财产权益。当事人所生的子女，适用本法关于父母子女的规定。婚姻无效或者被撤销的，无过错方有权请求损害赔偿。”

二、夫妻关系

夫妻关系是男女两性社会地位的缩影，与一定社会的经济基础、文明程度和婚姻家庭制度等的发展变化密切相关。民法典第一千零五十五条规定：“夫妻在婚姻家庭中地位平等。”这是男女平等原则在夫妻关系中的具体体现，也是对夫妻关系所作的原则性规定，即夫妻在共同生活中平等地行使法定权利、履行法定义务，共同承担对家庭和社会的责任。

（一）夫妻人身关系

1. 夫妻姓名权

姓名权是自然人依法享有的决定、变更和使用自己姓名并排除他人非法干涉或非法使用的权利。尊重并平等保护夫妻双方独立的姓名权是我国婚姻法的一贯做法。民法典第一千零五十六条规定：“夫妻双方都有各自使用自己姓名的权利。”当然，这并不妨碍夫妻双方在平等、自愿基础上就姓名问题进行约定的自由，只要双方达成协议，无论是妻从夫姓、夫从妻姓还是共同选用第三姓都是合法的。

2. 夫妻人身自由权

人身自由权是指自然人依法享有的其人身和行动完全由自己支配，不受任何组织或个人非法限制或侵害的权利。我国法律赋予夫妻以充分、平等的人身自由权，民法典第一千零五十七条规定："夫妻双方都有参加生产、工作、学习和社会活动的自由，一方不得对另一方加以限制或者干涉。"

3. 夫妻日常家事代理权

夫妻日常家事代理权是指夫妻一方在因家庭日常事务而与第三人为一定的法律行为时，与其配偶互为代理人的权利。民法典第一千零六十条规定："夫妻一方因家庭日常生活需要而实施的民事法律行为，对夫妻双方发生效力，但是夫妻一方与相对人另有约定的除外。""夫妻之间对一方可以实施的民事法律行为范围的限制，不得对抗善意相对人。"

日常家事代理权的实质在于将夫妻一方因处理家庭日常事务而与第三人所为的法律行为视为夫妻双方共同的意思表示，另一方须对因此产生的债务承担连带责任。日常家事代理权的行使范围仅限于家庭日常事务，即夫妻双方及其共同的未成年子女日常共同生活中必须发生的各种事项，如衣食住行消费、日用品购买、医疗保健、子女教育、老人赡养、娱乐文化消费等。

（二）夫妻财产关系

夫妻财产关系是指基于夫妻身份而在夫妻之间产生的具有财产内容的权利、义务关系。夫妻财产关系以夫妻人身关系为基础，同时又是夫妻生存的经济基础，是实现家庭经济职能的基础性要素。

1. 夫妻财产制

夫妻财产制是关于夫妻婚前财产和婚后所得财产的归属、管理、使用、收益、处分以及债务清偿等方面的法律制度。以夫妻财产制的发生依据为标准，夫妻财产制可分为法定财产制和约定财产制。我国实行以法定财产制为主、约定财产制为辅的夫妻财产制。

（1）我国的法定夫妻财产制

①夫妻共有财产

法定夫妻共有财产是指夫妻双方在婚姻关系存续期间所得的，依照法律规定属于双方共同所有的财产。夫妻共有财产的主体是具有合法婚姻关系的夫妻；该财产的范围仅限于婚姻关系存续期间所得的财产；该财产的来源包括夫妻双方或一方所得的财产，但法律另有规定或当事人另有约定的除外；该共有财产的性质是共同共有。根据民法典第一千零六十二条第 1 款的规定，我国法定夫妻共有财产包括：

工资、奖金、劳务报酬。即劳动者的劳动收入，既包括工资、奖金，也包括各种津贴、补贴等劳务报酬。[①]一些企业还存在年薪、股份期权等工资性收入，这也应当纳入夫妻共有财产的范围。

生产、经营、投资的收益。指夫妻一方或双方在婚姻关系存续期间从事个体生产劳动，或在工业、农业、服务业、信息业、金融证券业等领域中从事组织管理、承保、租赁、投资等经营活动[②]所得的收益。

知识产权的收益。知识产权是指民事主体对其创造性的智力成果依法所享有的专有权利，包括专利权、商标权、著作权等。在婚姻关系存续期间，夫妻一方或双方因知识产权取得的经济收益，如专利转让费、作品稿酬等，无论权利人是夫妻一方或双方，均归夫妻共同所有。知识产权的收益不仅包括在婚姻关系存续期间已经实际取得的收益，根据最高人民法院《关于适用〈中华人民共和国民法典〉婚姻家庭编的解释（一）》第二十四条的规定，也包括虽未实际取得，但已经明确可以取得的财产性收益。

继承或者受赠的财产，但遗嘱或赠与合同中确定只归夫或妻一方的除外。夫妻一方或双方在婚姻关系存续期间继承或受赠的财产原则上是夫妻共有财产，但是如果被继承人或赠与人在遗嘱或赠与合同中明确夫妻一方为继承人或受赠人的，则为该方的个人财产。这一规定既维护了夫妻共同财产权益，又尊重了财产所有权人处分自己财产的权利。

其他应当归共同所有的财产。基于实际生活的复杂性和婚姻财产的多样性，对夫妻共有财产的罗列难以周全，故有此兜底性规定。根据最高人民法院《关于适用〈中华人民共和国民法典〉婚姻家庭编的解释（一）》第二十五条的规定，婚姻关系存续期间一方以个人财产投资取得的收益（孳息和自然增值除外）；男女双方实际取得或者应当取得的住房补贴、住房公积金；男女双方实际取得或者应当取得的基本养老金、破产安置补偿费属于“其他应当归共同所有的财产”。

夫妻共有财产权从性质上说是共同共有，因此在婚姻关系存续期间，夫妻双方对夫妻共有财产平等地、不分份额地享有占有、使用、收益、处分的权利，并承担相应义务，不受双方收入状况等情形的影响。因家庭日常生活需要处理夫妻共有财产的，任何一方均有权决定；非因家庭日常生活需要对夫妻共有财产作重要处理决定，夫妻双方应平等协商取得一致意见。夫妻一方擅自处分共有财产，他人有理由相信其为夫妻双方共同意思表示的，另一方不得以不同意或不知道为由对抗善意第三人。

对于需要办理登记的不动产和汽车等特殊动产，为使权属证书的记载与财产的实际权属状况相符，保障婚姻当事人，尤其是女方的合法财产权益，妇女权益保障法第

① 黄薇主编《中华人民共和国民法典婚姻家庭编解读》，中国法制出版社，2020，第103页。

② 中国审判理论研究会民事审判理论专业委员会：《民法典婚姻家庭编条文理解与司法适用》，法律出版社，2020，第103页。

六十六条第2款规定："对夫妻共同所有的不动产以及可以联名登记的动产，女方有权要求在权属证书上记载其姓名；认为记载的权利人、标的物、权利比例等事项有错误的，有权依法申请更正登记或者异议登记，有关机构应当按照其申请依法办理相应登记手续。"

②夫妻一方的个人财产

夫妻一方的个人财产是指在共同财产制下，依照法律规定或当事人约定，专属于夫妻一方个人所有并排斥夫妻共有的财产。夫妻一方的个人财产制度在实现婚姻本质特征的同时，充分尊重和保护夫妻个人的财产利益，实现了婚姻共同体利益与个体利益的均衡。依民法典第一千零六十三条，下列财产为夫妻一方的个人财产：

一方的婚前财产。夫妻双方婚前各自所有的财产在婚后仍归原所有人所有，不因婚姻关系的成立发生变化，也不因婚姻关系的存续而发生转化，除非当事人另有约定。

一方因受到人身损害获得的赔偿或者补偿。这些财产的目的在于填补受害人的人身损害，具有强烈的人身专属性质。从维护受害人个人合法权益，保障受害人得到有效治疗和维持其正常生活的角度看，应归其个人所有。残疾人生活补助费，军人的伤亡保险金、伤残补助金、医药生活补助费等均属此类财产。

遗嘱或者赠与合同中确定只归一方的财产。如果被继承人在遗嘱中指明其遗产只归夫或妻一方继承或者受遗赠，出于对被继承人个人财产处分权的充分尊重，也出于保护个人财产权利的要求，夫或妻一方在被继承人死亡后获得的财产应属于其个人特有财产。赠与也是一样，如果赠与合同中明示该财产只归受赠人一方所有，该项财产就不应被纳入夫妻共有财产。

一方专用的生活用品。即婚后以夫妻共有财产购置的供夫或妻一方个人使用，而另一方在日常生活中不方便或不适宜使用的生活用品，如衣物、化妆品、专用的饰物和饰件等。有些物品虽然为一方经常使用，但不是生活用品，或是生活用品但不具有个人专用性，如农用拖拉机，摄像、摄影器材等，均不能视为夫妻一方的个人财产。

其他应当归一方的财产。这是对夫妻一方个人财产的兜底性规定，目的同样是应对社会经济发展所带来的财产类型的增加。

夫妻一方对其个人财产独立享有占有、使用、收益和处分的权利，他人无权干涉。在离婚时，夫妻一方的个人财产归该方所有，他方无权分割。

③夫妻共同债务

民法典第一千零六十四条第1款规定："夫妻双方共同签名或者夫妻一方事后追认等共同意思表示所负的债务，以及夫妻一方在婚姻关系存续期间以个人名义为家庭日常生活需要所负的债务，属于夫妻共同债务。"这确立了夫妻共同债务的三种类型：

基于共同意思表示的夫妻共同债务。依据债权法的一般规则，多个民事主体可基于共同意思表示形成共同债务。夫妻虽具有特殊身份关系，但在结婚后仍是独立的个体，各自保有独立的人格和意志，可以在平等自愿的基础上设定共同债务。“夫妻双方共同签名或者夫妻一方事后追认等共同意思表示所负的债务”属于夫妻共同债务，有利于从债务形成的源头上杜绝夫妻一方“被负债”现象的发生，还可以有效避免因事后无法举证证明债务属于夫妻共同债务而遭受不必要的损失，对于保障交易安全和夫妻一方合法权益具有积极意义。①

为家庭日常生活需要所负的债务。基于民法典第一千零六十条有关夫妻日常家事代理权的规定，夫妻一方在婚姻关系存续期间以个人名义为家庭日常生活需要所负的债务，视为依双方共同意思表示所负，属于夫妻共同债务，对夫妻双方发生效力。

债权人能够证明的夫妻共同债务。夫妻一方在婚姻关系存续期间以个人名义超出家庭日常生活需要所负的债务不属于夫妻共同债务，但是债权人能够证明该债务用于夫妻共同生活、共同生产经营或者基于夫妻双方共同意思表示的除外。家庭日常生活原本属于共同生活的范畴，但此处的“用于夫妻共同生活”仅指超出家庭日常生活需要的部分，如购买双方共同居住的房屋、共同使用的汽车等大额的、不经常发生的消费支出。用于共同生产经营的负债则是以营利为目的形成的债务，既包括在夫妻双方共同参与的生产经营活动中形成的债务，也包括在夫妻一方参与的生产经营活动中形成且另一方从中获益的债务。

（2）我国的约定夫妻财产制

随着社会主义市场经济体制的建立和发展，财产关系日趋复杂，公民个人财产和家庭财产的数量、形式、价值明显增大，人们的财产观念和婚姻家庭观念也发生了重大变化。依据民法典第一千零六十五条，我国约定夫妻财产制主要包括以下内容：

约定的内容。双方约定的既可以是婚姻关系存续期间所得的财产，也可以是各自婚前的财产；既可以是双方的全部财产，也可以是部分财产或某一项特定财产；既可以约定财产归各自所有，也可以约定为共同所有或部分各自所有、部分共同所有；既可以约定财产所有权的归属，也可以就财产的使用权、管理权、收益权、处分权等权能的行使进行约定。

约定的形式。夫妻财产约定是要式法律行为，双方当事人应制作书面的财产协议，并由本人签字，以使约定有确定的依据，避免日后产生纠纷。至于是否进行公证，可由当事人协商决定，法律未予强制。

约定的时间。本条没有规定夫妻进行财产约定的时间。按照通常的解释，男女双方可以在结婚之前，也可以在婚姻关系存续期间进行财产约定。需要注意的是，如果

① 中国审判理论研究会民事审判理论专业委员会：《民法典婚姻家庭编条文理解与司法适用》，法律出版社，2020，第 113 页。

夫妻双方是在离婚过程中达成有关财产的约定，尽管此时婚姻关系仍然存续，该约定也不属于约定财产制，而是离婚财产分割协议。

约定的效力。约定财产制具有优先于法定财产制适用的效力，只有在当事人没有约定或者约定不明确时，才适用法定财产制。夫妻财产约定对双方具有法律约束力，双方应按照约定享有权利，承担义务；非经双方协商一致，任何一方不得随意撤销、变更。夫妻对婚姻关系存续期间所得的财产约定归各自所有，夫或者妻一方对外所负的债务，相对人知道该约定的，以夫或者妻一方的个人财产清偿。

2. 夫妻相互继承权

夫妻相互继承权是指夫妻相互作为第一顺序法定继承人，继承对方死亡时遗留的个人财产的权利。民法典第一千零六十一条明确规定："夫妻有相互继承遗产的权利。"夫妻相互继承权是以配偶身份为前提的一种财产权，既是继承制度的组成部分，也是婚姻效力的一项内容。同时，夫妻相互享有遗产继承权是男女平等原则的重要体现，是"继承权男女平等"在夫妻关系中的反映。

3. 夫妻相互扶养义务

夫妻相互扶养义务是指夫妻之间在物质上、生活上相互供养和扶助的法定权利义务。民法典第一千零五十九条规定："夫妻有互相扶养的义务。""需要扶养的一方，在另一方不履行扶养义务时，有要求其给付扶养费的权利。"在理解这一规定时应注意以下几点：

（1）夫妻相互扶养义务是夫妻身份关系导致的必然结果

夫妻身份关系是夫妻相互扶养义务产生的前提。夫妻相互扶养义务始于婚姻的有效成立，终于婚姻关系的终止，只要婚姻关系有效存续，夫妻相互扶养义务就一直存在。当事人不具有合法夫妻身份关系的，不发生相互扶养义务。

（2）夫妻相互扶养义务是相互的、无条件的

夫妻间的扶养义务是相互的，一方在负有扶养对方义务的同时，也享有要求和接受对方扶养的权利。夫妻相互扶养义务是生活保持义务，即扶养义务人必须无条件地履行供养和扶助的义务，以维持被扶养人具有与扶养人相同水平的生活。

（3）夫妻相互扶养义务是法定义务，具有法律强制性

夫妻相互扶养义务是基于法律规定，在具有夫妻身份的特定主体之间产生的一种法定义务，具有法律强制性，如一方不履行扶养义务，另一方有权要求其支付扶养费。夫妻双方如因扶养费的给付发生纠纷时，可向人民调解组织提出调解申请，或向人民法院提起诉讼。

三、离婚

离婚是配偶生存期间依法解除婚姻关系的法律行为。我国离婚有登记离婚和诉讼离婚两种程序，以下分述之。

（一）登记离婚

登记离婚是在夫妻双方对离婚以及离婚的法律后果均能达成一致意见的情况下，婚姻登记机关予以登记，发给离婚证的离婚程序。

1. 登记离婚的法定条件

（1）双方当事人自愿。首先，双方当事人必须具有完全民事行为能力，无民事行为能力或限制民事行为能力人不适用登记离婚，只适用诉讼离婚。双方当事人离婚的意思表示应当是真实的和一致的，不能有夫妻一方欺骗或胁迫另一方的行为，也不得有任何弄虚作假的行为。

（2）双方当事人对子女和财产问题已有适当处理。双方当事人已经对离婚后的子女抚养、财产分割以及债务处理等事项均协商一致，并记载在离婚协议中。

2. 登记离婚的程序

内地居民自愿离婚的，夫妻双方应当共同到一方当事人常住户口所在地的婚姻登记机关办理离婚登记。中国公民同外国人在中国内地自愿离婚的，或内地居民同港澳台居民、华侨在中国内地自愿离婚的，双方应当共同到内地居民常住户口所在地的婚姻登记机关办理离婚登记。

夫妻双方申请离婚时，应持双方的户口簿、身份证、结婚证和双方当事人共同签署的离婚协议书。婚姻登记机关对当事人的离婚申请并不立即进行审查，自其收到离婚登记申请之日起三十日内，任何一方当事人不愿意离婚的，可以向婚姻登记机关撤回离婚登记申请。前述期限届满后三十日内，双方应当再次亲自到婚姻登记机关申请发给离婚证，未申请的，视为撤回离婚登记申请，此即为民法典新增的“冷静期”条款，目的在于遏制轻率、冲动离婚的情形，促进婚姻家庭稳定。对再次提出离婚申请的，婚姻登记机关查明双方确实是自愿离婚，并已经对子女抚养、财产以及债务处理等事项协商一致的，予以登记，发给离婚证。

（二）诉讼离婚

诉讼离婚是指由人民法院管辖和处理的离婚纠纷，即对于夫妻一方或双方提出的离婚请求，由人民法院作出肯定或否定的裁决。

1. 诉讼离婚的程序

民法典第一千零七十九条第1款规定："夫妻一方要求离婚的，可以由有关部门进行调解或者直接向人民法院提起离婚诉讼。"此为诉讼外的调解，不是处理离婚的必经程序，调解结果也不具有法律效力。

民法典第一千零七十九条第2款规定："人民法院审理离婚案件，应当进行调解。"可见，人民法院主持进行的调解是离婚诉讼的必经程序。离婚案件经人民法院调解后，可能出现三种结果：第一种是双方和好，原告撤销离婚之诉；第二种是双方达成离婚协议，人民法院将协议内容制作成调解书，调解书经当事人双方签收后即发生法律效力；第三种是调解无效，包括调解无法和好、调解无法达成离婚协议，或当事人虽就离婚问题达成协议，但对财产分割和子女抚养等问题无法达成协议。对于调解无效的离婚案件，人民法院应依法作出判决。

2. 裁判离婚的法定标准

依民法典第一千零七十九条，感情是否确已破裂是人民法院审理离婚案件准予或不准予离婚的法定理由。感情确已破裂是指作为婚姻基础的夫妻感情已经完全地、彻底地破裂，不复存在，无可挽回。判断夫妻感情是否确已破裂，应当从婚姻基础、婚后感情、离婚原因、夫妻关系的现状和有无和好可能等方面综合分析。

感情确已破裂作为裁判离婚的概括性理由，对离婚案件的审理具有普遍的指导意义，但为了使该规定更具有操作性，民法典第一千零七十九条第3款结合审判实践经验，列举了准予离婚的五种情形：重婚或者与他人同居；实施家庭暴力或者虐待、遗弃家庭成员；有赌博、吸毒等恶习屡教不改；因感情不和分居满二年；其他导致夫妻感情破裂的情形。针对离婚诉讼实践中存在的"久调不决"问题，本条还增加了一款，即"经人民法院判决不准离婚后，双方又分居满一年，一方再次提起离婚诉讼的，应当准予离婚"。

3. 对离婚诉讼权的必要限制

民法典第一千零八十一条规定："现役军人的配偶要求离婚，应当征得军人同意，但是军人一方有重大过错的除外。"其中，"现役军人"是指正在人民解放军或人民武装警察部队服役、具有军籍的人员。"重大过错"是指重婚或者与他人同居；实施家庭暴力或者虐待、遗弃家庭成员；有赌博、吸毒等恶习屡教不改以及有其他重大过错导致夫妻感情破裂的情形。

民法典第一千零八十二条规定："女方在怀孕期间、分娩后一年内或者终止妊娠后六个月内，男方不得提出离婚；但是，女方提出离婚或者人民法院认为确有必要受理男方离婚请求的除外。"根据审判实践经验的总结，"确有必要"主要有以下情况：双方确有不能继续共同生活的重大、急迫的事由；女方婚后因与人通奸而致怀孕或生育子女，该事实为女方所不争或已经人民法院查明属实等。

此外，依据民事诉讼法第一百二十四条，对于人民法院判决不准离婚和调解和好的离婚案件，原告在6个月内又起诉的，人民法院不予受理。被告在6个月内起诉的，不受此限制。

（三）离婚的效力

完成离婚登记，或者离婚判决书、调解书生效，婚姻关系即告解除。离婚的效力，是指婚姻关系解除在法律上所产生的后果。

1. 离婚在夫妻关系方面的效力

（1）人身关系

离婚使夫妻身份关系终止，双方不再是配偶，均取得再婚自由，一方对他方不得加以干涉。

（2）财产关系

离婚时应对夫妻共同财产进行分割。民法典第一千零八十七条规定："离婚时，夫妻的共同财产由双方协议处理；协议不成的，由人民法院根据财产的具体情况，按照照顾子女、女方和无过错方权益的原则判决。对夫或者妻在家庭土地承包经营中享有的权益等，应当依法予以保护。"分割夫妻共同财产的具体方法包括：实物分割，即对财产进行实际分配，双方各自根据其分割的财产份额取得应得财产；价金分割，即将共有物变卖，双方对变卖所得价金进行分割后各自取得价金；价格补偿，即夫妻一方取得共有物，另一方获得相当于一半价格的补偿，取得价金。

夫妻离婚时，对于债务问题也要妥善处理。民法典第一千零八十九条规定："离婚时，夫妻共同债务应当共同偿还。共同财产不足清偿或者财产归各自所有的，由双方协议清偿；协议不成的，由人民法院判决。"

夫妻一方隐藏、转移、变卖、毁损、挥霍夫妻共同财产，或者伪造夫妻共同债务企图侵占另一方财产的，在离婚分割夫妻共同财产时，对该方可以少分或者不分。离婚后，另一方发现有上述行为的，可以向人民法院提起诉讼，请求再次分割夫妻共同财产。按照民事诉讼"谁主张，谁举证"的一般规则，在离婚诉讼中主张对方有上述行为的一方负有举证责任，须证明对方实施了侵害夫妻共同财产的行为，否则将无法适用本规定获得救济。然而大量的离婚审判实践表明，实施上述行为的通常是夫妻中掌握财产权的一方，受害方不仅不掌握家庭财产权，甚至对家庭收入情况、夫妻共同财产状况缺乏具体、准确的了解，要让其举证证明前者实施了侵害夫妻共同财产的行为何其不易。在证据不足的情况下，受害方不仅不能主张在分割夫妻共同财产时对对方少分或不分，而且只能按对方认可的夫妻共同财产数额进行分割，权利无法得到有效保护。有鉴于此，妇女权益保障法第六十七条规定：“离婚诉讼期间，夫妻一方申请查询登记在对方名下财产状况且确因客观原因不能自行收集的，人民法院应当进行调查取证，有关部门和单位应当予以协助。”“离婚诉讼期间，夫妻双方均有向人民法院申报全部夫妻共同财产的义务。”

（3）离婚救济

离婚救济制度是在离婚财产分割制度之外，法律对离婚后处于弱势地位或权益受到损害一方提供的法律救济，目的是实现社会公平。

①家务补偿

夫妻双方在家庭中的地位完全平等，夫妻双方应当共同负担家庭义务，共同照顾家庭生活，这是男女平等原则在夫妻关系中的贯彻和体现。离婚家务补偿是对在家庭共同生活中付出义务较多的一方所从事的家务劳动价值的肯定，是弥补其损失的一种辅助性手段。根据民法典第一千零八十八条，提起家务补偿必须符合一定条件：其一，请求补偿的一方在抚育子女、照料老年人、协助另一方工作等方面负担了较多义务。其二，在离婚时提出请求。家务补偿请求权不考虑双方的过错情况，无论对方是否有过错，付出较多义务的一方均可要求补偿，其补偿请求权不以对方的过错为要件。

②离婚经济帮助

民法典第一千零九十条规定：“离婚时，如果一方生活困难，有负担能力的另一方应当给予适当帮助。具体办法由双方协议；协议不成的，由人民法院判决。”其中“一方生活困难”，是指依靠个人财产和离婚时分得的财产无法维持当地基本生活水平。一方离婚后没有住处的，属于生活困难。

③离婚损害赔偿

离婚损害赔偿是指配偶一方因法定的过错行为而给他方造成物质或精神上的损害并导致离婚的，无过错方在离婚时有权请求损害赔偿。离婚损害赔偿最基本的功能就是填补受害配偶的损害，抚慰其承受的精神痛苦。离婚损害赔偿的构成要件包括：

配偶一方有法定的过错。根据民法典第一千零九十一条的规定，离婚损害赔偿的法定过错行为是：重婚，与他人同居，实施家庭暴力，虐待、遗弃家庭成员和其他重大过错。“其他重大过错”是民法典新增的兜底条款，目的在于扩大离婚损害赔偿制度的适用范围，使之能更好发挥保障婚姻关系中无过错方权益的功能。“其他重大过错”包括一方有赌博、吸毒等恶习屡教不改，一方长期与他人发生婚外性行为或因性犯罪伤害夫妻感情等。

有损害事实。包括由于对方的过错行为造成的财产利益的损害，如因身体受伤害而支出的医疗费，或劳动收入的减少；也包括因对方的过错行为造成的身体上的损害和精神损害。

过错行为与离婚行为之间有因果关系。

离婚的发生。在婚姻关系存续期间，即使一方有过错，他方如不要求离婚，也不能行使损害赔偿请求权。

请求权人无法定过错。如果双方均有过错，根据过错相抵原则，任何一方均不得要求损害赔偿。

2. 离婚在父母子女关系方面的效力

民法典第一千零八十四条规定："父母与子女间的关系，不因父母离婚而消除。离婚后，子女无论由父或者母直接抚养，仍是父母双方的子女。离婚后，父母对于子女仍有抚养、教育、保护的权利和义务。"

（1）子女直接抚养归属

夫妻离婚后，子女只能随父母一方生活，因此，离婚时应解决子女由何方直接抚养的问题。依民法典第一千零八十四条，离婚后，不满两周岁的子女，以由母亲直接抚养为原则。已满两周岁的子女，父母双方对抚养问题协议不成的，由人民法院根据双方的具体情况，按照最有利于未成年子女的原则，综合考虑父母双方的抚养能力、与子女的感情、生活环境、思想品德等情况作出判决。子女已满八周岁的，应当尊重其真实意愿。妇女权益保障法第七十一条还规定："女方丧失生育能力的，在离婚处理子女抚养问题时，应当在最有利于未成年子女的条件下，优先考虑女方的抚养要求。"

（2）子女抚养费的负担

民法典第一千零八十五条第 1 款规定："离婚后，子女由一方直接抚养的，另一方应当负担部分或者全部抚养费。负担费用的多少和期限的长短，由双方协议；协议不成的，由人民法院判决。"子女抚养费的数额应当兼顾子女的需要和父母的负担能力，并结合当地的实际生活水平来确定。子女抚养费一般应定期给付，有条件的也可一次性给付。

（3）不直接抚养子女方的探望权

民法典第一千零八十六条规定："离婚后，不直接抚养子女的父或者母，有探望子女的权利，另一方有协助的义务。"探望子女的方式可以是探望、短期的共同生活，也可以是电话、信件、电子邮件等。探望方式和时间的确定同样采取"协议优先"的原则，先由双方当事人协议，协议不成的，由人民法院判决。如果父或母的探望不利于子女的身体、精神健康的，直接抚养方可向人民法院提起诉讼，人民法院可判决中止其探望权；中止探望的事由消失后，应当恢复探望。

第二节 家庭法律制度

民法典第一千零四十五条第3款规定："配偶、父母、子女和其他共同生活的近亲属为家庭成员。"除夫妻关系外，父母子女关系、兄弟姐妹关系以及祖孙关系均是重要的家庭法律关系。家庭成员身份的确认是明确相互间权利义务的前提和基础。监护制度和收养制度是家庭法律制度的重要内容。

一、父母子女关系

父母子女关系是基于子女出生的事实或法律拟制而发生的最近的直系血亲关系，是家庭关系的重要组成部分。

（一）父母子女关系类型

1. 自然血缘的父母子女关系

自然血缘的父母子女关系，又称为亲子关系，是基于子女出生的事实产生，包括婚生子女、非婚生子女以及人工生育子女。婚生子女是在婚姻关系存续期间受胎或者出生的子女。非婚生子女是没有合法婚姻关系的男女所生的子女，如未婚同居所生育的子女、已婚男女与第三人发生性行为所生育的子女等。从生育的自然属性上讲，非婚生子女与婚生子女并无区别。从生育的社会属性上讲，非婚生子女是婚生子女的对称。由于传统习俗对婚姻关系以外的性行为和生育行为的排斥，非婚生子女历来受到歧视。随着人道主义、人权思想的发展，人们对非婚生子女的态度开始转向宽容。20世纪各国开始逐渐改善非婚生子女的法律地位。许多国家通过准正[①]和认领[②]的程序，使非婚生子女婚生化。我国法律更是直接确认非婚生子女与婚生子女享有同等的权利。[③]人工生育子女是根据生物遗传工程理论采用人工生育技术生育的子女。人工生育技术不仅切断了生育与性行为之间的联系，而且也打破了生育关系与遗传关系合为一体的生育规律。人工生育子女给父母子女关系带来了新的变化，传统的父母子女关系

① 非婚生子女准正是指非婚生子女因生父母结婚或法院宣告而取得婚生子女的资格。

② 非婚生子女认领是指通过法定程序使非婚生子女婚生化的法律行为。非婚生子女的认领一般适用于非婚生子女无法准正的情形。主要有两种形式：自愿认领和强制认领。

③ 民法典第一千零七十一条规定："非婚生子女享有与婚生子女同等的权利，任何组织或者个人不得加以危害和歧视。不直接抚养非婚生子女的生父或者生母，应当负担未成年子女或者不能独立生活的成年子女的抚养费。"

的分类已不能涵盖人工生育的亲子关系。[①] 我国民法典没有明确规定人工生育子女的法律地位，司法实践处理该问题主要依据《最高人民法院关于夫妻关系存续期间以人工授精所生子女的法律地位的复函》，“在夫妻关系存续期间，双方一致同意进行人工授精，所生子女应视为夫妻双方的婚生子女，父母子女关系适用婚姻法[②] 的有关规定”。据此，只要夫妻双方协议一致同意进行人工授精的，不论所生子女是否与父母具有血缘关系，均应视为夫妻双方的婚生子女。鉴于我国法律明令禁止实施“代孕技术”[③]，代孕所生育的子女法律地位尚不明确，亟待立法予以明确。对亲子关系有异议且有正当理由的，民法典第一千零七十三条规定，父或者母可以向人民法院提起诉讼，请求确认或者否认亲子关系。对亲子关系有异议且有正当理由的，成年子女可以向人民法院提起诉讼，请求确认亲子关系。

2. 法律拟制的父母子女关系

法律拟制的父母子女关系，是人为设定由法律加以确认，与自然血亲的父母子女关系在法律上具有同等效力的亲子关系，包括养父母子女关系和形成抚养关系的继父母子女关系。这种拟制血亲的父母子女关系，既可依法设立，也可因死亡、收养的解除或继父母与生父母离婚以及抚养关系的变化而终止。根据民法典第一千一百一十一条规定，自收养关系成立之日起，养父母与养子女间的权利义务关系，适用父母子女关系的规定。同时，养子女与生父母间的权利义务关系因收养关系的成立而消除。继父母子女关系是由于父或母再婚而形成的姻亲关系，父或母的再婚配偶为继父母，再婚配偶的子女为继子女。继父母子女关系有三种情形：一是父或母再婚时，继子女已成年并已独立生活；二是父或母再婚后，未成年的或未独立生活的继子女未与继父母共同生活或未受其抚养教育；三是父或母再婚后，未成年的或未独立生活的继子女与继父母长期共同生活，继父或继母对其进行了抚养教育。民法典第一千零七十二条规定，“继父或者继母和受其抚养教育的继子女间的权利义务关系，适用关于父母子女关系的规定”。这一规定说明，我国法律仅承认形成抚养教育关系的继父母子女关系是法律拟制血亲关系，发生父母子女间的权利和义务，与亲生父母子女间的权利义务相同。没有形成抚养教育关系的继父母子女间仅为姻亲关系，不发生亲子间权利义务关系。与养子女不同，继子女在与继父母形成父母子女关系后，与亲生父母间的亲子关

---

① 因人工生殖技术方法的不同以及精子、卵子来源和怀孕情况的复杂性，人工生育子女分为以下三类：一是同质人工授精所生育的子女。将丈夫的精子和妻子的卵子实施人工授精，由妻子怀孕分娩所生育的子女。该类子女与正常怀孕所生子女除了受精阶段采用了人工技术，其他无区别，故子女法律地位没有争议；二是异质人工授精所生育的子女。精子或卵子由夫妻以外的第三人提供，或者全部由第三人提供，通过人工授精，由妻子怀孕分娩所生育的子女。异质人工授精所生子女与父母亲至少有一方没有血缘关系；三是代孕所生育的子女。将受精卵植入代孕母亲子宫，由代孕母亲怀孕、分娩所生育的子女。

② 婚姻法已废止，现适用民法典规定。

③ 参见 2001 年卫生部颁布的《人类辅助生殖技术管理办法》。

系仍然存在，发生双重权利义务关系，在处理有关抚养、赡养、继承等问题时应当慎重对待。

（二）父母与子女间的权利义务

我国父母子女之间的权利义务规定主要分布于民法典、《中华人民共和国未成年人保护法》（以下简称未成年人保护法）、《中华人民共和国老年人权益保障法》（以下简称老年人权益保障法）以及《中华人民共和国家庭教育促进法》（以下简称家庭教育促进法）等部门法中。民法典第二十六条和第一千零七十条确定了父母子女间的主要权利义务，即父母对未成年子女负有抚养、教育和保护的义务；成年子女对父母负有赡养、扶助和保护的义务；父母和子女有相互继承遗产的权利。

1. 父母对未成年子女的义务

父母对于未成年子女负有无条件抚养义务。这种抚养义务既不依赖于父母婚姻关系的存续，也不论父母是否与子女共同生活。

（1）抚养义务。父母应在物质和精神两方面履行对子女的抚养义务。经济上父母应为子女提供基本的生活条件，并承担子女在成长过程中产生的各种费用，如生活费、教育费、医疗费等。精神上通过对子女生活上的照料和精神上的鼓励支持，营造和谐、温馨的家庭环境，促进子女身心健康成长。针对现实生活中父母外出打工无法经常陪伴照顾留守未成年子女的问题，父母可以依法委托他人代为照护未成年子女，与被委托人、未成年人保持联系，定期了解未成年子女学习、生活情况和心理状况，与被委托人共同履行家庭教育责任。[①]

（2）教育义务。家庭教育促进法规定，未成年人的父母或者其他监护人负责实施家庭教育。共同生活的具有完全民事行为能力的其他家庭成员应当协助和配合未成年人的父母或者其他监护人实施家庭教育。家庭教育应当符合以下要求：①尊重未成年人身心发展规律和个体差异；②尊重未成年人人格尊严，保护未成年人隐私权和个人信息，保障未成年人合法权益；③遵循家庭教育特点，贯彻科学的家庭教育理念和方法；④家庭教育、学校教育、社会教育紧密结合、协调一致；⑤结合实际情况采取灵活多样的措施。[②]未成年人的父母或者其他监护人应当针对不同年龄段未成年人的身心发展特点，关注未成年人的生理、心理、智力发展状况，尊重其参与相关家庭事务和发展意见的权利，合理运用以下方式方法开展实施家庭教育：亲自养育，加强亲子陪伴；共同参与，发挥父母双方的作用；相机而教，寓教于日常生活之中；潜移默化，言传与身教相结合；严慈相济，关心爱护与严格要求并重；尊重差异，根据年龄和个

① 参见家庭教育促进法第二十一条。

② 参见家庭教育促进法第五条。

性特点进行科学引导；平等交流，予以尊重、理解和鼓励；相互促进，父母与子女共同成长；以及其他有益于未成年人全面发展、健康成长的方式方法。[①]当子女在成长过程中犯错时，父母应当对子女的错误行为和错误观念进行约束和纠正，不能听之任之，放任不管。管教既是父母的义务，也是父母的权利。但是父母应当采取正确的管教方式，不得实施家庭暴力。[②]若父母拒绝、怠于履行家庭教育责任，或者非法阻碍其他监护人实施家庭教育的，未成年人住所地的居民委员会、村民委员会、妇女联合会，未成年人的父母或者其他监护人所在单位，以及中小学校、幼儿园等有关密切接触未成年人的单位，应当对父母予以批评教育、劝诫制止，必要时督促其接受家庭教育指导。[③]若父母不正确实施家庭教育侵害未成年人合法权益的，公安机关、人民检察院、人民法院可以根据情况对父母予以训诫，并可以责令其接受家庭教育指导。[④]

（3）保护义务。所谓保护义务，主要指父母应采取必要措施，保护未成年子女的人身和财产安全免受来自家庭内部和外界的威胁和侵害。未成年人的父母或者其他监护人发现未成年人身心健康受到侵害、疑似受到侵害或者其他合法权益受到侵犯的，应当及时了解情况并采取保护措施；情况严重的，应当立即向公安、民政、教育等部门报告。[⑤]未成年人的父母或者其他监护人不得使未满十六周岁的未成年人脱离监护单独生活。[⑥]

2. 成年子女对父母的义务

成年子女对父母的义务包括赡养、扶助和保护三方面的内容，而且成年子女对父母的上述义务不因父母的婚姻关系变化而终止。[⑦]

（1）赡养义务。赡养义务指成年子女对父母经济上的供养，给予物质上的帮助，如提供必要的生活费用。与父母对未成年子女的无条件抚养义务不同，成年子女对父母赡养义务的履行以父母无劳动能力或面临生活困难为条件。如父母未面临上述困境，成年子女对父母经济上的供养仅属于倡导性规范，并不具有强制性。

（2）扶助义务。扶助义务指成年子女对父母给予生活照料和精神慰藉。生活中子女应当关心和了解父母的身体健康状况，在力所能及的范围内为父母晚年生活创造条件，同时注意老人精神层面的愉悦、健康。为此，我国老年人权益保障法第十八条规定："与老年人分开居住的家庭成员，应当经常看望或者问候老年人。"这是我国法律

① 参见家庭教育促进法第十五—十七条。
② 参见家庭教育促进法第二十三条。
③ 参见家庭教育促进法第四十八条。
④ 参见家庭教育促进法第四十九条。
⑤ 参见未成年人保护法第二十条。
⑥ 参见未成年人保护法第二十一条。
⑦ 参见民法典第一千零六十九条。

首次对老年人的精神赡养作出规定。尽管该条规定缺乏可操作性，但是体现了道德法律化，发挥了法律的引导价值。

（3）保护义务。保护义务指成年子女有保护父母的人身和财产权益安全的义务。与父母对未成年子女的保护义务不同，老年父母一般是完全民事行为能力人，有自己的认知和判断能力，成年子女在保护父母人身和财产安全时应注意充分征求并尊重父母的意愿，不应过多干涉父母事务。

3. 父母子女有相互继承遗产的权利

父母和子女是最近的直系血亲，他们互为第一顺序继承人，相互享有继承权。

二、收养制度

收养是在收养人与被收养人之间产生拟制父母子女关系的法律行为，收养制度是亲属制度的延伸以及生育制度的补充。民法典婚姻家庭编“第五章收养”是我国收养制度的基本法律依据。

（一）收养关系的成立

收养关系是基于收养行为产生的法律关系。收养关系的成立依赖于有效的收养行为，必须符合法定条件并履行法定程序后，收养关系才能成立。

1. 被收养人的条件

（1）被收养人应当是未成年人，即未满十八周岁的自然人。

（2）被收养人缺乏被抚养条件。被收养人应是丧失父母的孤儿；查找不到生父母的未成年人；或者生父母有特殊困难无力抚养的子女。

2. 送养人的条件

民法典第一千零九十四条对送养人的条件和范围做了明确规定，这对于收养关系成立、规范收养法律关系具有重要意义。

（1）孤儿的监护人。此处监护人是父母以外的其他监护人，如祖父母、外祖父母、兄、姐以及其他愿意担任监护人的个人或组织等。为防止孤儿的监护人通过送养损害孤儿的权利，民法典第一千零九十六条对此作出限制性规定：“监护人送养孤儿的，应当征得有抚养义务的人同意。有抚养义务的人不同意送养、监护人不愿意继续履行监护职责的，应当依照本法第一编的规定另行确定监护人。”由孤儿的近亲属行使同意权，有利于保护孤儿的合法权益。

（2）儿童福利机构。此处“儿童福利机构”是《儿童福利机构管理办法》第二条所规定的机构，指民政部门设立的，主要收留抚养由民政部门担任监护人的未满18

周岁儿童的机构，包括按照事业单位法人登记的儿童福利院、设有儿童部的社会福利院等。

(3) 有特殊困难无力抚养子女的生父母。父母是未成年子女的监护人，原则上不得将子女送养。但是在生父母有特殊困难无力抚养子女时，民法典允许其作为送养人，需注意几点：一是送养人只能是生父母，养父母、继父母不在此列。二是生父母有特殊困难无力抚养子女，何为“特殊困难”法律未界定。《中国公民收养子女登记办法》规定送养人需提交“特殊困难声明”，登记机关进行调查核实。三是生父母应当双方共同送养；生父母一方不明或者查找不到的，可以单方送养。收养关系成立将直接导致未成年人与生父母关系消灭，因此未成年人有生父母的情况下，民法典对于监护人送养未成年人作出限制，第一千零九十五条规定“未成年人的父母均不具备完全民事行为能力且可能严重危害该未成年人的，该未成年人的监护人可以将其送养”。

3. 收养人的条件

根据民法典第一千零九十八条，收养人应当同时具备下列条件：(1) 无子女或者只有一名子女；(2) 有抚养、教育和保护被收养人的能力；(3) 未患有在医学上认为不应当收养子女的疾病；(4) 无不利于被收养人健康成长的违法犯罪记录；(5) 年满三十周岁。除此之外，还有一些限制性条件。如有配偶者收养子女，应当夫妻共同收养（民法典第一千一百零一条）；无配偶者收养异性子女的，收养人与被收养人的年龄应当相差四十周岁以上（民法典第一千一百零二条)。针对一些特殊情形，民法典也适当放宽了收养条件：(1) 收养三代以内旁系同辈血亲的子女，可以不受生父母有特殊困难无力抚养[①]以及无配偶者收养异性子女收养人与被收养人的年龄应当相差四十周岁以上[②]的限制。(2) 华侨收养三代以内旁系同辈血亲的子女，还可以不受收养人无子女或者只有一名子女的限制[③]。(3) 收养孤儿、残疾未成年人或者儿童福利机构抚养的查找不到生父母的未成年人，可以不受收养人无子女或只有一名子女以及只可以收养一名或两名子女的限制。(4) 继父或者继母经继子女的生父母同意，可以收养继子女，并可以不受生父母有特殊困难无力抚养[④]以及无配偶者收养异性子女收养人与被收养人的年龄应当相差四十周岁以上以及民法典第一千零九十八条对收养人条件的规定和第一千一百条第 1 款对收养人数的限制。

4. 收养各方意思表示真实

收养人收养与送养人送养应当遵循自愿原则，当事人意思表示要真实。收养八周

① 参见民法典第一千零九十三条第 3 项、第一千零九十四条第 3 项。

② 参见民法典第一千一百零二条规定。

③ 参见民法典第一千零九十八条第 1 项。

④ 参见民法典第一千零九十三条第 3 项、第一千零九十四条第 3 项。

岁以上未成年人的，还应当征得被收养人的同意。

5. 收养的程序

收养关系成立除需具备上述实质条件外，还应符合法定程序。根据民法典第一千一百零五条规定，收养应当向县级以上人民政府民政部门登记。收养关系自登记之日起成立。收养查找不到生父母的未成年人的，办理登记的民政部门应当在登记前予以公告。收养关系当事人愿意签订收养协议的，可以签订收养协议。收养关系当事人各方或者一方要求办理收养公证的，应当办理收养公证。县级以上人民政府部门应当依法进行收养评估。

（二）收养的效力

收养关系自成立之日起，会产生一系列法律上的效果。

1. 法律拟制效力

收养关系成立后，会形成法律拟制的父母子女关系和法律拟制的近亲属关系。首先，收养人与被收养人之间会形成养父母子女关系。养父母与养子女间的权利义务关系，适用法律关于父母子女关系的规定。养子女享有与婚生子女相同的法律地位。其次，养子女与养父母的近亲属间的权利义务，适用法律关于子女与父母的近亲属关系的规定。

2. 消除效力

收养关系成立后，养子女与生父母以及其他近亲属间的权利义务关系因收养关系的成立而消除。但是这种消除仅是终止法律意义上的父母子女关系，而非血缘意义上的父母子女关系，民法典关于禁止直系血亲、三代以内旁系血亲结婚的规定，对养子女与生父母以及生父母以外的其他近亲属仍然适用。

3. 养子女的姓名权

子女姓氏的变更也是收养的法律效力之一。民法典第一千一百一十二条规定，养子女可以随养父或养母的姓氏，经当事人协商一致，也可以保留原姓氏。

（三）收养关系的解除

收养关系是基于法律拟制依法设立产生的父母子女关系，也可以在一定条件下终止该关系，即基于法定理由、经法定程序解除收养关系。

1. 收养解除的情形

（1）协议解除

协议解除收养关系是收养关系成立后，当事人经协商一致解除收养关系。未成年养子女原则上不得解除收养关系，除非收养人、送养人双方协议解除，并且养子女八周岁以上的，应当征得养子女本人同意。成年养子女与养父母可以协议解除收养关系，但以双方关系恶化、无法共同生活为前提。双方不能达成协议的，可以向人民法院提起诉讼。

（2）一方要求解除

单方要求解除收养关系必须具备法定理由，依民法典第一千一百一十四条第 2 款规定，收养人不履行抚养义务，有虐待、遗弃等侵害未成年养子女合法权益行为的，送养人有权要求解除养父母与养子女间的收养关系。送养人、收养人不能达成解除收养关系协议的，可以向人民法院提起诉讼。

2. 收养解除的程序

当事人协议解除收养关系的，应当到民政部门办理收养解除登记。登记是协议解除收养关系的必经程序。当事人解除收养关系达不成协议，向人民法院提起诉讼的，法院判决解除收养关系或者以调解方式解除收养关系并载入调解书的，当事人无须另行办理解除收养关系的登记。

3. 收养解除的效力

收养关系解除后主要涉及身份关系的处理。

（1）未成年养子女与养父母及其近亲属的关系

收养关系解除后，养子女与养父母以及其他近亲属间的权利义务关系即行消除，与生父母以及其他近亲属间的权利义务关系自行恢复。

（2）成年养子女与养父母及其近亲属的关系

成年养子女与生父母以及其他近亲属间的权利义务是否恢复，法律赋予被收养人与生父母选择权，双方可以协商确定。若双方不能达成一致意见或双方协商同意不恢复父母子女关系的，成年养子女与生父母之间就不存在赡养、继承等权利义务关系。

（3）收养关系解除后的生活费、抚养费给付义务

收养关系解除后，经养父母抚养的成年养子女，对缺乏劳动能力又缺乏生活来源的养父母，应当给付生活费。因养子女成年后虐待、遗弃养父母而解除收养关系的，养父母可以要求养子女补偿收养期间支出的抚养费。生父母要求解除收养关系的，养父母可以要求生父母适当补偿收养期间支出的抚养费，但因养父母虐待、遗弃养子女而解除收养关系的除外。

三、监护制度

监护制度是为弥补无民事行为能力人和限制民事行为能力人在行为能力上的欠缺，监督和保护无民事行为能力人和限制民事行为能力人的人身、财产及其他合法权益而

设的制度。监护人是完全民事行为能力人，被监护人分为未成年人和行为能力有欠缺的成年人。

（一）监护人的确定

根据民法典的规定，我国监护人可以通过以下几种方式确定。

1. 法定监护

法定监护是监护人由法律直接规定而设置。被监护人类型不同，监护人亦不相同。

民法典第二十七条规定，父母是未成年人的监护人。未成年人的父母已经死亡或者没有监护能力的，由下列有监护能力的人按顺序担任监护人：（1）祖父母、外祖父母；（2）兄、姐；（3）其他愿意担任监护人的个人或者组织，但是须经未成年人住所地的居民委员会、村民委员会或者民政部门同意。没有依法具有监护资格的人，监护人由民政部门担任，也可以由具备履行监护职责条件的被监护人住所地的居民委员会、村民委员会担任。

民法典第二十八条规定，无民事行为能力或者限制民事行为能力的成年人，由下列有监护能力的人按顺序担任监护人：（1）配偶；（2）父母、子女；（3）其他近亲属；（4）其他愿意担任监护人的个人或者组织，但是须经被监护人住所地的居民委员会、村民委员会或者民政部门同意。与未成年人的监护人一样，没有依法具有监护资格的人，监护人由民政部门担任，也可以由具备履行监护职责条件的被监护人住所地的居民委员会、村民委员会担任。

2. 遗嘱监护

民法典第二十九条规定，被监护人的父母担任监护人的，可以通过遗嘱指定监护人。父母子女是血缘关系最近的亲属，通常父母也最关心子女健康成长和权益保护，一般情况下，父母会在生前为需要监护的子女做出安排。遗嘱监护既体现了对父母意愿的尊重，也有利于保护被监护人的利益。遗嘱监护优先于法定监护。

3. 协议监护

民法典第三十条规定，依法具有监护资格的人之间可以协议确定监护人。协议确定监护人应当尊重被监护人的真实意愿。需注意的是，对于未成年人的监护人，协议确定监护人只限于父母死亡或者没有监护能力的情形。未成年人的父母具有监护能力的，不得与其他人协议确定由其他人担任监护人，推卸自身责任。

4. 指定监护

民法典第三十一条规定，对监护人的确定有争议的，由被监护人住所地的居民委员会、村民委员会或者民政部门指定监护人，有关当事人对指定不服的，可以向人民法院申请指定监护人；有关当事人也可以直接向人民法院申请指定监护人。居民委员会、村民委员会、民政部门或者人民法院应当尊重被监护人的真实意愿，按照最有利于被监护人的原则，在依法具有监护资格的人中指定监护人。在居民委员会、村民委员会、民政部门或者人民法院指定监护人前，被监护人的人身权利、财产权利以及其他合法权益处于无人保护状态的，由被监护人住所地的居民委员会、村民委员会、法律规定的有关组织或者民政部门担任临时监护人。监护人被指定后，不得擅自变更；擅自变更的，不免除被指定的监护人的责任。

5. 意定监护

民法典第三十三条规定，具有完全民事行为能力的成年人，可以与其近亲属、其他愿意担任监护人的个人或者组织事先协商，以书面形式确定自己的监护人，在自己丧失或者部分丧失民事行为能力时，由该监护人履行监护职责。该种监护是具有完全民事行为能力的成年人基于自己的意愿为自己选任监护人的制度。

6. 委托监护

监护人可以将监护职责部分或者全部委托给他人。未成年人保护法第二十二条规定，未成年人的父母或者其他监护人将监护职责委托他人时，应当综合考虑被委托人的道德品质、家庭状况、身心健康状况、与未成年人生活情感上的联系等情况，并听取有表达意愿能力的未成年人的意见。具有下列情形之一的，不得作为被委托人：(1)曾实施性侵害、虐待、遗弃、拐卖、暴力伤害等违法犯罪行为；(2) 有吸毒、酗酒、赌博等恶习；(3) 曾拒不履行或者长期怠于履行监护、照护职责以及其他不适宜担任被委托人的情形。

（二）监护内容

民法典第三十四条对监护人的监护职责作笼统规定，明确监护人的职责是代理被监护人实施民事法律行为，保护被监护人的人身权利、财产权利以及其他合法权益等。该监护职责所有监护类型：未成年人监护和成年人监护。

未成年人保护法从正反两方面详细列举未成年人监护人的监护职责，第十六条规定未成年人的父母或者其他监护人的监护职责包括：① 为未成年人提供生活、健康、安全等方面的保障；②关注未成年人的生理、心理状况和情感需求；③教育和引导未成年人遵纪守法、勤俭节约，养成良好的思想品德和行为习惯；④对未成年人进行安全教育，提高未成年人的自我保护意识和能力；⑤尊重未成年人受教育的权利，保障适龄未成年人依法接受并完成义务教育；⑥ 保障未成年人休息、娱乐和体育锻炼的时间，引导未成年人进行有益身心健康的活动；⑦ 妥善管理和保护未成年人的财产；⑧依法代理未成年人实施民事法律行为；⑨预防和制止未成年人的不良行为和违法犯罪行为，并进行合理管教；⑩其他应当履行的监护职责。第二十二条明确禁止未成年人的父母或者其他监护人实施下列行为：①虐待、遗弃、非法送养未成年人或者对未成年人实施家庭暴力；② 放任、教唆或者利用未成年人实施违法犯罪行为；③ 放任、唆使未成年人参与邪教、迷信活动或者接受恐怖主义、分裂主义、极端主义等侵害；④ 放任、唆使未成年人吸烟（含电子烟）、饮酒、赌博、流浪乞讨或者欺凌他人；⑤ 放任或者迫使应当接受义务教育的未成年人失学、辍学；⑥ 放任未成年人沉迷网络，接触危害或者可能影响其身心健康的图书、报刊、电影、广播电视节目、音像制品、电子出版物和网络信息等；⑦ 放任未成年人进入营业性娱乐场所、酒吧、互联网上网服务营业场所等不适宜未成年人活动的场所；⑧ 允许或者迫使未成年人从事国家规定以外的劳动；⑨ 允许、迫使未成年人结婚或者为未成年人订立婚约；⑩ 违法处分、侵吞未成年人的财产或者利用未成年人牟取不正当利益；⑪ 其他侵犯未成年人身心健康、财产权益或者不依法履行未成年人保护义务的行为。

（三）监护关系的终止

根据民法典第三十九条，监护关系基于以下原因终止：(1) 被监护人取得或者恢复完全民事行为能力；(2) 监护人丧失监护能力；(3) 被监护人或者监护人死亡；(4) 人民法院认定监护关系终止的其他情况。

监护关系终止后，被监护人仍然需要监护的，应当依法另行确定监护人。

四、扶养制度

扶养制度是一定范围的亲属间相互供养和扶助的法定义务，内容广泛。夫妻之间、父母子女间的扶养制度已在前文予以介绍，本部分主要介绍其他近亲属间的扶养制度。

（一）夫妻之间的扶养

参见第一节夫妻关系。

（二）父母子女之间的扶养

参见本节父母子女权利义务关系。

（三）祖孙之间的扶养

祖孙关系是指祖父母与孙子女、外祖父母与外孙子女间的权利义务关系。虽然祖孙是除父母子女之外最近的直系血亲，但是在父母子女关系正常的情况下，祖孙之间不发生法律上的权利义务关系。只有在特殊情况下才有可能形成祖孙之间的权利义务关系。

1. 祖孙间抚养、赡养关系

民法典第一千零七十四条规定："有负担能力的祖父母、外祖父母，对于父母已经死亡或者父母无力抚养的未成年孙子女、外孙子女，有抚养的义务。有负担能力的孙子女、外孙子女，对于子女已经死亡或者子女无力赡养的祖父母、外祖父母，有赡养的义务。"这是民法典对隔代抚养、赡养的规定，既没有区分父系亲还是母系亲，也没有区分孙辈是男性还是女性，体现了性别平等。但是与父母子女间权利义务关系不同，祖孙之间的抚养和赡养关系是特定情形下产生的权利义务关系。

（1）（外）祖父母抚养（外）孙子女的条件

第一，未成年人的父母已经死亡或父母无力抚养。包括父母已经双亡；一方死亡、另一方没有能力抚养；或者父母双方虽尚在但均无抚养能力。因为父母是未成年子女的当然监护人，在父母双方或任何一方有监护能力的情况下，都不能将抚养未成年子女的责任推卸给其他任何人，包括祖父母、外祖父母。

第二，（外）祖父母有负担能力。即（外）祖父母具有抚养（外）孙子女的民事行为能力和经济能力。

第三，（外）孙子女须为未成年人。成年（外）孙子女不发生抚养问题。

（2）（外）孙子女赡养（外）祖父母的条件

第一，（外）祖父母的子女已经死亡或子女无力赡养。如前文所述，赡养父母是成年子女的法定义务，在子女尚在且有赡养能力的情况下，（外）孙子女没有赡养（外）祖父母的法定义务，此时孝敬家里的老人、长辈仅仅是道德义务。

第二，（外）孙子女是有负担能力的成年人。若（外）孙子女是未成年人，其自身尚需要其他人照顾，不具有照顾（外）祖父母的能力。

（3）祖孙间抚养、赡养义务的特点

第一，祖孙间抚养、赡养义务是对父母子女间的抚养、赡养义务的补充。

第二，祖孙间抚养、赡养义务的发生不以祖孙之间同居一家、共同生活为条件，也不以产生或形成监护关系为必要。

第三，祖孙间抚养、赡养义务不具有对应性，（外）孙子女赡养（外）祖父母不以（外）祖父母抚养过（外）孙子女作为条件，区别于兄弟姐妹间扶养关系的形成。

（四）兄弟姐妹之间的扶养

兄弟姐妹是血缘最密切的同辈旁系血亲，是家庭关系的重要组成部分。与父母子女的类型相似，法律上的兄弟姐妹包括同父同母的兄弟姐妹、同父异母或同母异父的兄弟姐妹、养兄弟姐妹和形成扶养关系的继兄弟姐妹。根据民法典的规定，我国兄弟姐妹在法律上的权利义务关系主要有特定情形下的扶养义务和相互继承遗产的权利。

1. 兄弟姐妹间的扶养关系

通常情况下，兄弟姐妹相互之间不发生法律上的权利义务关系。但是由于他们生活在一个家庭里，朝夕相处，兄姐扶养和教育弟妹的事情时有发生，因此民法典规定在特殊情况下兄姐与弟妹之间可以产生附条件的扶养关系。民法典第一千零七十五条规定："有负担能力的兄、姐，对于父母已经死亡或者父母无力抚养的未成年弟、妹，有扶养的义务。由兄、姐扶养长大的有负担能力的弟、妹，对于缺乏劳动能力又缺乏生活来源的兄、姐，有扶养的义务。"老年人权益保障法第二十三条第 2 款规定："由兄、姐扶养的弟、妹成年后，有负担能力的，对年老无赡养人的兄、姐有扶养的义务。"

（1）兄、姐扶养弟、妹的条件

以下三个条件必须同时具备，才会产生兄、姐对弟、妹的扶养义务。

第一，父母已经死亡或父母无力抚养。

第二，兄、姐有负担能力。承担扶养义务的兄、姐，应是已经成年且有相应的行为能力和经济负担能力。

第三，弟、妹须是未成年人。弟、妹尚未成年，不能独立生活，必须依靠成年的有负担能力的兄、姐承担扶养义务。若弟、妹已年满 18 周岁，能够独立生活，则无须兄、姐扶养。对于年满 16 周岁未满 18 周岁，能以自己的劳动收入维持当地生活水平的弟、妹，视为完全民事行为能力人，亦无须兄、姐扶养，但是兄、姐自愿提供经济帮助的，法律不作限制。

（2）弟、妹扶养兄、姐的条件

弟、妹对兄、姐负有扶养义务亦需具备相应的条件。

第一，兄、姐必须是缺乏劳动能力又缺乏生活来源的人。如果兄、姐缺乏劳动能力但有生活来源或者虽然缺少生活来源但有劳动能力，可以通过自己的劳动换取生活来源，即兄、姐有独立生活的能力，则弟、妹无扶养兄、姐的法定义务。

第二，兄、姐没有第一顺序的扶养义务人或第一顺序的扶养义务人没有扶养能力。主要指兄、姐没有配偶、子女，或兄、姐的配偶、子女死亡或者没有扶养能力。若存在第一顺序的扶养人且他们有扶养能力，应由第一顺序的扶养人承担扶养义务。

第三，弟、妹是由兄、姐扶养长大，且弟、妹有负担能力。即弟、妹对兄、姐的扶养义务具有对应性，以兄、姐将弟、妹扶养长大作为前提条件。若弟、妹不是由兄、姐扶养长大，即使弟、妹有负担能力，也不负有法定的扶养义务，体现了权利义务相一致。

（3）对兄弟姐妹间扶养关系的进一步认识

相比父母对子女的抚养义务而言，兄弟姐妹间的扶养义务是第二位的，具有补充性。符合法定条件的扶养人，须自觉履行扶养义务。否则被扶养人有权向人民法院提起诉讼，请求法院强制义务人履行扶养义务。实践中，同胞兄弟姐妹、同父异母或同母异父兄弟姐妹、养兄弟姐妹在法定情形下有扶养义务一般没有异议，但是继兄弟姐妹间是否也存在上述的权利义务关系则存疑。根据民法典，继父母对继子女尽了抚养义务，他们之间就产生了父母子女关系。但是，继子女和继父母的其他亲属并不因此产生法律关系。因此，继父母死亡后，继兄、姐对原来受其父母抚养的继弟、妹没有扶养的义务。当然，如果继父母死亡后，继兄、姐对原来受其父母抚养的继弟、妹自愿承担了扶养的义务，应予提倡和鼓励。在这种情况下，如果继兄、姐缺乏劳动能力又缺乏生活来源需要扶养时，由继兄、姐扶养长大的有负担能力的继弟、妹负有扶养义务。

第三节　家庭暴力防治制度

2015 年 12 月 27 日，第十二届全国人民代表大会常务委员会第十八次会议通过的《中华人民共和国反家庭暴力法》（以下简称反家庭暴力法）是我国防治家庭暴力的基本法律依据。正确界定家庭暴力是防治家庭暴力的前提和基础。反家庭暴力法主要从救助家暴受害人和惩治家暴施暴人两方面进行家庭暴力防治。

一、家庭暴力的界定

反家庭暴力法第二条规定："家庭暴力是指家庭成员之间以殴打、捆绑、残害、限制人身自由以及经常性谩骂、恐吓等方式实施的身体、精神等侵害行为。"把握家庭暴力概念，需从家庭暴力的主体和类型两方面理解。

（一）家庭暴力主体

主体身份是判断是否适用家庭暴力的首要因素，发生在家庭成员之间的暴力行为才有可能构成家庭暴力。根据民法典第一千零四十五条规定，家庭成员包括配偶、父母、子女和其他共同生活的兄弟姐妹、祖父母、外祖父母、孙子女、外孙子女等近亲属。反家庭暴力法第三十七条扩大了家庭暴力适用的主体范围，将家庭成员以外共同生活的人之间实施的暴力行为也纳入进来。这些人虽然不是民法典所规定的家庭成员，但他们之间基于特殊的亲密关系或法律规定会产生类似于家庭成员之间的生活关系和权利义务，被称为“准家庭关系”。2015 年，最高人民法院、最高人民检察院、公安部、司法部《关于依法办理家庭暴力犯罪案件的意见》规定，家庭暴力不仅包括家庭成员之间的暴力，还包括具有监护、扶养、寄养、同居等关系的共同生活人员之间的暴力。许多地方性法规对家庭成员以外共同生活的人的范围也作出了具体规定。有的明确为家庭成员以外具有监护、扶养、寄养、同居等关系共同生活的人①，有些地方还包括曾有配偶关系的人②以及目睹家庭暴力的未成年人③。

（二）家庭暴力类型

反家庭暴力法第二条主要列举了身体暴力和精神暴力等家庭暴力形式。身体暴力是最典型的家庭暴力形式，主要表现为殴打、捆绑、残害、限制人身自由等方式虐待、遗弃没有独立生活能力的儿童、老人、残疾人、重病患者。精神暴力主要表现为对受害人进行侮辱、谩骂、诽谤、宣传隐私、无端指责、人格贬损、恐吓、威胁、跟踪、骚扰等。精神暴力通常会使受害人产生自卑、恐惧、焦虑、抑郁等心理、精神方面的伤害。除此之外，反家庭暴力法也禁止其他形式的家庭暴力，其在明确规定身体暴力和精神暴力的同时，使用了一个“等”字，给执法部门和司法部门根据实际情况界定家庭暴力预留了空间。地方法规补充了家庭暴力的具体表现形式，包括：如冻饿；④跟踪、骚扰；⑤冷淡、漠视；⑥散布隐私；⑦利用新媒介或者其他手段实施暴力；⑧过度支配或者剥夺家庭成员的财物；⑨通过实施极端化行为排斥、干预家庭成员正常生产、生活⑩等。家庭暴力的类型涵盖了身体暴力、精神暴力、经济控制、性暴力等。家庭暴力体

---

① 如云南、陕西、广东、海南、吉林、贵州、湖南、湖北、山东、长春等地方性法规。

② 《云南省反家庭暴力条例》第四十九条、《内蒙古自治区反家庭暴力条例》第三十九条（还包括曾有同居关系的人）。

③ 《陕西省实施〈中华人民共和国反家庭暴力法〉办法》第三十六条、《广东省实施〈中华人民共和国反家庭暴力法〉办法》第五十条、《海南省实施〈中华人民共和国反家庭暴力法〉办法》第三十二条。

④ 《广东省实施〈中华人民共和国反家庭暴力法〉办法》第二条。

⑤ 《陕西省实施〈中华人民共和国反家庭暴力法〉办法》第二条、《海南省实施〈中华人民共和国反家庭暴力法〉办法》第二条、《内蒙古自治区反家庭暴力条例》第三条、《新疆维吾尔自治区实施〈中华人民共和国反家庭暴力法〉办法》第二条、《山东省反家庭暴力条例》第三条。

⑥ 《吉林省反家庭暴力条例》第三条规定：“本条例所称家庭暴力，是指家庭成员之间以殴打、捆绑、残害、限制人身自由，以及经常性谩骂、恐吓、侮辱、诽谤、宣扬隐私、威胁、骚扰、冷淡、漠视等方式，或者利用其他手段实施的身体、精神等侵害行为。”

⑦ 《广东省实施〈中华人民共和国反家庭暴力法〉办法》第三条、《吉林省反家庭暴力条例》第三条。

⑧ 《山东省反家庭暴力条例》第三条：“本条例所称家庭暴力，是指家庭成员之间以殴打、捆绑、残害、限制人身自由以及经常性谩骂、恐吓、侮辱、诽谤、威胁、跟踪、骚扰等方式，利用新媒介或者其他手段实施的身体、精神等侵害行为。”

⑨ 《内蒙古自治区反家庭暴力条例》第三条。

⑩ 《新疆维吾尔自治区实施〈中华人民共和国反家庭暴力法〉办法》第二条。

现的是家庭成员之间的不平等关系，本质是一方对另一方的控制。这种控制方式因人而异。只要行为符合家庭暴力的实质，就应当认定为家庭暴力。

二、家庭暴力受害人的求助途径

反家庭暴力法第十三条规定，“家庭暴力受害人及其法定代理人、近亲属可以向加害人或者受害人所在单位、居民委员会、村民委员会、妇女联合会等单位投诉、反映或求助。有关单位接到家庭暴力投诉、反映或者求助后，应当予以帮助、处理。家庭暴力受害人及其法定代理人、近亲属也可以向公安机关报案或者依法向人民法院起诉。单位、个人发现正在发生的家庭暴力行为，有权及时劝阻”。该条款是家庭暴力受害人求助制度的基本法律依据。根据该条款，家庭暴力受害方的求助主体包括家庭暴力受害人及其法定代理人、近亲属。将近亲属纳入家庭暴力投诉主体，是处置家庭暴力的客观要求。家庭暴力的受害人主要是妇女、儿童、老人、残疾人等弱势人群，或者行为能力有欠缺；或者因为失去人身自由无法求助；或者因长期被施暴不敢求助等。当家庭暴力受害人本人无法投诉，或者其法定代理人本人就是施暴人时，其他近亲属向有关单位投诉、反映和求助对于制止家庭暴力就具有非常现实的意义。[①] 家庭暴力受害人的具体求助途径有：

（一）向用人单位、居委会（村委会）、妇联组织等求助

加害人或者受害人所在单位、城乡基层群众性自治组织、妇女联合会等单位是家庭暴力投诉、反映或求助的主要渠道。这些单位构建起家庭暴力受害人的社会支持网络。同时，这些单位接到家庭暴力投诉、反映或求助后，有义务予以帮助、处理。

（二）向公安机关报警

报警，包括拨打 110 或向基层派出所报案，这是最主要、最重要的法律救济途径。2008 年，全国妇联、中宣部、最高人民检察院、公安部、民政部、司法部、卫生部联合印发《关于预防和制止家庭暴力的若干意见》（妇字〔2008〕28 号），规定公安机关应当设立家庭暴力案件投诉点，将家庭暴力报警纳入“110”出警工作范围，并按照《“110”接处警工作规则》的有关规定对家庭暴力求助投诉及时进行处理。各地公安机关已基本落实上述规定。

---

① 根据民法典第一千零四十五条，近亲属包括配偶、父母、子女、兄弟姐妹、祖父母、外祖父母、孙子女、外孙子女。

（三）向人民法院申请人身安全保护令或提起诉讼

家庭暴力受害人[①]因遭受家庭暴力或者面临家庭暴力的现实危险，可以根据反家庭暴力法第二十三条规定，向人民法院申请人身安全保护令，人民法院应当受理。当事人是无民事行为能力人、限制民事行为能力人，或者因受到强制、威吓等原因无法申请人身安全保护令的，其近亲属、公安机关、妇女联合会、居民委员会、村民委员会、救助管理机构可以代为申请。人民法院受理申请后，应当在七十二小时内作出人身安全保护令或者驳回申请；情况紧急的，应当在二十四小时内作出。

家庭暴力行为尚未构成犯罪的，受害人可以提起民事诉讼，要求施暴人承担停止侵害、赔礼道歉、赔偿损失等民事责任。对于有证据证明的轻微家庭暴力犯罪案件，受害人可以选择自诉，依法向犯罪发生地或者被告人居住地的基层人民法院起诉。

三、对特殊家暴受害人的救助措施

（一）强制报告制度

强制报告制度是负有法定义务的主体在发现特定人群遭受家庭暴力时必须向公安机关报告，否则须承担法律责任。家庭暴力多发生在家庭内部等私密空间，不易为外界查知，对未成年人、残疾人、老年人等弱势群体极为不利。反家庭暴力法设强制报告制度，规定特定单位、组织一旦发现涉及未成年人等弱势群体的家庭暴力案件，负有向公安机关报告的法定义务，使公安机关等公权力能够及时介入家庭暴力案件中，保护未成年人等弱势群体的合法权益。

1. 强制报告的对象

强制报告的对象仅限于无民事行为能力人和限制民事行为能力人等需要特殊保护的弱势群体。这些主体因欠缺行为能力，无法主动报案向外求助。强制报告制度是公权力介入家庭暴力的手段之一，它较好地平衡了国家干预与家庭私密、公共利益与个人利益、公权力介入与公民自决之间的关系。

2. 强制报告的主体

法定负有强制报告义务的主体是特定的单位或组织，包括学校、幼儿园、医疗机

① 根据前文所述，家庭暴力受害人主要限定在“家庭成员”和“家庭成员以外共同生活的人”。此处需注意的是，2022 年修订的妇女权益保障法扩大了人身安全保护令的适用情形，该法第二十九条规定：“禁止以恋爱、交友为由或者在终止恋爱关系、离婚之后，纠缠、骚扰妇女，泄露、传播妇女隐私和个人信息。”“妇女遭受上述侵害或者面临上述侵害现实危险的，可以向人民法院申请人身安全保护令。”即妇女在恋爱、交友或在终止恋爱关系、离婚之后，即使没有共同生活关系，也可以向人民法院申请人身安全保护令。

构、居民委员会、村民委员会、社会工作服务机构、机构救助管理机构、福利机构及其工作人员。这些机构与保护对象联系较为密切，在工作中最有可能发现保护对象是否遭受了家庭暴力。

3. 强制报告的要求

反家庭暴力法在规定上述机构承担强制报告责任的同时，也限定了一些条件，以减轻相关机构及其工作人员的负担。

（1）明确发现途径，“在工作中发现”。该发现途径与义务主体的日常工作和法定职责相关，是其正确履职的必然结果，不是额外负担。反之，不是“在工作中发现”则不负有强制报告责任。

（2）限定报告部门，只向“公安机关”报案。

此外，为减轻相关机构及其工作人员的报告负担，法律对报告方式未作任何限定，可以灵活多样。同时为避免报告后遭到打击报复，保护报告人的合法权益，反家庭暴力法特别规定了公安机关要为报告人保密。同时，强制报告作为相关机构及其工作人员的法定职责，若其不正确履行报告职责，造成严重后果的，也要承担相应的法律责任。上级主管部门或者本单位对直接负责的主管人员和其他直接责任人员可以依法给予处分。

（二）撤销监护人资格制度

当监护人对被监护人实施家庭暴力，严重损害被监护人身心健康，若继续维持监护关系，被监护人的身心健康难以保障。人民法院根据有关个人或者组织的申请，可以撤销监护人资格，为被监护人安排临时监护措施，并按照最有利于被监护人的原则依法指定监护人。①这就是撤销监护人资格制度。有权提出撤销监护资格的个人或者组织包括：其他依法具有监护资格的人，如祖父母、外祖父母、兄、姐等；居民委员会、村民委员会、学校、医疗机构、妇女联合会、残疾人联合会、未成年人保护组织、依法设立的老年人组织、民政部门等。个人或者民政部门以外的组织未及时向人民法院申请撤销监护人资格的，民政部门应当向人民法院申请。依法负担被监护人抚养费、赡养费、扶养费的父母、子女、配偶等，被人民法院撤销监护人资格后，应当继续履行负担的义务。②被监护人的父母或者子女被人民法院撤销监护人资格后，除对被监护人实施故意犯罪的外，确有悔改表现的，经其申请，人民法院可以在尊重被监护人真实意愿的前提下，视情况恢复其监护人资格，人民法院指定的监护人与被监护人的监

① 参见民法典第三十六条规定。

② 参见民法典第三十七条规定。

护关系同时终止。[①]

四、对家庭暴力加害人的告诫与惩戒措施

（一）公安机关出具告诫书

家庭暴力告诫是指公安机关对情节轻微不构成治安处罚的家庭暴力行为，督促加害人改正而作出的行政指导意见。现实生活中，很多家庭暴力尚未达到法定处罚程度，鉴于家庭暴力具有周期性和不断升级的特点，如果国家放任轻微的家庭暴力行为，不及时予以干预并制止的话，极有可能演变成严重的家庭暴力行为，甚至发生以暴制暴，故对于情节较轻、尚不构成治安管理处罚的轻微家庭暴力，国家公权力机关也要适当介入、干预并制止。反家庭暴力法针对这种情节轻微的家暴行为创设性地规定告诫制度。

1. 家庭暴力告诫制度的概念和特点

所谓家庭暴力告诫制度，是公安机关对依法不予行政处罚的轻微家庭暴力加害人采取训诫、教育、警示等非强制措施，督促加害人改正违法行为作出的一种治安行政指导。建立家庭暴力告诫制度旨在通过公安机关治安行政指导，加强对家庭暴力的靠前干预，解决防治家庭暴力手段单一、被动和滞后等问题。告诫制度相比行政处罚、行政强制或者口头调处，在干预家庭暴力方面有自己独特的优势。

（1）正式性。告诫制度是以书面形式对施暴者进行警示、教育，并送达加害人本人。与口头警告相比，其正式性更容易对加害人起到教育、警示的作用；也有利于受害人收集保存家庭暴力证据。

（2）非强制性。告诫制度是一种相对温和的干预措施，只是警示施暴者不得再次实施家庭暴力行为，不对其权利义务产生实质性影响，有利于维系婚姻家庭关系，促进社会和谐。因不具有强制力，不直接产生行政法律后果；无救济程序，不仅不会增加公安机关的执法成本，而且会节约其他替代措施的成本；又因固定了家暴证据，为后续处置节约了成本。

（3）预防性。告诫制度主要适用于依法不予行政处罚的轻微家庭暴力，强调对家庭暴力的前期干预，可以有效防止家庭暴力的进一步恶化升级。

2. 家庭暴力告诫制度的作用

（1）对施暴人的警告作用。通过告诫，对加害人进行警告，告诫其不得对受害人

① 参见民法典第三十八条规定。

再实施家庭暴力。

（2）对受害人的保护作用。公安机关应当将告诫书送交加害人、受害人，并通知居民委员会、村民委员会。居民委员会、村民委员会、公安派出所应当对收到告诫书的加害人、受害人进行查访，监督加害人不再实施家庭暴力，保护受害人免受进一步的暴力侵害。

（3）证据作用。人民法院审理涉及家庭暴力的案件可以根据公安机关的告诫书等证据认定家庭暴力事实。

3. 告诫书的主要内容

告诫书应当包括加害人的身份信息、家庭暴力的事实陈述、禁止加害人实施家庭暴力等内容。

（二）予以行政处罚

家庭暴力是侵害家庭成员合法权益的违法行为，当其社会危害性达到一定严重程度，符合治安管理处罚法的规定时，应当按照治安管理处罚法的规定对施暴人进行处罚，追究加害人的行政责任。治安管理处罚法第四十五条规定，虐待家庭成员，被虐待人要求处理的；遗弃没有独立生活能力的被扶养人的，处五日以下拘留或者警告。对于身体暴力，可以依据治安管理处罚法第四十三条规定，对施暴人处五日以上十日以下拘留，并处二百元以上五百元以下罚款；情节较轻的，处五日以下拘留或者五百元以下罚款。对于实施写恐吓信或者以其他方法威胁他人人身安全的，或者公然侮辱他人或者捏造事实诽谤他人等精神暴力的，可以依据治安管理处罚法第四十二条规定，对施暴人处五日以下拘留或者五百元以下罚款；情节较重的，处五日以上十日以下拘留，可以并处五百元以下罚款。非法限制他人人身自由的，治安管理处罚法第四十条规定，处十日以上十五日以下拘留，并处五百元以上一千元以下罚款；情节较轻的，处五日以上十日以下拘留，并处二百元以上五百元以下罚款。

（三）追究刑事责任

加害人实施家庭暴力，构成犯罪的，依法追究刑事责任。加害人实施的家庭暴力行为造成严重后果的，可能构成虐待罪、遗弃罪，这是专门针对家庭成员的违法犯罪行为。除此之外，身体暴力可能构成故意杀人罪、故意伤害罪、过失致人死亡罪、过失致人重伤罪。精神暴力可以构成强制猥亵、侮辱妇女罪，侮辱、诽谤罪。非法限制人身自由的家庭暴力，可能构成非法拘禁罪。

（四）承担民事责任

加害人实施家庭暴力应承担的民事责任主要依据民法典确定，体现在三方面：

1. 民法典第一千零七十九条规定实施家庭暴力是法院判决离婚的法定事由之一。

2. 民法典第一千零九十一条规定实施家庭暴力导致离婚的，无过错方有权请求损害赔偿。

3. 家庭暴力是确定子女直接抚养权归属的首要考量因素。最高人民法院《第八次全国法院民事商事审判工作会议（民事部分）纪要》明确，在审查婚姻家庭案件中，应注重对未成年人权益的保护，特别是涉及家庭暴力的离婚案件，从未成年子女利益最大化的原则出发，对于实施家庭暴力的父母一方，一般不宜判决其直接抚养未成年子女。

本章总结

结婚是男女双方按照法律规定的条件和程序建立夫妻关系的民事法律行为。结婚应男女双方完全自愿、达到法定婚龄，且不得重婚或与一定范围的亲属结婚，并依法履行结婚登记程序。违反法定结婚条件缔结的“婚姻”可能构成无效婚姻或可撤销婚姻。无效或被撤销的婚姻，自始无效。婚姻有效成立，即在夫妻之间产生法定的权利与义务。在人身关系方面，夫妻仍为独立个体，享有夫妻姓名权、夫妻人身自由权和夫妻日常家事代理权。在财产关系方面，则有夫妻财产制、相互继承权和相互扶养义务。夫妻财产制是夫妻财产关系的最重要内容，我国实行以法定财产制为主、约定财产制为辅的夫妻财产制，如果夫妻双方没有关于财产的特别约定，那么在婚姻关系存续期间所得的财产，除法律规定为一方个人所有的以外，均为双方共同所有。离婚是在配偶生存期间依法解除婚姻关系的法律行为。如果夫妻双方对离婚及其后果达成一致意见，则可采用登记离婚程序，否则须采用诉讼离婚程序。人民法院审理离婚案件，应当进行调解；如果感情确已破裂，调解无效的，应当准予离婚。离婚使夫妻身份关系终止，双方的相互继承权和相互扶养义务随之消失，并须对双方共同财产进行分割，还可能有家务补偿、经济帮助、损害赔偿等救济措施的适用。父母离婚不消除父母子女关系，但须妥善处理子女直接抚养归属、抚养费负担和非直接抚养方的探望权等问题。

父母子女关系、兄弟姐妹关系和祖孙关系是夫妻关系以外的重要家庭法律关系。父母子女关系可以基于子女出生的事实和法律拟制的事实产生。子女类型包括婚生子女、非婚生子女、养子女和形成抚养关系的继子女，他们在法律上的权利义务平等。父母对未成年子女负有抚养、教育和保护的义务；成年子女对父母负有赡养、扶助和保护的义务；父母和子女有相互继承遗产的权利。收养作为法律拟制产生父母子女关系的法律行为，必须符合法定条件并履行法定程序方可成立。收养关系成立后，会形成法律拟制的父母子女关系和近亲属关系，同时养子女与生父母以及其他近亲属间的权利义务关系因收养关系的成立而消除。收养关系也可以基于法定理由、经法定程序解除。监护是为弥补无民事行为能力人和限制民事行为能力人行为能力欠缺而设置的制度。根据监护人确定方式，监护分为法定监护、遗嘱监护、协议监护、指定监护、意定监护和委托监护。监护人的主要职责是代理被监护人实施民事法律行为，保护被监护人的人身权利、财产权利以及其他合理权益等。监护关系因被监护人取得或恢复完全民事行为能力、监护人丧失民事行为能力以及监护人或被监护人死亡等原因而终止。

家庭暴力是发生在家庭成员之间的暴力行为。我国禁止任何形式的家庭暴力。为救助受害人，反家庭暴力法规定了一系列投诉、反映或求助途径，并针对未成年人等特殊群体设置了强制报告制度、撤销监护人资格等救助措施。为惩罚施暴人，规定了告诫制度以及相应的法律责任。

思考题

1. 我国法律规定的结婚应满足的条件有哪些？

2. 根据我国法律规定，有哪些财产属于夫妻共同财产，哪些债务属于夫妻共同债务？

3. 父母子女之间有哪些权利义务？

4. 如何理解家庭暴力？

第三章

中国婚姻家庭法律政策的发展、演变和特点

学习目标

掌握家庭政策的概念和政策制定的基本逻辑；了解我国婚姻家庭法律政策的发展脉络和特点；从家庭视角出发，能够掌握一些重要法律政策及其对自身家庭及家庭成员的影响。

第一节　家庭政策的界定

在中国，家庭不只是生产与再生产的经济单元，也是秩序单元、教化单元和福利单元，并负有社会化和保护其成员的责任。中外历史和社会发展现实告诉我们，家庭的前途命运同国家和民族的前途命运紧密相连。家庭是国家发展、民族进步、社会和谐的重要基点，是社会的微缩样本。

一、家庭政策的基本概念

家庭概念的复杂性、政策目标的多样性以及国内决策环境差异造成了家庭政策概念界定的困难。到目前为止，对家庭政策的界定在理论上并未达成一致，它在很大程度上受到人口结构、社会文化、政治制度与社会运动等因素的影响，家庭政策在不同的国家、社会文化和制度背景下，呈现出不同的价值导向和内容。传统家庭政策界定方法为内容涵盖范围界定法、政策目的界定法与政策思想来源界定法。①

（一）从内容涵盖范围角度界定

广义家庭政策包括所有直接或间接对家庭产生影响的政策与项目，它与人口政策、经济政策、健康政策、福利政策及社会援助政策等有着极为密切的关系。因此，作为与人类有关的政策，家庭政策就是每种政策的一个方面，从这一视角，家庭政策几乎与社会政策同义。②例如保护职业女性的政策，如果其目标是支持作为母亲的妇女，该政策就属于家庭政策。反之，如果其目标是支持作为个体公民与工人的妇女，就不属于家庭政策，个体在家庭之外的角色和行为不属于家庭政策调节的对象。广义的家庭政策概念缺乏很强的实际操作性，而且可能造成运用上的困难，同一种政策的种类归属容易产生混乱，因此，我们在使用中还是倾向于狭义的家庭政策概念。

从狭义的角度讲，家庭政策主要是指政府用于稳定家庭和承担家庭功能而针对家

① 吕亚军、刘欣：《家庭政策概念的辨析》，《河西学院学报》2009 年第 6 期。

② Aldous, J., Dumon, W. A. & Johnson, K. *The politics and programs of family policy: United States and European Perspective*, Leuven: Leuven University Press, 1980, p.5.

庭所推行的社会政策，是政府执政理念的具体体现和治理策略的具体实践。①

从政策功能的角度来看，家庭政策是以家庭整体为目标对象，旨在增强家庭发展能力、替补与完善家庭功能、提升家庭成员的福利水平。②狭义的家庭政策概念比社会政策的范围小很多。

（二）从政策目的角度界定

从政策目的角度，家庭政策可分为明确型家庭政策（Explicit Family Policy）和含蓄型家庭政策（Implicit Family Policy）两类，两者的主要区别在于有无明确的政策目标及施政部门。明确型家庭政策一般明确以家庭作为政策对象制订专门计划和实施特定服务，如家庭生活教育、计划生育、产妇与儿童健康服务等，并且往往都会设立专司规划与实施部门；含蓄型家庭政策是指并非特别以家庭作为政策对象，但对家庭有间接影响的政府政策，如失业救助等，且通常政府不会为此设立家庭的专职部门，一般是将这类家庭政策纳入社会福利政策、税收政策和就业政策等政策体系中。③这种分类引起了很多争议，许多国家认为，它们没有明确的家庭政策，并不代表它们不重视家庭政策。

不论一个国家的家庭政策是明确的或含糊不清的，其本质都在于解决具体家庭问题，维持或增强家庭的某些功能，如维护婚姻家庭关系、解决家庭成员问题、住房问题、维持家庭收入和家庭结构完整等，具体如产假、离婚率、儿童照顾、贫困家庭保障等。④英国学者米勒（J. Millar）主张用“直接”影响和“间接”影响来考察社会政策，直接影响的政策又可归纳为三类：规范家庭行为的法规、保障家庭收入的制度、为家庭提供照料服务的政策。⑤

（三）从政策思想来源角度界定

政策思想来源的界定方式将家庭政策划分为自由主义模式、保守主义模式与社会民主主义模式。⑥自由主义模式（以英国、美国和加拿大为代表）主张尽可能限制国家在社会政策领域中的权利，降低国家对家庭的干预程度，主张分配应该在个人之间实现。保守主义模式（以德国、法国为代表）将社会团结原则视为社会政策的基础，认

① 胡湛、彭希哲：《家庭变迁背景下的中国家庭政策》，《人口研究》2012 年第 2 期。

② 吴帆：《第二次人口转变背景下的中国家庭变迁及政策思考》，《广东社会科学》2012 年第 2 期。

③ 吕亚军、刘欣：《家庭政策概念的辨析》，《河西学院学报》2009 年第 6 期。

④ 王洁秀、刘继同：《发达国家现代家庭福利制度研究》，中国社会科学出版社，2021，第 7 页。

⑤ Millar, J. *Family policy and social policy*, in Alcock, A.,& Erskine, A., &May, M.(eds.), *The Student's Companion to Social Policy*[M]. Oxford: Blackwell Publiers, 1998.

⑥ Esping-Andersen,G. *The Three Worlds of Welfare Capitalism*. Cambridge: The Polity Press, 1990, pp.26-28.

为通过强化自然社会契约可以有效地解决社会问题，只需支持有特殊需要的家庭。也有学者把这种给家庭结构和功能出现缺陷的家庭提供修补、应急和救助的政策称为残补式（deficit intervention）家庭政策，包括贫困家庭、丧失劳动力的伤残家庭、老年家庭、单亲家庭或者作为家暴受害者的妇女儿童等。社会民主主义模式（以北欧国家为代表）认为，社会产品的再分配要通过家庭完成，主张给家庭提供最大的支持。在一些西方福利国家，表现为覆盖全体成员的一整套“从摇篮到坟墓”的普惠性家庭政策。但是，随着政府日益庞大的福利开支和职工工作积极性难以调动等问题的出现，这种政策也随之受到质疑。

各国家庭政策的制定与实施受当时社会客观环境的影响，同时也体现了政府对家庭需求的理解与反应。“政策”是一个宽泛的概念，法律法规包含在政策之中。中国的政策类型多样，主要包括中共中央文件、宪法、全国人大法律、中共中央与国务院联合发布文件、国务院行政法规、国务院职能部门规章、地方性法规、自治条例和单行条例八大类。[①]整体来看，中国的家庭政策大致可以从两个层面概括：在普遍性层面上，以制度安排型政策为主，包括婚姻政策、生育政策、教育政策和就业政策等，如婚姻法及计划生育政策，都对中国家庭产生了深远影响。在特殊性层面上，包括针对特殊家庭、特殊人群和专项计划三类政策，针对特殊家庭的家庭政策如对计划生育家庭的奖励，贫困家庭、低收入家庭、残疾人家庭、老年人家庭帮扶等一系列社会救助与福利政策；针对特殊人群的家庭政策如女性就业支持政策、留守儿童保护和发展政策、五保户老人的补助等；专项计划如对家庭的临时风险救助等政策。婚姻是家庭的基础和起点，法律政策的目的就是要维护婚姻稳定和家庭和谐，因此本文把上述“家庭政策”的概念理解为婚姻家庭政策。

二、婚姻家庭政策制定的基本逻辑

家庭是一个利益共同体，它对成员权利的约束力、繁衍后代、物质生产和消费等都是以家庭为单位进行的，家庭在养老、教育、医疗等方面承担着难以替代的角色。婚姻家庭关系不是一般意义的财产法律关系，也不是一般意义的身份关系，它是集情感、伦理道德、法律效力于一体的社会关系。家庭功能机制需要具备三个前提：一是家庭成员具有足够的就业收入，二是婚姻和家庭稳定，三是人口结构能维系正常的代际抚养关系。这三方面构造了三种基本的社会关系：劳动关系、性别关系和代际关系。我们可以把这三种社会关系简要地概括为婚姻家庭政策的逻辑起点。

① 刘继同：《当代中国婚姻家庭政策历史经验、结构特征、严峻挑战与发展方向》,《人文杂志》2018 年第 4 期。

（一）调节经济关系

一个具备生产与维系能力的家庭才算得上一个稳定的家庭。经济能力是一个家庭抚养、教育、医疗、养老等功能实现的重要基础，它帮助家庭抵御生存、生活和发展的风险。作为一种实体，家庭的经济来源维持家庭生计，与之相适应的劳动分工以及生产与再生产过程需要家庭成员之间相互协调，以便保持其内部的劳动再生产。[①]婚姻家庭政策中的劳动关系可表现为，国家法律政策规范和调整作为劳动力的家庭成员之间，在家庭财富的生产与消耗上的互助关系。此外，一个家庭的经济总是受外界因素的影响，因为它作为利益共同体会与外部的利益共同体之间产生差异，为满足家庭的基本需求，调整不同家庭的收入分配差距，政府会进行国民收入再分配，通过一些家庭补助项目给予一些家庭若干福利。政府通过对家庭经济水平的调节，可以减轻家庭的经济负担，弥补家庭一些功能的缺失和不足。如为失业者或从事非全日制工作的家庭提供津贴，根据孩子的年龄和孩子数提供补贴或制定家庭税收调节政策，以及为低收入家庭提供最低生活保障和住房津贴等，这些都是最根本的民生工作。[②]

（二）推进平等的性别关系

家庭的亲属性来自血缘和姻缘关系，血缘和姻缘的纽带构成，即父母与子女、夫与妻这两种关系是家庭组织的基本轴心。家庭中的男性与女性是完全独立的个人，具有平等的权利与义务，均应扮演有酬工作与照护家庭的双重角色，应该共同承担家庭的责任与义务。家庭中的性别关系平等是社会性别平等的基石。家庭内部纠纷往往围绕着家庭成员的责任、义务与权利的不公正而展开，如家庭决策、家务劳动、人身和财产权利、职业发展机会等。国家以制度形式保障家庭中的性别平等，从法律层面保证了夫妻关系中相互扶养的义务，夫妻日常家事代理权、相互继承权等。婚姻家庭政策关注两性在婚姻家庭领域的资源、权利和责任的分配，负有矫正偏误的功能，通过政策调节和价值引导，树立正确的性别观，实现性别公正，降低婚姻家庭的不稳定因素。

随着女性独立意识的增强和劳动市场参与率的提升，不少女性在抚养孩子与工作之间进入了两难选择。在很多国家，家庭由过去男性赚钱养家的单收入模式转化为男女同时赚钱养家的双收入模式，性别平等政策的目标由关注家庭中女性地位转向关注家庭中的性别关系，性别平等政策内容由关注女性家庭角色转向关注男性家庭责任，更加注重家庭内部两性的劳动分工。20 世纪 80 年代后，丹麦、瑞典等国制定了带薪

---

① 罗红光：《“家庭福利”文化与中国福利制度建设》，《社会学研究》2013 年第 3 期。

② 盛亦男、杨文庄：《西方发达国家的家庭政策及对我国的启示》，《人口研究》2012 年第 4 期。

父亲育儿假，这些政策改变了传统的性别观念和性别分工，使女性平等地享有就业权，从容地面对工作和家庭之间的平衡。同时，使人们意识到，养育孩子不再是私事，而是国家和家庭共同的责任，是父母双方共同的责任。[①] 我国不同省份的人口与计划生育条例规定了男方有 15—25 天不等的陪产假或护理假。

（三）促进双向的代际关系

代际之间的供养关系是双向的，扶老携幼，一是亲代对子代的抚养，二是子代对亲代的赡养，是一种纵向关系的传递与反馈，也有学者称为“反馈模式”或“接力模式”，这种模式推动着家庭的延续与发展。家庭的再生产除了物质再生产以保证家庭成员的消费以外，还包括通过生儿育女再生产家庭成员，家庭结构稳定是家庭职能正常发挥的基础。国家为达到它的人口战略目标，需要对人口进行合理调控，人口调控绝不是指单一的控制人口规模，还通过养老服务、托幼服务、教育和卫生健康等公共政策的作用，提高人口素质，改善人口结构，处理好人口与经济社会资源配置之间的关系。家庭具有情感纽带和伦理作用，家庭发展能力的基础建立在养育责任、教育责任、婚姻责任与隔代抚养责任四个主要方面。比较而言，隔代抚养现象在中国社会更为普遍。国家会出台一些法律政策，化解家庭风险，减轻家庭负担，帮助和支持家庭发挥其功能。1980 年修订的《中华人民共和国婚姻法》单独一章列出“家庭关系”，进一步明确子女与父母之间的赡养、抚养以及教育责任。1982 年，家庭责任被列入《中华人民共和国宪法》，“父母有抚养教育未成年子女的义务，成年子女有赡养扶助父母的义务”。[②]

第二节　中国婚姻家庭法律政策的发展现状

一、中国婚姻家庭法律政策的发展脉络

1949 年中华人民共和国成立尤其是改革开放以来，城乡家庭结构和生活方式发生了诸多变化，婚姻家庭政策也日渐完善。以下阶段划分以重要政策出台为时间节点，

① 李桂梅、刘安：《论当代中国家庭政策的基本价值取向》，《吉首大学学报（社会科学版）》2019 年第 1 期。

② 黄石松、孙书彦、郭燕：《我国“一老一小”家庭支持政策的路径优化》，《新疆师范大学学报（哲学社会科学版）》2022 年第 3 期。

反映出当代中国家庭生活、婚姻关系与家庭政策变迁的轨迹和发展历程。

（一）从新中国成立到“城乡分策”（1949—1958 年）

新中国成立伊始，封建家长制、封建礼教束缚、男尊女卑、三从四德、强迫包办、买卖婚姻等诸多社会问题存在。鉴于此，1950 年 4 月，中央人民政府委员会第七次会议通过《中华人民共和国婚姻法》，明确规定国家“实行男女婚姻自由、一夫一妻、男女权利平等，保护妇女和子女合法利益的新民主主义婚姻制度”。① 全法案 27 条，其根本任务是废旧立新，推翻旧的婚姻家庭制度，建构新式婚姻家庭，不仅涉及婚姻关系，还涉及亲属和继承关系。② 该法具有划时代意义，凸显了当时以婚姻法为主、家庭政策依附在婚姻政策下、国家在社会主义新型婚姻家庭政策建设中扮演主导性和建设性角色的时代性特征。1954 年 9 月，新中国第一部社会主义类型的宪法，规定了婚姻、家庭和母亲受国家保护，禁止破坏婚姻自由，禁止虐待老人、妇女和儿童，国家以根本大法的形式，从源头上确立了婚姻家庭受法律保护。

1958 年，“大跃进”和人民公社运动在全国范围内从各方面开展起来，妇女大规模走出家门，参加生产劳动和经济建设，幼儿园和托儿所大量涌现。这一时期，国家仍然扮演主导性和政治性角色，国家成为限制、控制和部分取代家庭的力量，城乡户籍、集体食堂、男女同工同酬以及频繁的政治运动是典型例证。③ 更重要的是，1958年1月，全国人大常委会讨论通过《中华人民共和国户口登记条例》，正式确立户口迁移审批制度和凭证落户制度，对农民进城镇做出限制。从此形成延续至今的“城乡分策”的二元结构户籍管理模式和二元化社会福利制度。④“城乡分策”从此成为全面、深刻影响家庭的政策。在计划经济体制下，政府对社会的干预程度非常高，在城市表现为单位、在农村表现为人民公社和村集体。“单位”是一个功能很齐全的组织，承接了很多在传统社会由家庭承担的功能，如住房、幼儿入托、食堂、交通补贴、冬季取暖补贴、家庭生活困难补助等。

（二）从“城乡分策”到计划生育（1958—1980 年）

1978 年改革开放以后，解放思想、市场竞争、自由平等、个人主义、效率优先、兼顾公平等成为主流价值观，家庭政策环境随之发生了很大变化。随着改革开放和我国经济转型，单位的福利功能被剥离，单位和雇员之间恢复单纯的雇佣关系。同时，

① 张希坡：《中国婚姻立法史》，人民出版社，2004，第 205-207 页。
② 蒋月：《20 世纪婚姻家庭法：从传统到现代化》，社会科学文献出版社，2015，第 301 页。
③ 刘继同：《当代中国婚姻家庭政策历史经验、结构特征、严峻挑战与发展方向》，《人文杂志》2018 年第 4 期。
④ 秦章：《我国户籍制度的现状和改革思路》，《内部文稿》2002 年第 6 期。

政府没有负担起对家庭的福利供给，家庭需要的服务只能从市场获得，家庭和个人的经济负担逐渐增加。[①]

1980 年 9 月 25 日，中共中央发表了《关于控制我国人口增长问题致全体共产党员、共青团员的公开信》发布，标志着中国进入计划生育和“一孩化家庭”时代。这一时期，国家继续扮演主导性角色，通过计划生育政策规范人们的生育意愿和家庭生育行为，人为地影响了家庭结构，中国的核心家庭增多，原来家庭养育多个子女的花费，可以更多地用来提高生活水平，因此，更多的家庭实行优育优教。随着城乡经济体制改革不断深化，企业劳动、工资、社会保险三项制度改革，尤其是 20 世纪 90 年代国营企业职工下岗分流、减员增效，城乡贫困和家庭最低生活问题变得突出。[②]这一时期，除了计划生育政策，中国在其他方面的家庭政策也日趋完善。

（三）从计划生育到 2013 年行政管理体制改革（1980—2013 年）

随着社会生活急剧变化，婚姻家庭领域出现了许多新情况。男女平等状况深受市场经济冲击，20 世纪 80 年代修订的婚姻法内容缺陷日益凸显。1995 年，全国人大做出了修改婚姻法的决定，经过多方面调查研究，2001 年，第九届全国人大常委会第二十一次会议通过了对《中华人民共和国婚姻法》的修订。[③]

2010 年尤其是 2012 年以来，中国特色现代家庭政策框架日益清晰。2010 年，温家宝总理在两会上庄严承诺“让人民生活得更加幸福，更有尊严”，国务院常务会议首次研究家庭服务业政策。[④]这一时期，贫困、疾病、文盲愚昧、就业、失业、住房、婚姻家庭、社会救助和最低生活保障等社会问题突出且日趋多样，例如，婚姻家庭生活稳定性降低、离婚率居高不下、独生子女问题、流动和留守儿童、妇女合法权益保护和男女地位平等问题凸显。[⑤]在构建和谐社会与和谐家庭的背景下，如何构建中国特色现代家庭福利政策议题应运而生。[⑥]2011 年 4 月 26 日，中央政治局第 28 次集体学习中，胡锦涛第一次明确提出要健全家庭发展政策，提高家庭发展能力，切实促进家庭和谐幸福，加大对孤儿监护人家庭、老年人家庭、残疾人家庭、留守人口家庭、流动人口家庭、受灾家庭以及其他特殊困难家庭的扶助力度。国务院印发国家人口发展“十二五”规划的通知中，也明确提出“加快建立和完善提高家庭发展能力的政策体

① 刘永廷：《论我国家庭政策的制度性支持》，《中华女子学院学报》2020 年第 3 期。

② 多吉才让：《中国最低生活保障制度研究与实践》，人民出版社，2001，第 1 页。

③ 蒋月：《20 世纪婚姻家庭法：从传统到现代化》，社会科学文献出版社，2015，第 378 页。

④ 刘继同：《中国特色“社会政策框架”与“社会立法”时代的来临》，《社会科学研究》2011 年第 2 期。

⑤ 张建、陈一筠：《家庭与社会保障》，社会科学文献出版社，2000，第 1 页。

⑥ 刘继同、左芙蓉：《“和谐社会”处境下和谐家庭建设与中国特色家庭福利政策框架》，《南京社会科学》2011 年第 6 期。

系”的设想。2011年的《国务院关于开展城镇居民社会养老保险试点的指导意见》，开始建立城镇居民的基本养老保险制度，它的实施范围与新型农村社会养老保险试点基本一致。[①] 同年9月，为解决中低收入家庭住房困难，促进实现住有所居目标，《国务院办公厅关于保障性安居工程建设和管理的指导意见》出台。2012年4月18日，国务院常务会议审议并原则通过《女职工劳动保护特别规定（草案)》，草案将女职工生育享受的产假由90天延长至98天，并规范了相关待遇。

党的十八大以来，以习近平同志为核心的党中央高度重视家庭、家教和家风的重要作用。2012年，习近平总书记首次提出“宏观政策要稳，微观政策要活，社会政策要托底”的治国理政新思路。[②] 按照习近平总书记的判断，“全面建成小康社会突出的短板主要是在民生领域”，这意味着贫困和民生领域福利保障是最主要的社会问题。2012年，国务院机构改革，为优化配置医疗卫生和计划生育服务资源，提高出生人口素质和人民健康水平，国家将卫生部的职责、国家人口和计划生育委员会的计划生育管理和服务职责整合，组建新型“国家卫生和计划生育委员会”，随着国家部制改革，避免了政府职能交叉、政出多门、多头管理的弊端，国家功能角色逐渐发生转变。

（四）从十八届三中全会至今（2013年至今）

2013年，党的十八届三中全会决定“启动实施一方是独生子女的夫妇可生育两个孩子的政策”，标志着“单独二孩”政策正式实施。然而，“单独二孩”申请人数远低于预期，效果并不明显。一方面，由于育龄人群生育观念发生了转变；另一方面，基于生育养育的现实压力，中国亟须解决低生育率、老龄化、男女比例失衡等问题，城市独生子女的青年一代成为中国历史上从未有过的一代新人。为了调整因为计划生育政策带来的家庭问题，回应中国社会剧烈的人口迁移和新型城镇化进程，维护和巩固婚姻家庭的功能作用，需要重塑家庭在现代社会生活中的结构功能角色。

2016年是中国深化改革元年，最重要的家庭政策有二：一是全面放开二孩政策，这意味着30多年的独生子女政策正式结束；二是颁布《中华人民共和国反家庭暴力法》，拉开了中国反家庭暴力的历史序幕，这两项政策均具有里程碑意义，标志着国家由传统规范和限制角色转变为支持和保护家庭。2017年，党的十九大报告提出了“幼有所育、病有所医、老有所养、弱有所扶”，养老保险全国统筹，健全农村留守儿童和妇女、老年人关爱服务体系等目标。2021年是“十四五”开局之年，也是两个百年目标交汇与转换之年，5月31日，继“单独二孩”和“全面二孩”政策后，我国生育政策迎来了第三次重大调整，中共中央政治局审议《关于优化生育政策促进人口长期均

---

① 丁建定：《中国共产党百年社会保障政策：时代目标与实践取向》，《社会保障评论》2021年第5期。

② 中共中央宣传部：《习近平总书记系列重要讲话读本》，人民出版社，2014，第110页。

衡发展的决定》，做出“一对夫妻可以生育三个子女政策及配套支持措施”的重大决策。2021 年 10 月 23 日，《中华人民共和国家庭教育促进法》公布，国家对家庭教育进行专门立法，把家庭教育正式纳入国家教育事业发展规划和法治化管理轨道，从法律层面保障家庭教育的实施，从家庭、学校、社区，全方位保障未成年人的成长和成才。

总体来说，中国家庭政策框架从无到有、从少到多、从单向到综合的发展规律明显。中国婚姻家庭政策大致上经历了从替代家庭走向支持家庭的演变过程，婚姻法是保护建设家庭，二元户籍和计划生育是规范限制家庭，从“全面二孩”到“三孩”政策是支持保护家庭。[①] 改革开放可以作为明显的政策分界点，改革开放以前，在“家国同构”的传统理念影响下，基于一种国家主义的治理逻辑，家庭是国家的“候补”角色。而改革开放后，市场的介入、单位制的削弱、福利保障的减少、分配方式的变化以及公共服务产业化等变化，被一些学者描述为“家国分离”。[②]

二、中国婚姻家庭法律政策的分类

家庭既是其他各类社会问题的重要根源，又是各类社会问题最集中、最典型的反映。与婚姻家庭相关的每个政策法规的增加和修订，都会对普通人的日常生活产生深远的影响。我国已经实施了一系列的家庭政策，包括计划生育政策、未成年子女教育、促进健康和养老的政策、困难家庭补助政策、最低生活保障政策等，规范家庭成员的抚养、赡养、扶助等行为。

（一）从人口问题出发，关注家庭规模和结构变化

家庭政策的制定往往与人口问题相关。20 世纪 70 年代末至 2000 年这段时间，我国主要实施计划生育政策，控制人口总量过快增长，并逐步形成与此相配套的计划生育家庭奖励和扶助政策。[③] 同时，与之密切相关的户籍政策和跨省婚姻登记政策共同影响着家庭的结构和规模，这些政策占婚姻家庭政策的 8.6%。人口的迅速转变推动着家庭规模小型化、结构核心化和类型多元化，独生子女家庭是中国社会家庭变迁的一个独特现象。中国逐渐从以联合家庭为绝大多数过渡到以核心家庭为绝大多数，然后又逐渐扩展到单亲家庭、丁克家庭、空巢家庭、隔代家庭、大龄单身家庭等多种类型。世界范围内总人口生育率的下降，直接催生了以鼓励生育为导向的家庭支持政策。人

① 刘继同：《当代中国婚姻家庭政策历史经验、结构特征、严峻挑战与发展方向》，《人文杂志》2018 年第 4 期。

② 吴小英：《公共政策中的家庭定位》，《学术研究》2012 年第 9 期。

③ 黄石松、孙书彦、郭燕：《我国“一老一小”家庭支持政策的路径优化》，《新疆师范大学学报（哲学社会科学版）》2022 年第 3 期。

口老龄化和长期低生育率改变了家庭的人口结构，家庭对老人照料的需求增长。我国步入老龄化社会后，婚姻家庭法律和政策越来越重视长期低生育率和大规模劳动力人口流动背景下，人口老龄化和家庭保障功能的弱化问题。中国人口政策经历了从“双独二孩”到“单独二孩”，再到2016年实施的“全面二孩”，再到2021年5月的“三孩生育政策”，中国生育政策渐进式改革，逐渐放开。

（二）从福利问题出发，关注社会保障和困难群体

我国婚姻家庭政策长期关注社会保障和福利制度不健全背景下的弱势群体问题，重视福利制度变化对困难家庭中的儿童、残疾人等特殊人群的影响，强调家庭福利体系建设，已经建立起一套针对城乡困难家庭的社会政策体系，包括以最低生活保障制度为核心的、对城乡困难家庭收入支持的政策和相关配套政策，有效帮助经济困难的家庭消除贫困。同时，规范收养行为，作为孤残儿童回归家庭的一种方式，民法典婚姻家庭编新增了收养人条件，放宽了对收养条件的限制，收养人应具有抚养、教育和保护被收养人的能力，保障被收养人合法权益。此外，中国的福利保障政策还包括对一些特殊群体的帮扶和救助，如留守儿童关爱保护政策、扶贫搬迁帮扶政策、灾后重建政策、低收入妇女“两癌”救助政策、军人军属法律援助政策等。

综合以上，这部分政策涉及的群体类型最为多样化，近100个政策文件占政策总数的比重约为54.8%。政府通过这些政策对市场初次分配进行调节，利用“托底”的方式来保障遇到生活困难的人，保障家庭的基本生活需要，缩小社会成员之间及家庭之间在收入分配上的过大差距，弥补了一些家庭的功能不足和缺失，这些政策是社会主义市场经济必不可少的重要内容。

（三）从社会性别视角出发，关注女性权益和婚姻家庭稳定

从社会性别视角出发，关注婚姻不稳定、家庭成员冲突等问题，化解婚姻家庭纠纷；关注女性面临的工作和家庭冲突问题，重视传统的家庭支持减弱和公共支持不足对女性职业发展和婚姻家庭生活造成的不利影响，保护怀孕、生育、哺乳期女职工，强调平衡工作和家庭的政策体系建设，为妇女创业就业推出小额担保贷款财政贴息政策，延长产假，从产假转向育儿假，为所有照顾者提供时间和支持。

以上共涉及9.6%的政策和法律文件，这些文件大多体现了维护婚姻稳定和促进性别平等的政策目标。例如，2017年，最高人民法院牵头15部门共同参与印发了《关于进一步深化家事审判方式和工作机制改革的意见（试行）》，凝聚多方合力化解家庭矛盾，探索完善心理辅导干预、家事调查、案后回访等制度。为减少轻率离婚、冲动离婚现象，维护家庭稳定，民法典婚姻家庭编设置了“离婚冷静期”，在此期间，任何一

方都可以向登记机关撤回离婚申请。这为草率型、冲动型、赌气型离婚人群增加了离婚“难度系数”。同时，收取非监护方的子女抚养费是法律支持单亲父母的重要工具。民法典婚姻家庭编还规定了夫妻关系存续期间，有下列情形之一的，夫妻一方可以向人民法院请求分割共同财产：一方有隐藏、转移、变卖、毁损、挥霍夫妻共同财产或者伪造夫妻共同债务等严重损害夫妻共同财产利益行为的；一方负有法定扶养义务的人患重大疾病需要医治，另一方不同意支付相关医疗费用的。尤其是 2008 年，全国妇联等七部门发布《关于预防和制止家庭暴力的若干意见》以后，促进家庭安全和婚姻稳定是婚姻家庭立法和政策制定过程中越来越着重考虑的要点。2015 年，反家庭暴力法出台，2022 年 3 月，《关于加强人身安全保护令制度贯彻实施的意见》发布，在保护女性在婚姻家庭中合法权益方面，中国取得很大进步。但是，从整体来看，这部分政策占比最小。

（四）从家庭功能角度出发，关注父母养老和子女教育问题

教育功能、抚养和赡养功能是家庭两个重要的功能。在我国，随着老龄化问题的加剧，子女赡养老人的任务也随之加重，家庭对社会政策和公共服务的需求也日益强烈。国家逐渐为年轻父母照料孩子和老人提供支持，如早教、托儿、照料、儿童福利等公共服务、建立健全养老与医疗保险制度、鼓励社区和社会福利机构提供老年人服务保障等措施，为家庭减轻负担，这类政策和法律文件约占 16.6%。

我国制定和多次修订、修正《中华人民共和国老年人权益保障法》《中华人民共和国未成年人保护法》。1996 年 8 月出台的《中华人民共和国老年人权益保障法》，将“养老”规定为家庭成员责任。2009 年、2012 年两次修订该法，后又经 2015 年和 2018 年两次修正。现行法律规定，鼓励家庭成员与老年人共同生活或就近居住，为老年人随配偶或赡养人迁徙提供条件，为家庭成员照料老年人提供帮助。1991 年，《中华人民共和国未成年人保护法》通过并实施，2006 年第一次修订，2012 年第二次修正，2020 年 10 月第二次修订，增加了多项内容，如发现未成年人权益受侵害时强制报告制度，明确列举了未成年人的父母或者其他监护人应该履行的监护职责和不得实施的行为。2004 年以后，教育部等部门的政策文件着重强调家庭教育以及家校合作。2021 年《中华人民共和国家庭教育促进法》的颁布具有里程碑意义。2020 年 12 月，国务院办公厅印发《关于促进养老托育服务健康发展的意见》，建立健全“一老一小”工作推进机制，提出 4 方面 23 项举措，旨在健全老有所养、幼有所育的政策体系。

（五）其他法律政策

除以上四部分政策和法律文件，另有 20 个（约 10.2%）较为分散、无法归类文件，

如《中华人民共和国劳动保险条例》《中华人民共和国继承法》《职工带薪年休假条例》，以及推进农业经营体制机制创新政策、脱贫攻坚行动、乡村振兴计划、数字家庭和无烟家庭建设、通过村规民约和居民公约的制定或修订加强城乡社区治理等，都不同程度地影响了家庭的生活水平和生活方式。

三、中国婚姻家庭法律政策的特点

纵观1949—2022年中国婚姻家庭政策的主要法律法规文件，总的来说，中国婚姻家庭政策框架从无到有、从单一到综合，涵盖范围从少到多，从点到面。政策有短期的、中长期的，有约束性的、倡导性的，有明确量化指标的，但更多的是非量化指标。

从政策法规和文件名称来看，如果以名称中有"家庭"二字为判断标准的话，186个政策法律文件中有35个合乎标准，且都是在2003年以后颁布的，如《城镇最低收入家庭廉租住房管理办法》《关于全面推进零就业家庭就业援助工作的通知》《城市低收入家庭认定办法》《流浪未成年人需求和家庭监护情况评估规范》《家庭寄养管理办法》《为烈属、军属和退役军人等家庭悬挂光荣牌工作实施办法》等。中国在政策上对家庭的支持和保护大多散见在综合性法律和综合性法规条例中。[①]

从政策法规数量的时间段分布和集中情况来看，家庭政策框架范围不断扩大，内容不断丰富。新中国成立到改革开放近30年的时间里，颁布涉及家庭的法律法规文件少之又少；从改革开放到党的十八大这30多年时间里，平均每年有1.6个政策法律文件颁布。政府把关注重点放在经济发展上，社会政策服从整体经济发展战略需要。计划生育政策以及与其相适应的管理办法和管理条例在2001年前后相继出台。与此同时，针对女职工、残疾人、未成年人、妇女权益和母婴等几部保障法和保护法在20世纪八九十年代也陆续颁布。但是，计划经济体制下的"集体保护伞"逐渐消失，而新的社会福利政策迟迟跟不上快速发展的经济需求。[②]

党的十八大以来的十年时间里，平均每年约颁布12.3部政策法律文件，涉及婚姻家庭的法律制度日趋完善。特别是2021年和2022年这两年，分别有24个和20个政策法律文件颁布，是最为集中的两个政策年。尤其是民法典的颁布，是我国法治进程中的一件大事，也是推进国家治理体系和治理能力现代化的重要标识。回顾改革开放以来的城乡经济体制改革，可以看到，农村集体化和城市单位制的解体，其实是国家从社会保障和福利中逐步退出，国家通过转制、放权，原来由国家或者集体承担的责任转由家庭承担，例如育儿、教育、医疗、养老等，很多都通过服务收费制度转给家

① 唐灿、张建：《家庭问题与政府责任》，社会科学文献出版社，2013，第143页。

② 佟新：《我国的老龄化、性别和养老政策》，《华中科技大学学报（社会科学版）》2008年第2期。

庭，家庭成为独自面对各种社会风险的基本单位，它的脆弱性凸显，家庭成员一旦遇到失业、下岗、疾病或其他天灾人祸，家庭就可能陷入贫困，在农村或很多城市低收入阶层，因病致贫、因学致贫等现象屡见不鲜。①

全国妇联宣传部于2009—2010年组织开展的“中国和谐家庭建设状况问卷调查”选取了10个省、区、市民众对“国家现行的家庭支持政策”的看法，56.4%的被访者认为支持力度不够，8.6%的被访者认为基本没有政策支持，20.3%的被访者“不清楚哪些政策跟家庭有关”。②这一结果反映出，中国家庭政策在数量上已经有一定基础，但实施效果仍不明显。家庭政策的议题随着人们对政府责任界限的不同理解处于不断更新之中。③国家“十二五”规划首次将“提高家庭发展能力”作为改善民生和全面做好人口工作的重要内容。④党的十八大以后，家庭政策明显增多，正是国家对以上那些现实问题的回应，政府逐渐给家庭“减压”，为家庭分担责任。国家在公私边界问题上，改革开放前后有着明显的由“公”转向“私”的变化，市场化以来，家庭的私人性得到广泛接受，最近几年又有向“公”发展的趋势。家庭逐渐从一种政策背景和条件发展成为一种政策目标，“从幕后走到了台前”。

从政策法律文件的发文机关来看，联合发文的政策法律文件数量越来越多，涉及的部门也逐渐增多。婚姻家庭政策越来越需要各部门密切配合实施。1999年5月，中国人民银行、教育部、财政部三部门联合发布了《关于国家助学贷款的管理规定》，此为第一个与家庭有关的多部门施政文件。2007年11月，发展改革委、监察部、民政部、财政部等九部门联合颁布《廉租住房保障办法》，此为涉及部门最多的一个政策文件，为城市低收入住房困难的家庭提供廉租住房保障。特别是2013年行政管理体制改革部门调整以后，政府部门联合施政较为多见，例如，教育部等五部门的《关于加强义务教育阶段农村留守儿童关爱和教育工作的意见》强调家校联动，住房城乡建设部等五部门发布《关于加强老年人家庭及居住区公共设施无障碍改造工作的通知》强调为贫困残疾老年人家庭进行无障碍改造，教育部等九部门的《关于防治中小学生欺凌和暴力的指导意见》强调家庭监护责任，人社部等四部门的《关于做好易地扶贫搬迁就业帮扶工作的通知》强调确保搬迁家庭至少一人实现就业等。政府信息资源正在逐渐实现跨部门整合与共享，改变了此前各部门各行其是的局面。

---

① 唐灿、张建：《家庭问题与政府责任》，社会科学文献出版社，2013，第4-5页。

② 全国妇联宣传部：《中国和谐家庭建设状况问卷调查报告主要成果》，《中国妇运》2010年第7期。

③ 吴帆：《第二次人口转变背景下的中国家庭变迁及政策思考》，《广东社会科学》2012年第2期。

④ 祝西冰、陈友华：《中国家庭政策研究：回顾与相关问题探讨》，《社会科学研究》2013年第4期。

第三节　中国婚姻家庭法律政策的不足及发展建议

一、中国婚姻家庭法律政策的不足

（一）多散见在综合性法规条例和政策中，呈碎片化特点

国家层面缺乏系统性的统一机制。政策逻辑和定位不够明晰，政策对象分散，呈现碎片化特点，导致不同政策之间有时相悖或不相容，资源难以整合并效用最大化，出现“九龙治水”或“各扫门前雪”现象，民政部、卫计委、妇联等部门之间缺乏有效整合和协商机制，很大程度上削弱了政策效率。如同为身份管理制度，户籍制度限制了个体的流动，身份证制度则提供了流动的通行证，二者在制度理念上是相悖的，因为随着劳动力的流动，户籍制度导致家庭成员分散异地，留守老人、留守妻子、留守儿童问题便出现了。家庭计划生育以家庭为基本单元，而税收、就业、教育等则基于个体。[①]政策分散的现象虽然近些年已有好转，多部门联合制定政策，但在政策实际实施的过程中，综合施政合力不足，一些部门仅是挂名。

（二）改革开放前后国家在公私边界问题上由“公”转“私”

改革开放后，国家从资源的分配者转为政策制定者和法律监督者。进入 21 世纪，政府开始动员社会力量让社区、社会组织帮助家庭分担养老和抚幼责任，但是政府本身还是更多地强调家庭和个人的责任，愿意承担管理者、法规制定者和监督者的角色，直接投入资金及提供服务和福利仍显不足。[②]现有政策多是强调家庭应尽责任和应承担义务，如儿童养育和养老，没有体现为家庭“减负”。家庭发展问题倒逼“国家—家庭”关系调整。

（三）多以补救型和补缺型为主

从内容覆盖面和政策灵敏度来看，多以补救型和补缺型为主，长期以来，政府只有在家庭出现危机或遇到通过自身努力无法克服的困难时才会干预[③]，“头痛医头，脚痛医脚”。目前婚姻家庭政策无法应对家庭结构快速变迁及其产生的需求，政策法规回应和解决现实问题的敏感性不强，滞后于社会现实状况，如计划生育政策发展、调整、

① 吴小英：《公共政策中的家庭定位》，《学术研究》2012 年第 9 期。
② 唐灿、张建：《家庭问题与政府责任》，社会科学文献出版社，2013，第 56 页。
③ 刘中一：《新时代构建家庭友好型社会的实践与政策》，《中国浦东干部学院学报》2019 年第 1 期。

修订和完善过程明显滞后于发展迅猛的婚姻家庭和生育率低的现实。现有政策法规尚未涉及婚姻家庭生活中诸多基本议题。政策法规覆盖范围不全，尚存诸多空白点，少有预防和发展思路，缺少鼓励家庭成员相互照顾的激励机制。如现在婚姻家庭政策中的显性性别歧视已经没有了，而隐性歧视仍然存在，应该有效地避免公共政策中的性别缺失和事后补救。①

（四）对弱势群体较为关注，缺少对普通家庭发展的支持

从对象和目标来看，政府对弱势群体一直较为关注，尤其是问题家庭以及失去或缺少家庭依托的边缘人群，却缺少对普通家庭发展的支持，普惠制家庭津贴、儿童津贴、育儿假期等在政治议程上总是处于靠后的位置。结构较为完整的家庭多依靠自我保障，有时家庭反而成为个人获得政府福利支持的障碍。中国缺乏对家庭在税收方面的支持政策，没有完全发挥家庭政策对社会利益再分配的功能。中国的个人所得税较少考虑个人的家庭负担，应该吸取国际经验，鼓励家庭成员承担赡养和抚养等责任。从家庭内部环境来看，家庭关系经济化倾向明显，经济利益严重侵蚀和降低了家庭稳定的社会、文化、心理基础，导致离婚率攀升，育儿成本不堪重负和生育意愿下降等问题，成为当前婚姻家庭政策的当务之急。

二、中国婚姻家庭法律政策未来发展建议

（一）群策群力，逐步完善家庭政策体系

为了提高家庭组织的效率，必须有国家干预。②如果缺乏统一而明确的目的认识和功能预期，家庭政策就失去了作为独立门类的条件，成为一系列政策工具的“大杂烩”。③过于宽泛的目标也是政策效果无法企及的。为了使家庭政策更为有效，公共政策需要更多地融入家庭视角，政府应该对现有的家庭政策进行梳理和系统化，加强政策统筹和资源整合，设计一套完整的政策体系，使家庭政策更具整体性、系统性和协同性。逐步确认家庭政策精准化目标，并且为这些目标进行先后排序，应包括对家庭未来事项的关注，如家庭凝聚力的培养、家庭应对风险能力等。考察评估每一个政策法规出台与实施对家庭会造成哪些影响，协调不同政策之间的矛盾。④

① 朱尧耿、付红梅：《家庭中的性别平等问题与社会对策》，《南方人口》2008年第1期。

② 加里·斯坦利·贝克尔（Gary Stanley Becker）：《论家庭》，王献生、王宇译，商务印书馆，2005，第437页。

③ 陈卫民：《我国家庭政策的发展路径与目标选择》，《人口研究》2012年第4期。

④ 吴小英：《公共政策中的家庭定位》，《学术研究》2012年第9期。

（二）在政策设计中重视家庭多元化发展趋势

政府普惠性的社会福利不一定能解决人们所有的问题，应该将个人置于家庭之中考虑，从代际团结和社会团结出发，注重家庭福利责任。① 家庭结构发生变化，流动家庭和留守家庭是我国城乡二元体制下的特殊家庭形式，同时，同居、空巢等多种家庭户类型增多。在政策制定时，应该重视家庭的多元化趋势，尊重家庭的自主性发展，让各种各样的家庭都能从政策中受益。② 家庭政策应该从纯粹地满足家庭的经济需求转向满足家庭非货币化福利需求，从满足家庭的生存需求转向满足家庭的发展能力。③ 对家庭发展能力处于低、中、高不同阶段的家庭给予不同的政策侧重，给予独居家庭以更多的关注。④ 加强对家庭照料功能的支持，充分考虑和评估家庭成员的抚养负担。如将有养老和育儿需求家庭的经济成本考虑在内，允许部分保险在家庭成员（主要是配偶、亲子）之间适度转移。⑤

（三）注重家庭发展能力建设和工作家庭平衡

在“放开三孩”的政策背景下，应尽快研究和制定儿童福利立法、完善儿童福利管理体制，使得生育政策有法可依，将家庭支持政策视为全面应对人口老龄化国家战略的重要组成部分，可适时出台儿童福利法，建立普惠型儿童津贴制度，降低育儿成本，还可采取政府间接补贴的形式，将生育和抚育费用作为个人所得税税前抵扣部分，作为提高生育意愿的部分措施。⑥ 很多学者将劳动力市场弹性、儿童照顾服务项目的覆盖面、带薪双亲休假以及在家庭政策上的总支出视为衡量家庭政策模式的重要核心指标。

在如何平衡工作与家庭方面，首先，要使更多男性加入家务劳动中来，建立起合作式的家务劳动分享模式；其次，给予在职的父母们，特别是0—3岁婴幼儿父母们以福利支持，明确父亲假或父母假的定义、期限、资格等问题，鼓励用人单位采取灵活考勤和绩效考核政策，有条件的单位可以直接提供儿童照料服务；再次，强调国家应当承担促进工作家庭平衡的首要责任，政府要加大建立公立托儿所和幼儿园，将幼儿园教育纳入国家公共教育范畴，鼓励社区、企业兴办收费合理的托幼和养老设施，减

---

① 王思斌：《我国适度普惠型社会福利制度的建构》，《北京大学学报（哲学社会科学版）》2009年第3期。

② 唐灿、张建：《家庭问题与政府责任》，社会科学文献出版社，2013，第57页。

③ 吴帆：《第二次人口转变背景下的中国家庭变迁及政策思考》，《广东社会科学》2012年第2期。

④ 李树茁、王欢：《家庭变迁、家庭政策演进与中国家庭政策构建》，《人口与经济》2016年第6期。

⑤ 全国妇联妇女研究所：《对重构中国现代家庭政策的思考》，《中国妇运》2016年第6期。

⑥ 鲁全：《中国的家庭结构变迁与家庭生育支持政策研究》，《中共中央党校（国家行政学院）学报》2021年第5期。

轻劳动者的家庭负担。①

针对“家庭政策究竟应该面向个人，还是应该面向家庭为基本单元更加有效？”这个问题，家庭政策应该平衡国家、家庭和个人三者之间的关系。国家既要保护家庭的私有权不受侵害，同时也要在一定底线范围内，有权穿透家庭的围墙直接保护个体。家庭政策不仅仅需要家庭友好，也需要性别友好，归根到底需要个人友好。

本章总结

本章的核心概念是家庭政策，首先从内容涵盖范围、政策目的、政策思想来源角度界定家庭政策，然后从劳动关系、性别关系、代际关系这三种基本社会关系的角度分析婚姻家庭政策制定的基本逻辑。在此基础上，以重要政策的出台为时间节点，梳理中国婚姻家庭法律政策的大致发展脉络，并对我国现有婚姻家庭法律政策进行分类，包括关注家庭规模和结构变化、关注社会保障和困难群体、关注女性权益和婚姻家庭稳定以及关注父母养老和子女教育问题四类。在汇总和梳理中共中央、国务院及各部委政策法律文件后，概括我国婚姻家庭法律政策的特点和不足。最后，为我国婚姻家庭法律政策体系的完善提出几点建议和思路。

思考题

1. 2013 年，中国行政管理体制改革后，婚姻家庭政策发生了哪些变化？
2. 中国人口政策发生了哪些变化？对中国家庭结构的影响有哪些？
3. 请列举 2 个政策法律文件，解释其如何从婚姻家庭关系角度促进性别平等。

① 佟新：《倡导以工作—家庭平衡为基础的公共政策》，张永英：《促进工作家庭平衡的国际经验及对中国的启示》，载张李玺主编《家庭政策与妇女发展》，中国社会科学出版社，2016。

第四章

婚姻家庭伦理知识

学习目标

掌握婚姻家庭伦理的基础知识；了解当前的婚姻是以爱情为前提的，恋爱中的伦理知识；思考社会文化冲突中的家庭伦理道德问题；树立新时代良好家教家风。

第一节 婚姻家庭伦理的基础理论

人类家庭的本源性是道德传承。爱情、婚姻和家庭作为一种特殊的社会关系，都具有道德性。关于家庭的本质和起源，马克思这样写道："现代家庭萌芽时，不仅包含着奴隶制，而且也包含着农奴制。因为它从一开始就是同田野耕作的劳役有关的。"[①]恩格斯在《家庭、私有制和国家的起源》一书中这样写道："家庭实际上就根本没有经历任何历史的发展，至多认为在原始时代可能有过杂乱的性关系的时期。"[②]也就是说，家庭是随着农业、畜牧业的发展，私有财产的增多而逐渐产生的。

一、家庭伦理与家庭道德的关系

家庭伦理就是一种家庭道德的哲学，它是伦理的重要分支，是普通伦理在家庭领域中的应用和体现。家庭伦理还包含家庭道德文化的成分，是一种道德文化传承。家庭伦理道德教育，在当今对于切实落实"注重家庭、注重家教、注重家风"的重要指示具有实践意义。习近平总书记指出："中华民族历来重视家庭。正所谓天下之本在家。"尊老爱幼、妻贤夫安，母慈子孝、兄友弟恭，耕读传家、勤俭持家，知书达礼、遵纪守法，家和万事兴等中华民族传统家庭美德，铭记在中国人的心灵中，融入中国人的血脉中，是支撑中华民族生生不息、薪火相传的重要精神力量，是家庭文明建设的宝贵精神财富。

（一）伦理与道德

在日常语言中，我们常常把"伦理"和"道德"二词互换使用，或者说基本不加区分。我们可以用伦理也可以用道德来形容人或行为。更为普遍的是，人们还会更多使用好、坏、善、恶、对、错和正当与否等词直接形容人或行为。"伦理"（ethics）源于希腊文，本意是品质、人格；"道德"（morality）源于拉丁文，本意是风俗或礼貌。由此看来，伦理似乎与人的个体品格有关，而道德似乎是指人们的相互关系。然

① 中共中央马克思恩格斯列宁斯大林著作编译局：《马克思恩格斯文集》第4卷，人民出版社，2009，第70页。

② 中共中央马克思恩格斯列宁斯大林著作编译局：《马克思恩格斯文集》第4卷，人民出版社，2009，第19页。

而，在日常语言中，我们说某人是 ethical 还是 moral，说某人行为是 unethical 还是 immoral，实际上没有任何差别。不过，在哲学领域，“伦理”一词还是用以指称特殊的研究领域即伦理学，集中关注人们的行为和人的价值道德领域。道德基本上是讨论人的问题，讨论人同其他存在物（包括人和自然与其他）的关系。道德讨论人如何对待其他存在，以促进共同的福利、发展、创造性和价值，力求扬善抑恶。

在古代中国，“伦理”和“道德”在词源上有不同的解释。“伦”和“理”最早并不是一个专有名词，而是两个词。我国古代典籍《礼记·乐记》把“伦”和“理”联用：“乐者，通伦理者也。”之后，“伦理”一词就被广泛使用，伦理也具有了固定的含义。许慎在《说文解字》中解释说：“伦，从人，辈也，明道也；理，从玉，治玉也。”从词源含义上来看，“伦”是指一种辈分、等第、秩序、人际关系的意思；“理”指条理、道理的意思。伦理含有分类条理、规则规范的意思。至于“道”和“德”的含义，《说文》曰：“道，所行道也。”在中国古代，“道”表示事物运动变化的规律，或人们在处事、做人、交往中必须遵循的社会行为的准则、规矩、规范。至于“德”，朱熹说：“德者，得也，行道而有德于心者。”“德”即“得”，指人们认识“道”、遵循“道”，内得于己，外施于人。外施于人称为“德”。《论语》中有“君子之德风，小人之德草，草上之风必偃”，这里的“德”指人的品质。①

总之，道德主要是指人们的思想品质、修养程度和善恶评价。如果我们说某人有道德，通常就是说他是个好人；如果我们说某人不道德，意思就是说他是个坏人。我们说某个行为是道德的或不道德的，意思是指这个行为是对的或错的。这些解释说起来很简单，但究竟什么样的行为是对的或错的、什么样的人是好人或坏人呢？人们借以做出此类判断的标准是什么呢？这些就是本节需要给大家介绍的内容。我们一般用好、坏、对、错、幸福或快乐进行道德判断。经验的事实似乎是这样的：凡是人们认为是好的东西，总要包含某种程度的幸福和快乐；凡是人们认为是坏的东西，总要包含某种程度的不幸和痛苦。这种关于何谓好的观念在传统上一直被称为“享乐主义”。只要对这些词给予最广泛的解释，那就很难否认，凡是好的至少包含某种快乐或幸福，凡是坏的总要包含某种痛苦或不幸。采取长远的而非短浅的眼光看问题，是获得幸福的必备元素之一。为了实现长远的快乐或幸福，人们可能要忍受某种痛苦或不幸。例如，为了保护好牙齿和牙龈，从而享受到保养良好的牙齿才能带来的口福和全面健康，我们就要忍受钻牙治疗的痛苦。与此类似，人们为了挣钱换取快乐和幸福，也许要干十分艰难甚至痛苦的工作。此外，术语“好”应当根据人类经验和人类关系的背景加以解释，而不是仅仅根据抽象观念进行解释。例如，知识和权力本身都不是善，除非

① 陈金华：《伦理学与现实生活》，复旦大学出版社，2006，第 1 页。

一个人从中得到某种满足，或者除非它们在某种程度上有助于合乎道德的、有意义的人类关系；否则，它们就是非道德的。那些会给某人带来某种好处而给别人造成痛苦的行为，例如，虐待狂从暴力虐待他人中获取快乐的行为，又如何呢？我们的初始主张是：凡属好事都会为某人带来某种满足、快乐或幸福。但这一主张若反过来就不一定了，不能说为某人带来满足的每件事都必定是好的，一定有所谓的“恶意之乐”。

实际上，家庭的人伦关系是一种文化的沉淀。有学者认为家庭伦理是客观存在的家庭人伦关系的秩序，其中有家庭内部的伦理关系，如父母与子女关系、夫妇关系、兄弟（姐妹）关系、婆媳（翁婿）关系等。它们相互影响、彼此渗透，构成一个统一的整体。家庭教育涉及很多方面，但最重要的是品德教育，即如何做人的教育。要把美好的道德观念从小就传递给孩子，引导他们有做人的气节和骨气，帮助他们形成美好心灵，促使他们健康成长，长大后成为对国家和人民有用的人。

（二）家庭道德建设

家庭道德是调整家庭成员之间伦理关系的道德原则和行为规范。家庭道德建设包括家庭和社会两个层面，在个人层面教育孩子热爱家庭、热爱生活，家庭成员之间相互尊重。在社会层面教育孩子热爱祖国、勇于奉献、诚实守信、尊重他人等美德。家庭道德建设主要包括建设家庭美德、道德原则、行为规范三方面。

1. 家庭美德教育

家庭文明建设包括有良好的家教、家风、家训等家庭美德教育。深刻认识家庭文明建设对于国家发展、民族进步、社会和谐具有重要作用。要用社会主义核心价值观引领家庭文明建设，倡导正确理想信念，注重以文化人。《公民道德建设实施纲要》提出，家庭美德主要包括尊老爱幼、男女平等、夫妻和睦、勤俭持家、邻里团结。家庭美德不仅起到调适家庭成员关系、邻里之间关系的作用，也是社会道德的重要组成部分。

2. 夫妻道德原则

家庭道德不仅包括美德教育，婚姻中的夫妻道德原则也是家庭道德的重要组成部分。夫妻之间的相处之道、性伦理、生育伦理等都是夫妻道德规范的重要组成部分。和睦的夫妻关系、规范的性伦理、适度的人口生育，都是社会文明进步的标志。人口的适度生育反映社会对人类自身生产的理性把握，也是人类不断繁衍和延续的必要条件。

3. 家庭日常行为规范

行为规范是言语举止的文明标准，家庭中也需要家庭生活日常行为规范。家庭行为规范包括家长行为规范和子女行为规范两方面。家长是家庭的尊长，是家庭教育者，是孩子日常行为的模范和榜样。子女的行为规范主要表现在生活、学习习惯的养成，道德标准的建立。总之，家庭日常行为规范，实际上就是规范家庭成员的日常家庭生活，以及家庭生活中的行为准则。

二、夫妻关系伦理原则

婚姻是组建家庭的开始，良好的婚姻关系也是家庭和睦、稳定的基础。婚姻的实质是一种伦理关系，夫妻的相处之道是男女平等，夫妻和睦。男女平等，是指在家庭生活的各方面，男人和女人人格独立、地位平等，享有同等的权利和义务。这种思想要从孩子出生后就在家庭中进行全面教育，男孩和女孩要同等对待、一视同仁，尊重性别之间的差异，注重差异前提下的平等。要实现男女平等，当然还需要男性的理解和支持，更需要女性的自我努力。女性要做到“自尊、自信、自立、自强”，要摆脱传统女性角色的束缚，确立自我的生活目标，选择自我的生活道路，驾驭自我的生活航船，主宰自我的个人命运，去学习、去拼搏、去创造、去实现自我，真正做一名生活的主人。

夫妻是家庭关系的核心，夫妻和睦是家庭幸福的重要前提和保证。夫妻关系应以平等互爱为基础。夫妻之间不存在谁伺候谁、谁主宰谁的问题，“大男子主义”“妻管严”等倾向，都是不可取的。夫妻要合理地进行分工与协作，不应存在“长期饭票”与“免费保姆”的情况。作为夫妻，应该努力做到互敬、互爱、互信、互帮、互谅、互让、互慰、互勉。要保持夫妻和睦，还必须不断巩固、培养夫妻之间的感情，使爱情之树常青。夫妻之间要多沟通，经常寻找夫妻双方都感兴趣、都愿为之努力的共同点，使两人有共同的生活目标，使家庭生活生动、活跃起来，充满活力和乐趣。

夫妻和睦是家庭幸福的重要前提和保证。夫妻关系应以平等互爱为基础。有的夫妻结婚以后，发现身边的配偶与理想中的形象大相径庭，因此激情消退，夫妻之间感情日益淡薄，继而发出“婚姻是爱情坟墓”的感叹。这种情况其主要原因是夫妻间对婚姻、对对方的期望值过高，而忘记最初结合在一起的爱情。爱情也是需要经营、需要保鲜的。一旦爱情的激情消退，被日常生活的柴米油盐所代替，男女双方要在平淡琐碎的生活中，学会巩固、培养感情。只有这样，才能避免婚姻枯燥乏味和“婚姻危机”的出现。夫妻关系和睦、家庭生活环境温暖是孩子成长中最好的氛围。按照关怀伦理学的理论，孩子在成长过程中感受爱、学习爱，才能够培养孩子爱自己、爱他人的能力，才能够唤起人类最初的关怀之心，并把这份关怀继续传递下去。夫妻之间，尤其是家长在孩子之间创造的温馨的家庭氛围，良好的家风，是孩子成长中最好的老师。

当前，离婚率持续上升成为社会关注的热点，婚姻在金钱、利益面前显得十分脆弱。婚姻自由固然是社会主义婚姻家庭制度的基本原则，但如果把婚姻看作交换的筹码，是十分错误的想法。在经济高速发展的同时，人们越来越忽略婚姻缔结的原初目的，婚姻中夹杂了许多情感之外的其他因素。有些人想通过婚姻改变命运和社会地位，有些人想通过改变婚姻状态来避免交付高额的房产税，甚至出现了“宁在宝马车里哭，不在自行车上笑”的婚恋观。这些都是忘记了婚姻缔结的最初目的，侵犯了婚姻的神圣性和忽视了婚姻的契约性。离婚率高的另外一种情况是，科技高速发展，人的交际范围通过技术手段在不断扩大。人们面临的诱惑也越来越多，有些人便开始见异思迁、喜新厌旧、闪结闪离，对妻子（丈夫）、子女和社会不负责任。他们所谓的“婚姻自由”，是不符合我们所说的婚姻自由原则的，是对婚姻的不忠诚和不负责任。

三、长幼亲子关系伦理原则

“百善孝为先”，传统伦理告诉我们家庭伦理建设过程中要注重孝道。孔子曰“夫孝，德之本也”，孝作为伦理道德的起点，存在一个由内及外、由亲及疏、由近及远、由小及大的推行过程。现代家庭关系的建立，同样也要注重代际关系。

倡导孝敬父母，有助于人们培养感恩意识，抵制个人主义、利己主义、狭隘功利主义。尊老爱幼，不仅是每个公民必须遵守的道德准则，也是每个公民应尽的社会责任和法律义务。稳定家庭、建设安和乐利的现代社会，要将“孝”重新放回到家庭伦理的建设中来。亲情仍然是人类一切美好感情的基础，是美德产生的精神源泉。传统孝道伦理精神的本质主要体现为爱敬忠顺，即爱心、敬意、忠德、顺行。新时代，年轻的儿女要尽量首先做到学会自立，自己的事情自己做。不要什么事情都靠父母操心，洗衣做饭、收拾家务这些事情都是每个人应该学会的生活技能，不要把娶妻生子看作父母应该帮助完成的任务。其次，学会体谅、理解父母。老年人年纪大了，也许思想并不那么开放，言语也并不时髦，但初心一定是为子女好，孩子要学会对父母多理解、多体谅、多陪伴。最后，子女要学会在家庭责任中多分担。青年人在脑力、体力上都要优于老年人，要学会多承担和分担家庭责任，懂得感恩、回报父母。

随着现代家庭结构和功能的改变，尊老爱幼也出现了新的问题，比如空巢老人、留守儿童、隔代照料的问题越来越突出，有待解决。老年人权益保障法在第十一届全国人大常委会第三十次会议上表决通过，法律明确表明：与老年人分开居住的家庭成员，应当经常看望或者问候老年人。而用人单位则应当按照国家有关规定保障赡养人探亲休假的权利。这当然是新时代新变化在立法方面的体现，除了法律保障之外，老年人也应该学会一些自我调节方式。比如，改变以往围着子女转的重心，转向夫妻关系的维护和保持，减少对子女的心理依恋。同时，老年人还可以寻找新的生活兴趣，建立新的人际关系，调整生活方式，参与各种社会活动和公益性活动。

对于幼年儿童、青少年的道德教育问题，应该遵循以下五项基本道德原则，以避免隔代照料中对孩子的过分溺爱和留守儿童的心理问题。

第一，生命价值原则。人应该尊重生命，也应该学会接受死亡。这条原则表明我们应该尊重生命，不能毫无理由杀死任何人。我们应该承认生命是基本的和重要的，这也是道德和人性的起点。从小教育孩子珍爱生命，爱自己也爱他人。正所谓“身体发肤，受之父母，不敢毁伤，孝之始也”。家长要教育孩子认识、了解和爱护自己的身体，珍爱自己的生命，与此同时也要爱护和珍惜他人的生命。

第二，善良原则。人们应该永远行善，尽量防止和避免为恶。家长要从小教育孩子努力做一个善良的人，做善良的事，过善良的生活。“勿以恶小而为之，勿以善小而不为”，就是教育孩子在点点滴滴中也要行善。不能因为个人的私利去做伤害别人的事情，不能自私自利，以自我为中心。在伦理道德方面，家长还要教育孩子努力去追寻美德，正如富兰克林总结的——节制、静默、有序、决心、节俭、勤勉、真诚、公正、中庸、清洁、平静、谦卑等。这些美德有助于孩子身体和心理两方面都健康地成长，成为一个真正对社会、对祖国有用的人。

第三，公平公正原则。这条原则实质上是处理人际关系中利益分配的问题。家长应教育孩子在分配权利与义务、好处与坏处的时候，尽量做到公平公正地对待他人。教育孩子在生活中要懂得分享，一个人的快乐远远比不上大家一起快乐。家长不要让孩子养成唯我独尊、以自我为中心的对物质的绝对占有欲和控制欲，这样对孩子今后社会中的成长是不利的，也许还会造成不良后果。每一个人都生活在社会群体当中，无论其相貌、年龄、经济条件等因素，我们都应该承认并尊重他人作为人最基本的权利和平等，努力公平公正地分配权利和义务，同时还要兼顾个体差异来均衡社会资源分配。在公平公正的前提下，家长还要注重培养孩子的同情心和爱心，能够让孩子体会他人的不幸和痛苦，努力去尊重他人、帮助和爱护他人。

第四，诚实原则。这也是人际交往中重要的一条原则，尤其是在夫妻之间、家庭成员之间。诚实和信任是道德交往的必要条件，是家庭和睦的重要因素，是建立和维持有意义的人际关系的关键环节。人们要建立长久的、稳定的人际关系，需要彼此间的信任，撒谎和不诚实会破坏人际关系的链条，社会群体信任也会土崩瓦解，会严重地影响社会关系和发展。家长要从小教育孩子不说谎、不欺骗、不背信弃义和不偷盗。孩子在成长过程中，为了维护自身的利益也许会出现上述现象，这时家长要正确、合理地引导孩子，并告诉孩子其中的道德原理。

第五，个人自由原则。每一个人都平等地享有自由选择的权利，在不伤害他人的基础上，应该给孩子留有自由选择的权利。每一个人在成长和生活中都会有不同天资才赋，不同的情感、欲望和需求，我们不能抹杀孩子个体间的差异，要尊重每一个人。孩子自由选择的同时，要让孩子了解权利义务的统一，也应该让孩子学会承担相应的后果和义务，在权利和义务并存中成长。

在这些道德原则的指导下，任何道德体系基本都能够发生作用，也基本能够涵盖人类行为一切与道德相关的事物。孩子在家庭道德教育中，还会遇到方方面面的问题，但只要坚持指导原则，正确、合理地关注和引导孩子的道德发展，将有助于家庭的和谐与温暖，也有助于社会的和谐与温暖。

四、其他家庭关系、邻里关系伦理

家庭之内，遵守夫妻互敬、平等互爱、尊老爱幼，恪守良好的家庭伦理道德。家庭之外，还要处理好复杂的人际关系和社会交往，尤其是邻里关系。邻里，即邻居，是相邻居住的关系，同一有限空间是形成这种关系的主要因素。在我国传统社会，邻居多以家族的关系为主，现代社会则有很大变化，基本分为三种：隔壁邻里、同一条街道上的邻居、附近或相隔若干街道的邻居。因此，邻里关系实际上是一个很大的社会团体，是人们除去家庭内部关系之外的一个重要社交领域。虽然生活在共同的区域，但由于邻里之间并不存在血缘关系，因此邻里之间是一种“亲密有间”的交往活动关系。在我国传统社会生活中，就非常注重邻里美德的培养。孔子在《论语·里仁》中论述：“里仁为类，择不处仁，焉得知？”孔子主张邻里之间要相互仁厚友爱。尤其是在我国广大农村，同宗族一般以村为单位共同居住、互为邻居，彼此又有血缘关系，更应该相互慰勉，多做沟通交流。邻里之间相互帮助是中华民族传统美德，是家庭伦理道德的内容之一。在新时代，虽然居住关系发生了很大的变化，但中华民族的传统美德还是应该大力继承和发扬。如今，“社区”逐渐成为现代城市家庭邻居的一种新型方式，“大邻居”的概念也逐渐形成。因此，在新时代邻里关系建立中，作为家庭，应该遵守以下五点：

第一，睦邻友好、共同发展。邻里之间要积极主动问好、相互寒暄，形成相互尊重且友好的居住环境。融洽的邻里关系，不仅能够给自己提供一个舒适的居住环境，还能相互帮助，提高自己在社会生活中应对问题的能力。

第二，助人为乐、不求回报。如果想要得到邻居的帮助，平时就要有助人为乐、不求回报的心态。如果帮助别人后因没有得到回报而心生埋怨，这种心态不利于邻里相处。可以做到送人玫瑰，手留余香。在日常生活中，邻里之间难免会有需要相互帮助的情况，相互之间应该主动热情地去帮助，尽力而为甚至做出一定的自我牺牲。

第三，调解矛盾、掌握分寸。虽说“远亲不如近邻”，但一般来说，邻里关系以不介入家庭内部矛盾为原则，对于邻居家发生的矛盾以友好的态度耐心劝阻，防止争吵、打架等事件的发生。每个家庭的生活方式、消费观念、家风家教都各不相同，邻里之间调解矛盾时应该充分尊重、掌握分寸。

第四，尊重邻居的隐私和人格。邻里之间居住较近，对于许多家庭事务都比较了解。作为邻居应尊重对方家庭的形象、人格，对于别人家的事情不打听、不传播，对邻居的隐私和缺陷不嘲笑、不挖苦。对于邻居独特的生活习惯，也要尊重，不要随意评论和嘲笑。

第五，平等待人、相互尊重。在社会主义和谐社会，邻里之间应该相互尊重、相互谦让，共同营造一种和睦、仁厚、团结的邻里居住气氛。对于邻居的长辈要像自己的长辈一样尊重，对于邻居家的小孩也如同对待自己家的小孩。我们也许无法选择邻居，但正确的态度应当是随遇而安，尽力与邻居和睦相处。

第二节 爱情中的伦理道德

“家庭”与“家”不同，它是一个人际关系概念，主要是指以夫妻关系为核心而构成的人际关系系统。家庭是社会上最小的社会团体，是一个由不同社会角色所构成的正式组织。

一、家庭伦理中有两大核心——“爱”与“权力”

家庭角色制度化的权力系统以“家庭伦理”的形式确定和巩固下来。在家庭伦理中有两大核心——“爱”与“权力”。男女双方因爱情相结合，组成家庭。真正的爱情是圣洁的，它高于家庭成员之间的亲情，更高于朋友之间的友情，并且具有排他性。一个人不能随便与另外一个人组建家庭，也不能随心所欲放弃家庭。这是人类自古以来一直延续的一个伦理原则，任何一个文明社会，家庭伦理原则和精神是不能随意被践踏的。夫妻恩爱是家庭关系的起点。爱情是恋人互爱的欲望和情感，它是形成婚姻道德关系的基础。当男女双方由于爱情而自愿结合进入婚姻状态，由此组建成家庭，爱情作为组成家庭的起点，它也具有一定的社会性和遵循一定的社会道德规范。爱情不仅仅是爱人之间的花前月下，更是一种社会关系，受社会经济利益关系、政治法权关系、宗教信仰关系、传统习俗、社会舆论、道德风尚等社会因素影响，表现出一种道德关系。

恩格斯在《家庭、私有制和国家的起源》中指出：现代的性爱，同单纯的性欲，同古代的爱，是根本不同的。它是以所爱者的互爱为前提的；在这方面，妇女处于同男子平等的地位，而在古代爱的时代，绝不是一向都征求妇女同意的。第二，性爱常常达到这样强烈和持久的程度，如果不能结合和彼此分离，对双方来说即使不是一个最大的不幸，也是一个大不幸；仅仅为了能彼此结合，双方甘冒很大的危险，直至拿生命作赌注，而这种事情在古代充其量只是在通奸的场合才会发生。最后，对于性交关系的评价，产生了一种新的道德标准，不仅要问：它是结婚的还是私通的，而且要问：是不是由于爱情，由于相互的爱而发生的？自然，在封建的或资产阶级的实践中，这个新的标准，并不比其他一切道德标准更受重视——对它简直就置之不理。不过，对它也不见得更轻视；它和其他道德标准一样——在理论上，在纸面上，也是被承认的。目前它也不可能有更高的要求。

马克思在《神圣家族》中提出，“爱情是一种情欲……真正的爱情是表现在恋人对他的偶像采取含蓄、谦恭甚至羞涩的态度，而绝不是表现在随意流露热情和过早的亲昵”。[①] 在马克思看来，作为情欲的爱情应该是包含着性欲的因素的，但绝不仅仅是有性欲，还应该有经过社会文明所净化的美好感情。恩格斯提到的爱情具有两个层面的要求：第一，爱情具有社会性。随着社会的发展，古代的爱和现代的爱情有所不同。现代的爱情以尊重和互相爱慕为基础。在原始社会末期进入父权制社会以后至资本主义社会时期，爱情是不以女性的意愿甚至并不尊重女性的。男人可以三妻四妾，而女人却要从一而终；男人结婚组建家庭后依然可以再爱上别人，并且得到社会制度和伦理道德的认可。恩格斯讲得很清楚，婚姻制度随着私有制和阶级的产生发展而发展，经历了血缘家庭、普纳路亚家庭、对偶家庭和一夫一妻制家庭这几个阶段，每个阶段都体现了当时社会发展的特殊需要。爱情是历史的、具体的，随着社会发展而不断发展的。其发展的形式表现在婚姻形式和道德规范方面。第二，爱情具有道德性。首先，恋爱双方应该遵循平等自愿原则。新中国成立后，我国实行的是婚姻自由的一夫一妻制度。在这种制度下，恋爱双方都具有平等的人格和尊严，都具有自由选择的权力。双方都具有选择爱与不爱的权力。其次，爱情还具有纯洁性、专一性、排他性和奉献性。最后，爱情具有历史性和道德性。

① 中共中央马克思恩格斯列宁斯大林著作编译局：《马克思恩格斯全集》第三十一卷，人民出版社，1972，第520页。

二、爱情的本质

现代爱情不仅仅是两情相悦，还出现了很多目的性和功能性的因素和行为。恋爱的目的不再是我们倡导的精神共鸣和志同道合的爱情，还出现了感官满足型、功利满足型甚至游戏型的爱情。

感官满足型是青睐异性的外表美，其中最普遍的有两种：一种是对方的相貌，也就是长得漂亮；另一种是对方身体的美，也就是性感。这种感官满足型的“爱情”也许开始于双方身体的性吸引，但长久的爱情绝不止于感官满足。一旦失去这种感官满足的身体吸引，这份爱情便戛然而止了。

功利满足型是指希望通过爱情和婚姻达到某些目的，诸如“物质型”“虚荣型”“实惠型”和“利用型”。通过爱情或婚姻来满足某种物质需求，或是满足某种形式的虚荣心，或是利用“爱人”达到某种除感情之外的其他目的，都属于功利满足型。

把感情的融洽、志趣的吻合作为爱情的基础，这是我们提倡的爱情追求类型。许多名人、伟人的爱情都是这种爱情类型的典范。如埃玛追求黑格尔的博学与多才，并不计较他当时只不过是中学教师；比埃尔欣赏玛丽·居里的天才与为科学献身的精神，并不苛求于她的容貌。志同道合才是爱情长久的基础。

典型案例：玛丽·居里夫妇是一对科研夫妇，两人来自不同的国家，年龄也有差异，地位也不同，但两人在共同的科研事业上不断交谈，相互吸引。为了共同的理想和共同的科学目标，两人的爱情和事业交织在一起，共同为科学研究献出自己宝贵的一生。他们的爱情可谓是“择偶须偕千秋业，爱有源头情不竭”。

典型案例：周恩来和邓颖超的爱情，邓颖超回忆道：“你的侄辈让你讲你我的恋爱故事，你曾说，就是看到我能坚持革命。我也看到你这一点。所以，我们之间谁也没有计较谁的相貌，计较性格有什么差异。为共产主义的理想奋斗，这是最可靠的长期的基石和保证。我与你是萍水相逢，不是一见倾心，更不是恋爱至上。我们是经过无意的发展，两地相互通信的了解，到有意的、经过考验的结婚，又经过几十年的战斗，结成这样一种战友的、伴侣的、相爱始终的、共同生活的夫妇。把我们的相爱深化到人民中间，融化在同志之间，融化在朋友之间，融化在青年儿童一代。因此，我们的爱情生活不是简单的，不是为爱情而爱情，我们的爱情是深长的，是永恒的。”[①] 这里讲得很明确，爱情最首要且最长远的因素不是相貌吸引，也不是经济利益或性格差异，而是共同的为共产主义奋斗的理想。共同的理想和丰富的爱情内涵才能使爱情之树常青。他们提倡志同道合的爱情，能够正确处理爱情与事业之间的关系，甚至能够很好

---

① 窦应泰：邓颖超追述与周恩来相识相爱经过，2018 年 7 月 31 日，人民网，http://zhouenlai.people.cn/n1/2018/0731/c409117-30181568-2.html.

地融为一体；他们懂得爱情是一种责任和奉献，在恋爱中严肃认真、感情专一，并且在恋爱过程中，多一些理解、信任和宽容，互相尊重，共同进步。这或许就是伟大爱情给予我们的启示。

随着社会经济的高速发展，当代青年的爱情观也出现了一些唯物质论的倾向。“宁在宝马车里哭，不在自行车上笑”这样的论断也频频引发热议。面对高额的房价，青年把房子、车子、彩礼都放进了爱情、婚姻的要素当中去考虑，甚至是重要考核要素，往往忽略了爱情最原初的意义和维持爱情长久的秘籍。因此，社会不断出现结婚率低、离婚率高、闪结闪离等现象。

典型案例：小何是某职业学校的大三学生，看着别人都在谈恋爱，自己也想试试。经别人介绍，在两人并不是很了解的情况下，小何和本校毕业的吴某某确立恋爱关系。两个年轻人为了恋爱而恋爱，或是说为了别人有朋友我也要有的“虚荣心”开始交往。在交往的第三个月，小何感觉对方并不适合自己，觉得对方干预自己生活太多，便单方面提出了分手。也许是分手太突然，也许是分手方式比较强硬，怒火中的吴某某将硫酸泼向了小何。事件发生后，小何因伤入院，吴某某也入狱服刑。

该事件反映出当代青年对于爱情的盲目性和从众心理，在恋爱的过程中并没有真正遵循平等自愿原则，恋爱的目的也不再是我们倡导的精神共鸣和志同道合的爱情。

三、爱情的基本特征

爱情在双方当事人自愿平等的基础之上，发自内心地喜欢对方，想要和对方长期相守在一起。男女双方相互仰慕，是爱情产生的基础。爱情不是一般的人间感情，是人与人在社会交往中形成的一种特殊的感情，具有以下一些基本特征。

第一，爱情具有自主互爱性。爱情不是一颗心去敲打另一颗心，而是两颗心共同产生的火花。双向奔赴的爱情才是爱情，当双方当事人相互倾慕时，由他们自主决定、自愿选择产生的情感。

第二，爱情具有平等专一性。爱情是不可强求的，是其他情感所不能代替的。但相爱双方应该是相互尊重、平等专一的。情感的融洽、志趣的吻合是爱情产生的基础，爱情产生之后又会存在平等专一的问题。如果相爱双方不能做到尊重、平等地对待对方，把对方看作自己的私有品或战利品，不能持久专一地对待，那么爱情就不复存在了。爱情是排他的，是排斥任何第三者的。

第三，爱情具有奉献性和持久性。关于爱情，黑格尔这样说过：“爱情确有一种高尚的品质，因为它不只停留在性欲上，而是显出一种本身丰富的高尚优美的心灵，要求以生动活泼、勇敢和牺牲的精神和另一个达到统一。”[①]爱情的双方要在思想情感、志趣、性格等各方面产生共鸣，甚至能够为对方奉献牺牲。爱情也不是一朝一夕的情感，而是长久的许诺与陪伴，具有一定的持久性。

第四，爱情具有社会性和道德性。恋爱不仅是双方花前月下、甜言蜜语，而是具有一定的社会性和道德性。不同的社会制度下，对恋爱和婚姻有着不同的要求。传统的封建制婚姻不要求男性和女性平等专一，但新中国成立以后我们国家就实行了男女平等的一夫一妻制度。列宁也曾经说过，恋爱“最重要的是社会方面”，它受到各种社会关系的制约。同时，恋爱双方还存在一种道德关系，具有一定的社会道德责任。恋爱的过程要遵守社会道德法律，在平等自愿的基础上相互关心、相互坦诚、相互尊重、相互帮助。双方在事业、理想和困难面前应该相互鼓励、相互帮助、相互负责。

四、恋爱伦理原则

真正的爱情，不仅要对恋爱双方负责任，还要对整个社会负有道德责任。恋爱不仅是两个人的私事，还是关系两个家庭甚至社会发展的公共事务。因此，恋爱作为一种特殊的社会活动，具有一定的社会伦理规范的要求。

第一，恋爱以爱情为基础，又不能爱情至上。恋爱要有高尚的道德情操，不能有侮辱国格、民族尊严，触犯法律等行为。恋爱也要有高尚的方式和健康的交往，严肃、庄重、健康、真诚地对待双方。

第二，恋爱双方相互尊重各自选择的自由与权利。在社会主义和谐社会建设过程中，男女双方不再受封建礼制的束缚，可以自由地选择恋爱对象，排斥对金钱的要求和宗教迷信等行为。男女之间的自由恋爱，要对双方自由选择的结果和社会后果负责。

第三，我们提倡志同道合的爱情，推崇高尚的情趣和健康的交往方式。在社会主义和谐社会建设过程中，两性关系方面要严肃认真，杜绝将女性物化、商品化等现象，把爱情和社会主义革命事业紧密融合在一起，把人民的幸福和个人的幸福统一起来。

第四，当爱情遇到挫折时，要善于运用理智的方法来调节自己。爱情本身具有一定的感性特征，恋爱双方在恋爱过程中往往会沉浸于爱情当中。当爱情遇到挫折时，要时刻提醒自己理智对待，不能凭借一时冲动做出伤害彼此，甚至触犯法律和道德原则的行为。

第五，树立正确的恋爱观。正确的恋爱观是对待爱情的基本看法和态度，是社会经济制度、婚姻制度和伦理道德观念在恋爱问题上的反映。在新时代社会主义和谐社

---

① 黑格尔：《美学》，第2卷，商务印书馆，1979，第332页。

会建设过程中，我们提倡志同道合的爱情，还要提醒广大青年正确处理恋爱和事业或学业之间的关系；要懂得爱情是一种社会责任和奉献；对待爱情要严肃认真、感情专一；在恋爱过程中应多一些理解、信任和宽容，相互尊重和共同进步。

第三节　社会文化冲突中的家庭伦理道德

当代中国的改革冲击着中国社会的各个领域，在市场经济下的中国家庭伦理文化也发生着巨大的变化。一方面，文明、进步的因素占据道德主流，男女平等、恋爱自由、婚姻自主在我国成为广泛现象。夫妻双方、家庭成员之间都能够相互尊重彼此的权利，人们在家庭和社会生活中的权利和地位都得到保障。另一方面，社会改革时期出现了家庭伦理的新问题，对家庭伦理的建设也提出了新的挑战。在性、生育和死亡的问题上需要进一步讨论。

一、性伦理

性伦理是婚姻家庭伦理的重要组成部分，也是婚姻生活中必须解决且不可回避的问题。传统社会受传统男尊女卑的影响，男女两性在性关系上是不平等的。男性可以三妻四妾、为所欲为，甚至可以嫖娼。但在新中国成立后，提出了男女平等，实行一夫一妻制的婚姻形式，婚姻关系中的性行为包含双重目的，一方面是夫妻双方亲密爱情的表达，另一方面包含了传宗接代、生儿育女的目的。当然，这两种目的未必同时存在，也不用必须同时存在。性关系应该是权利与义务的统一："享有性权利，必须对性关系的异性对象，承担关心、爱护、忠诚、扶助的义务；必须对性关系的结晶——子女，承担抚养、抚育、教育、呵护的义务；必须对性关系的社会和法律形式——婚姻家庭，承担维系、加强、巩固、保护的义务；必须对性关系的存在空间——社会，承担服从社会规范、增进社会安定、推动社会文明发展的义务。"[①] 对于婚外关系中的性问题，国内大多数学者也基本上持批判态度，指出了其不合伦理的理论和现实依据。如有学者指出婚外性行为与以往的婚姻伦理观相冲突，婚姻是一种典型的排他性的存在，是一种一对一的关系。婚姻外部的性行为如婚前同居、婚外情、一夜情等是不能

① 林贵长：《中国传统家庭伦理的现代价值——"第四届两岸伦理学术研讨会"综述》，《哲学动态》2005年第2期。

提倡的。

二、生育伦理

生育伦理是婚姻家庭伦理中的又一重要组成部分。适度人口生育是社会文明进步的重要标志，人口的适度生育反映社会对人类自身生产的理性把握，也是人类不断繁衍和延续的必要条件。生育问题要充分考虑到女性自身发展的需要，尊重女性的生育权和对身体的自主支配权。坚决反对“重男轻女”“多子多福”等传统观念对社会产生的不良影响，造成的无节制生育和婚外生育的问题。

随着现代生育科学技术的发展，改变了人类自然受孕生育的过程，通过避孕、堕胎、人工授精等技术干预着人类的生育。同时，技术的干预也带来家庭生育伦理的难题。例如，人工授精可以解决不孕问题，但也有反对的声音。他们认为生育子女本来是相爱两个人的爱情结晶，但人工授精技术会导致买卖精子、出现生物父亲和合法父亲两个父亲，子女有没有权利知晓生父情况等诸多问题。而且通过人工授精的方式孕育的子女和父亲没有血缘关系，会存在以后养育问题和父子心理鸿沟等各种问题。

再比如，代孕的伦理问题。代孕是受精卵被植入其他女性体内，代孕母亲代替母亲完成妊娠的过程。在西方一些国家代孕合法化，实现了一些女性想做母亲的愿望。但是也有一些人认为，代孕母亲是为了钱而出租自己的子宫，会导致资本的阶级剥削。如果单身男性也使用代孕，会影响一夫一妻制度的存在性。代孕母亲也承担着妊娠的风险，生育的子女和代孕母亲之间存在着难以说明的关系和心理问题，简单地将其分开，会影响代孕母亲和代孕子女的心理和身体的健康。

三、安乐死

人类的家庭生活和家庭伦理经历了漫长的发展，人们都希望家庭生活幸福美满，但常常因为家庭琐事烦恼，所谓“家家有本难念的经”。生老病死、衣食住行都是家庭生活的重要组成部分。死亡，是每个人、每个家庭都会遇到的问题。当一个人患有不治之症，处在痛苦或失去尊严的生活当中，根据本人或其亲属的要求，医生使用现代医学技术使其无痛苦地死去，这种做法称为“安乐死”。

安乐死目前针对两种人群，一种是孕期的先天性畸形儿，另一种是患有绝症的老人。但这两种人群实施安乐死的情况有很大的区别。畸形儿不能自我表达是否自愿安乐死，他的存活与否取决于父母和医生。医生会根据医学数据和指标分析其畸形程度，告知父母决定是否对其实施安乐死。这就会产生伦理难题，有些人认为畸形儿毕竟是自己的骨肉，也有生存下来的权利，应该尽一切办法进行治疗；另一些人会认为，胎儿时期就不健全，还不如不将其带到这个世界受苦，而且治疗也会耗费大量的财力，加重家庭经济负担，也会带给胎儿以后生活的痛苦。对待患有绝症的老人，会遇到更多的伦理难题。老人具有表达自我意愿的权利，子女也有对其监护的权利，实施安乐死会早日结束病人的痛苦，也可以减轻家庭医疗的经济负担。但病人在求生欲望和病痛折磨之间来回徘徊，家属也会在解除病人痛苦和下决心放弃治疗之间犹豫，也许这也会成为未来家庭悲剧产生的源头，因此是个非常棘手的家庭伦理难题。

与死亡相关的伦理难题还有遗体捐献的问题。随着器官移植技术不断发展，捐献遗体器官问题随之而来。捐献器官可以将逝者某个身体部位器官移植到他人体内，造福他人。但面对自己的亲人尤其是父母子女的遗体，亲子之情并不忍心将其解剖进行器官移植。这也会给未来的家庭亲属关系造成不良影响，埋下关系危机隐患。

第四节　树立良好家教家风

在2015年春节团拜会上，习近平总书记指出：家庭是社会的基本细胞，是人生的第一所学校。不论时代发生多大变化，不论生活格局发生多大变化，我们都要重视家庭建设，注重家庭、注重家教、注重家风，紧密结合培育和弘扬社会主义核心价值观，发扬光大中华民族传统家庭美德，促进家庭和睦，促进亲人相亲相爱，促进下一代健康成长，促进老年人老有所养，使千千万万个家庭成为国家发展、民族进步、社会和谐的重要基点。

一、注重家庭、家教、家风建设

家庭是孩子出生成长的地方，也是美德培养的重要港湾。家庭是孩子情感和行为的典范，从小在模仿成人行为中得到锻炼和成长，成为孩子们的习惯和内化为价值观。每个家庭都有它的生活习惯、行为标准，也有各自不同的家教和家风。

家庭建设包括家德培育、家庭教化、家风营造、家业兴建等方面，它们相互影响、彼此渗透，构成一个统一的整体。家庭教育又称为“家教”，它的内容是多方面的，主要包括文化教育、知识技术教育、生活常识教育、道德教育等，其中道德教育是最重要的。父母留给孩子多少金钱财富并不重要，重要的是给孩子不一样的眼界、胸怀和高尚的道德品质教育。2016 年 12 月 12 日，习近平总书记在会见第一届全国文明家庭代表时的讲话中提到，家庭的社会功能都不可替代，家庭的文明作用都不可替代。无论过去、现在还是将来，绝大多数人都生活在家庭之中。我们要重视家庭文明建设，努力使千千万万个家庭成为国家发展、民族进步、社会和谐的重要基点，成为人们梦想启航的地方。家庭、家教和家风建设是社会道德教育的起点和重要组成部分，具有不可替代的作用和功能。由于每个家庭的社会地位、经济生活水平、精神文明程度各不相同，父母的社会阅历、职业、素养等也各不相同，所以每个家庭的家教、家风形式也都各不相同，但一般是和社会道德教育标准保持一致的。

二、新时代良好家教家风建设

家庭文明是社会文明的缩影，反映着整个社会文明的程度。家庭文明建设包括建设良好的家教、家风、家训。习近平总书记非常重视家教、家风建设，在会见全国文明家庭代表的讲话中，他强调要注重家庭、注重家教、注重家风，并列举出诸多中国古代经典家教家风的故事，提倡我们学习。

家风，就是一个家庭的道德风气，又称“门风”。家风是社会道德风气的反映，也是社会道德风气的重要组成部分。社会道德风气是社会的政治、经济和文化道德的综合反映。家风是家庭内部精神风貌的综合表现，是一个家庭世代传承过程中形成的较为稳定的生活作风、生活习惯和道德行为方式。尽管每个家庭都有自己独特的家风，不过新时代社会主义和谐社会的家风具有一定的共同特征：第一，以爱情为基础的婚姻家庭。新中国成立后，实行男女平等的一夫一妻制、婚姻自由的婚姻形式。在这种以爱情为基础的婚姻模式下，组成的家庭更有爱与温暖和较高的情感支持系统。第二，家庭成员之间较为平等。家庭成员不论丈夫、妻子、子女之间是较为平等的关系，更有利于成员之间的沟通和形成融洽的夫妻、亲子关系。第三，家庭事务管理趋于民主化。家庭成员之间平等地管理家庭生活的日常事务，包括经济、文化、亲友关系等。总之，家风是一种巨大的精神力量。良好的家庭风气不仅可以培养子女和家庭成员高尚的道德品质和道德情操，还可以使家庭成员精神饱满、团结和睦，积极乐观地投入社会主义建设当中。良好的家风形成幸福的家庭，对社会主义精神文明和社会风尚的发展，起着重要的作用。

对于新时代家庭的家教家风建设，我国政府和社会还推行过“五好文明家庭”的项目，提倡重视家庭名誉。五好文明家庭起源于 20 世纪 50 年代，是妇联的一项家庭建设工作。“五好文明家庭”活动是在全国所有家庭中开展的以“爱国守法，热心公益好；学习进取，爱岗敬业好；男女平等，尊老爱幼好；移风易俗，少生优育好；勤俭持家，保护环境好”为内容的家庭文明创建活动。当时的五好家庭的标准是：政治思想好、生产工作好；家庭和睦、尊敬老人好；教育子女、计划生育好；移风易俗、勤俭持家好；邻里团结、文明礼貌好。

中国共产党一直致力于建设良好的党风家风。从2015年至今，习近平总书记在各种党政会议上多次讲到党风与家风的关系。2015年10月，在中共十八届五中全会第二次全体会议上，习近平总书记特别强调：要守住底线，严格执行党的纪律，决不越雷池一步。要做到廉以修身、廉以持家，培育良好家风，教育督促亲属子女和身边工作人员走正道。2019年7月，习近平总书记在中央和国家机关党的建设工作会议上强调“把对党的忠诚纳入家庭家教家风的建设中”。党风、家风的建设对于社会主义精神文明建设和社会向前发展起到了重要的作用。

三、与中华传统家庭美德相结合

新时代社会主义家庭伦理建设，是和中华传统家庭关系建设分割不开的。它首先是对中国传统家庭伦理、道德的批判性继承，把其中优秀的、民主的，对新时代家庭道德建设有益的东西继承下来，并赋予新的意义。习近平总书记在2015年春节团拜会上的讲话中也提到：“中华民族自古以来就重视家庭、重视亲情。家和万事兴、天伦之乐、尊老爱幼、贤妻良母、相夫教子、勤俭持家等，都体现了中国人的这种观念。‘慈母手中线，游子身上衣。临行密密缝，意恐迟迟归。谁言寸草心，报得三春晖。’唐代诗人孟郊的这首《游子吟》，生动表达了中国人深厚的家庭情结。”[①] 不论生活格局发生多大变化，我们都要重视家庭建设，注重家庭、注重家教、注重家风，要发扬中华民族孝亲敬老的传统美德。

夫妻关系是构成家庭伦理关系的根本，古今亦然。现代社会的核心家庭中，夫妻关系更加重要。夫妻之间的道德要求是双向的，是权利与义务的平等。传统的美德也讲究夫妻之间互敬互爱、相敬如宾。现代社会更应该强调夫妻之间平等互助的关系，应该赤诚相见、坦然交心、和睦相处。

亲子关系之间，应该遵循的美德即“慈孝”。新时代赋予“慈孝”以新的内涵，父母与子女之间人格平等，父母对子女仁慈、厚爱。“慈”不仅是指父母对子女经济上的支持，而且父母要以认真负责的态度教导子女成为一个善良的人、一个对国家和社会有贡献的人。“孝”是子女对父母的尊敬和爱戴，包括体贴、关心和赡养老人。

兄弟姐妹之间也应该相互友爱，“兄友弟恭”。兄弟姐妹之间彼此人格平等，在权

① 习近平：在2015年春节团拜会上的讲话，2015年2月17日，新华网，http://www.xinhuanet.com/politics/2015-02/17/c_1114401712.htm.

利和义务方面也应该尽量平等，友好相处、互敬互爱、相互学习、共同进步。

“互敬”“慈孝”“友爱”是当今社会主义家庭伦理建设中传承中华传统家庭美德的表现。此外，必须重视妇女在家庭中的独特作用，平衡家庭成员在家庭中的关系和作用，家庭工作涉及妇女儿童和全体家庭成员，把妇女与家庭建设工作纳入新一轮《中国妇女发展纲要》研究指标，是涉及社会和谐、家庭幸福的关键，也是发扬家庭优良传统，弘扬美好家风家教的新探索。

本章总结

婚姻家庭伦理建设是新时代家庭建设的重要内容，家庭成员之间相互尊重、家庭关系融洽、家庭团结是建设和谐社会的重要“酵素”。夫妻关系、长幼亲子关系、其他家庭关系及邻里关系是构成婚姻家庭伦理的三个主要内容。在处理以上三种关系时，要遵守一定的伦理原则才能建立和谐友好的家庭关系；在面对社会文化冲突中的家庭伦理问题和矛盾时，要深思熟虑且三思而后行，在遵循婚姻家庭伦理的原则下指导自我行为。继承和发扬中华传统家庭美德，建立新时代良好家教家风，对社会主义精神文明建设和社会进步具有重要意义。

思考题

1. 夫妻相处时，应该遵循哪些伦理原则？
2. 青少年道德教育，应该遵循哪些基本原则？
3. 爱情的本质是什么？恋爱应该遵循哪些伦理原则？
4. 应该继承和发扬哪些中华传统家庭美德？

第五章

婚姻家庭社会学

学习目标

理解家庭与社会的关系、家庭的内涵、婚姻的本质以及家庭关系的复杂性，了解家庭的类型、结构以及婚姻的缔结方式，认识家庭在社会影响下的演变规律，掌握婚姻调适的方法以及家庭的主要功能，学会运用婚姻家庭社会学的主要理论与方法分析新时代家庭领域出现的新情况和新问题，提升社会洞察力和人生智慧，领会与体悟家庭生活的真谛。

第一节　婚姻家庭社会学的理论知识

本节主要介绍婚姻家庭社会学的定义以及发展历程、婚姻家庭社会学的主要视角、婚姻家庭社会学的理论基础。

一、婚姻家庭社会学概述

（一）什么是婚姻家庭社会学

婚姻是家庭的基础和前提。所谓婚姻家庭社会学，也可简称为家庭社会学（以下同），是社会学的一门分支学科，它运用社会学的理论和方法研究婚姻和家庭及其演化的客观规律，研究家庭和社会的诸种关系，研究家庭在社会中的地位和作用。

人类对家庭的研究有几千年的历史，但对家庭的社会学研究从19世纪中期才开始。1838年，孔德在《实证哲学教程》第4卷出版之际，提出了建立社会学独立学科的要求，社会学就此产生。此后，社会学理论和方法被运用于社会研究的各领域，也被用来研究婚姻和家庭，家庭社会学逐渐产生并发展起来。

（二）婚姻家庭社会学的发展历程

婚姻家庭社会学在产生初期，主要关注人类家庭的历史，比较人类家庭的古今异同。随着社会学理论的逐步成熟和社会调查方法的完善与发展，人们开始更多地关注现实的家庭问题，婚姻家庭社会学在20世纪下半期蓬勃发展起来。

1. 19世纪中期社会进化论影响下的婚姻家庭社会学

早期的家庭社会学研究受达尔文生物进化论影响较深。社会达尔文理论在19世纪的欧洲和北美流行，其主要代表人物有斯宾塞、巴霍芬、梅因和摩尔根等。社会达尔文主义者的基本主张是：由于生物进化链是由一系列阶段构成，所以文化也具有同步进程。他们试图把进化发展的思想运用于社会形态和制度中，因此形成了关于家庭和婚姻的进化图式。他们对文明人与原始人的家庭进行对比分析，认为现代人的家庭是一夫一妻制的家庭，而原始人的家庭以多偶为特征。他们讨论的话题是，人类社会最初是乱婚，还是一夫一妻？人类社会在父权之前有没有母权时期？在这些话题的讨论中，“摩尔根是第一个具有专门知识而尝试给人类的史前史建立一个确定系统的人”。①

19世纪中期，围绕进化论的争论席卷整个欧洲，导致关于人类本质和地位问题的争论，家庭制度也受到这种知识革命的冲击。在西方殖民主义和帝国主义的扩张中，发现人类竟然存在如此繁多与差异的家庭制度。因此，人们判定原始的家庭和今天的家庭不一样，有关家庭和家庭发展史的研究就成了热门。

2. 20世纪上半期婚姻家庭社会学面向社会现实

20世纪初，家庭社会学作为独立学科出现的主要标志是社会学理论和方法的逐步成熟，并在家庭研究领域中得到运用。学者从思考家庭的历史转向关注家庭的现实问题。

芝加哥学派是关于社会和家庭问题实证研究的杰出代表，在美国社会学史乃至世界社会学史上都占有重要地位。其主要代表人物有帕克、伯吉斯、弗雷泽、沃思和托马斯等。20世纪20—30年代，他们从社会现实出发，把变迁中的城市和社区作为天然实验室，以社会问题为对象，开展社会学研究，创造了社会学中的独立学派和风格。他们在对家庭问题研究中也充分体现了学派风格，他们的基本观点是：我们不仅要了解家庭，而且要明了城市化和工业化的发展所导致的后果，现有的问题亟待我们去解决，而家庭也等待我们去巩固。同时工业化和城市化的过程所产生的后果对家庭也产生了影响。芝加哥学派对家庭研究的重心从家庭制度理论转向具体的家庭及成员状况——私生子、卖淫、虐待子女、家庭成员出走、流浪汉、盗贼以及其他方面的弊端。这些问题被看作无政府主义制度和城市体制产生的恶果。他们认为传统的生活模式正在被邪恶的城市化力量所破坏，社会的解体不期而至，家庭也深受其害。社会学家奥格本关注的重点就是城市化和工业化导致家庭功能的丧失。

3. 20世纪下半期婚姻家庭社会学研究的蓬勃兴起与发展

美国婚姻家庭的现实问题迫使政府修改有关法令，以适应家庭变化的需要。20世纪70—80年代，由于经济衰退和越南战争的失败，一些颓废的美国人曾经寻找两性问题进行发泄，在婚姻家庭领域各种越轨行为层出不穷，严重威胁美国传统的婚姻家庭秩序和现实正常的家庭生活。时任美国总统卡特宣誓要重建美国传统家庭。后来，在美国“家庭”一度成为冲突的代名词，它和许多社会问题，如流产、同性恋权利等相联系。在2015年奥巴马总统执政时期通过了允许同性恋者结婚的法律，美国成为同性恋婚姻合法化的国家。

苏联解体前，其婚姻家庭问题也很突出。苏联的家庭社会学研究是随着社会学研

① 中共中央马克思恩格斯列宁斯大林著作编译局：《马克思恩格斯选集》第4卷，人民出版社，1995，第18页。

究的复兴而发展的。20 世纪 80 年代以来，苏联家庭社会学的研究领域是：(1) 对结婚、离婚情况的调查。(2) 对家庭病理的研究。(3) 关于“生活问题”和“业余时间”的研究，其中包括对改为周休 2 日制的自由时间的调查。(4) 关于妇女劳动问题。(5) 关于青年和与青年相关的“世代”问题。

有关家庭和家庭社会学方面的研究在世界各国都很热门，正如美国社会学家英克尔斯所说，如果人们不对家庭这样一种无处不有的制度和社会分层这样重要的过程进行充分专门的研究，那就不可思议了。

4. 中国的婚姻家庭社会学

在中国，20 世纪以来对家庭和家庭社会学的研究十分活跃。决心要改变中国面貌的有识之士，一直把对家庭的研究和对社会的研究结合起来。

1949 年以前半殖民地半封建的旧中国，这种研究可分为两方面：一方面是中国共产党人把对家庭的研究和武装夺取政权、完成新民主主义革命的中心任务结合起来。毛泽东透过婚姻问题考察旧中国，分析旧中国的社会矛盾，把争取婚姻自主权作为争取妇女解放的一个重要斗争目标，并把这一斗争和反对帝国主义、封建主义、官僚买办资产阶级的斗争结合起来。另一方面，在旧中国，对家庭的研究是由专门从事社会学研究的社会学家、人类学家进行的。其代表人物有孙本文、李景汉、言心哲、潘光旦、费孝通。费孝通的家庭社会学思想是婚姻家庭建设的理论基础，是当代研究家庭社会学的必读书。尽管旧中国的社会学研究还很薄弱，但就已有的成果来看，研究婚姻家庭的为数不少。

中华人民共和国成立以来，政府十分关心婚姻家庭问题。1950 年新中国颁布的第一部法律就是婚姻法，为建立我国现代的社会主义婚姻家庭制度奠定了法律基础，实行法律保障。20 世纪 50 年代，全国妇联倡议在全国开展“五好家庭”活动，进一步推动了现代家庭模式的建立。家庭和家庭社会学的研究停止了一段时间，1979 年我国恢复了社会学研究，家庭社会学研究也随之兴起。1981 年 10 月，中国婚姻家庭研究会在北京成立。各省市开始了各种规模和形式的婚姻家庭研究，研究成果十分可观，成为中国社会学研究中有规模、有影响的重要组成部分。

（三）婚姻家庭社会学的主要视角

婚姻家庭社会学的主要视角包括社会整体论、社会角色论、社会关系论三个主要方面，是婚姻家庭社会学研究的切入点，这对于作为社会学分支学科的婚姻家庭社会学十分重要。

1. 社会整体论（社会背景论）

从社会整体的角度，在社会背景中研究婚姻家庭是家庭社会学的首要特点。根据历史唯物主义观点，社会是一个复杂的有机整体，家庭如同其他一切社会关系和组织一样，不能脱离社会而独立存在。在社会的整体环境中，在社会变迁的大舞台上观察、研究和分析家庭，才能了解婚姻家庭的本质与婚姻家庭存在、演变和发展的客观规律。家庭作为社会的一个有机组成部分，随着社会的发展而发展，社会影响家庭，家庭也影响社会。古德认为，家庭好比一个小体系，社会好比一个大体系，社会是通过家庭来取得个人对社会的贡献的。家庭与社会相互依存，个人的社会化首先要在家庭中实现，任何一个家庭都不能脱离社会而生存。

和整体性相连的是社会学的系统综合性。社会学的方法其实就是对社会生活的各种现象进行系统综合的一种方法。这种系统综合包括多学科知识和多种研究方法在研究中的综合运用。从 20 世纪下半期开始，各种学科的知识被越来越普遍地运用到社会学和家庭社会学研究中。用经济学知识研究家庭的收入、支出和各种消费行为，用心理学和法律知识研究包括两性关系在内的各种家庭关系，研究家庭成员间的相互权利、义务和责任，用教育学知识来研究家庭教育，在家庭社会学中都很常见。

2. 社会角色论

社会角色理论是婚姻家庭社会学研究的又一个主要特点和视角。“个人在一定的社会组织中处于特定地位，并按照这个地位的规定行为办事，这就是人的社会角色。角色是一套行为模式，它与个人的地位、身份、性格是一致的。社会学根据实际生活中，围绕一个人的社会地位有一套权利义务和行为模式的情形，把角色这个概念引申来使用，把围绕人的社会地位的一套权利义务模式叫作角色。角色也是社会对一个人的行为期待。”①

社会是个大舞台，人生就是一场戏。这是人们在长期的社会生活中悟出的道理，是通俗的社会学语言。人来到这个世界上，生活在社会之中，是社会之人，都要按照社会期待的角色规范行事。从某种意义上说，按社会的期待角色扮演成功者，就是生活和事业的成功者，否则是不成功者或失败者。

婚姻家庭是一种最为普遍的社会组织，社会也有对家庭成员的角色期待，每位家庭成员有着不同的角色和角色期待。一个家庭成员对其他成员来说，常常会有多重角色，也称角色重叠，比如，家庭中的一个成员对妻子而言是丈夫，对子女而言则是父亲。社会对家庭中的丈夫和父亲有不同的角色期待。每个家庭成员都要有清醒的家庭角色和角色重叠意识，善于在不同场景和不同对象面前扮演不同角色，实现角色转变，以利于家庭结构的整合和功能的正常发挥。

---

① 杨心恒主编《社会学概论》，知识出版社，1997，第 110-111 页。

3. 社会关系论

从社会关系角度研究家庭是婚姻家庭社会学的又一个特点。“社会”只是一个抽象的名词，它的存在只有从社会成员的相互关系和互动中才能表现出来，是社会的本质所在。家庭是一种用婚姻、血缘联结起来的特殊的社会关系。社会关系是社会的经纬，家庭关系则是家庭的经纬。人类社会有三类本源的社会关系，即家庭关系、邻里关系和业缘关系。家庭关系以婚姻和血缘关系为联系纽带，邻里关系以居住地邻近为联系纽带，而业缘关系则以职业、事业和其他社会交往为联系纽带。按照社会发展规律，社会越不发达，婚姻家庭关系越重要，邻里关系次之，业缘关系最不发达。社会越发达，婚姻家庭关系变得不那么重要，邻里关系淡化，业缘关系变得重要。

20 世纪后期，有关家庭的热门话题，诸如离婚、家庭模式小型多样化、家庭教育、消费、生育、家庭质量、家庭结构和功能等研究都离不开家庭关系。《婚姻质量的家庭结构观》指出：“从家庭结构入手研究婚姻质量，是一个重要的方面，它可以使我们从夫妻关系和亲子关系的角度去了解婚姻质量的内涵和影响因素。”[①]该文从夫妻关系和亲子关系在家庭中的不同地位，比较得出西方家庭和中国家庭关系的重心不同，衡量家庭质量的标准也不相同。在西方，以夫妻关系为重心。因此，夫妻生活是否浪漫，人在家庭中能否自我实现，成为婚姻家庭质量的首要标准；而在中国的家庭中以亲子关系为重心，因此亲子之间义务的履行，子女的成长与成功非常重要。随着家庭关系重心从亲子关系向夫妻关系转移，婚姻家庭的质量观也会发生明显变化。

二、婚姻家庭社会学的理论基础

（一）结构功能论

结构功能理论有时也称为功能分析，在家庭领域被广泛使用，用来分析各种家庭关系（夫妻关系、亲子关系和其他家庭关系），并分析家庭在广阔的社会生活领域中所承担的各种职能（诸如生育、教育、宗教和职业等）。

结构功能理论认为，作为一种社会结构的家庭是社会的生活单位，是社会关系和社会组织的典型。尽管“结构”和“功能”的概念可以分开讨论，但它们也互相联系和互相包容。社会结构是社会的单位，执行和表现着一种或多种功能；另外，功能也能说明和影响社会结构。在世界范围内，家庭结构千差万别，比如，一个家庭中有一个妻子或几个妻子，新婚夫妇和双亲住在一起或离开双亲去寻找新住所，家庭事务由

① 潘允康：《婚姻质量的家庭结构观》，《理论与现代化》1997 年第 10 期。

丈夫决定、妻子决定或共同决定，家庭继承权归长子或众子平分等，都有很大差别。人类学家、社会学家从不同角度对家庭结构进行分类，有不同的家庭结构名称，诸如“核心的”“主干的”“一夫多妻的”“家长制的”“舅权的”“双系的”“长嗣继承的”“外婚制”“包办婚姻”“血亲家庭”等都体现了不同家庭制度中的一些特殊家庭结构。这些不同的家庭承担着相同功能或不同功能。对个人来说，家庭功能是提供人的基本需求，是人的本来归宿，教育人的社会化和解除人的紧张和压力。对整个社会来说，家庭功能是人的再生产、人的社会化、接受社会规范和社会价值以及控制人的各种行为。

塔尔科特·帕森斯和罗伯特·贝尔斯认为家庭有两个基本的不能忽视的功能：第一，孩子的生育、初级社会化，以及使他们能真正成为社会成员；第二，使社会成年人的性格具有稳定性。[①] 从结构功能理论出发研究家庭，产生了婚姻家庭社会学研究的特殊视角。

（二）社会冲突论

冲突理论的假设来源于一系列假定的看法，即许多不平等的资源分配引起了统治者和被统治者之间的巨大冲突，被统治者开始意识到他们的集体利益，并日益怀疑现存的正统模式。他们的主要矛盾是不平等，这使他们广泛加入公开反对统治集团的斗争中来，以促使社会发生巨大变化，使资源再分配。

社会学界认为经典的冲突理论是由马克思首先提出的，他假设了经济组织，特别是私有财产是阶级斗争和革命的根源。达伦多夫针对在西方社会学中一度占主要地位的结构功能主义片面强调共识、秩序和均衡的倾向，指出要更多关注社会现实生活中的变迁、冲突和强制方面，与其把冲突看成“坏事”，看成对社会制度、人类关系的破坏，不如说冲突是一切制度和关系存在的条件。

冲突理论者认为，压迫者和被压迫者之间的冲突不仅存在于经济和职业领域，而且也存在于家庭之中，诸如丈夫对妻子的统治，家长对子女的统治。功能主义者认为家庭是青年人最初实现社会化的地方，而冲突理论者认为这是虚构的，青年人的观念不是靠教，而是来源于两性差异和“自然”的等级。功能主义者把家庭看成“永恒的生活场所”，在家庭中从一代人到另一代人，富的总是富，穷的总是穷。冲突理论认为这恰恰保留和促进了不平等，家庭带来的不平等超过了它的功绩。功能主义认为孤立的核心家庭的存在是资本主义社会变迁的结果，冲突论认为分裂是成员追求独立和感情需求的结果。功能论者认为现代家庭是平静的、被动的，是和其他社会单位平衡的部分。冲突论者则认为家庭组织蕴含着潜在和事实上的冲突。在社会、家庭和人际关

---

① J. 罗斯·埃什尔曼：《家庭导论》，潘允康等译，中国社会科学出版社，1991，第 56 页。

系中，冲突是不可避免的，它带来了变迁。①

研究表明，夫妻双方彼此的恶感会随着时间的推移而增强，希望这一发现有助于夫妻认清吵架的真相，从而更好地维持婚姻关系。吵架互不相容是正常家庭生活不可分割的组成部分，但通常不会导致关系的破裂。因此，只要不压抑自己的情绪，并在吵架后去理解和包容对方，婚姻关系就会愈加牢固。②

（三）符号互动论

符号互动论来源于心理学或社会心理学。所谓符号互动论，是使用一些特殊或不同的标记为指标去研究团体生活和人的生存行为。它有两个主要方面的问题，这两方面的中心都与家庭有关，它们是社会化与人格化。社会化集中在人如何才能使行为、思想和感情社会化，使之内化为人格；人格化集中在使态度、价值和行为内化为人格。

把符号互动论运用到家庭研究中，便形成了一种社会心理学研究方法。伯吉斯称家庭是一个“人的相互作用的单位”，它是充满生命力、多功能或者说是个确定的过程。符号互动论在研究家庭时注重家庭互动的不同模式，如求婚、蜜月期、抚育子女、离婚和分居、老年人的角色等。使用符号互动论去解释人类生存和社会化中的相互作用，能起到解释关系、探明意义以及其他作用。比如，用相互作用方法论研究家庭就能形成如下假设：

“婚姻家庭研究离不开它自身的性质，我们不能从研究非人类或类人猿去推断人的行为、人的相互作用或一些社会组织。”“婚姻、家庭及其组合只能在社会背景条件和它们存在的社会中才能被认识。只有在社会中才有所谓语言、概念和规范性的行为。”“人类生育的婴儿是既非社会性的，也非反社会性的，但如果他们不与其他人来往，不在和其他人交往中学习，就不知道什么是好，什么是坏，也不知道应该怎样做。”“一个社会的人的存在既是被动的也是主动的，他或她既能传达某种信息，也能理解某种意义。一个人不仅能对客观刺激做出反应，而且能识别和解释它们。独立的个体之间能互相影响，扮演不同角色，对信号刺激做出反应。”③

符号互动论者对家庭的研究作出过方法论方面的贡献，这些方法包括社会调查、访问和问卷调查以及参与观察法等。

---

① J. 罗斯·埃什尔曼：《家庭导论》，潘允康等译，中国社会科学出版社，1991，第 60 页。

② 《俄报：争吵越多，婚姻越牢固》，网易新闻，2008 年 2 月 11 日，http://news.163.com/08/0211/08/44DJNVD1000120GU.html.

③ J. 罗斯·埃什尔曼：《家庭导论》，潘允康等译，中国社会科学出版社，1991，第 63 页。

（四）家庭发展论

家庭生命周期是一种发展理论架构的衍生，从社会制度、人际互动及个人人格等因素来讨论家庭关系。家庭发展（生命周期）理论的假设为：人们是行动者，也是反应者；家庭成员的增加与减少是互动的重要变项；家人在同一场景的互动，不同于家人在不同场景的互动；急速的转变（如新生儿诞生），会导致家庭结构的改变。[①]

家庭生命周期着重从时间角度提出建构家庭的研究框架，家庭如同人的生命一般，也有一个从成立到消亡的过程，家庭在不同发展阶段面临的环境和发展任务存在差异。家庭生命周期即家庭从成立开始，经历发展的各个阶段，最终归于消亡的整个生命过程。格里克（Paul Glick）从核心家庭（一对夫妇和其共同生活的未婚子女构成的家庭）角度定义了家庭生命周期，即依照家庭发生的生命事件（如婚姻、生育、子女离家、死亡等），一个典型的、完整的家庭生命周期要依次经历形成、扩展、稳定、收缩、空巢和解体 6 个阶段。[②] 家庭生命周期理论呈现家庭的动态发展规律，并对不同阶段家庭的特点和发展任务进行系统论述，不仅可为家庭需求评估提供框架指引，还可作为开展服务尤其是婚姻辅导、家庭教育等服务时的知识性工具。

第二节　婚　姻

本节主要介绍婚姻的定义以及类型，择偶理论、择偶心理及择偶标准，婚姻的本质、缔结方式及婚姻仪式，婚姻质量的影响因素、测量标准、满意度分析以及婚姻的艺术。

一、婚姻要义

（一）婚姻的定义

婚姻是男女双方通过择偶，依据一定的法律、伦理和风俗所结成的夫妻关系。在传统礼制社会，婚姻的主要依据是风俗和伦理；在现代社会，婚姻的主要依据是法律。

---

① 周清月：《家庭社会工作：理论与方法》，台北五南图书出版股份有限公司，2001，第 63-65 页。

② 吴帆：《家庭生命周期结构：一个理论框架和基于 CHNS 的实证》，《学术研究》2012 年第 9 期。

婚姻包含四个要义：第一，婚姻是男女之结合，被自然天体运行的客观规律所决定。第二，婚姻必须为社会所认可（承认）。第三，从婚姻中产生了特殊的社会关系，称为夫妻或夫妇之角色关系。第四，当事者要承担以生育、抚育为中心的家庭与社会责任。

（二）婚姻是社会制度

两性关系是婚姻的基础和属性，但它只是婚姻的自然基础和属性，还不是它的社会基础和属性。两性结合形成婚姻，但绝非所有的两性关系都是婚姻，只有规范化、制度化的两性关系才是婚姻。自有人类社会以来，使两性结合规范化的主要手段是社会的风俗、道德和法律。依社会风俗、道德和法律的规定，为社会风俗、道德和法律所承认的两性结合是婚姻。现代社会是法治社会，法律在规范和认可婚姻行为中有决定性作用，婚姻是社会对男女结合成夫妻的一种制度性的安排。在我国，婚姻是男女双方依据法律规定的条件和程序，确立夫妻关系的行为。

既然婚姻是社会的一种制度性安排，不同历史时期、不同国家和地区的法律不同，风俗道德不同，婚姻制度也不同。例如，就配偶的人数来说，就有“多夫多妻”“一妻多夫”“一夫多妻”“一夫一妻”（专偶制）四种不同的婚姻形态和婚姻制度。

1. 多夫多妻制

“多夫多妻”也称团体婚姻，其婚姻内容包括若干男女之间的相互婚媾。关于多夫多妻制，在学术界一直有争议，有的人认为它曾经普遍存在过，有的人认为它从未存在过。斯宾塞认为婚姻发源于乱婚，进而发展为“一妻多夫”“一夫多妻”“一夫一妻”。麦杜克则说，团体结婚，虽然在过去人类学文献中占了很重要的地位，但从未成为文化的规范。在他所研究的二百多个原始社会部落中，只有几个有团体结婚，而且都是例外的。罗威则认为，团体结婚纯属一种假定的状态，实际上并无此事。他认为婚姻是一种永久的联系，有相互权利与义务，一群男人和女人暂时结合乱媾，并不能视为事实上的婚姻关系。①

2. 一妻多夫制

此种制度曾盛行于因纽特人的部落，在印度南部的托达人和麻巴拉人也实行过这种制度。一妻多夫制有两种不同形式：一种为同胞共妻制，若干兄弟共有一妻，长兄娶妻，弟享夫权，生子皆属于兄；兄死，其财产、地位、妻子皆传于次弟。弟辈享兄夫权，有的须经相当礼节，而享此权的弟辈，往往在家庭中居于从属地位。另一种多夫制是非同胞共妻制，指一个地方上几个男子共有一妻，由该女轮流到他们住所去同宿若干时日，若有小孩，则按某种仪式来确定其父。印度南部的内耶实行这种婚姻制

① 潘允康：《家庭社会学》，中国审计出版社、中国社会出版社，2002，第 72-73 页。

度，为丈夫者并非兄弟，往往分居数处，为妻者常按日分赴各处居住。也有妇人留居母家，其丈夫分别往女家留宿，暂享夫权。在此种制度下，凡初生之子，定为年长的丈夫之子，以后依此类推。

3. 一夫多妻制

目前，这种制度在有的国家仍然存在。正如一些学者指出的，男人自然倾向于一夫多妻制，因此从男性统治社会和家庭以来，这种制度曾被普遍地实行过。与此类似，我国古代曾实行过一夫一妻多妾制。在奴隶制、封建制社会中，一夫多妻制主要在帝王、诸侯、卿大夫和富人中实行，在有些民族中也成为习俗。实行多妻制除去满足男子的性欲、生育子女、增加劳动力外，也常用来提高社会地位，包括女人的地位。有些男子多妻是出自第一个妻子的要求，娶妻越多，则第一个妻子的地位越高；若丈夫不多娶，则会受到妻子责备。在许多原始民族中，多妻的家庭相处十分和谐，特别是姐妹共嫁一夫的更是如此。

4. 一夫一妻制（专偶制）

这是目前世界上实行最广的婚姻制度，是人类婚姻制度由低级到高级演化进步的结果，是婚姻中居统治地位的制度。只要人类社会赋予家庭的功能不改变，“一夫一妻制”家庭就不会消失，而是趋于完善化，这是人类的共同选择。由多偶制向单偶制变化的原因，学术界有不同解释。有的从生产力发展的角度，认为生产力的发展出现了私有制，在私有制中，男性家长为了财产的继承和传递，要求配偶专一和单一，以便确认自己的亲生子女，从而促进了对偶婚和单偶婚的发生，并最终确定了单偶婚（一夫一妻制）。也有的从生育角度解释了一夫一妻制的发生和确立，即人类在长期的人类自身生产，即人种传递中认识到，单偶制有利于生育强健聪明的后代，有利于对孩子的抚育和教育，有利于人自身的生产和再生产。

（三）婚姻是社会行为

用社会学观点看，婚姻家庭既是私人领地，也是社会领地。婚姻从表象上是私人行为，从本质上是社会行为。

1. 婚姻从表象上是私人行为

婚姻是私人行为，从古至今都是如此，即没有当事人的参与，婚姻不能成立、不能实现。特别是今天，崇尚婚姻自由的原则，一个人要不要结婚、和谁结婚、什么时间结婚都是个人的自由，他人和社会都不会干预。

2. 婚姻从本质上是社会行为

费孝通从功能论角度阐述了婚姻从本质上是一种社会行为，他指出婚姻家庭是一种社会制度，基于完成生育功能的重要性和必要性，人类创造了婚姻制度。而婚姻之外的两性关系之所以受限制，还是因为要维持和保证对儿女的长期抚育作用，有必要防止发生破坏婚姻关系稳定性的因素。[①]从根本上说，人类的婚姻和家庭通过法律、道德、风俗进行规范和限制，是要确立一个基本单位去完成人类社会的绵续，因此社会需要一种制度——婚姻，形成一个单位——家庭，来完成人类自身传递的任务，这是婚姻家庭存在的基本根据。实践证明，通过婚姻结成的家庭是完成这一功能的最有效单位，是婚姻家庭一直受到社会保护、源远流长的根本原因。婚姻家庭的本质属性是社会性。

3. 婚姻的私人性和社会性是辩证统一的

婚姻与家庭的私人性和社会性既是一个现实问题，也是一个理论问题。婚姻与家庭的私人性和社会性是辩证统一的。不能只强调婚姻家庭的私人性而否定它的社会性，也不能只讲婚姻家庭的社会性而忽视它的私人性。进一步阐述婚姻的社会性和私人性的辩证统一，对于既尊重人们的个性选择和隐私，又使人们理性地对待婚姻，自觉履行婚姻家庭的责任和义务，维护家庭文明、和谐稳定，具有重要的理论和现实指导意义。

二、婚姻选择

人们在择偶方面总要考虑一定的条件，总有一定的选择标准，配偶的选择与婚姻稳定性的关系十分密切，许多婚姻的悲剧往往源于最初的择偶不当。

（一）择偶理论

当代西方存在形形色色的关于婚姻基础和择偶过程的理论解释[②]，主要的理论有以下几种。

1. 个人主义解释

个人主义的解释依据生物学、心理学的理论和广泛的经验研究对婚姻选择进行阐释。生物学解释指出，婚姻选择是以本能、遗传和生物因素为基础的。心理学解释主要有弗洛伊德的精神分析论、同质性理论、需要互补理论等。弗洛伊德及其追随者的精神分析理论指出，人们倾向于与他（她）的异性父母类似的人恋爱和结婚，这种倾向是无意识的。罗伯特·F. 温奇的需要互补理论主要有以下假设：配偶倾向于以互补需要为基础进行相互选择。当年龄、种族、宗教、住宅、社会经济地位、受教育水平等社会因素表现为择偶中的个人动机时，这种动机势必是互补的而非同一的，人们倾

① 费孝通：《生育制度》，天津人民出版社，1981，第1-33页。

② J. 罗斯·埃什尔曼：《家庭导论》，潘允康等译，中国社会科学出版社，1991，第324-337页。

向于选择那些能为最大程度地满足需要提供可靠保证的人做配偶。同质性理论认为，具有相同或相似特征的人相互更具有吸引力。这些相似点可能是生理的、心理的或是社会的，其中价值观的相似更为重要。

2. 社会文化解释

这一类理论注重讨论影响婚姻过程的社会文化因素，并以此来解释择偶的互动过程。角色理论认为，人们倾向于按照社会、亚文化和家庭的规定对角色提出期待。交换理论则认为某种类型的交换观念是婚姻的基础。这种交换可发生在金钱、地位、容貌、气质、性行为的任意组合之中。序列理论认为，虽然某些单一因素在婚姻过程中被强调，但婚姻活动实际上是按照一系列可变的标准、阶段或模式为导向的，择偶过程是依据互动的系列因素。择偶梯度理论认为，男性倾向于选择社会地位相当或较低的女性，而女性往往更多地要求配偶的受教育程度、职业阶层和薪金收入与自己相当或高于自己，也就是婚姻配对的“男高女低”模式。历史前例理论认为，在历史上普遍存在着由父母包办或由父母决定的择偶方式。

（二）择偶心理

选择对象是一种特殊的社会认知活动，在社会认知（人际认知）中可能发生的偏见，都可能在选择对象的过程中发生。

1. 求全心理

俗话说：“人无十全，瓜无滚圆。”世界上十全十美的人是没有的，但有些人择偶过于理想化。冰心在她的小说《关于女人》中，写一位男士开列出二十多个择偶条件，条条都从自己的偏爱出发，很难想象他能够求得遂心如愿的理想妻子。人们有自己心目中的偶像，这是正常的，但聪明人能结合实际情况，对自己偶像的品格经常做出适度调整，并不苛求现实中的人必须百分之百地与之相符；而一些主观、固执的人在这方面执拗到底，结果是一误再误。

2. 社会刻板印象

在角色认知中，人们对每一角色都有一些固定、一般的看法和评价，社会刻板印象就是人们对某种角色或某种类型的人的一些固定而统一的看法和评价。有些人择偶时对职业、阶层、地域有相当严格的甚至顽固的要求，对某些职业或阶层的人一概拒之门外，而对另一职业或阶层的人则举双手欢迎。从心理学上说，这样的人深受社会刻板印象的影响。在人际交往中，人们总是带着这些刻板印象行事，特别是人们的认知在很大程度上受它的影响。社会刻板印象实际上成了认知者的有色眼镜，从一定意义上决定着人们的认知、兴趣、情绪、态度和评价。

3. 传统心理

即男方一定要比女方强，这种心理是夫权社会的思想残余。现在有许多素质较好的女青年，有理想、有事业心，追求以爱情为基础的婚姻，这说明几千年社会历史形成的妇女是弱者的传统观念正在被打破。但在摆脱传统观念的同时，她们的心理仍旧自觉或不自觉地受旧观念的束缚，要求男方的学历或职业地位比自己高。对男子来说，传统心理表现在不愿意配偶比自己强，在事业上，妻子不要太强，要安于做贤妻良母，免除自己的后顾之忧。

4. 晕轮效应

晕轮效应又称光环作用，在社会心理学的认知理论中，它是指某人的某种整体印象或某些具体的感受影响到对他的认知评价，也就是以偏概全。择偶作为一种特殊的选择认知，最容易发生晕轮效应，被选择者的某些具有吸引力的特点往往成为中心性质而发生扩张，以至于有的人仅凭某一方面决定一个理想对象。

5. 从众心理

人对某一事物的看法常常会受周围人的影响。交了一个异性朋友，如果周围的人对之啧啧称赞，自己就会越想越美；如果周围有些人说对方不理想，自己也会产生“不理想”的心理。一方面，固然是旁观者清；另一方面，旁观者毕竟没有当事人的切身体会，所以，对众人的意见要做分析。

（三）择偶标准

婚姻开始于人们对两性结合的取向和标准。由于人们的择偶既有现实原则又有情感原则，所以择偶标准往往会随着时代的变化而变化。

在西方，现代婚姻的主要功能被认为是提供伴侣和亲密关系。因而，择偶的目的已从传统的满足亲属群体的要求转为满足择偶者本人的需要，择偶基础也以爱情为主。在他们的心目中，理想的伴侣应具备以下品质：女性普遍要求男性富有同情心、心地宽厚、善解人意，有教养，有幽默感和安全感。男性则要求女性性格开朗、活泼而有内涵，是一个谈话、交流的伙伴。而且，最理想的配偶年龄差距是5—7岁。

在中国，“门当户对”一直是城乡居民择偶所遵循的主要标准。择偶标准往往与家庭价值、时尚习俗和婚姻需求相联系，因此，在社会转型阶段，择偶标准有着明显的时代烙印。20世纪50年代在极“左”和激进路线下，形成了一元化生活方式的婚姻和家庭模式。20世纪60年代，人们往往重视职业的社会政治地位，家庭出身、本人成分、政治面貌以及社会关系是择偶的重要条件。20世纪70年代，人们开始在择偶中更多考虑经济因素。到20世纪80年代初期，学识成为人们择偶的主要标准。20世纪90年代以后，人们物质生活不断改善，婚姻开始由追求功利向追求婚姻质量转变，择偶标准走向多元化。

三、婚姻缔结

（一）婚姻的本质

婚姻不是一个简单的字眼，而是一个含义丰富的长句。不同的人对婚姻的理解不同、视角不同，婚姻的含义也不尽相同。

在法律方面，大陆法系的学者多主张婚姻是一男一女以终生的共同生活为目的的结合关系，即夫妻关系，不包括婚姻契约。在社会人类学方面，主张婚姻是家庭组织的前提，是人类的一种严格的社会制度，永远和社会规范相一致。从上述不同解释中不难看出，首先，人们对婚姻的认识基本上是以个体婚制为基础的，即一男一女结合的正式行为，须经过一定程序，排除了对群婚和偶婚的认识。其次，突出了婚姻的社会性。作为一种特有的社会现象，婚姻在很大程度上是由一定的社会经济状况以及政治、法律、道德、文化状况所决定的。一方面，婚姻要有严格的规范性；另一方面，人类的结婚不是单纯的性本能需求，而是文化的内在驱动。因为“人的本质并不是单个人所固有的抽象物，实际上，它是一切社会关系的总和”。①

因此，从本质上讲，婚姻是男女之间在特定条件下的社会结合。婚姻的社会性是其本质属性，婚姻不仅是道德伦理、习俗和法律所规定的产物，同时也与特定的社会结构相联系。婚姻的生物基础是其自然起源，而婚姻的社会基础则体现了婚姻的本质。

（二）婚姻缔结方式

婚姻缔结的方式，指男女结为夫妻关系的方式。除受社会制度的规定外，还受社会历史文化传统和民族的风俗习惯的影响。婚姻缔结的方式是多种多样的，往往在一种婚姻形态中存在多种缔结方式。婚姻演变过程中的缔结方式，主要有以下几种。②

1. 掠夺婚

指男子没得到女子及其亲属的同意，用掠夺方式强娶女子为妻。掠夺婚通行于古代世界各民族之中。

2. 买卖婚

指男方以相当数量的金钱财物为代价换娶女子为妻的婚姻形式。买卖婚分为公开的买卖婚与变相的买卖婚两种。

① 中共中央马克思恩格斯列宁斯大林著作编译局：《马克思恩格斯全集》第三卷，人民出版社，1975，第5页。
② 丁文：《家庭学》，山东人民出版社，1997，第110-116页。

3. 服役婚

指男子在婚前或婚后为女子父母服一定期限的劳务，以达到与女子成婚的目的，这是一种变相的买卖婚。

4. 交换婚

指两家互以其异性家属交换婚配的婚姻形式。古代名门望族之间世代交互为婚，平民百姓因负担不起聘礼费用，用嫁女为条件为儿子换娶媳妇，也是一种交换婚形式。

5. 妆奁婚

指女方父母备妆奁而嫁女的婚姻形式，是由买卖婚发展而来，最初产生于奴隶制晚期的贵族阶级之中。

6. 聘娶婚

指以男方父母交付女方父母一定数量的聘礼、聘金为成婚的必要条件的婚姻形式。它和妆奁婚一样，也是一种父母包办婚姻，即父母之命、媒妁之言。

7. 契约婚

又称共诺婚，是资本主义制度确立后在欧美各国通行的婚姻形式。在西方社会，结婚是当事人的私事，无须父母或他人干涉，重要的是双方协商签订一份成文或不成文的契约。在现代社会这种结婚契约日益流行。

8. 自主婚

指男女双方以互相爱慕为成婚的主要条件的婚姻形式。婚姻的缔结完全出自本人自愿，不为任何人所左右。

除此之外，传统中国社会还存在一些特殊的婚姻形态，其中常见的有：

（1）赘婚，即招养婚，又称“倒插门”“上门”，是一种女不出嫁，招男方入女家为婿的从妻居形式。

（2）表亲婚。这是发生在兄弟的子女与姊妹的子女之间的一种婚姻关系，被认为是“亲上加亲”，因而受到社会习俗的肯定。

（3）典妻。丈夫将妻子作为物权客体议价典给他人。这是买卖婚姻派生出来的临时婚姻形式。

（4）童养媳。女方在幼年时即被收养，长大后成婚的特殊婚俗。童养媳这种择偶方式主要流行于小有家财的人家，收童养媳的主要目的之一是尽早增加家庭劳动人手。

（5）指腹婚。这是婚姻一方或双方尚在母亲胎中，由其父母为其缔结婚约的择偶方式。

（6）冥婚。这是让活人与死人配婚的习俗，这种婚姻模式并不多见，且往往是某种迷信观念的产物，受罪的是与死人配婚的活人。

（三）婚礼仪式

婚礼仪式是男女结为夫妻关系的礼仪庆典，它是伴随文明时代个体婚制的发展而出现的。婚礼仪式普遍存在于世界各民族的礼俗之中，每一民族都有自己独特的婚礼形式。中国旧时的婚礼习俗主要有以下四种。

1. 六礼

形成于周代，要求从议婚到完婚，共有六道礼节，程序如下：

（1）纳采：男家使媒人通言，表达愿与女家通婚之意。如不为女家拒绝，即备礼物正式求婚。

（2）问名：由媒人问明女子生母姓名，以辨嫡庶；问明女子家世出身，出生年、月、日、时，以便占卜。

（3）纳吉：问名后如卜得吉兆，男家再使媒人告知女家，确定婚事，称为“文定”或“通书”。

（4）纳征：男家向女家交纳聘财，婚约至此成立，不得反悔。

（5）请期：男家向女家请以成婚之期，如女家推辞，即由男家决定，后世演变为由男家告知女家迎娶日期。

（6）亲迎：男方奉家长之命，到女家迎娶，按古礼应在黄昏时候迎娶，服饰、车舆均依礼而行。

2. 媒妁

媒妁是婚姻风俗中不可缺少的角色。媒人大约在周朝就已产生，在婚姻中担当重要角色，他（她）来往于男女双方家庭，传递双方的意思。媒妁之言是古时订婚和成婚仪式等行为中不可缺少的要素。

3. 闹房

结婚礼仪中最后一个程序，长辈、平辈与小辈聚集于新房之中，祝贺新人，嬉戏打闹、了无禁忌。

4. 合卺

古代婚礼的关键礼节。新婚夫妇各自喝酒漱口，表示以后相亲相爱，之后演变为喝交杯酒。

近代婚礼习俗发生了较大变化，但传统因素仍然大量存在。中华民国政府成立后，婚礼程序逐渐简化。20 世纪 30 年代后，一些大城市广泛流行新式婚礼，并成为时尚。在当时的北平，新式婚礼被称为“文明结婚”。继“文明结婚”后，北平还出现了另一种新颖的婚礼形式，即集体婚礼。

四、婚姻调适[①]

婚姻调适是指用来获取一个既和谐融洽而又富有成效的婚姻关系的过程。这种调适是动态的，或者是夫妻双方的自我调整，或者是夫妻之间的互相协调和契合。

（一）婚姻的质量

1. 影响婚姻质量的因素

影响婚姻质量的因素，主要有两大分析框架：一是通过其他相关因素的统计资料来揭示所假设的决定因素对婚姻质量的影响性质和强度；二是通过理论框架来确定影响婚姻质量的因素以及这些因素是通过何种机制对婚姻发生作用的。

叶文振在《当代中国婚姻问题的经济学思考》中，从经济学派的观点出发提出：婚姻生活的低质化与婚姻边际效用递减和婚姻生活资源配置不合理有关。

2. 婚姻质量的测量

美国社会学家汉密尔顿于 1929 年开了测量婚姻质量的先河，西方学者在此基础上创造了很多婚姻质量的度量方法。徐安琪认为，婚姻质量是一个宏观与微观、主观与客观相统一的概念，测量标准既要有个人的评判尺度和感知偏好，也要有既定的社会标准。在她主持的中国婚姻质量研究课题中，运用了“因素分析法”，将 30 多个具体指标合成“夫妻关系满意度”“物质生活满意度”“性生活质量”“双方内聚力”“婚姻生活情趣”和“夫妻调适结果”6 个侧面，得出结论是中国婚姻总体上处于“高稳定、中质量”的水平。[②]

3. 婚姻满意度的分析

婚姻满意度是婚姻主体对婚姻关系的整体感觉。高质量的婚姻不仅在客观上表现出夫妇之间的融洽关系，而且在主观上表现为配偶双方不同程度的满意。

现代城市人在婚姻中主要追求夫妻情感的统一和生活的和谐。爱情和平等是城市婚姻的主导追求。[③]

（二）婚姻的艺术

1. 充分的心理准备

结婚后不久，有一时期，夫妻双方心理变化比较大，双方的情绪波动也比较大。

---

① 邓伟志、徐新：《爱的困惑——挑战离婚观念》，上海人民出版社，2001，第 27-32、281-307 页。

② 徐安琪、叶文振：《中国婚姻质量：度量指标及其影响因素》，《中国社会科学》1998 年第 1 期。

③ 易松国、风笑天：《城市居民家庭生活质量主客观指标结构探讨》，《上海社会科学院学术季刊》1999 年第 1 期。

有以下几方面原因：

（1）好奇心消失了。

（2）家庭生活的复杂分散了夫妻的注意力。

（3）婚前双方的认识停留在表面，婚后会逐步深入认识对方的本质，这种了解和认识的发展，常常带来两种截然不同的心理反应，一种是积极的，另一种是消极的。前者总的来说是美好和幸福的，而后者却会感到失望和痛苦。

（4）婚前夫妻双方各自的言行和社会活动是独立、自由的，个性可以发展；结婚后，双方作为一个互相依存的整体去适应家庭和社会，各自言行都要受到不同程度的限制，夫妻间的个性也会出现冲突。

2. 角色的适应

（1）性格不同夫妻的相处

按照心理学家的观点，性格和气质有一定关系。性格迥异的夫妻通过磨合与调适可以达到和谐相处，主要方法有：尊重对方，扬长避短；尝试颠倒角色；找到对方使你感到最烦恼的地方，不要全面否定对方，而要用商量的口气让对方了解你的感受。

（2）兴趣不同夫妻的相处

从心理学角度讲，兴趣是人的一种积极的情感倾向。夫妻兴趣不一致是一种常见现象，因此，夫妻双方都应该以积极态度对待。首先，应该做到互相尊重对方的兴趣爱好，不过分限制、干涉对方，使双方都能在各自的兴趣爱好中找到乐趣。其次，要相互适应，千万不可采取“井水不犯河水”的态度，尽可能地同对方一起分享自己的乐趣。

3. 爱的艺术

（1）性生活的艺术

美满和谐的夫妻性生活是一个互相适应的微妙过程。第一，掌握科学的进行性生活的方式，双方要平等地合作与配合，正确看待性生活。要充分了解男女两性在生理上的差异及反应上的不同。第二，认识到年龄的增长与身体健康状况等对性欲的需求度及需求方式会有所变化，双方要在尊重、协商的基础上力求达到同步。第三，夫妻之间不要以性生活作为惩罚对方的手段，也反对把性行为当作一种礼物。

（2）相互吸引的艺术

有人认为，只有恋人之间才需要互相吸引，其实并非如此。组成家庭以后，夫妻双方由于朝夕相处，彼此深入了解后如何保持相互吸引力是一个十分重要的问题。首先，男女双方都要保持温柔的美德。其次，善于倾听。再次，讲究仪表美。最后，给对方一点儿自由的空间。

(3) 沟通的艺术

华鲁士在《家庭沟通》一书中探讨了各种各样的家庭沟通模式及其对夫妻关系的影响。他认为，在大多数充满冲突的家庭里，失谐只是由于家人没有把感受到的爱和所怀有的善意以恰当方式表达出来。

(4) 相爱的艺术

真正的爱情包括四个要素：一是对所爱者真诚关心，希望对方能够独立思考和富于创造性；二是两人有同舟共济的责任感；三是彼此尊重、认可；四是适度的给予与彼此合作。

婚姻是流动的，如果以为婚姻就是爱情的终止，一味拘泥于传统、重复的生活方式，不及时加以调适，爱情之花就会枯萎，婚姻也会进入死胡同。在提高婚姻质量方面，与其从法律上大加限制，不如在婚姻调适上多下功夫。婚姻调适是一门艺术，调适得好，婚姻的质量就能由低变高；调适得不好，婚姻质量只能由高变低。爱情是需要时时培养和更新的，只有这样，才能使婚姻走向完美。

第三节　家　庭

本节主要介绍家庭与社会的关系，家庭结构的概念及分类，家庭功能的概念及家庭的主要功能，家庭关系的影响因素、亲密关系的特征以及家庭仪式的内容。

一、家庭与社会

(一) 家庭的内涵

有关家庭的概念在不同历史时期与社会文化中存在不同，因此很难下一个明确而科学的定义。对家庭的理解要与其所处的社会文化环境密切相关。潘允康对家庭的概念进行了概括，认为家庭是以婚姻血缘关系为纽带的社会生活的组织形式。[①] 家庭的内涵在于：其一，建立在姻缘与血缘基础之上的家庭是自然关系和社会关系的统一，因此家庭兼具自然属性和社会属性。其二，家庭是历史和文化的产物，家庭是人类社会

① 潘允康：《婚姻家庭社会学》，北京大学出版社，2018，第107-108页。

发展到一定历史阶段的产物，其职能、性质、形式和结构等会随时代与文化的不同而不同。其三，家庭是一种初级群体，是满足成员需要和维持社会运转的最基础、最普遍的组织形态。其四，家庭是一种社会制度，家庭制度是最古老与普遍存在的制度，具有一定的稳定性。此外，家庭制度具有复合性，它是由婚姻制度、生育制度、继承制度等一系列制度组成的体系，不同制度之间相互配合，共同规定和维系了家庭的存在与运转。

（二）家庭是社会的细胞

如果我们将人类社会比作一个有机体的话，家庭就是这个有机体的组成细胞，这是基于生物学上的概念所提出的。一定的家庭和一定的社会相对应，我们可以通过社会观察家庭，也可以通过家庭认识社会。这就是微观家庭和宏观社会的关系。

1. 家庭是社会的窗口

家庭反映社会，透过家庭的窗口可以看到整个社会。家庭是经济基础和上层建筑的统一。家庭既能看到社会的经济层面，又能看到社会的政治层面、文化层面和其他层面，家庭是社会的缩影。家庭是一个小型“政府”，家长为统治者、支配者，权威的观念及服从的习惯是先在父母子女关系中养成的。家庭是人类最初的教堂，宗教信仰的传授、祖宗的崇拜及宗教仪式的学习等，多半是以家庭为中心的。家庭是人的情感交流寄托的场所，是价值观念交锋、碰撞与传播之地。不同的家庭伦理观，代表了不同社会的伦理观，家庭也是社会上层建筑的集中表现。

2. 家庭是个人和社会联系的纽带

家庭这一小型单位和广大社会结构之间的相互作用，一直是学术界关心的问题。普遍的观点认为，家庭是个人与社会联系的纽带。

法国人类学家列维 - 斯特劳斯指出，所有结构各异的家庭具有共同的特征：家庭是个体与错综复杂的社会关系网络联结的纽带，它通过契约性的婚姻关系对社会关系加以规定和限制。[①] 社会学家古德则认为：家庭在社会上处于中心地位。表明这种地位最重要的是，在家庭内部儿童开始社会化以适应社会的需要，而不是仅仅为了自身的需要。家庭并非孤立而又自我封闭的社会体系，人们都要与其家庭成员打交道，每个人的情绪和选择都将受到家庭成员的影响。因此，社会通过家庭来取得个人对社会的贡献。[②]

---

① 马克・赫特尔：《变动中的家庭——跨文化的透视》，宋践、李茹等译，浙江人民出版社，1988，第 7 页。

② 古德：《家庭》，魏章玲译，社会科学文献出版社，1986，第 5 页。

（三）社会学视角中的家庭

1. 家庭是人类最早的社会关系之一

家庭是一种最早的社会关系。“社会关系”是个笼统的名词，包括社会过程与社会关系的状态。婚姻家庭关系包括动态和静态两方面，前者是家庭成员的互动，即家庭成员间特殊的合作和冲突等，人自降生后就与家庭发生关系，并从交往中学会如何与社会其他成员联系和交往，逐步走入社会。从家庭、邻里扩展到社会，是人的社会关系扩大的基本规律。后者是家庭关系的模式和种类，如夫妻关系、亲子关系、兄弟姐妹关系等。图 5-1 是家庭和社会关系的复迭图，它可表明家庭这种最早的社会关系是如何发展成各种复杂的社会关系的。

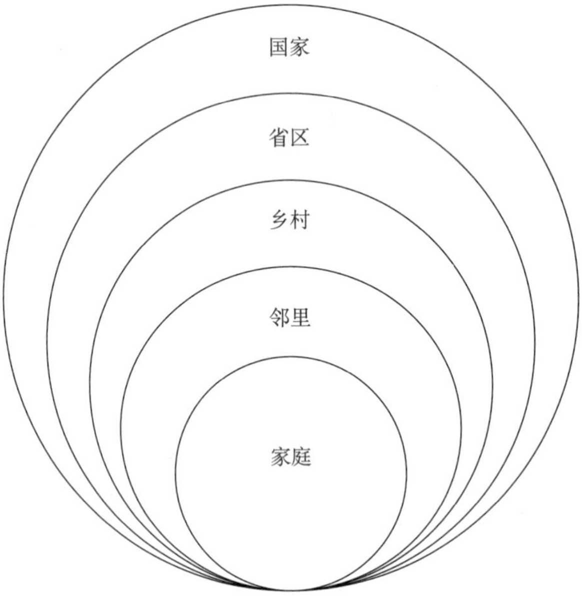

图 5-1　家庭和社会关系的复迭图

2. 家庭是基本的社会群体

俗话说，“物以类聚，人以群分”。家庭是人类群分的一种特有形式，是特殊的社会群体。和其他社会群体相比，家庭表现为成员较少，每一家庭成员都担任特定的角色，和其他成员进行稳定性、持久性和连续性的面对面的特定交往。由于家庭是以婚姻关系和血缘关系为纽带，其成员间关系较深，表现出一种较强的内聚力。人有社会性，个人为满足生存和发展的需要，必须生活在一定的集体之中。家庭作为基本社群，为人们的社会生活提供了基本环境和人们进行社会化的最基本场所和条件。家庭是引渡个人走入社会的桥梁，是个人与社会的中介。

3. 家庭是普遍的社会制度

社会制度是在一定的历史条件下形成的社会关系和与此相联系的社会活动的规范体系。所谓家庭制度，是对家庭在组织结构和活动上的一些规定，是在一定历史条件下家庭关系和家庭活动的规范体系。家庭是以婚姻血缘关系为纽带的社会生活组织，家庭生活作为一种社会行为必须规范化，由此产生了家庭制度。家庭制度包括婚姻制度、家庭制度和生育制度等，是人类社会最本原的社会制度的一部分。家庭制度有两个重要作用：第一，可以满足人类社会生活的基本需求。第二，可以使人类家庭生活规范化。家庭制度受社会制度的制约和影响，被社会法律和道德所规定。家庭制度也能反作用于社会制度。

4. 家庭是个历史范畴

家庭自产生之日起一直处于发展变化中，是人类社会发展到一定历史阶段的产物。家庭有其产生和发展的历史，即在生产、交换和消费发展到一定阶段时，就会有一定的社会制度，一定的家庭、等级或阶级组织。家庭有其产生和发展的历史，也必然有转化和消亡的过程，家庭是个历史范畴。

二、家庭结构

（一）什么是家庭结构

家庭结构是分析和理解家庭问题的一个重要维度，有学者将家庭结构定义为家庭中全体分子和各种角色所形成的综合关系。[①] 邓伟志、徐新将家庭结构界定为家庭中成员的构成及其相互作用、相互影响的状态，以及由于家庭成员的不同配合和组织关系而形成的联系模式。[②] 家庭结构可进一步划分为两个层面：一是家庭成员的构成，具体包括人口构成与代际构成，人口构成是指家庭成员的整体规模，代际构成是家庭成员的代际规模；二是家庭成员的关系，指家庭成员的角色及其相互之间的关系。不同成员构成与成员关系的组合，形成了不同的家庭结构模式。

理解家庭结构有以下几点需要注意。首先，家庭结构是在家庭成员的交往过程中形成的，离开了家庭成员及其互动，就无所谓家庭的结构，要了解一个家庭的结构就必须对家庭成员的交往过程进行考察。其次，家庭结构对家庭成员有巨大影响，健康的、富有弹性的家庭结构对家庭成员的身心和成长具有正面的影响，反之亦然。再次，

① 潘允康：《家庭社会学》，中国审计出版社、中国社会出版社，2002，第 182 页。

② 邓伟志、徐新：《家庭社会学导论》，上海大学出版社，2020，第 40 页。

家庭结构具有历史性，其特征受到政治、经济、文化发展的影响，家庭总体性结构特征会随着社会的变迁而不断变化。最后，家庭结构具有多样性，每个家庭的结构都是不同的，同一家庭的结构也会随家庭人口的增减而发生变化，所以需要结合情境对具体家庭的结构进行具体分析。

（二）家庭结构的分类

家庭结构是家庭关系的整体模式，也被称为家庭类型。社会学家、人类学家从不同角度对家庭结构有不同的类型划分。

1. 按家庭人数或代际层次数的多少划分

按家庭人口数量或代际层次数的多少，可将家庭分为大家庭和小家庭：大家庭是指人口比较多的家庭或包含三代及以上的家庭；小家庭是指人口比较少的家庭或只包含一代人或两代人的家庭。

2. 按配偶人数的多少划分

按配偶人数的多少，可将家庭分为多夫多妻制家庭、一妻多夫制家庭、一夫多妻制家庭和一夫一妻制家庭。

3. 按决策和参与家庭事务的权力划分

按决策和参与家庭事务的权力可将家庭分为父权制家庭、母权制家庭、舅权家庭和平权家庭。父权制家庭，指家庭中的事务由父亲来控制和决定；母权制家庭，指家庭中的事务由母亲控制和决定；舅权家庭，指家庭中的事务由舅舅控制和决定（舅权是母权的变种，舅权代行母权）；平权家庭，指夫妻平等决定家庭中的事务。

4. 以家庭分子传袭的系统规则划分

按家庭分子传袭的系统规则，可将家庭分为母系家庭、父系家庭、平系家庭和双系家庭。母系家庭，指其子女的姓名及承继依母方；父系家庭，指其子女的姓名及承继依父方；平系家庭，指男女两性平等计算或者任何一系都可以；双系家庭，同时属于母族和父族。

5. 以家庭分子居住地划分

按家庭分子居住地，可将家庭分为从妻居家庭、从夫居家庭和单居制家庭。从妻居家庭，也称母居，即结婚后丈夫在妻家居住，也称招赘或者招女婿；从夫居家庭，也称父居，即结婚后妻子在夫家居住；单居制家庭，即婚后既不住妻家也不住夫家，而是夫妻自立门户，单独住。

6. 按家庭代际层次和前述关系立场划分

这种家庭结构和类型划分方法是当代社会学、人类学通常使用的方法，即将家庭划分为核心家庭、主干家庭、联合家庭和其他家庭四种类型。前三种是有代表性的主要结构和类型，其余的划归为第四种。

（1）核心家庭

由美国社会人类学家默多克提出，具体是指一对夫妻和未婚子女所组成的家庭，也包括只有夫妻二人的家庭、夫或妻与未婚子女所组成的家庭。这种家庭的特点是有一对夫妻，因此只有一个中心。

（2）主干家庭

由法国社会学家勒普累创造，具体是指夫妻和一对已婚子女所组成的家庭，也是通常所说的三代同堂家庭。主干家庭的特点是有两对夫妻，但处在两代人的位置上。家庭中有两个中心，一般有三代人。

（3）联合家庭

联合家庭是血族中两个或更多的性别相同之人，及其配偶和子女所组成者。他们同居于一个住宅之内，服从相同的权威或接受一个家长的领导。今天，联合家庭是指父母和多对已婚子女共同居住生活的模式，或兄弟姐妹婚后不分家的模式。相对于联合家庭来说，上面所说的主干家庭只是中等规模的家庭，因此主干家庭也叫折中家庭。联合家庭的主要特点是家庭中有多对夫妻，且有同代夫妻，人口多，关系复杂，有的还直系旁系相杂。由于是多对夫妻共处，所以是多中心的。

（4）其他家庭

上述模式以外的家庭，如扩大家庭（由一个核心家庭加入非直系的未婚亲属如夫妻一方的未婚兄弟姐妹组成）、单亲家庭（由父母中的一方与子女共同组成）、隔代家庭（由祖孙两代人组成）、同居家庭（由没有履行法律结婚程序的两个异性组成）、父母双亡的未婚儿女组成的家庭、同性恋家庭等。

三、家庭功能

（一）什么是家庭功能

家庭作为一种社会组织形式，要发挥相应的功能，以满足内部成员发展与组织发展的需要，这也是家庭存在的意义。所谓家庭功能，是指家庭在人类生活和社会发展方面所起的作用，即家庭对人类的功用和效能。家庭的功能是多方面的，它能满足人类和社会的多种需要，这是其他社会组织所不可比拟的。

（二）家庭的主要功能

1. 家庭对社会的功能

（1）经济功能

家庭的经济功能主要体现在家庭中的生产、分配、交换和消费等方面，它是家庭功能的物质基础。从历史上看，家庭是生产资料的占有单位和生产劳动的组织单位，因此决定了家庭是劳动产品的分配和交换单位。家庭也是消费单位，家庭消费水平取决于家庭的人口数量和收入总数，家庭的消费方式也与成员的特点以及成员间的关系有关。家庭的经济功能与人们的日常生活及其所必需的工具生产紧密相关，是其他功能的基础。

（2）生育功能

自人类进入文明时代以来，家庭一直被当作生育子女、繁衍后代的基本、合法的单位。人类通过生育产生下一代，进而保证社会的新陈代谢和结构完整，生育可谓是人类和社会得以存续的基础。为维持人类繁衍与社会继替，人们一直尝试通过各种手段控制和规范生育行为，家庭正是承担这一使命的合法载体。人们通过家庭这一形式建立双系抚育、确立婚姻、夫妇配合等一系列制度来保证生育功能的实现。

（3）宗教（文化）功能

在西方，家庭是传承宗教信仰、进行宗教仪式的场所。家庭成员由于共同生活在一起，其宗教信仰会潜移默化地相互影响，成员间经常持同样的宗教信仰。在信奉宗教的国家和地区，家庭通常也是开展宗教活动和举办宗教仪式的场所。在现代社会，宗教和家庭生活分离，宗教场所和宗教传播人员逐渐专门化，家庭对其成员的宗教约束力和强制力也不断弱化，个体在宗教信仰的选择上相对自由，但成员间的相互影响依然存在。在我国，家庭更多发挥的是文化功能，家庭成员在价值、信仰等方面相互影响，中国传统文化与道德体系往往通过家庭熏陶和约束得以传承。

（4）政治功能

在封闭型的社会，家庭是政治权力的扩充和传递体系。家庭的政治功能不仅体现在社会权力系统之中，还体现在家庭成员的统治关系之中。在家庭中，家长通常扮演统治者的角色，他（她）不仅组织家庭成员进行生产劳动，维持家庭的秩序和日常生活，而且负责召集家庭成员议事，并有奖惩家庭成员的权力，即所谓的“家长制”。权力可以说最初是在家庭中产生并实现的，人们在与家庭统治者的互动中形成对权力的原初理解，养成服从权威或民主参与的政治习惯。在此意义上，家庭发挥着培养合格社会公民的政治功能。

2. 家庭对个人的功能

（1）性生活的功能

性是人类基本的生物性需求之一，由于性与生育之间存在密切关联，为保证生育制度的规范性，性生活也因此而受到限制。社会通过伦理、道德、法律等规范手段，试图将人类的性生活限制在婚姻范围之内，婚姻以外的性行为通常被认为是不道德的。随着时代的变迁，约束性关系的社会规范以及人们的性观念呈现出新的变化，但超出婚姻关系的性行为依然存在较大争议。整体来说，家庭一直是为法律和社会习俗所认可的、无争议的性生活场所。

（2）抚养、扶养和赡养的功能

家庭在担当生育功能的同时，也对家庭成员承担着多方面的功能。这些功能不仅包括父母对子女有抚养的义务，家庭成员之间也表现出相互供养、给予生活援助的关系，子女对父母也有养老的责任。扶养功能是指夫妻之间的关系和功能，即夫妻之间的相互帮助、支持和供给。赡养是指子女对父母的帮助、支持和供给，包含经济上的赡养、生活上的照料和情感上的交流三方面。传统社会到现代社会，赡养一直是家庭的主要功能。到目前为止，家庭养老仍然是中国社会养老的主要模式。

（3）教育和社会化的功能

家庭教育包括父母对子女的教育以及家庭成员相互教育两方面，其中的主要方面是子女教育和儿童社会化。儿童的初级社会化是在家庭及其邻里环境中完成的，家庭是儿童社会化的第一场所。社会化是人通过各种教育途径学习社会知识、技能和规范，从而形成自觉遵守与维护社会秩序、价值观念和行为方式的过程。童年期是人的一生中社会化的关键时期，在此时期，家庭承担着主要的社会化责任。家庭对儿童的社会化教育包括学习生活技能、学习社会规范、培养性格情操、协调人际关系、指导生活选择、培养社会角色等多方面。

（4）心理与情感功能

家庭的建立与运转以婚姻关系和血缘关系为基础，家庭成员间的关系往往是人一生中最亲密、最深远的关系。家庭的日常生活环境以及成员间频繁的、面对面的互动，使得家庭对于个人具有特殊的心理和情感功能。家庭是家庭成员相互交流、培养情感、宣泄情绪的场所，良好的家庭关系是安全感、归宿感、信任感的来源。对个人而言，各种心理态度的生成、人格的发展、感情的慰藉和精神的寄托，都离不开家庭。

（5）休闲娱乐功能

家庭是人休闲娱乐的重要场所之一。对儿童尤其是学龄前儿童来说，娱乐活动大部分都是在家庭里完成的，合适的娱乐活动有利于促进儿童身心健康发展。对成年人来说，家庭承担着在工作之余放松身心、恢复体力、缓解压力的重要功能，此外，家庭休闲娱乐活动还能增加家庭生活乐趣、调剂家庭成员关系、增加家庭成员凝聚力。随着经济的发展和科技的进步，人们的工作和生活方式不断发生变化，对家庭闲暇时光有了新的要求。

四、家庭纽带

（一）家庭的复杂性

近年来家庭变得越来越具有多样性。一般而言，一个家庭的结构是由自然关系联结的多层次社会关系的有机组合，围绕着这些组合，形成了不同的家庭结构类型。

1. 家庭关系的结构

按照家庭成员间的人际互动，家庭关系包括夫妻关系、亲子关系、兄弟姐妹关系、婆媳关系、妯娌关系、祖孙关系、姑嫂关系、叔侄关系等。

按照家庭成员间的互动方式或类型划分，可从生物、经济、法律、道德等多种角度来认识家庭关系。苏联的家庭关系专家 C. B. 科瓦廖夫根据家庭关系的功能特征，把家庭关系划分为社会生物学关系、构成家庭物质生活基础的家庭经济关系、法律关系、道德关系、心理关系。[①] 除上述五种关系外，还有教育关系、美学关系等方面的内容。

总之，家庭关系的内容多，种类也多。这些紧密相连、彼此交织在一起的关系，决定着家庭的稳定性和家庭功能的实现程度，决定着家庭生活质量的高低。家庭关系的理想性质应当是家庭成员相互平等与合作，相互支持与援助，共同承担责任，对抗和冲突对家庭无疑是有害的。

2. 影响家庭关系的因素

影响家庭关系的内部因素主要包括家庭人口数、家庭代际层次、夫妻对数、家庭成员之间的特征差异程度、家庭成员间的区位距离、家庭认同意识等。

影响家庭关系的外部因素主要包括社会生产方式、社会规范、宗教等。

（二）亲密关系

1. 夫妻——性别关系

（1）性别角色

角色是指与地位、身份相联系的一套规定行为和社会期待。性别角色通常有两种含义：从宏观角度看，性别角色是指性别分层现象，如男女在职业、收入等方面的不

---

① C. B. 科瓦廖夫：《家庭关系心理学》，社会科学文献出版社，1988，第 4-5 页。

平等以及等级化现象；从微观角度看，是指男女之间的劳动分工。

（2）现代夫妻关系的主要特征

①家庭轴心从以往的亲子轴心转向夫妻轴心；

②夫妻关系在家庭内部趋于平等；

③在夫妻关系中，更受注重的是爱情情感支柱、友谊和伴侣关系的实现以及性的和谐与满足。

（3）中国社会中的夫妻关系

太平天国运动将平等观念渗透进家庭，改革婚姻制度；戊戌变法时期维新派提出了许多解放妇女的设想；辛亥革命提出的家庭革命中有相当一部分内容是关于改变妇女在家庭和社会中地位的；在五四运动时期，向传统家庭的挑战达到高潮。在当代中国，核心家庭占了大部分比例，夫妻关系开始成为家庭关系的轴心。同时，在夫妻关系中，夫权渐渐衰退，夫妻对爱情生活的要求提高，婚姻中的精神内容越来越被重视。

2. 亲子——代际关系

（1）亲子关系的基本分析

父母与子女的关系不是一成不变的，而是随着家庭在特定社会中的结构和功能不同而变化。列维 - 斯特劳斯指出，父子关系冷淡或亲近、专横或热情，取决于家庭体系。这一体系涵盖了舅甥之间的关系。同样，弗朗德兰也论述了 16 世纪末和 18 世纪末之间家庭道德的这种情感化。鲁塞尔根据核心家庭是“融洽型”还是“结合型”来划分父母与子女之间的关系类型。研究发现，父母的子女教育价值观，较之过去已经发生了明显改变，这与社会变迁有很大关系。

（2）代际关系的变迁

代际关系的性质与社会环境背景有密切联系。在一个封闭的社会体系中，社会相对稳定，变迁不显著，两代人所处的社会环境无显著差异，代际互动遵循传统的规范要求，代际交换相对平衡，代际矛盾和冲突较少。相反，当社会处于急剧变革或形态转轨时期，许多新的社会现象涌现，社会观念、社会意识出现新旧更替现象，不同世代的人面对社会变化，各自具有以自身群体为中心的价值观，家庭中的世代之间也因此容易产生观念和行为的不一致，产生世代隔阂。

（三）家庭仪式[①]

1. 出生礼仪

据《风俗志》记载，孩子呱呱坠地，首先要向娘家报生。孩子出生后第三天，外

① 徐新：《长江三角洲居民生活史》研究报告，见“长江三角洲居民生活史”课题，沈关宝主持。

婆家要把衣服、鞋帽、饰品，连同食品送到女儿处祝贺，叫“做三朝”。满月时要“做满月”，办面筵，第一次为孩子剃头，亲友要赏给压岁钱。孩子满周岁，至亲好友又得热闹一番，让孩子“抓周”。孩子满十岁，父母要替他设宴请客。改革开放以来，随着人们生活水平的提高以及计划生育的普及，孩子重新成为家庭关注的焦点，为儿子或女儿办满月酒、生日宴重新兴起，家长年复一年纪念孩子的出生日，显示孩子在家庭内的优越地位。

2. 结婚礼仪

按照交换理论，任何一种婚姻都有某种交换存在，包括感情、生理、经济、文化等的交换，婚礼一直是双方家长表现其家庭威望的机会。结婚当天，新郎由亲友陪同，带着花轿到女方家迎娶。女方家中有亲友来贺，送新娘上轿，然后摆酒筵。男方则在家中布置礼堂，正中有大红喜字，点上龙凤花烛，门口有吹吹打打迎宾。到堂上由司仪发令唱拜天地、祖先、父母公婆，新人对拜。拜毕，新人踏着麻袋入新房，称“代代相传”，夫妻在洞房内吃合欢宴，同时宴请宾客。宴毕，宾客们闹新房。到新婚第三天，新娘又要与夫家的老老小小行见面礼，然后新郎随新娘去岳家喝“回门酒”，至此，旧式婚嫁礼仪才告结束。

结婚作为一生中值得纪念的时刻，作为向人们宣布成熟的一个标志，作为新人共同生活的一个里程碑，理应得到重视，但铺张浪费只能是有损无益。随着婚姻越来越成为心理感情的共同体，婚礼的意义更在于新郎新娘永结百年之好的决心。于是，结婚纪念日如银婚、金婚、白金婚的出现，预示着一个家庭结合的生命力。

3. 事亲礼仪

《诗经》曰：“父兮生我，母兮鞠我，抚我畜我，长我育我，出入腹我，欲报之德，昊天罔报。”中国自古就看重人类间生命、情感的代偿机制，这种报血亲养育之恩的观念成了“孝”的内核。

一是事亲之孝。传统社会中，“孝”既包括晚辈对长辈有赡养的义务，还包括对长辈的绝对服从。办寿筵是子女表示孝心的机会。在传统观念中，“养老送终”是子女应尽的义务，而丧葬的规模往往被作为衡量一个人孝的程度的尺度。二是事祖之孝。对祖先的崇拜，就意味着对在世家长的尊重。家族的绵延，团结一切家族的伦理，都是以祖先崇拜为中心的，于是祭祀祖先有了准宗教的意义。

家庭仪式的兴与衰是与人们对家庭的思考直接相关的，它正预示着家庭的变化发展趋势。

本章总结

婚姻家庭社会学是运用社会学的理论和方法研究婚姻和家庭及其演化的客观规律，研究家庭和社会的诸种关系，研究家庭在社会中的地位和作用。随着社会学理论的逐步成熟和社会调查方法的完善与发展，婚姻家庭社会学由主要关注人类家庭的历史转向关注现实的家庭问题。婚姻家庭社会学的主要视角包括社会整体论、社会角色论、社会关系论等，这也是婚姻家庭社会学研究的切入点。婚姻家庭社会学的主要理论有结构功能论、社会冲突论、符号互动论以及家庭发展论。

婚姻是男女双方通过择偶，依据一定的法律、伦理和风俗所结成的夫妻关系。婚姻是社会的一种制度性安排，有不同的婚姻形态和婚姻制度。婚姻开始于人们对两性结合的取向和标准。由于人们的择偶既有现实原则又有情感原则，所以择偶标准随时代变化而变化。婚姻的社会性是其本质属性。婚姻不仅是道德伦理、习俗和法律所规定的产物，同时也与特定的社会结构相联系。婚姻缔结的方式多种多样。为了获取既和谐融洽而又富有成效的婚姻关系，婚姻需要调适。

家庭是以婚姻血缘关系为纽带的社会生活的组织形式。家庭是人类最早的社会关系之一，是基本的社会群体，是普遍的社会制度，是一个历史范畴。家庭结构是分析和理解家庭问题的重要维度。一个家庭的结构是由自然关系联结的多层次社会关系的有机组合，围绕这些组合，形成不同的家庭结构类型。家庭的本质是家庭关系，受家庭的内部因素和外部因素影响。家庭的主要关系是夫妻关系和代际关系。家庭得以维持，部分原因是依靠一整套永恒的纽带。家庭遵守着一整套礼仪，包括出生、结婚、事亲等，通过这些礼仪，家庭成员不断意识到自己的存在。

思考题

1. 什么是婚姻家庭社会学？研究婚姻家庭社会学的主要视角有哪些？
2. 婚姻的本质是什么？为什么说婚姻是社会行为？
3. 人们的择偶标准受哪些因素影响？
4. 当代家庭的主要功能有哪些？
5. 当代中国的家庭关系有哪些特征？请举例说明。

第六章

婚姻家庭社会工作

学习目标

婚姻家庭社会工作是社会工作的重要工作领域，也是婚姻家庭专业指导工作中的重要内容构成。通过本章内容的学习，应能够理解婚姻家庭社会工作的基本含义，熟悉与婚姻家庭社会工作有关的理论，掌握婚姻家庭社会工作中常用的方法、技术和工具，了解婚姻家庭社会工作的主要实务板块，初步形成解决现实婚姻家庭问题的知识框架。

第一节　婚姻家庭社会工作的理论知识

一、初识婚姻家庭社会工作

（一）婚姻家庭社会工作[①]的含义

作为一门应用社会科学，社会工作以利他主义理念和科学有效的方法帮助有困难、有需要的社会成员，增强其能力，促进其与社会环境相适应，达到增进其福利的目标，是现代社会的一项重要制度。专业助人是社会工作的本质。区别于志愿服务和公益慈善，专业的助人要求有系统的价值观和伦理原则，有明确的工作理念，有合理的计划或设计，有一套经过实践检验的行之有效的方法。以“助人自助”作为根本指导思想，社会工作通过提供物质帮助、给予心理支持、促进能力发展以及维护合法权益等专业的助人服务，帮助陷入困境的个人、家庭、群体和社区恢复社会功能，使其有能力独立面对生活中的问题。同时，通过对个人、家庭、群体以及社区的回应，社会工作间接实现了促进社会稳定和社会和谐、促进社会进步和协调发展的功能。

婚姻家庭社会工作作为社会工作的重要领域之一，是指以婚恋关系、家庭以及其中的人为对象，对因社会或个人原因而陷入困境的个体和家庭开展专业性服务的实践，其目的在于协助解决婚恋和家庭问题，改善婚恋品质和日常家庭生活，提升个体的社会适应能力和伴侣、家庭自身解决问题的能力，促进婚恋关系、家庭关系的和谐及婚姻家庭功能的正常发挥。

通常认为，对伴侣关系中或家庭中不同成员的需求和问题提供应对方法和帮助，就是在开展婚姻家庭社会工作，伴随个人问题的解决，婚恋或家庭问题自然而然就解决了。但事实上，无论是伴侣，还是家庭，都可以看作一个系统，成员之间的互动和关系会影响该系统的正常运作。因此，婚姻家庭社会工作以伴侣双方或家庭整体为介入对象，不仅协助伴侣或家庭系统本身及其中的成员子系统，同时也重视伴侣双方或家庭成员之间的关系以及伴侣或家庭与外部环境系统之间的联结。整体来说，婚姻家庭

---

① 关于婚姻家庭社会工作的更详细介绍，请见 2020 年武汉大学出版社出版的郝彩虹所著《家庭服务理论与实务》一书。

社会工作的服务对象为所有的伴侣、家庭及其成员，尤其是弱势人群和有需要的对象。

在我国，婚姻家庭社会工作既包括政府相关部门和群团组织开展的婚恋交友服务、婚姻家庭矛盾纠纷调解、反家庭暴力、家庭救助以及家庭支持等，又包括专业社会工作机构开展的专业社会工作服务；既包括有偿或低偿的营利性服务，也包括作为公共服务的非营利性服务；既涵盖家政服务、病患陪护、维修服务、家庭教师等满足家庭工具性生活需求的服务，也包括婚恋辅导、家庭咨询、家庭教育、家事调解等满足家庭情感性和关系性需求的服务。

（二）婚姻家庭社会工作的目标和任务

婚姻家庭社会工作的总目标在于协助解决婚恋和家庭问题，改善婚恋品质和日常家庭生活，提升个体的社会适应能力和伴侣、家庭自身解决问题的能力，促进婚恋关系、家庭关系的和谐及婚姻家庭功能的正常发挥。

为了实现总目标，需要达成的具体目标包括：(1) 增强伴侣或家庭的整体优势，促使其有能力做出长期改变；(2) 创造伴侣或家庭系统功能的具体改变，使其能在没有正式助人者帮忙的情况下维持有效且令人满意的日常运作；(3) 在夫妻或家庭治疗后提供额外支持，让伴侣或家庭系统维持有效的功能运作；(4) 帮助伴侣或家庭系统与环境中的支持力量建立联系，确保成员的基本需求得到满足；(5) 快速处理危机需求，使伴侣或家庭能够有效处理更长期的问题。[①]

以工作目标为导向，婚姻家庭社会工作的主要任务在于恢复伴侣或家庭系统的社会功能，使其能够正常发挥作用，而伴侣或家庭功能的发挥则有赖于其成员角色的正常履行，工作者在协助伴侣或家庭成员角色方面，不仅要促进成员角色承担意愿、态度和能力的改变，同时要改善伴侣或家庭内部的互动和关系，推动伴侣或家庭获得系统性的改变。

此外，伴侣或家庭的运作，与所处的环境息息相关，无法脱离环境而生存，所以环境状况对伴侣或家庭功能的正常运转具有极大的影响。婚姻家庭社会工作强调成员间的不同需求和互动关系，并重视与社会资源的链接和应用。由此决定了婚姻家庭社会工作服务内容的广泛性和服务方法的综合性。

（三）婚姻家庭社会工作的内容和方法

1. 婚姻家庭社会工作的内容

关于婚姻家庭社会工作的内容，不同国家和地区涵盖的范围不同，但是总体上来

---

① Donald Collins，Catheleen Jordan，Heather Coleman：《家庭社会工作》，魏希圣译，洪叶文化事业有限公司，2013，第 2-3 页。

说，可以归纳为以下几点：(1) 婚姻家庭救助服务，即向陷入经济困境或合法权益遭到侵犯的家庭或家庭成员提供的支援性服务，内容包括经济救助和维护合法权益等。(2) 婚姻家庭咨询服务，指专业工作者应用个案或小组工作等社会工作专业方法，为遭遇恋爱、婚姻和其他家庭生活问题的家庭或家庭成员提供咨询服务，内容包括婚恋辅导、夫妻关系调适、家庭关系咨询等。(3) 婚姻家庭教育服务，一般指以社区为平台的，采用社区教育方法开展的关于家庭角色、家庭关系、亲职知识和技能、家庭管理知识、家庭生活技能等的培训服务，比如社区中的婚姻学校、家长学校、家庭生活百科知识讲座等。(4) 家事调解服务，指第三方的专门机构协助家庭妥善处理由离婚、子女监护与探望、老年人居住安排和财产分配等所引起的纷争的服务。通常包括社区调解和法院调解两种不同的形式。(5) 家庭资源服务，指通过构建社区服务网络，为家庭链接各种社会资源，增加家庭的社会支持系统，从而提升家庭对抗问题和风险的能力，以预防性的服务为主。(6) 婚姻家庭生活服务，指家政公司、装修和维修公司、专业照护机构等专门机构为满足家庭日常生活需要所做的服务，包括婚恋中介服务，家政服务，维修服务，老年人、婴幼儿和残疾人的照料服务等，通常是有偿服务。

2. 婚姻家庭社会工作的方法

服务目标和服务内容决定了婚姻家庭社会工作倾向于采取兼容多元的综融取向的工作实践（Generalist Social Work Practice）。综融社会工作方法要求工作者能够评估案主的状况，并且决定哪些部分有助于改变，因此应该获得重点关注，包括个人、家庭、小团体、机构或组织、社区或它们之间的交互作用等。

在综融社会工作实践架构下，社会工作可以划分为微观和宏观两类实务工作。在微观实践中，工作者协助个人、家庭和小团体能在大环境中有较佳的功能。比如，采用夫妻、家庭治疗和一对一家庭会谈等方法提升家庭成员扮演家庭角色的能力，改善家庭关系，恢复家庭功能；依据各类家庭成员的问题，婚姻家庭社会服务机构也常常组织诸如夫妇、父母、老人或青少年团体，开展家庭生活教育、转变个人生活习惯或态度以及提供社会支持等。宏观实践指向通过改变大环境来改善个人和家庭的运作。婚姻家庭社会服务机构除了本身扮演着改善服务对象生活环境的角色之外，还与其他社会机构和制度合作，使服务对象得到社区中各种制度性资源，使儿童、青少年、妇女、老人、残障人群在社区中的各种福利得到保障。同时，婚姻家庭社会服务机构关心影响婚姻和家庭福利的各种婚姻家庭政策，并努力倡导，以促使相关政策立法的改变。此外，工作者在为伴侣或家庭提供服务时，会注重将问题和整个大环境连接，重视改善服务对象所处的环境，以提供更多支持性的资源，使其更容易实施它的社会功能。

（四）婚姻家庭社会工作的理念和原则

婚姻家庭社会工作是一项充满情境性的工作。这是因为家庭本身是一个多元的概念，不同的社会文化和历史背景，决定了对家庭理解的差别，由此要求中国的婚姻家庭社会工作实践必须从本国的政治、经济、社会、文化情境出发，以对婚姻、家庭本质和中国家庭结构、家庭关系、家庭功能、家庭伦理、家庭文化等的准确把握为基础，才能准确而全面地回应家庭和家庭成员所面临的问题，也才能清楚如何开展专业工作，以帮助家庭恢复功能、解决家庭问题。

婚姻家庭社会工作秉持社会工作助人自助的根本理念，将促进婚恋和家庭关系中的个人成长、提升个体处理婚姻家庭问题的能力作为根本遵循，并在实践中表现为坚持优势与增能的基本原则。

此外，坚持尊重家庭选择自由的原则，避免出现价值和行为上的操纵。每一对伴侣或每个家庭都有其关系的历史脉络和现实处境，改变和家庭功能的恢复不可能是外部力量短期介入就能够一蹴而就的。这就要求工作者循序渐进地引导家庭逐渐明确其对生活的期待和目标，并自主地付诸行动，工作者在此过程中给予足够的支持和鼓励。

二、婚姻家庭社会工作的常用理论

（一）家庭生态系统理论

1. 生态理论视角下的家庭

生态系统是从生物学借用来的概念，生态系统理论认为，有机体或有生命力的系统与其所处环境维持着持续、交流的关系，生命体会根据环境的变化调整自身以适应环境，与此同时，也会改变环境以满足其演化的需求。从生态系统理论出发理解家庭，不仅家庭本身是个系统，而且家庭和环境构成一个大系统，这就是家庭生态系统。家庭的问题和需要是家庭生态系统各部分交流的结果，要理解家庭与家庭成员生活功能的发挥状况，必须从其与之所在环境的不同层次之间的关联系统切入。

家庭所置身的环境由物理环境和社会环境两部分构成。物理环境主要包括自然存在的土地、空气、动植物等自然环境和人造的环境；社会环境主要指邻里、同辈、社区、学校、单位、公共服务机构、法律风俗等社会网络、社会组织和制度政策。家庭生态系统理论认为，当环境有丰富的资源，能够满足家庭及其成员发展的需要时，家庭就会运作良好；反之，当环境资源匮乏时，家庭功能的发挥就会受到限制。此外，家庭为了满足其需要，会主动改变其所处的环境，同时，也会在与环境的互动中不断自我调整以适应环境。可见，一方面，环境很大程度上决定了家庭的处境，资源丰富的环境更有利于家庭的发展，而缺乏支持性的环境会使家庭更容易陷入困境而无法自拔；另一方面，家庭与环境之间是一种互相适应、互为改变和塑造的关系。

2. 家庭系统与家庭问题

家庭是复杂的宏观生态系统的一部分，与环境之间进行着持续互动。与此同时，家庭本身也是一个系统，并包含多个相互作用的次级系统。除了家庭成员个人系统之外，家庭中还包括基于夫妻关系、亲子关系、手足关系、代际关系等而形成的其他次级系统。这些次级系统相互作用，每一个系统的改变都会影响到另一个，而受影响的那一个又会反作用于影响它的系统，这种相互作用导致了系统之间的相互依赖。因此，家庭是一个由相互作用、相互依赖的次级系统构成的整体。与此同时，由于家庭结构、社会经济地位、所处社会文化环境的差异，不同的家庭会发展出不同的角色分工、家庭规则、互动模式以及价值观念等。因此，每个家庭都是独特的系统，并以不同的方式影响其次级系统。

Collins 等人总结出构成家庭系统概念的六个核心元素，包括：[①]

（1）家庭的整体大于其部分的综合；

（2）家庭试图在变动和稳定间取得平衡；

（3）一位家人的改变影响所有其他家人；

（4）家庭成员行为最好以循环因果来解释；

（5）家庭被涵盖在更大的社会系统中，而且其中包含了许多次级系统；

（6）家庭运作遵循固定的规则。

家庭功能的实现仰赖于次级系统之间的相互作用，只有次级系统之间的界限清楚，家庭成员才能够清楚地知道自己的角色，并以恰当的方式与其他人互动。这就要求家庭发展出适合本家庭的家庭规则，形成本家庭的夫妻关系、亲子关系、手足关系以及代际关系的规范。良好的家庭规则在满足家庭对于秩序的追求的同时，必然会兼顾家庭成员个人的权利和需要。但是，家庭规则不应是一劳永逸的，而应是一个变动不居的范畴，随着家庭阶段的推进、家庭事件的发生以及家庭成员的进进出出，家庭规则必然需要适应家庭次级系统的调整而不断发展。但实际情形往往是家庭规则过于僵化，不能够适应家庭变化，从而产生家庭问题。

3. 生态系统取向的婚姻家庭社会工作

生态系统取向是目前得到国内外学者普遍认可的婚姻家庭社会工作模式。按照生态系统的观点，对于家庭压力的归因和解决可以从三方面入手（见图 6-1），分别是：

---

① Donald Collins，Catheleen Jordan，Heather Coleman：《家庭社会工作》，魏希圣译，洪叶文化事业有限公司，2013，第 67 页。

（1）家庭阶段的过渡带来的问题和需要；

（2）环境的压力；

（3）家庭互动关系和沟通问题。

关于环境的压力，一方面，某些家庭危机可能直接由环境压力所致，比如失业；另一方面，冷漠甚至敌意的环境有可能加剧家庭所承受的压力。因此，在家庭和环境中适当的社会支持系统之间建立桥梁，是生态系统取向婚姻家庭社会工作的核心要素。此外，针对家庭互动关系和沟通问题，工作者干预的焦点是了解清楚家庭次级系统之间是如何互动以及相互影响，并进而形成固定的家庭规则的，这是协助家庭成员打破已有的家庭模式和重塑家庭规则，进而解决家庭问题的前提。

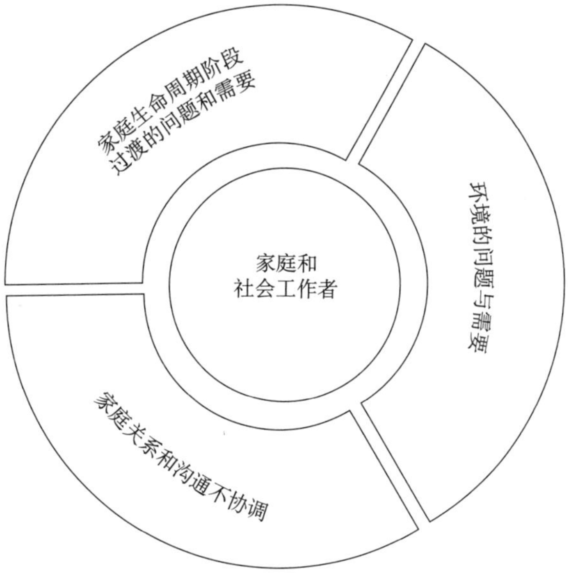

图 6-1　生态系统取向的婚姻家庭社会工作模型

资料来源：参考谢秀芬：《家庭与婚姻家庭社会工作》，五南图书出版有限公司，1982，第62页图片绘制。

（二）家庭压力理论

1. 什么是家庭压力

家庭压力是指“家庭系统中的压力或紧张，指一个稳定的家庭受到干扰”[①]。这些干扰被称为压力源，包括家庭成员的身心健康改变、家庭结构的改变、家庭境遇的改变、家庭习惯的改变、家庭互动形态的改变、家庭外部环境（政治、经济、社会、文化）的改变等。当家庭压力产生时，“家庭系统处在低潮、有压迫的、扰乱的和没有静止的

① Boss Pauline：《家庭压力管理》，周月清等译，桂冠图书公司，1994，第 5 页。

情境之中”[①]。家庭压力本身是一个中性的概念，但是家庭对于压力的认知会决定家庭成员如何应对。

家庭压力理论认为，压力及其作用部分依赖于个人或家庭对压力源的认识。换句话说，一个人对变化的认识影响到压力的程度，研究表明只要压力不是太大，人们是可以从压力中吸取经验的。

鲁宾·希尔（Reuben Hill）的研究发现，压力的程度与压力的起因、对变化的认识、资源以及应对机制有关。据此，希尔构建了 ABC-X 概念框架，A 表示产生压力的事件和压力源，B 表示家庭的资源和力量，C 表示家人对事件的定义和认知，X 表示经由 A、B、C 互动产生的结果，即导致的压力程度或家庭危机。希尔认为，一般规律是拥有较多应对资源或者对改变持积极态度的家庭，感受到的压力较小（见图 6-2）。

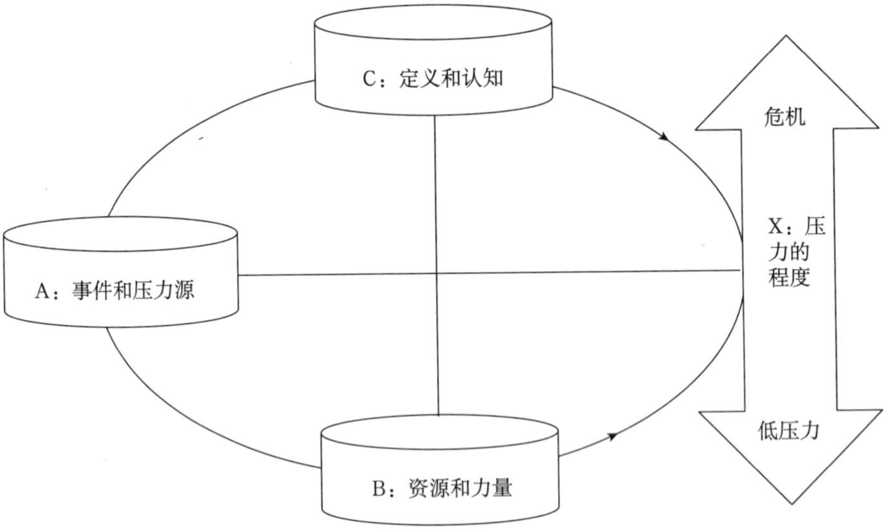

图 6-2　希尔（R.Hill）：家庭压力的 ABC–X 概念框架

资料来源：参考Boss Pauline：《家庭压力管理》，周月清等译，桂冠图书公司，1994，第36页图片绘制。

2. 家庭压力的内外脉络

在希尔之后，布思（Boss）对家庭压力进行了进一步研究。布思研究发现，家庭压力不是由家庭内部自发产生的，而是各种个体、家庭以及环境因素共同作用的结果。她将家庭所处的脉络（Context）因素分为外在脉络和内在脉络。家庭的外在脉络是个人或家庭所无法控制的，包括家庭所处的社会历史时期、文化环境、经济发展背景、家庭发展阶段以及家庭遗传等；家庭内在脉络涉及结构的、精神的和哲学的三个向度。结构的脉络涉及家庭界限的形成和功能、角色分配以及家庭界限内外的角色考虑。精

① Boss Pauline：《家庭压力管理》，周月清等译，桂冠图书公司，1994，第 50 页。

神的脉络涉及家庭的认知、评价、界定或对压力事件的评估。哲学的脉络涉及家庭的价值和信念系统。家庭的外在脉络会影响家庭的内在脉络。[①] 换句话说，不同时代、不同文化背景、不同经济水平、处于不同发展阶段的具有不同遗传特质的家庭，其家庭互动和家庭关系、家庭心理结构、家庭价值以及家庭信念是完全不同的，并由此决定了家庭面对压力事件或情境时，会做出不同的应对（见图 6-3）。

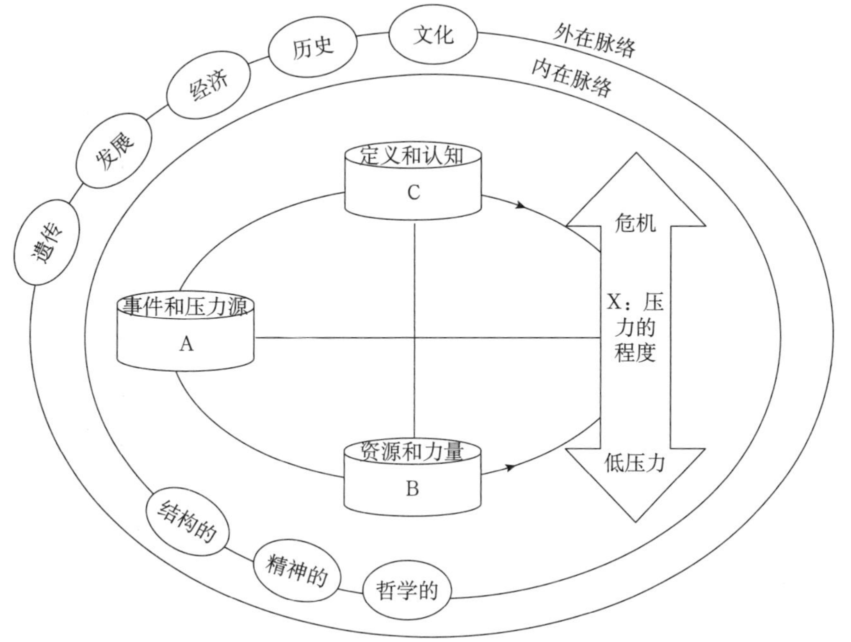

图 6-3　家庭压力的内外脉络

资料来源：参考Boss Pauline：《家庭压力管理》，周月清等译，桂冠图书公司，1994，第26页图片绘制。

3. 家庭压力理论在婚姻家庭社会工作中的应用

家庭压力理论可以为工作者提供清晰的分析家庭问题的框架，以更好地帮助家庭。通过分析造成压力的不同因素，明确可能引发家庭危机的各种家庭外因素和家庭内因素，认识到这些家庭内因素和外因素的出现，并非全部都会演变成家庭危机。在讨论家庭危机的决定因素时，需要考虑到造成家庭危机的各种因素是如何和其他因素发生复合连锁反应，在此基础上，引导家庭各成员调整对家庭压力和危机的认知态度，使其能够坦然面对压力。帮助家庭分析讨论使家庭压力升级为家庭危机的内在原因，尤其是家庭的结构变化、家庭互动模式以及家庭功能变化与家庭危机的关系，引导和修复家庭的内在情境，同时善用和整合资源，以家庭的外在情境补充内在情境的不足，共同面对和处理目前的困境。

① Boss Pauline：《家庭压力管理》，周月清等译，桂冠图书公司，1994，第 25-34 页。

（三）家庭抗逆力理论

由家庭压力理论可以看出，家庭压力取决于两个因素，即引起压力的条件和对压力的反应，而应对（Cope）压力的资源和能力决定了反应是积极的还是消极的，不想要的或者预想不到的变化常常会带来消极的结果。如果家庭应对压力的条件比带来压力的压力源多，那么家庭的反应通常不会太消极。关于家庭抗逆力的研究，向我们呈现了哪些因素可以成为家庭应对压力的条件。

1. 家庭抗逆力及其影响因素

研究早已表明，那些富有弹性的家庭，相对能够更好地应对压力事件。麦克科宾（Hamilton McCubbin）认为，弹性是指一个家庭无论怎么变化，家庭成员都能够找到新的模式让家庭维持下去。[①] 但是弹性也指如果有必要的话，改变家庭模式，使家庭更好地运转下去的能力。具有弹性的家庭有能力从创伤或危机中恢复原状。而面对逆境时能够保持稳定，继续维持家庭、良好的家庭适应能力，以及牢固的家庭关系和家庭凝聚力等，都属于家庭具有抗逆力的特征。

家庭抗逆力取向认为，家庭的信念体系、组织模式和沟通过程是影响家庭抗逆力，进而决定家庭能否战胜压力或危机的重要因素。[②]

（1）信念体系

家庭的信念体系包括家庭的价值观、信仰和规范习惯等，被认为是家庭抗逆力的核心与灵魂。信念体系通过家庭成员为逆境创造意义、正面的展望以及超然性等关键过程影响家庭的压力或危机应对。

（2）组织模式

家庭有着各种各样的形式与关系网络，需要提供某种结构来支持整个家庭及其成员的整合与适应，这种结构就是家庭的结构 / 组织模式。组织模式由来自家庭外部和内部的各种规范所维持，并受到文化与家庭信念系统的影响。家庭组织模式被认为是家庭冲击的缓冲器。组织模式通过增强家庭的弹性、成员的联结感，以及为家庭提供社会经济资源等提升家庭的抗逆力。

（3）沟通过程

沟通过程的作用是促进家庭成员之间的相互支持和问题的解决。家庭成员有效沟通的过程是一个增进家庭功能的过程。清晰表达、坦诚的情感分享以及合作解决问题等正向沟通，都有助于提升家庭抗逆力。

---

① 珍妮弗·孔兹：《婚姻 & 家庭：别被幸福绊倒》，王道勇、郧彦辉译，中国人民大学出版社，2013，第229页。

② Froma Walsh：《家庭抗逆力》，朱眉华译，华东理工大学出版社，2013，第49-149页。

2. 家庭抗逆力理论在婚姻家庭社会工作中的应用

家庭抗逆力理论跳出传统社会工作的问题视角，为开展优势为本的家庭社会工作实务提供了指引。其具体做法是社工与家庭一起讨论家庭在信念体系、组织模式、沟通过程方面的表现，探索和明确家庭应对困境的危险和保护性因素，并在此基础上协助家庭制订规避危险性因素和充分利用保护性因素以走出困境的计划。

家庭抗逆力理论以及与此相关的优势为本的家庭社会工作对工作者和服务对象均具有积极意义。对于社会工作者来说，关注家庭的优势与资源有利于工作关系的建立，促进社工与服务对象之间的信任；对于家庭来说，寻找和发展自身的优势，既可以在接受服务时增强克服困境的信心和动力，也可以在服务结束后继续运用资源与优势应对未来的困难。

（四）社会性别理论

1. 社会性别与性别平等

社会性别（gender）是相对于生理性别（sex）而言的一个范畴，与自然性别主要从生理构造和生物性角度理解男性和女性的差异不同，社会性别提出了男人和女人的社会含义，即男人和女人的差异主要是社会角色差异，性别角色并非是天生的，而是由社会的性别规范所塑造的，用西蒙·波伏娃的话来说，即“女人不是天生的，女人是被养成的”。

社会性别概念提供了理解性别角色分工的另一种视角。社会性别这一概念被提出以后，人们逐渐认识到男女两性的性别分工和性别关系不仅受生物因素影响，更受到社会因素的影响和规定。在男性由于生理上的优势控制了最初的劳动分工和生产生活资料以后，便开始制定一套性别规范，将女性排除出主要的生产部门，并以一套性别文化控制其意识，使其安于附属性的社会家庭地位。例如，儒家对女性“三从四德”“夫为妻纲”的角色期待和“惟女子与小人难养也”，男尊女卑，男主外、女主内的角色评价，以文化熏陶和社会教化的方式形塑了社会的性别观念和女性的自我意识。

进入工业社会以来，工业发展为女性提供了大量的就业岗位，越来越多的妇女走出家门，参与到社会生产领域。而工业化、城市化、现代化的发展也创造出了越来越多的适合女性的就业岗位，越来越多的妇女投身于家庭之外的社会领域，发挥个人优势，实现自我价值。在此背景下，女性越来越感受到传统的社会性别规范对于自身的压迫。

社会性别理论认为，性别平等并不仅仅局限于使女性在社会领域（公领域）获得和男性平等的权利和机会，而且要求家庭内部（私领域）的性别分工的调整。追求性别平等不是要求和男性一模一样，也不是反过来形成女性对男性的压制，而是希望无论在公领域还是私领域，不同性别的人都能够获得同等的自我选择和自由发展的机会，并且得到公正的评价。

2. 社会性别理论在婚姻家庭社会工作中的应用

社会性别理论及其性别平等路径反映在实务中，体现为性别敏感取向的婚姻家庭社会工作。性别敏感取向的婚姻家庭社会工作要求工作者养成一种对差异的觉察力和敏感度，以便同时从结构和性别的角度看待差异；除此之外，要能够对这些差异采取行动，协助家庭成员体悟他们关于性别关系或家庭权力的看法及形成此种看法的刻板印象是如何发生作用的。

性别敏感取向的婚姻家庭社会工作，要求社会工作者在服务的整个过程中保持性别敏感。首先，在家庭问题和需求评估阶段，性别敏感的社会工作者会格外注意家庭所处的社会文化环境中的性别期待、性别评价以及性别规范，从而使他们有能力去理解家庭成员特殊的行为模式或情感状态。例如，认识到社会性别规范对于家庭中性别角色的塑造，有助于社会工作者了解丈夫何以能对妻子施加暴力，而妻子又如何因为无力掌控自己的生活而继续留在暴力关系中。其次，在制订干预计划阶段，性别敏感的社会工作者不会保持中立性，而是会更加关注到处于弱势地位的女性家庭成员，并以增进家庭对于性别议题和性别现状的认识以及帮助女性重拾自我价值感为计划重点。在临床干预阶段，性别敏感的社会工作者会对权力议题保持更高的敏感度，他们在处理与服务对象家庭的关系时，不会采取权威角色，而是更重视为家庭成员赋权，以自身与服务对象家庭之间的对等关系向家庭示范何谓平等关系，并在此过程中使家庭成员认识到分享权力的好处。

第二节　婚姻家庭社会工作的方法、技术和工具

一、婚姻家庭社会工作的常用方法

（一）个案管理及其在婚姻家庭社会工作中的应用

1. 个案管理的含义

全美社会工作者协会对个案管理的定义为：“个案管理（Case Management）指的是由社会工作专业人员为一群或某一服务对象提供统整协助活动的一个过程。在个案

管理的过程中，各个机构的工作人员相互沟通协调，以团队合作方式为服务对象提供所需要的服务，并以扩大服务的成效为主要目的。当提供服务对象所需的服务必须由许多不同专业人员、福利机构、卫生保健单位或人力资源来达成时，个案管理即可发挥其协调与监督的功能。”

个案管理是介于社会工作直接服务的工作技巧与间接服务的一种整合性服务方法。个案管理的服务对象主要是同时面对多重问题困扰的人群，他们会同时需要各种类型的专业工作者和资源的介入。个案管理的目的主要包括两方面：一方面要建构服务对象的资源网络，另一方面要增强服务对象应用资源网络的能力。因此，在个案管理中，社会工作者既是直接服务的提供者，包括提供个别化的咨询与治疗的辅导者和信息提供者；同时又是资源联结者、政策倡导者和服务管理者，将服务对象与所需的正式、非正式助人网络和资源加以联结。

2. 个案管理的流程

个案管理流程基本遵循社会工作实务的通用过程，即接案、预估、拟订方案和订立协议、实施方案以及总结评估。略微不同的是，由于服务对象问题的多重性和复杂性，社会工作过程循环往复、螺旋式上升的特点在个案管理中体现得格外突出。

（1）接案及建立关系

需要个案管理的个案，一般都具有多重需要，服务对象可能是由其他机构或渠道转介而来，也可能由服务对象自己主动求助而来。该阶段的工作重点有两个：①协助服务对象清楚地表述需要，以确定其问题和需要是否是个人管理所能处理的；②确定接案以后，与服务对象建立信任关系。

（2）需求评估

评估包括两方面：一是评估问题和需求，二是评估资源和联结障碍。评估工作一般可以从三个维度展开：①评估服务对象的问题和需求；②了解服务对象为了解决问题做过哪些尝试；③评估服务对象资源系统以及存在的联结障碍，包括性格、能力、兴趣爱好等内部资源和社会支持网络等外部资源两类。

（3）制订目标与计划

个案管理目标与计划的制订集中体现了服务对象和社会工作者之间的平等和合作关系，二者通过共同协商协定服务的目标，并以此为依据制订详细的干预计划。

以目标为基础，制订干预计划。干预计划包括两方面，即内容和干预策略。个案管理对象问题的复杂性，决定了干预计划通常是一揽子服务，包括服务计划和治疗 / 辅导计划。一揽子服务不是一个机构和社会工作专业本身能够提供的，通常涉及多种专业和非正式服务资源的配合，因此，社会工作者在制订个案管理计划时，一定要评估计划是否具有可行性，计划中需要联结的资源是否都能够实现。

（4）服务计划实施

在服务计划的实施环节，社会工作者既要承担直接服务的角色，包括为服务对象提供个人心理、情绪的辅导；同时，还要扮演服务统筹和协调者的角色，将满足服务对象需要的资源进行联结和整合，串联起政府部门、企业、非营利组织和非正式组织的服务资源，与相关机构和专业合作共同满足服务对象的需要。其中，获取资源是个案管理的核心要旨。

（5）追踪监督与重新评估

社会工作者要对整个个案管理过程进行监督和评估，以便及时调整服务，保障服务的适当性。服务结束后也要对个案进行跟进，以保证服务的效果。评估主要包括如下指标：①服务是否符合服务使用者的需要；②服务使用者对整个服务结果是否满意；③服务提供的目标是否实现，即服务对象的改变是否达到预期。如果评估的结果显示服务对象的问题或需要没有得到解决或满足，则必须考虑重新回到“个案管理服务计划”阶段[①]（见图6-4）。

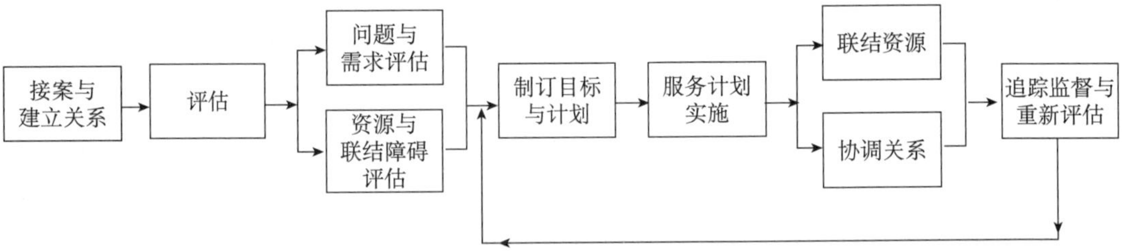

图6-4 个案管理流程

3. 个案管理在婚姻家庭社会工作中的应用

个案管理作为一种整合性的服务方法，通常应用于处理问题复杂且有多层次需求的服务对象。从婚姻家庭社会工作的角度讲，家庭问题相对于个人问题，在产生原因、维持机制以及影响后果等方面都要复杂得多，往往不是单一的个案咨询/治疗能够处理的。从家庭生态系统的角度讲，家庭既不是静止的，也不是孤立的，而是由动态的关系构成，并处于更广阔的社会环境中。这就决定了对家庭运行失调的解释不可能停留于家庭内部或个别家庭成员的身心问题，而是与家庭关系模式及对社会资源的利用密切相关，需要从生态系统视角出发探索恢复家庭功能的介入方案，而个案管理恰恰能够满足这一需求。

① 王思斌主编，马凤芝副主编《社会工作导论（第二版）》，北京大学出版社，2011，第218页。

（二）小组工作及其在婚姻家庭社会工作中的应用

小组工作基本取向是以小组内的人际关系为主，而且它很重视小组内的相互作用和小组所具有的力量。小组工作的对象包括小组成员和小组本身。

1. 小组工作的类型与功能

按照不同的分类标准，可以将小组工作分为不同的类型。按照小组工作的目标，可以将小组划分为：(1) 教育小组；(2) 成长小组；(3) 治疗小组；(4) 支持小组；(5) 社会化小组；(6) 自助或互助小组；(7) 兴趣小组；(8) 服务或志愿小组，旨在通过小组工作过程发展成员的潜能和社会责任意识；(9) 社会行动小组；等等。

克莱因在《有效的小组工作：原则与方法导论》中指出小组工作的功能包括以下八项：

(1) 康复。恢复成员以往所具有的功能，对情绪、心理、行为、态度及价值导向的康复。

(2) 能力建立。发展面对问题与解决问题的能力，也就是学习适应危机情境的能力。

(3) 矫治 (Correction)。协助犯罪者矫正行为与解决问题。

(4) 社会化。帮助人们满足社会的期待以及学习与他人相处。

(5) 预防。对问题发生的可能性进行预测，提供有利的环境以满足个人需要，并协助个人培养处理偶发事件及抗御危机的能力。

(6) 社会行动。帮助人们学习如何改变环境，增加适应能力。

(7) 解决问题。帮助人们应用小组力量完成任务，进行决策及解决问题。

(8) 发展社会价值。协助小组成员发展适应环境的社会价值体系。①

2. 小组的历程

小组工作的实施流程围绕小组的历程展开，包括小组决策、解决问题、处理冲突以及小组发展四个阶段。

(1) 小组决策

无论是任务性小组还是干预性小组，都需要小组决策。前者通常需要就如何完成任务进行决策，后者通常需要就干预的目标以及如何达到目标而进行决策。

常用的小组决策的方式包括：权威型决策、民主型决策（少数服从多数）、专家型决策、代表型决策以及共识型决策。② 其中，权威型决策、专家型决策以及代表型决策不需要全体成员的参与；而民主型决策和共识型决策需要全体成员的参与，所不同

---

① 徐震、林万亿：《当代社会工作》，五南图书出版有限公司，1984，第 170-171 页。

② 许临高主编《社会团体工作：理论与实务》，五南图书出版股份有限公司，2014，第 76-77 页。

的是民主型决策强调基于一人一票的投票结果，而共识型决策强调成员充分交换意见、展开讨论的过程。

当所有成员参与到决策过程中时，小组决策通常会遵循定向—讨论—决策—付诸实施的步骤。定向的工作重点是界定问题和规划执行程序；讨论的工作重点是收集相关资料，考虑各种选择的可能性及结果；决策的工作重点是确定方式并做出决策；付诸实施的工作重点是执行。①

（2）解决问题

解决问题是小组找寻方法来化解需要处理的问题、面临的紧张状态或不确定局面、困难等的过程。解决问题的步骤为：确认、界定问题—发展目标—收集资料—发展各种可行的策略—评估与选择策略—执行—评估。②

平等、民主、合作的小组氛围是解决问题的正向因素；反之，沟通不良，缺乏技巧、资源或动机等则构成解决问题的负向因素。

（3）处理冲突

在小组中，当成员面临冲突时，常见的自然应对包括逃避、顺应、强制、妥协以及协商。而对于工作者来说，遇到冲突时，能够协助和促成成员做出协商式的应对，是非常重要的能力。当遇到冲突时，工作者应有的正确态度是：承认冲突的存在；把冲突界定为是小组关切的议题，而不是个人的问题；了解想法、利益或观点的差异是自然的，能分辨差异与厌恶、排斥或鄙视的不同；就事论事；保持中立，不偏袒；信任小组有能力看清楚冲突所造成的紧张，并妥善处理冲突。

面对冲突时，工作者可以采取的做法包括：把所有成员都涵盖进处理冲突的过程；创造支持性的氛围，发展相互接纳、同理与真诚的关系；引导用开放的态度面对冲突，表达对冲突的看法；确认观点的相似处与相异处；确认成员充分了解每一个观点；协助接受彼此的差异。③

（4）小组发展

小组历程本身就是小组发展的过程，工作者要时刻觉察小组发展的阶段，了解每个阶段的任务及特点等，同时能够更好地带领小组。

3. 小组工作在婚姻家庭社会工作中的应用

小组工作方法在婚姻家庭社会工作中有其自身的优势。与家庭会谈或家访不同，小组工作强调对小组内部力量的发掘和培育，并在此过程中促进个人的成长以及个人与社会关系的调适。在实务中，小组工作既可以用于解决已经发生的家庭问题，也可

---

① 许临高主编：《社会团体工作：理论与实务》，五南图书出版股份有限公司，2014，第 77-78 页。

② 许临高主编：《社会团体工作：理论与实务》，五南图书出版股份有限公司，2014，第 79 页。

③ 许临高主编：《社会团体工作：理论与实务》，五南图书出版股份有限公司，2014，第 84-85 页。

以用于预防潜在家庭问题的发生。例如，良好亲子关系建设小组、残缺家庭支持小组等通常属于前者；而新婚夫妻成长小组、育儿技巧学习小组、空巢父母联谊小组等则属于后者。

二、婚姻家庭社会工作的一般技术

（一）家庭会谈及其在婚姻家庭社会工作中的应用

1. 家庭会谈的含义

家庭会谈又称家庭联合会谈，区别于单独会谈，家庭会谈是指社会工作者与全体或部分家庭成员进行的面对面的、有目的、有计划的谈话。有效的家庭会谈具备以下特点：

（1）会谈目的的明确性。家庭会谈旨在帮助家庭和家庭成员解决面对的困难或问题，并在这一过程中协助家庭学习，改善家庭互动，帮助家庭恢复、增强和培养自助能力。

（2）会谈角色的规定性。家庭会谈对社会工作者和家庭成员有一定的角色要求，家庭和家庭成员是跟随工作者的引导展开会话的。

（3）会谈过程的计划性。在会谈前工作者已经和家庭就会谈的时间、地点、次数、每次会谈的目标、内容以及时间长短等进行过沟通和协商，并达成了初步的共识。

（4）会谈内容的选择性。和一般晤谈一样，家庭会谈尊重家庭成员自由表达的权利，但同时会控制会谈的内容主要围绕家庭基本信息、家庭问题和需求以及由此决定的会谈目标展开。

（5）会谈的非互惠性。家庭会谈是任务取向、目标取向的，其根本目的是协助家庭成员和家庭解决其问题，因此，工作者有责任把握会谈焦点、控制会谈过程和节奏，以确保会谈目标的实现。换句话说，工作者因其专业身份和工作职责，而掌握着会谈的主导权。

2. 家庭会谈的过程与各阶段工作重点

（1）在开始阶段：建立关系

如果是第一次会谈，家庭会谈的主要任务应集中在以下几点：表达对家庭成员的接纳、同感和关怀；倾听，鼓励家庭成员充分表达以尽可能获得更多的家庭信息；介绍机构的服务领域和可以提供的服务；确立专业关系，明确服务目标、会谈频率和每次会谈时间、服务中需要遵守的规则；帮助家庭成员进入角色并明确自己的职责。

如果不是第一次会谈，则家庭会谈的主要任务应为：寒暄，表达关心和问候；了解上次会谈后家庭成员的感受和想法，从而对家庭的生活情况和问题的发展有所把握；了解家庭作业的完成情况，并给予适当的鼓励；设定本次会谈的重点，并正式进入会谈。

（2）在探索阶段：探索家庭问题的性质

探索家庭问题的成因，通过资料性和评估性会谈技术了解家庭所处的情境、家庭的过往经历、家庭问题的性质以及严重程度及持续性，并在此基础上协助家庭设定目标。

疏导情绪，家庭会谈时工作者要注意控制谈话的范围，把握谈话的深度，必要时恰当地转移话题，并有针对性地教给家庭成员具体的情绪放松技术。

（3）在干预阶段：推动家庭改变的发生

在干预阶段，工作者主要应用干预性会谈的技术推动家庭发生改变。包括协助家庭成员改变其期待、观念、想法、感受以及行为等，并在此基础上改变家庭动力和家庭成员之间的互动模式，重塑家庭关系，解决家庭问题。不同会谈技术所追求的改变不同，比如，焦点解决模式倾向于家庭具体问题的解决，而家庭治疗模式更重视家庭成员自我价值的提升和家庭获得新的互动体验。

（4）在结束阶段：巩固改变的效果

在会谈结束阶段，和家庭成员一起回顾会谈的全过程，强调家庭已经发生的改变；协助家庭成员处理情绪；布置家庭作业；确定下次会谈的时间、地点、大概的内容以及告别。

3. 家庭会谈在婚姻家庭社会工作中的应用

家庭会谈是婚姻家庭社会工作的基本工具，应用于资料搜集、问题和需求评估以及服务介入的全过程。通过资料性家庭会谈可以收集家庭信息，包括家庭人口数量、家庭结构、每个家庭成员信息、家庭成员关系、家庭规则、家庭价值观、家庭互动模式、家庭社会经济地位、家庭的社会支持网络以及家庭所处的社区文化等基本资料；家庭主诉问题；以往的求助经验等。通过评估性家庭会谈既可以了解家庭的基本信息和主要问题，以确定是否提供服务以及提供哪种类型的服务等；也可以评估家庭的状况，包括家庭问题的性质、家庭资源、家庭需求以及实施介入的困难和限制等。通过干预性家庭会谈，一方面可以协助家庭成员改变其期待、观念、想法、感受以及行为等；另一方面可以改变家庭动力和家庭成员之间的互动模式，重塑家庭关系。

（二）家访及其在婚姻家庭社会工作中的应用

家访不仅是社会工作服务的主要技术之一，还被广泛应用于社区护理、婴幼儿保健、中小学教育等领域。社会工作领域的家访是指社会工作者在征得服务对象同意后前往其家庭，了解家庭和家庭成员情况的专业性访视。

1. 家访的注意事项

成功的家访需要一些技巧的支持，但实际上最大的技巧就是要用心，在家访前用心准备，家访中用心体会，家访后用心总结。

（1）家访前要做好充分的准备工作。社会工作者本人要事先学习家访的相关知识，能够熟练地应用所学的知识和技术解决家访中常见的问题；了解家庭的基本信息，例如家庭类型、成员构成、成员关系、居住情况等；家访前要提前告知家庭，并征得家庭成员同意，尽量选择所有家庭成员都方便的时间；初步设计出家访的目标、内容；做好突发情况的预案，尤其是对家访中可能遇到的问题要有提前考虑；形象得体，衣着打扮要与家访家庭的社会经济地位、成员构成、居住环境等相协调。

（2）家访过程中用心体会。社会工作者要对家庭秉持接纳的态度，以耐心、友好、诚恳的姿态开展工作，给对方以信心，多从对方的立场出发考虑问题，不随意批评指责；尊重家庭，对于家庭成员不愿意回答的情况给予理解；照顾每一位家庭成员的感受和情绪，促进家庭成员彼此间的沟通，避免偏袒任何一方；在家访过程中，保持足够的敏感，时刻观察家庭成员的反应，随机应变，控制好家访的话题、节奏和时间。

（3）家访结束后认真总结。了解家庭对于本次家访效果的评价，布置家庭作业，并约定下次家访的时间；做好家访记录工作，包括家访的对象、时间、地点、原因、内容、成果、反思等。

2. 家访在婚姻家庭社会工作中的应用

家访可以应用于社会工作实务的全过程。用在关系建立阶段，侧重于了解服务对象的情况，包括家庭成员、家庭环境、家庭关系以及家庭所处的社区环境等，通过分析资料对服务对象的问题和需求做出专业判断；用在服务实施阶段，侧重于在服务对象所熟悉的家庭情境中为其提供咨询或治疗服务，以促进家庭沟通，使所有家庭成员共同参与问题的解决，了解干预进度和效果如何；用在结案阶段，侧重于了解服务对象对服务效果的评价，并帮助服务对象拓展可资利用的资源，并和相关人员保持联络，进一步巩固干预效果。

三、婚姻家庭社会工作的有效工具

（一）家谱图及其在婚姻家庭社会工作中的应用

家谱图是用图表的形式将至少三代人两系（父系和母系）家庭的血亲、婚姻关系等家庭状态画出来，描述不同的家庭成员从一代到下一代的血亲关系和婚姻关系，用以记录家庭的历史、家庭成员间的关系及关系程度、个人在家族中的位置等信息，清楚地展示家庭的结构框架和关系模式，帮助工作者和求助者对其家庭及家庭关系有清晰的认识，从而厘清求助者所面对的问题的根源。

1. 家谱图符号

在家谱图中，图形代表人，线代表关系。一般用正方形代表男性，圆形代表女性。用双线条的方或圆来表示求助者，要围绕求助者来构建家谱图。已经死去的人，在其相应的符号中打叉，只有那些与求助者相关的死亡者才在家谱图中标示出来。出生和死亡日期分别标记在符号上面的左边和右边。成员当下的年龄或者死亡时的年龄通常标记在符号内。

夫妻关系用横线将丈夫和妻子相连接，丈夫位于左边，妻子位于右边。在横线上注明结婚时间。如果人们对年代混淆的可能性很小，结婚时间通常用结婚所在年份的最后两个数字来表示。夫妻双方分居或者离婚相应的表示方法为：在婚姻线中间画一条单斜线表示夫妻分居，画双斜线表示离婚。

用两条平行线表示关系亲密，三条平行线表示过于亲密的关系（缠结），折线表示冲突，虚线表示感情疏远，中间断开的线表示断绝关系，带箭头的线表示“关注”的方向。

请看下面的图例（图 6-5）。

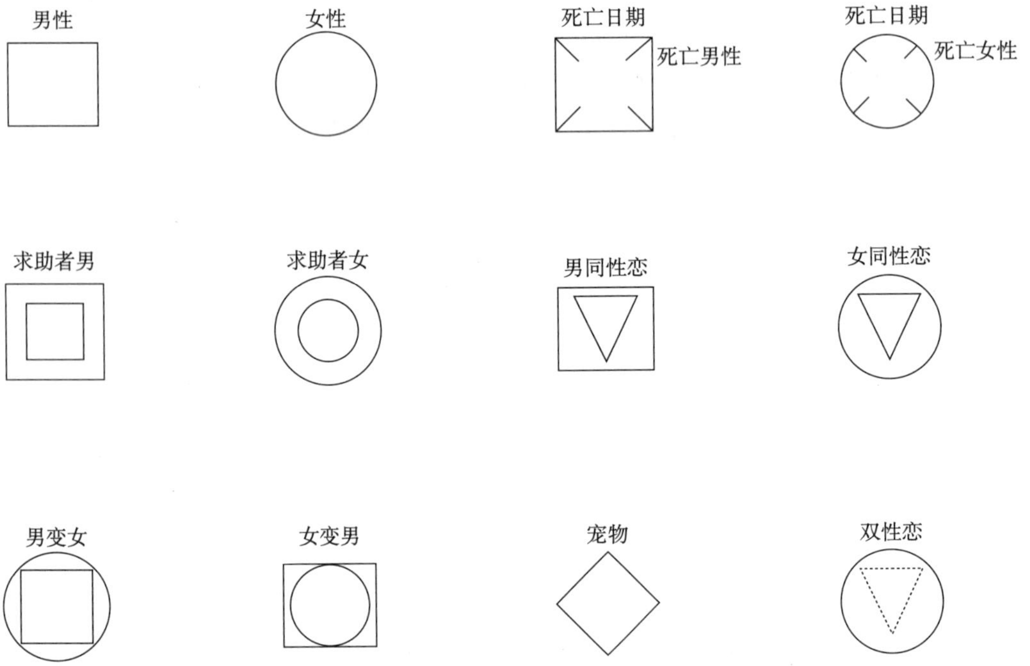

图 6-5　家谱图的标识符号

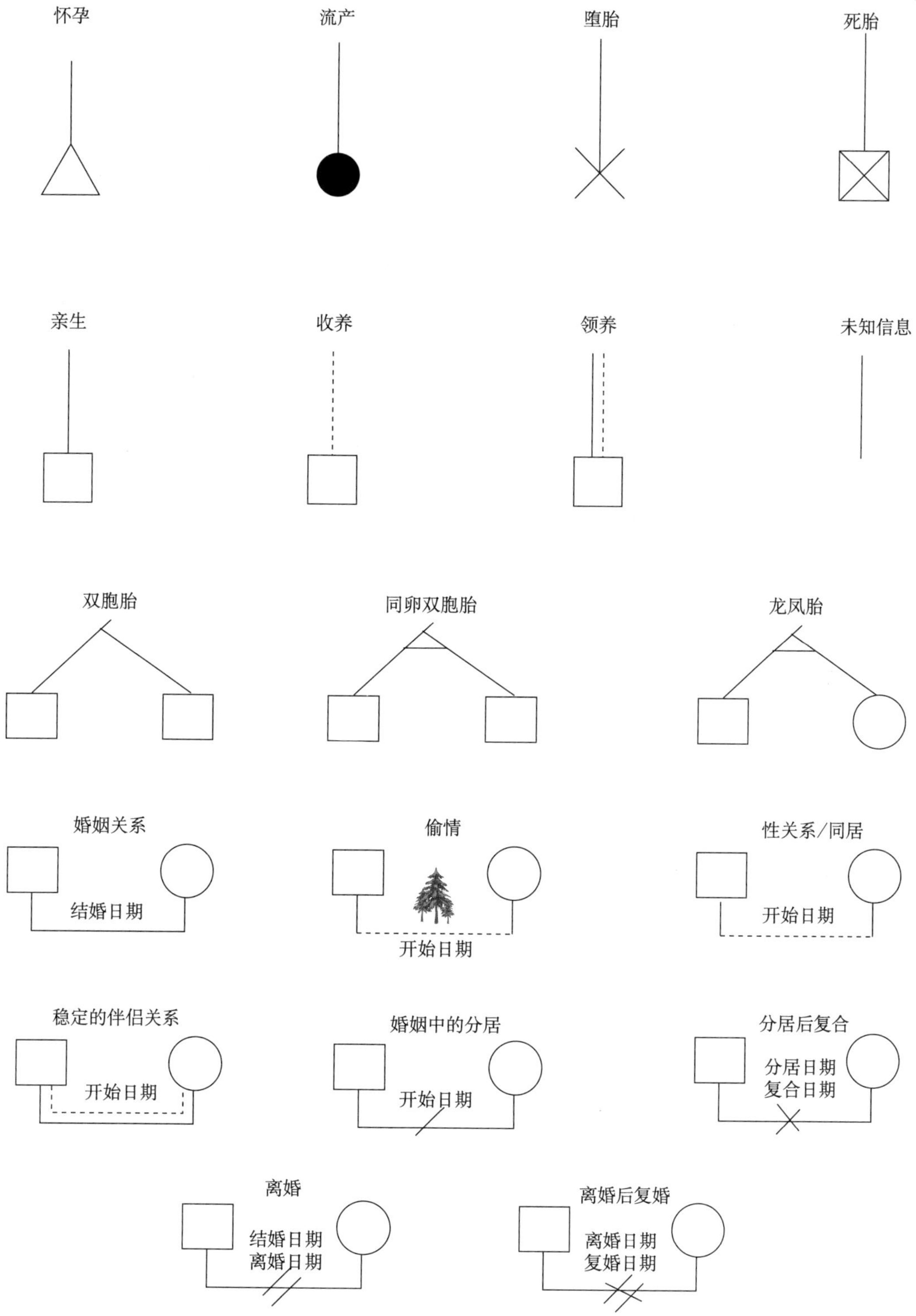

图 6-5　家谱图的标识符号（续）

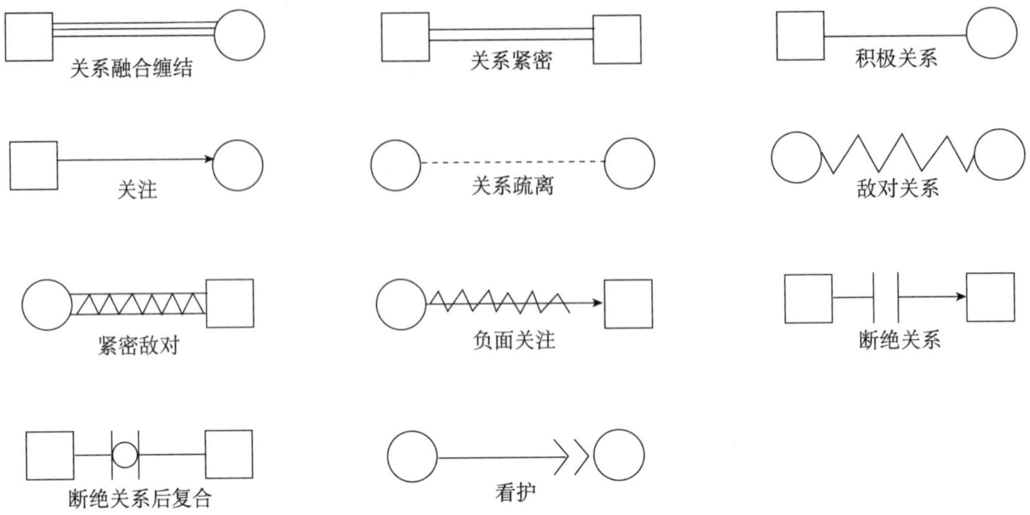

图 6-5　家谱图的标识符号（续）

资料来源：莫妮卡·麦戈德里克等著，霍莉钦等译，家谱图：评估与干预（第三版），当代中国出版社，2015，首页。

2. 绘制家谱图的步骤

基本上来说，家谱图的绘制遵循以下步骤：

（1）了解求助者的基本情况。包括性别、年龄、受教育情况、职业、健康状况、兴趣爱好、人格特质、婚姻状况、亲子关系等。

（2）了解求助者父母的基本情况。包括父母目前的年龄或去世时的年龄、民族、生日和出生地、结婚日期、受教育情况、职业、健康状况、兴趣爱好、人格特质、父母之间的关系、父母与求助者之间的关系等。对于单亲家庭、继亲家庭以及其他的特殊家庭，可以对家谱图进行适当的调整和改动，以适应现实情况。

（3）了解求助者祖父母、外祖父母的情况。用上述步骤分别了解求助者的祖父母、外祖父母的情况及扩展的家庭成员的关系。

（4）求助者还要指出家庭其他成员持有的家庭规则、家庭价值和信念（对教育、对金钱的观念等）、家庭的禁忌和目标以及自己对于家庭规则、家庭价值以及家庭禁忌等的看法。

3. 分析家谱图

对家谱图的分析服务于家庭问题和需求的评估及干预策略的设计。一般来说，对家谱图的分析包括以下四方面：

（1）分析家庭结构。包括核心家庭的类型、大家庭的构成、兄弟姐妹的排行及性别等。核心家庭有一般核心家庭，也有特殊的单亲家庭或再婚家庭，不同的家庭类型，家庭关系和功能会存在差异。大家庭的构成及兄弟姐妹排行等能够提供求助者所处的家庭网络及其在原生家庭和现在家庭中的角色的信息。

（2）分析家庭生活事件。包括不同家庭成员出生、离家、就业、结婚、分居、离婚、复婚、失业、生病、死亡及其他重大事件的日期和原因，了解家庭结构的变化及其所带来的家庭模式的改变。

（3）评估家庭关系模式与功能。分析家庭成员的角色，探索家庭成员之间的关系、家庭中的子系统及其互动，评估家庭的功能和家庭问题，探索家庭资源，为后续的方案设计和干预做准备。

（4）追踪个体与家庭的生命周期。追踪家庭中不同成员的发展轨迹，此外，进一步追踪家庭不同世代所处的家庭生命周期阶段及其任务的完成情况，从纵贯历史和横向界面两个维度呈现家庭的画面，探索问题发展的关键节点。

4. 家谱图在婚姻家庭社会工作中的应用

家谱图是婚姻家庭社会工作实务开展中的有效工具，不仅对于评估家庭的问题、需求、资源具有重要的作用，甚至也可以用于干预。家谱图对于呈现家庭的互动模式和家庭动力具有重要作用。虽然婚姻家庭社会工作不像家庭治疗那样集中于家庭关系的探索，但家谱图在梳理家庭结构、家庭历史、家庭关系模式以及家庭与环境的互动、家庭资源等方面的优势，使得其成为开展家庭服务的有效工具。简单来说，家谱图既可以帮助社会工作者更好地认识家庭、判断家庭的问题和需求，又潜在地提供了干预的方向和可资利用的资源。

（二）家庭会议及其在婚姻家庭社会工作中的应用

1. 认识家庭会议

家庭会议（Family Meeting）是一种全家人定期举行的家庭成员之间互相交流想法、愿望、委屈、疑问以及建议，或共同计划全家休闲娱乐活动、分享愉快经验和正向感受的会议。通过家庭会议，家庭成员彼此交流、增进感情；对家里发生的各种争论和问题发表意见，推动问题的解决；建立家庭成员共同遵守的规则，达成重要的共同决策；肯定家庭成员的优点和付出，增进家庭和谐。

家庭会议作为一种全家人共同参加、定期举行的会议，对于家庭成员和家庭具有多方面的作用，包括：（1）倾听家人对彼此的意见；（2）公平分派家庭责任；（3）计划全家的休闲时光；（4）彼此相互表达正向的感受和鼓励；（5）表达个人的想法、愿望、疑问和牢骚；（6）解决家人之间的冲突，处理困扰家庭已久的争论和问题等；

（7）增进家人感情和家庭和谐（见图 6-6）。[①]

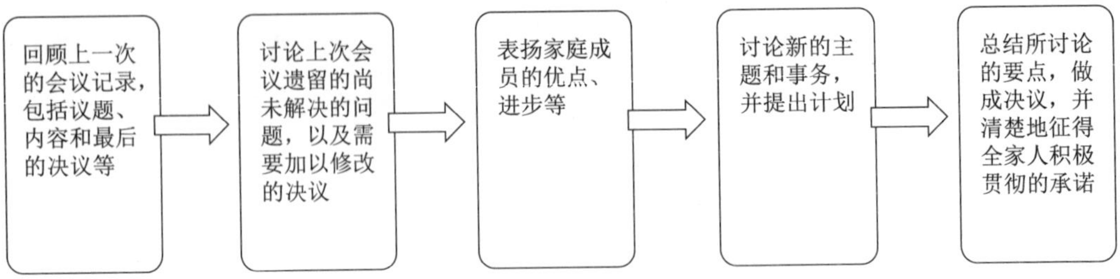

图 6-6　召开家庭会议的主要内容和步骤

资料来源：根据王以仁主编：《婚姻与家庭生活的适应》，心理出版社，2007，第258页内容整理绘制。

2. 召开家庭会议的原则和注意事项

为了保证家庭会议的有效召开，学者归纳出八点指导原则，包括：（1）定期举行会议，把握时效。每次家庭会议在一小时以内，有幼童的家庭不宜超过 30 分钟。（2）家庭会议的内容要明确、具体，且有变化。（3）家庭成员轮流主持负责每次家庭会议。（4）家庭成员共同制定并遵守议事规则。（5）尊重每位成员的自我表达。（6）当无法达成共识时，可以采用少数服从多数的原则。（7）大家应共同遵守家庭会议的决议，并制定保证遵守决议的规则。（8）家庭会议要有完整记录，以便提醒家庭成员达成的协议和承诺，同时记录家庭的改变和成长。[②]

在家庭会议的召开中应注意几点：（1）充分准备。事先计划好每次开会所需要的时间，按照约定来开会，留足家庭成员充分沟通交流的时间。（2）平等尊重。所有家庭成员一律平等，不分男女长幼，每个人都可以担任主持人，每个人都需要遵守会议规则和协议。（3）正向导向。家庭会议应把重点放在家庭可以做什么，而不是对某一个家庭成员提要求，时刻谨记，会议的目的是增进沟通达成共识，而不是强制和控制。（4）寓教于会。在家庭会议中，父母要展示积极沟通的技巧，从而发挥影响孩子的作用。

3. 家庭会议在婚姻家庭社会工作中的应用

家庭会议作为一种广泛应用于亲职教育的工具，可以有效增进亲子之间的沟通、理解和接纳，改善亲子关系；同时家庭会议还是增进个体对自己行为负责的机会，促进个体适应社会生活和以符合人际关系的要求行事。作为工作者来说，要做的是教授家庭如何召开有效的家庭会议。

① 前六条参考王以仁主编《婚姻与家庭生活的适应》，心理出版社，2007，第 257-258 页。

② 王以仁主编《婚姻与家庭生活的适应》，心理出版社，2007，第 255-257 页。

第三节　婚姻家庭社会工作的实务内容

一、恋爱择偶辅导

恋爱择偶辅导是由专业人员为在恋爱、择偶过程中遇到各种问题的服务对象提供的专业化咨询和指导服务，其目的在于帮助服务对象梳理清楚自己想要的情感生活和恋人类型是什么样的，可以获得的情感生活和恋人类型又是什么样的，以及如何才能够获得所期待的爱情和伴侣等。

（一）爱情类型和择偶心理测量及辅导

1. 爱情类型和择偶心理测量

工作者需要帮助辅导对象进行择偶的心理测量，包括爱情类型测量、择偶偏好测量、婚恋心理匹配度测量等。

（1）爱情类型测量

1970 年，美国学者齐克·祖宾（Zick Zubin）对爱情的组成部分与测量方式提出了他的见解。祖宾认为爱情有三个组成部分，包括联合与依赖的需要（affiliative and dependent need）、帮忙的倾向（predisposition to help）以及独占和融合（exclusiveness and absorption）。除了爱情的组成部分以外，祖宾还专门设计了区分爱情和喜欢的量表(见表 6-1)。

表 6-1　齐克·祖宾测量爱情与喜欢的量表

爱一个人	喜欢一个人
（1）假如 A 心情不好，我就应该马上安慰他 / 她。 （2）我觉得我可以告诉 A 几乎所有的事。 （3）我发现我很容易忽略 A 所犯的错。 （4）我会为 A 做几乎所有的事。 （5）我想独占 A。 （6）如果我永远不能和 A 在一起，我会觉得很痛苦。 （7）假如我寂寞的话，我第一个会想到去找 A。 （8）我主要关心的是 A 的福祉。 （9）我会原谅 A 所做的任何事。 （10）我觉得该为 A 的幸福负责。 （11）当我和 A 在一起时，我会花很多时间看着他 / 她。 （12）A 告诉我秘密时，我会很高兴。 （13）没有 A 的话，我会很难过。	（1）当我和 B 在一起的时候，我们几乎都是一样的心情。 （2）我认为 B 很容易适应。 （3）我会极力推荐 B 一份需要负责任的工作。 （4）在我看来，B 是一个相当成熟的人。 （5）我很相信 B 的良好判断。 （6）许多人在简短认识之后就会很喜欢 B。 （7）我认为 B 和我是很相似的。 （8）我会在班级或是团体选举中投 B 一票。 （9）我认为 B 是一个很快赢得别人尊重的人。 （10）我认为 B 是一个相当聪明的人。 （11）B 是我所认识的人中间最可爱的一个。 （12）B 正是我自己想要成为的那种人。 （13）在我看来，B 很容易受到别人的推崇。

资料来源：根据孙中兴：《爱情社会学》，人民出版社，2017，第44-45页内容整理。

同样是在20世纪70年代初，另一位学者约翰·艾伦·李（John Alan Lee）提出了他的爱的分类和爱的颜色理论。他把爱情分为六种类型，包括肉体之爱、同伴之爱、游戏之爱、疯狂之爱、实用之爱和利他之爱。肉体之爱主要表现为感官上的强烈吸引或一见钟情；同伴之爱表现为在长时间的相处中积累起来的亲近感情，爱人之间是平淡而温柔的陪伴关系；游戏之爱表现为心中没有理想的伴侣形象，不能专注于与固定的伴侣发展关系，类似于人们所说的“游戏人间”；疯狂之爱表现为爱的是爱的感觉本身，而不是固定的理想对象，这种感觉包括对爱的对象的迷恋和要求对方也迷恋自己，在爱的过程中表现出强烈的妒忌和占有欲；实用之爱简单来说就是从自我的需要出发去选择爱的对象，这些需要可能是实际又实用的物质和感官需要，也可能是价值观念、兴趣爱好、性格品格等无形的特质；利他之爱是一种无我的、付出型的爱，爱人者把让对方幸福作为一种义务，而不考虑自我的感受和需要。

李认为就像颜色有红、黄、蓝三原色一样，爱情也有三原色，六种类型中的前三种就属于爱情三原色，后三种属于爱情延伸色。疯狂之爱是肉体之爱和游戏之爱的混合，实用之爱是游戏之爱和同伴之爱的混合，利他之爱是肉体之爱和同伴之爱的混合。

1986年，克莱德·亨德里克和苏珊·亨德里克在李的爱情颜色理论基础上，提出了如何测量六种爱情（见表6-2、表6-3）。

表6-2　三原色爱情

肉体之爱	同伴之爱	游戏之爱
（1）我的爱人和我初次见面就相互吸引； （2）我的爱人和我之间有着刚刚好的身体“吸引力”； （3）我们的性爱是很密集和满足的； （4）我觉得我的爱人和我是命中注定要在一起的； （5）我的爱人和我很快就发生肉体关系 / 情感关系； （6）我的爱人和我彼此了解对方； （7）我的爱人符合我理想中外型美 / 帅的标准。	（1）一直到过了一段时间，我才发现我恋爱了（我很难说清楚友谊的结束和爱情的开始在什么时候）； （2）我只有在关心过一阵子之后，才能够爱（我认为真正的爱首先需要一段时间的关心）； （3）我仍然和曾经谈过恋爱的人保持着良好的友谊（我希望我爱的人会永远是我的朋友）； （4）最好的爱情是从长期的友谊延伸而来的； （5）很难说清楚我的爱人和我是何时开始谈恋爱的（我们的友谊随着时间慢慢变成了爱情）； （6）爱其实是一种深层的友谊，而不是一种神秘不可解的情绪； （7）我最享受的爱情关系是从好的友谊发展而来的。	（1）我尽量让我的爱人保持一点儿对我对他 / 她的承诺的不确定感； （2）我相信我的爱人不知道我的某些事情不会伤害到他 / 她； （3）我有时候要让我的两个爱人彼此不知道对方的存在； （4）我很容易而且很快会从失恋中恢复； （5）假如我的爱人知道我和其他人所做过的某些事情之后，他 / 她会很生气； （6）当我的爱人太过依赖我时，我就想要退缩一点儿； （7）我很享受和不同的人玩“爱情游戏”。

资料来源：根据孙中兴：《爱情社会学》，人民出版社，2017，第53-55页内容整理。

表 6-3　延伸色爱情

疯狂之爱	实用之爱	利他之爱
（1）当我的爱人和我不愉快时，我的胃会不舒服； （2）当我失恋时，我会很沮丧，甚至想要自杀； （3）有时候我会因为恋爱而兴奋到睡不着； （4）当我的爱人不注意我时，我全身不舒服； （5）当我恋爱时，我很难对其他事情专心； （6）假如我怀疑我的爱人和别人在一起，我就无法放心； （7）假如我的爱人一阵子不理我，我有可能会做傻事来引起他 / 她的注意。	（1）在我给予承诺之前，我会考虑一个人的未来； （2）在我选择爱人之前，我会尽量仔细规划我的人生； （3）最好是和自己背景相似的人谈恋爱； （4）选择爱人的主要考虑是他 / 她对我家人的看法； （5）选择伴侣的一个重要因素是要看他 / 她是否会是一个好家长； （6）选择伴侣的一个考虑是他 / 她是否会帮助我的事业； （7）在和任何人深交之前，我会尽量发现他 / 她的遗传背景是否和我相似，这样对下一代比较好。	（1）我会竭尽所能让我的爱人渡过难关； （2）我宁愿自己受罪，也不愿我的爱人受罪； （3）我要把我爱人的幸福放在自己的幸福之前，才会感到幸福； （4）我通常会愿意牺牲我自己的愿望来达成爱人的愿望； （5）我所拥有的东西我的爱人都尽可以享用； （6）当我的爱人生我的气时，我仍然会无条件爱他 / 她； （7）我会为了我的爱人忍受一切。

资料来源：根据孙中兴：《爱情社会学》，人民出版社，2017，第44-45页内容整理。

（2）择偶偏好和婚恋心理匹配度的测量

择偶偏好的测量是对个体的择偶观念、择偶标准和策略进行测量。心理学家编制了专门的问卷对来访者的择偶偏好进行测量。美国加利福尼亚大学心理学家高夫对已婚夫妇的择偶偏好进行了研究，发现夫妻在许多择偶偏好上是显著正相关的，如宗教、喜欢孩子、社会活动、智力、政治取向等。据此编制了一个 76 项婚姻偏好问卷。①美国心理学家巴斯和巴恩斯对高夫的 76 个项目进行了因子提取，提取出 9 个维度，依次是性情、喜欢孩子、社会适应、社会激情、个人才能、持家能力、职业地位、宗教和政治取向等。②

婚恋心理匹配度的测量主要是应用心理测量工具，对与婚恋有关的心理维度进行测量，再基于一定的匹配规则计算两个人的心理匹配度，匹配度越高，未来婚姻幸福的可能就越大。婚恋心理匹配度测量有两个关键点：第一是测评的维度确定，一定要和婚姻质量、婚姻满意度有很高的相关性；第二是匹配的规则，即在某个心理维度上，具有什么特征的人在一起更容易实现幸福婚姻。

（3）量表和互动综合测评法

量表本身是人设计的，而研究者设计量表时，是以对本国某一个发展阶段的大多

① Gough, H. G. *Personality assessment in the study of population*. In J. T. Fawcett (Ed.), *Psychological perspectives on population* (New York: Basic Books, 1973), pp.329-353.

② Buss , D.M, Barnes, M. Preferences in Human Mate Selection[J]. *Journal of Personality and Social Psychology*,1986, Vol. 50, No. 3, 559-570.

数人的情况的总结为基础的，所以婚恋测量量表本身表现出很强的社会特征、文化特征和时代特征。因此，一提到量表，我们就会说到信度和效度的问题。简单来说，就是适用于西方人的婚恋心理测量量表不一定适用于东方人，因为背后有很大的文化差异。即使是经过信度和效度检验的量表，工作者在使用的时候也要注意，量表结果只是提供一个参考，而不能完全依赖它对服务对象作出判断。人本身的复杂性，要求工作者除了量表结果，还要结合具体的互动过程来作判断。唯量表是从，是很危险的。

2. 择偶心理辅导

通过择偶心理测量明确了服务对象的择偶偏好和婚恋匹配类型后，就要对择偶心理进行辅导，在这个过程中有两个要点：

（1）帮助服务对象把其择偶标准具体化。具体做法是列出他看重的择偶标准，并进行排序。通过这样一个过程，引导服务对象厘清哪些标准是择偶的主要要求，哪些标准是择偶的次要要求。此外，还可以引导服务对象列出必须具备的三项要求和不能忍受的三项要求，帮助服务对象参照这个简单标准来锁定择偶范围。

（2）帮助服务对象了解自身恋爱中的优势和劣势。具体做法是引导服务对象回顾和反思自己的恋爱史，了解自己在恋爱交往方面的优势和劣势，从而有针对性地突出优势、弥补劣势，明确择偶方向，提高恋爱能力。

（二）恋爱沟通技巧辅导

恋爱沟通技巧辅导是择偶辅导的另一项重要工作。实务经验告诉我们，在恋爱择偶过程中，沟通是一个非常重要的问题，很多准恋人或恋人之间之所以发生矛盾，和不懂得选择恰当的沟通方式导致沟通不畅有很大的关系。恋爱中的基本沟通技巧，主要包括换位思考、主动倾听、积极正面的肯定鼓励等。

1. 换位思考

工作者需引导恋人学会进入并了解彼此的内心世界，并将这种了解传达给对方，即帮助恋人们学会换位思考。换位思考的练习步骤包括：一是捕捉和领会到对方的观点和感受，二是将自己所了解的观点或感受及时以恰当的方式反馈给对方。

2. 主动倾听

工作者可以有意识地教授恋人们学习主动倾听的沟通技巧，即主动积极地运用视听觉器官有选择、有目的地去获取信息的过程。倾听被认为是有效沟通的先决条件和重要基础。主动倾听可以帮助服务对象学会先充分地了解情况，然后再下判断；同时，主动倾听的过程本身也是给予对方尊重，拉近两人关系的一种方式。因此，引导服务对象认识到倾听的重要性，并帮助训练其学会去倾听，是工作者的重要工作。有效倾听的方法包括安静地聆听、从对方的立场理解其意思、不随意打断或评价、不给对方贴标签、注意观察对方的非语言信息等。

3. 积极正面的肯定和鼓励

在恋人之间的互动和沟通过程中多一些积极正面的肯定和鼓励，少一些负面的抱怨和指责，可以有效地促进恋人之间的感情升温。在亲密关系中，负面消极的心理状态以及由此呈现出来的抱怨和指责，不仅无助于问题的解决，而且可能引起对方的逆反心理，激化矛盾，伤害感情。与之相反，积极正面的肯定和鼓励，意味着无论是云淡风轻的日常生活中，还是面临矛盾和压力的时候，都首先要表现出一种肯定、欣赏、关心对方和处理问题的姿态，无论是通过语言、表情、文字还是行为，传递积极的信息和信号。

因此，工作者要帮助服务对象学习在日常生活中看见并肯定对方对家庭的付出、对方在学业或事业上的成就以及对方的一些表达关爱的行为或举动等，先要学会看见，然后才可能肯定，肯定的过程中就达到了鼓励的目的；此外，要帮助服务对象学会面对矛盾和压力时，能够做到不逃避、不指责，主动承担责任，和对方共同面对，让彼此感受到两个人之间的互相理解和支持等。

（三）恋爱暴力干预

1. 恋爱暴力及其危害

恋爱暴力是在恋爱关系中，一方针对另一方的任何蓄意的言语、身体、心理以及性的攻击和伤害。从表现形式看，恋爱暴力主要有身体暴力、精神暴力、性暴力和行为控制四种形式。身体暴力是指一方以殴打、捆绑、残害、强行限制人身自由或其他手段给另一方的身体、精神等造成一定伤害后果的行为。精神暴力是指通过暗示性的威胁、言语攻击、无端挑剔，或漠不关心对方，将语言交流降到最低限度等隐性暴力行为，语言暴力、冷暴力以及当下大家所热议的 PUA（精神控制）都属于精神暴力。性暴力是指一方在违背另一方主观意愿的情况下，通过强迫手段使另一方与其发生任何形式的性行为、企图发生性行为、令人厌恶的性暗示或性骚扰、买卖行为等。行为控制是指一方无视和侵犯对方作为独立主体的权利，对另一方的人身自由和正常的日常行为横加干涉的行为，包括经济控制、饮食控制、社交控制等。

恋爱暴力不仅可能对受害者造成直接的身体伤害，还有可能摧毁受害者的意志，使其自信心下降、自我否定、精神抑郁等。此外，恋爱暴力对于恋爱关系的破坏是毁灭性的。因此，及时发现并且干预恋爱暴力非常必要。

2. 恋爱暴力干预

针对恋爱暴力的干预，主要包括事后应对和事前预防两方面。

（1）恋爱暴力的事后干预

恋爱暴力的事后应对包括针对极端伤害案例进行危机干预、依法采取措施维护受暴者的合法权益以及转变施暴者和受害者的认知等。

转变施暴者和受害者的认知，包括帮助其认识到健康的恋爱关系应该是什么样的、恋爱中的双方是完全平等的等。工作者要帮助施暴者和受害者认识到，健康的恋爱关系是双方互相滋养、共同成长的过程，过度自我中心或者完全放弃自我都是不健康的恋爱关系。前者强加于人，一味命令和要求对方，势必引起对方的反感和反抗；后者过分看重对方和关系，一味妥协退让，必然滋长对方的控制欲望。因此，这两种不健康的恋爱关系，都容易产生暴力。

工作者要帮助恋人们认识到健康的恋爱关系依赖于开放、坦诚的沟通；同时，爱情中的关系同样需要规则和边界，自我中心或放弃自我都是错误的。

（2）恋爱暴力的事前预防

从事前预防角度讲，首先，沉浸于热恋中的恋人要注意个人隐私的保护，避免主动或被动地留下性爱影像或者过度描述过去情感经历的细节等，做好这些基本的自我保护；其次，万一在恋爱中受到伤害，要及时寻求家人、朋友甚至法律的保护，而不是独自一个人承受，多一分来自外部的支持，暴力所带来的伤害就少一分。

（四）提供法律建议

恋爱择偶辅导的另一项工作，是提供婚姻家庭方面的法律建议。工作者自身先要了解并准确熟知和择偶恋爱相关的法律法规，并在择偶辅导中将信息提供给服务对象，引导帮助其做出恰当的行为选择。常用的法律包括《中华人民共和国宪法》《中华人民共和国妇女权益保障法》《中华人民共和国反家庭暴力法》《中华人民共和国民法典》第四编和第五编。

二、婚姻辅导

婚姻辅导是一种心理辅导和咨询的技术及方法，其服务对象主要定位于婚姻关系中的伴侣。通过咨询和辅导，帮助夫妻双方理性看待婚姻以及婚姻生活中的问题，掌握实现幸福生活的密码。婚姻辅导的内容包括理性婚姻期待辅导、健康婚姻关系辅导、婚内沟通技巧辅导以及提供法律信息等。

（一）理性婚姻期待辅导

无论是对于刚刚步入婚姻的新婚夫妻，面临工作和家庭双重压力的中年夫妻，还是携手走过一生的老年夫妻，婚姻生活中的很多矛盾和冲突与夫妻双方对婚姻关系以及对伴侣的期待和现实之间的落差有密切关系。因此，帮助夫妻双方形成对婚姻以及伴侣的理性期待，是婚姻辅导的重要工作之一。

首先，工作者要引导夫妻双方形成对婚姻生活的现实性期待。婚姻不是空中楼阁，是扎根于现实生活的，柴米油盐酱醋茶，琐碎而真实；此外，婚姻不是风花雪月，不食人间烟火，而是责任和担当。

其次，工作者要帮助夫妻双方认识双方角色及分工，从各自的优势和资源出发，对家庭生活分工进行协商并达成默契，承担起相应的家庭责任。

作为工作者，向夫妻双方揭示婚姻的契约本质和强调婚姻和家庭生活中的责任要素，是帮助夫妻双方形成理性婚姻期待的要点之一。

（二）健康婚姻关系辅导

健康婚姻关系辅导是婚姻辅导的另一项重要工作。其主要做法是工作者围绕什么是健康的婚姻关系以及如何实现健康的婚姻关系与夫妻双方展开深度探讨，以了解他们对于这一问题的认识和看法。在此基础上，引导夫妻认识到什么样的婚姻关系是健康的以及通过哪些努力营造健康的婚姻关系。

健康的婚姻关系一般具备以下特征：(1) 尊重、宠爱和友谊；(2) 紧密的情感联结；(3) 高质量的沟通；(4) 共同有效的处理冲突的方式；(5) 彼此接纳和包容；(6) 彼此给予对方明确、长期的承诺。

瑞士著名心理治疗学者葛碧建认为，价值观相近、有共同的兴趣爱好、彼此互为促进成长、亲属们的理解与支持、经常交流、理性处理分歧、共同担当等，都是使婚姻走向成功的有效方法；①反之，过度依恋、价值观不同、结婚目的不纯、性生活不和谐、家庭背景悬殊、姻亲关系复杂、回避沟通交流等，都可能导致婚姻悲剧。②工作者需要帮助伴侣认识到这一点。

（三）婚内沟通技巧辅导

婚姻辅导过程中，工作者有必要教导伴侣们一些促进有效沟通和化解冲突的技巧，这些技巧包括尊重、将心比心、就事论事、倾听、暂停等。工作者要引导伴侣们认识到人与人之间有分歧是正常的，重要的是如何对待和化解分歧，即强调积极沟通的重要性。③

---

① Bijan Ghaznavi：《婚姻咨询与治疗（一）》，胡佩诚、左月侠、王凤华译，《中国性科学》2004 年第 8 期。

② Bijan Ghaznavi：《婚姻咨询与治疗（二）》，胡佩诚、左月侠、王凤华译，《中国性科学》2004 年第 9 期。

③ Bijan Ghaznavi：《婚姻咨询与治疗（三）》，胡佩诚、左月侠、王凤华译，《中国性科学》2004 年第 10 期，第 39 页。

要使沟通达到预期的目的，需要应用一些技巧，在这些技巧中，最大的技巧就是爱。爱是所有其他技巧发挥作用的前提。因为有爱，所以愿意信任对方，尊重对方，愿意站在对方的立场去重新理解问题，愿意耐心倾听，并把问题聚焦于当下的冲突，而不是翻旧账。遇到两个人都陷入非理性状态的争端时，不妨先达成暂停过后再处理的共识，以缓和气氛，过后在恰当的时机再处理矛盾。

此外，和恋爱技巧一样，在日常的生活互动中，要注意多传递正向信息（比如赞赏对方在工作中的表现、尊重对方的兴趣爱好、理解对方的生活习惯等），少传递负向信息（比如苛求、抱怨、指责、讽刺甚至侮辱等）。①

（四）提供法律信息

在现代社会，婚姻、家庭的形成和维系除了血缘、情感、情分、风俗等基础之外，还受到国家法律的约束和保障，因此，进行婚姻家庭生活相关的法律知识普及和宣传是婚姻辅导的必要工作。这些法律包括但不限于：《中华人民共和国宪法》《中华人民共和国反家庭暴力法》《中华人民共和国妇女权益保障法》《中华人民共和国老年人权益保障法》《中华人民共和国未成年人权益保障法》《中华人民共和国残疾人权益保障法》以及《中华人民共和国民法典》第五编和第六编等。

总之，通过婚姻辅导，工作者需要与伴侣们共同努力，引导和帮助后者逐渐明白什么是健康的婚姻，什么会引致婚姻成功，什么会导致婚姻失败，并为实现健康的婚姻，避免不健康的婚姻而做出相应的努力。

三、亲职辅导

亲职辅导是指社会工作者在专业价值观和理论知识指导下，运用专业方法和技巧对父母进行具有专业特色的教育和服务，以帮助父母成为符合整体社会价值要求的合格而称职的父母。特指由社会工作机构的从业人员实施的，经由专业服务帮助父母习得有关儿童青少年发展及相应教养方面的知识，从而调整对待子女的期望、态度和方法，以扮演适当亲职角色的助人服务。

亲职辅导的主要内容包括：父母角色认同和适应辅导、父母角色定位辅导、子女成长规律与管教技巧辅导、子女健康人格培养辅导四方面。

① Bijan Ghaznavi：《婚姻咨询与治疗（三）》，胡佩诚、左月侠、王凤华译，《中国性科学》2004 年第 10 期，第 39 页。

（一）父母角色认同和适应辅导

亲职辅导的首要任务是使父母明确父职和母职的角色和任务。在社会变迁背景下，妇女参与社会劳动、父权制的式微以及民主型家庭的出现，使得传统的父职和母职角色难以适应社会发展对儿童教育的新需要。因此，工作者需要帮助父母通过学习明确其角色和任务，并在此基础上对其进行适应性训练。

1. 引导父母明确亲职角色和任务

现代社会对于父母角色职责和家庭管理能力的要求有：具备正确的家庭婚姻观；具备自我情绪管理与调适的能力；重视家庭的意义和家庭关系；了解父母职责角色对于子女的影响；掌握经营良好家庭关系的方法和技巧；懂得营养和健康的相关信息；能够有效规划家庭中的衣食住行；能够合理安排金钱、时间和精力；具备搜寻和使用社会资源的能力等。

2. 亲职适应训练的内容

亲职适应训练可以通过亲职学习小组、亲子沟通小组等实现。工作者通过这样的训练，帮助父母学会了解孩子的需求和节奏；使父母理解自身需要做出多大的牺牲；帮助父母学习理解伴随着孩子的成长，自己的家庭关系中有可能出现的各种压力；使父母意识到有些问题需要及时处理；帮助父母意识到沮丧、经济压力和长期睡眠不足，都会带来很多冲突，这反过来会加剧沮丧感；帮助父母意识到，他们需要学习如何爱自己的孩子；帮助父母认识到没有处理的个人问题会带来更多的压力。

（二）父母角色定位辅导

1. 帮助父母了解父母角色的分类

经过前面父母教养方式部分的学习，我们已经了解到不同家庭的父母和子女的互动方式是有差别的，那么，是什么使得父母与子女形成不同的互动方式呢？其中一个非常重要的原因就是父母的角色定位不同。积极心理专家曲韵认为，优秀的父母需要平衡好权威、伙伴、向导和榜样四个角色。工作者需要引导父母认识到，作为家长，至少要扮演好照顾者、保护者、教育者、陪伴者、人生向导、榜样、顾问七个角色，并且要顺应子女成长阶段的变化，做好这些角色之间的调整和平衡。

2. 引导父母了解社会对父母角色定位的期待

任何一个社会，对于父母的角色定位都会有一些期望，表现为社会希望父母在孩子的成长过程中扮演哪些角色。父母角色定位的标准不仅是从什么样的角色定位更有利于子女成长的角度去设置，而且是从社会需要什么样的社会成员的角度去设置。比如，在特别崇尚个体自由、尊严和价值的社会，会强调父母的角色定位于培养一个健康、独立、自我负责的个体；而在倡导集体主义的社会，会更强调父母的角色定位于培养符合社会要求和大多数人利益、对国家和社会负责的合格的国民。所以，工作者要给父母提供充分的信息，让父母了解不同社会意识形态对于父母角色定位的不同期待，并选择适合本家庭的角色定位。

3. 协助父母顺应孩子的成长调整角色定位

父母角色定位是一个不断学习的过程。父母需要伴随子女的成长适时地调整角色定位。比如，在子女非常小还没有独立行动能力的时候，父母主要承担照顾和保护的职责；当子女认知能力发展到一定程度，可以去学习一些知识和技能的时候，父母除了照顾和保护子女，开始承担起教育者的角色；当子女有了很强的自我意识、独立行动能力以及自我学习能力的时候，父母的重点需要调整为扮演好陪伴者和顾问的角色；等等。总之，工作者要帮助父母认识到角色定位是一个不断学习的过程，需要根据子女的成长和变化相应地调整角色定位。

（三）子女成长规律与管教技巧辅导

1. 教给父母关于子女成长规律的知识

工作者需要通过恰当的方式，比如个体咨询、集体讲座、推荐阅读等，传授给父母发展心理学和儿童青少年社会适应规律的相关知识，包括：儿童青少年生理发展各阶段的特质和需求；儿童青少年心理、人格与道德发展的特质和需求；影响儿童青少年发展的先天和后天因素；人的生态系统与适应；家庭系统与家庭关系；家庭关系问题的解决和调适等；教育子女的方法；儿童青少年性教育；对子女的友谊发展给予指导；对子女采用恰当的管教方式；预防子女的偏差行为；介入子女的生活适应问题等。这些知识都是为人父母者必须掌握的。

2. 帮助父母找到适合自己孩子的沟通方法和技巧

工作者还要帮助父母学会从自己孩子的特点出发，找到适合的沟通方法和技巧。工作者需要引导父母认识到有效的亲子沟通以爱为基础，父母应以正面的、有建设性的、关心的、体谅的、支持的、赏识的、设身处地的态度与子女沟通。研究表明，谈天和谈心是很好的促进亲子交流的方式。谈天式的亲子沟通是建立和增进良好亲子关系，以及促成良好亲子沟通的前提。而建立在亲子谈天基础上的谈心，则具有心理学上的宣泄作用，它可以帮助父母认知子女的内心世界，提供适时而必要的协助或支持。在子女处理挫折、追求成长的过程中，谈心是一种非常有效的方式。

3. 帮助父母掌握有效适用的管教技巧

在实务中，工作者应从父母在子女管教中存在的问题和家庭的资源出发，通过知识讲解和操作训练，帮助父母掌握有效适用的管教技巧。[①]

（1）正强化。指父母发现孩子的恰当行为后，及时将其强化固定，确保这个行为未来能实现的过程。比如，孩子自觉主动完成家庭作业后，父母给予表扬。

（2）负强化。指父母应用消极的结果来强化或维持孩子的某个行为。比如，父母通过吼叫来达到让孩子听话的目的。

（3）惩罚。指在孩子发生不恰当的行为后，父母立即采取厌恶性措施，阻断孩子的行为重复。比如，孩子不完成家庭作业，不允许吃饭。

（4）行为消退。是一种指导孩子将注意力从不符合父母要求的行为转移的技巧。比如，父母对任性发脾气的孩子置之不理。

（5）限时隔离。运用限时隔离弱化孩子的问题行为。比如，父母把沉迷网络游戏的孩子放在一间没有网络的空房间。

（6）角色扮演。通过角色扮演再现真实的生活场景，达到发展技巧、提高信心处理困境的目的。

（7）制定规则。父母要给孩子制定规则，并指导在何种情况下制定何种规则，以及当孩子不服从规则时，如何强化规则。

（8）示范。通过示范展示教给孩子某些恰当的行为。

（9）自我控制。运用自我控制来训练孩子的自我控制能力。

（10）减压训练。通过减压训练教给孩子一些日常的放松技巧，去应对生活中的焦虑。

（11）果敢性训练。通过果敢性训练教给孩子如何以合适的方式表达自己的想法和期待等。

（12）家庭会议。通过组织和示范家庭会议教给孩子实现家庭成员有效沟通和营造良好家庭氛围的方法。

（四）子女健康人格培养辅导

1. 引导父母认识到健康人格培养的重要性

身处急剧变迁、日新月异的时代，伴随快速的知识更新和技能淘汰，父母教给子女的知识和技能并不能够满足孩子未来成长和生活的需要。但是，如果培养子女具备良好的人格和积极的品质，对他来说是受益终身的。因为具有良好人格和积极品质的人，更能够适应环境的变化，并和社会形成一种良性的互动，从而让自己拥有幸福的

① 唐纳德·柯林斯、凯瑟琳·乔登、希瑟·科尔曼：《家庭社会工作（第四版）》，刘梦译，中国人民大学出版社，2017，第 369-375 页。

人生。反之，如果一个孩子没有形成健康的人格，存在人格缺陷，就可能在未来漫长的人生道路上产生各种问题。

2. 帮助父母了解什么是健康的人格

那么，究竟什么才算是健康的人格呢？人格心理学家奥尔波特认为，健康人格的特点包括：(1) 自我扩展的能力。健康成人参加活动的范围极广。(2) 密切的人际交往能力。健康成人与他人的关系是亲密的，富有同情心，无占有感和嫉妒心，能宽容自己与别人在价值观方面的差异。(3) 情绪上有安全感和自我认可。健康成人能忍受生活中不可避免的冲突和挫折，经得起一切不幸遭遇。他们还具有一个积极的自我形象。(4) 具有现实性知觉。健康成人看事物是根据事物的实在情况，而不是根据自己希望的那样来看待事物。(5) 能够自我客观化。健康成人对自己的所有和所缺都十分清楚和准确，理解真实自我与理想自我之间的差异。(6) 具备定向一致的人生观。健康成人表现出定向一致，为一定的目的而生活，有一种主要的愿望，能对自己的行动产生创造性的推动力。

3. 具体指导父母如何培养孩子的健康人格

健康人格和积极品质的培养并不是一件容易的事情，可能很多父母自身就因为各种原因没有形成健康的人格，这些会在教育子女的过程中反映出来，并一代一代传递下去。所以子女健康人格培养辅导的第一步，是帮助父母觉察到自身的人格缺陷，并通过接受辅导和学习实现成长，这是避免在教育子女过程中把这种缺陷传递下去的前提。

此外，工作者要就如何培养孩子的健康人格给父母具体的指导。首先，工作者应引导父母认识到陪伴孩子共同面对人际交往障碍、情绪控制障碍、性心理困扰以及学习压力等“成长的烦恼”的必要性和重要性。其次，引导父母学习通过言传身教提升孩子的心理素质和应对各种问题的能力，使孩子培养起积极正向的人格，为将来迎接生活的考验做好准备。再次，对于存在子女行为问题的家庭，工作者不仅要帮助父母及时发现和矫正孩子的不良行为，引导父母对出现严重不良行为和偏差行为的孩子给予特殊关爱，帮助孩子学习解决心理压力问题，共渡难关。最后，工作者要指导父母通过创设良好的家庭氛围，增强家庭的凝聚力，了解并接纳孩子，帮助孩子排除社会歧视等，从根本上调适孩子成长过程中的心理偏差，转移孩子的不良情绪，帮助孩子建立信心。

四、家事调解

家事调解（Family Mediation）是一个法律概念，是指在本国家庭法律框架下，通过中立的第三方协助家庭解决纠纷、化解矛盾的活动和过程。其目的在于通过调停疏导，促进讨论和谈判，使卷入冲突或争端的家庭成员有机会交换意见、讨论难题并找出双方都能接受的解决方案。

当事人自决是调解工作者最重要的原则。在家事调解案件中，评估者、仲裁者、司法判决者都会避免伤害、创造最大利益、维护公平正义、遵守合约，但是只有家事调解员赋予当事人自决权。

（一）家事调解的类型

按照处置的家庭冲突的类型差别，可以将家事调解区分为婚姻调解、离婚调解、子女监护与探望调解、老年人事宜调解等。

1. 婚姻调解

婚姻调解于20世纪末在美国兴起，并得到快速发展。婚姻调解指由中立的第三方对那些愿意保持婚姻（或同居）关系的当事人提供调解帮助，以使其婚姻（或同居）关系得以维持的活动。

婚姻调解旨在通过和解、咨询以及协商，帮助正在离婚（或分居）或已经离异的夫妻重新认识关系中的角色，重新检视关系中的优缺点以及离异已经或可能会造成的经济社会结构等各方面的损失，最终考虑是否离婚（或分居）。

婚姻调解的目标决定了其主要任务在于帮助当事人理性认识婚姻关系中的角色差异，重新审视与定位分析冲突的本质和根源，以决定在一起还是分开。如果是在一起，则协助当事人构建合理的期待，积极协商并共同寻求冲突解决的方案或者未来的计划。

2. 离婚调解

离婚调解于20世纪七八十年代兴起于北美，是最早发展起来的制度化的调解类型。离婚调解指离婚或分居纠纷的当事人在中立第三人的协助下，就子女监护与探望、子女抚养费、财产分割等离异善后事宜自愿进行友好协商，以达成双方满意的公平协议的过程，又称为全面调解。离婚调解是最早的家事调解类型，甚至在一些教材中把家事调解等同于离婚调解。我国最高人民法院2018年发布的《关于进一步深化家事审判方式和工作机制改革的意见（试行）》第39条明确提出，“人民法院审理离婚案件，应当对子女抚养、财产分割问题一并处理。对财产分割问题确实不宜一并处理的，可以告知当事人另行起诉”。由此可见，我国的离婚调解也属于全面调解。

虽然离婚调解与婚姻调解在理念以及调解技巧等方面存在相似之处，例如，均遵循当事人自愿和自主的原则，调解员均恪守中立，回避评论当事人的过错或对其进行指责等，但其调解对象和目标的不同决定了二者的差别。

在调解对象方面，婚姻调解面向存在婚姻关系，而且没有做出离婚决定的当事人；而离婚调解面向已经做出离婚决定的当事人。在调解目标方面，婚姻调解旨在帮助当事人通过理性思考和和平协商确定是否要保持或终结婚姻关系，即要不要离婚的问题；而离婚调解的重点在于通过调解协助当事人处理好子女监护与探望、财产分割等善后事宜，即如何更有建设性地离婚的问题。在调解模式方面，婚姻调解应用转化取向或治疗性模式较为有效，而离婚调解应用阶段理论模式或程序模式效率更高。但无论是婚姻调解还是离婚调解，现在都强调家事调解过程中增加互动和改变互动模式的重要性。

3. 子女监护与探望调解

子女监护与探望调解是以子女监护与探望纠纷为具体对象的调解类型，是发展最早也受到最多重视的调解类型。子女监护与探望调解旨在帮助已离异或正诉求离异的父母寻求如何妥善处理子女纠纷，使父母与子女的生活重返有序，并积极应对未来变化。与全面的离婚调解不同，子女监护与探望调解的重点集中于子女事务的处理，避免因为离婚中的财产纠纷等冲淡父母对子女利益的关注和满足。

子女监护与探望调解在美国、加拿大、英国、挪威、埃及、丹麦、澳大利亚、新西兰以及日本等国家都有明确的立法规定和实务工作，但不同国家的制度和干预实践略有差别。该类调解分为专门针对子女监护和探望等事宜的离婚调解和专门的子女监护与探望调解，总体表现出以子女利益最大化为出发点，重视维护子女利益的特点。

4. 老年人事宜调解

老年人事宜调解属于近年来新型的家事调解类型，指专门为解决赡养费、居住安排、财产管理和分配、医疗决定、赠与与继承、监护与照料等老年人纠纷事宜而创设的一个由当事人自愿参与的，具有非正式性、保密性的社会性纠纷解决程序。

在老年人事宜调解过程中，调解员不提供实质性建议，而是为纠纷当事人提供一个家事决议的讨论场所，旨在引导、促进家庭成员之间建立有目的的对话，并最终通过对话达成各方可接受的、行之有效的纠纷解决协议，并促进各方未来的合作和沟通。

（二）家事调解员资质

区别于心理治疗、婚姻咨询或法律代理，家事调解要求调解员在调解过程中充当中立的第三方，而不是代表客户或为客户提供咨询服务。但这并不代表家事调解员不需要咨询和治疗的相关知识，相反，家事调解员需要具备更多元的知识构成。[①]

（1）关于家庭和家庭冲突的知识。家事调解员需要对家庭有充分的认识，尤其是

① Alison Taylor：《家庭冲突处理：家事调解理论与实务》，杨康临、郑维瑄译，学富文化事业有限公司，2007，第 3-4 页。

家庭系统和家庭动力的运作、家庭发展阶段及每个阶段的任务、不同文化背景下的家庭的特征、家庭冲突的动力机制等。

（2）关于家庭法律的知识。只有熟悉本国的家庭法律，家事调解员才可能帮助当事人在法律框架内协商彼此的权利与义务。

（3）关于调解和其他冲突处理的理论和技巧。这是从事调解工作最基本的工具。

（4）家庭咨询和治疗的知识。对于采用治疗性家事调解模式的调解员来说，关于心理咨询和心理治疗的知识必不可少。

（三）家事调解的流程

家事调解在西方国家已经有比较长的实践历史，并形成了不同的实务模式，比如阶段理论模式、程序模式、问题解决与协商取向、治疗式调解模式、转化式取向、互动式取向等。这里仅介绍被认为更加符合华人社会特点的治疗式家事调解模式。治疗式家事调解模式将调解服务划分为五个阶段：

第一，评估阶段：主要任务是建立关系，评估是否适合调解以及订立协议。评估的内容包括离婚夫妻的交际能力、亲职功能、心理调整技巧、生活环境、法院的参与以及婚姻关系质量等。

第二，前调解阶段（调解准备阶段）：主要任务是开展咨询或者治疗。向当事人提供他们不熟悉的信息，缓和当事人因为离婚事件而出现的情绪问题，教给当事人一些谈判技巧，及时阻止并避免功能失调的关系模式。

第三，协商阶段：主要任务是当面的联合调解。最终的调解目标是帮助当事人解决所有的纷争问题。除此之外，还有一些和关系相关的目标，比如接受离婚的事实、把悲伤留在过去、建立一种工作伙伴关系、将孩子放在首位、显示出建设性的谈判技巧、创造一个平等的环境、承诺服从调解结果等。在这个阶段，调解员要做到保证双方当事人有平等的机会发展、协商，并最终取得能够照顾双方利益并令双方都满意的协议。

第四，终止：如果调解不成功，可能需要根据评估结果确定转介还是直接进入诉讼程序。如果调解成功，引导当事人回顾调解过程，包括调解所带来的当事人以及关系的改变和如何抵达成功的经验，从而增强当事人通过家事调解解决问题的信心和经验。

第五，跟进阶段：一般在调解之后的一段时间进行，主要任务一个是巩固调解所达成的效果，另一个是对当事人协议的持久性和调解的有效性进行评估。

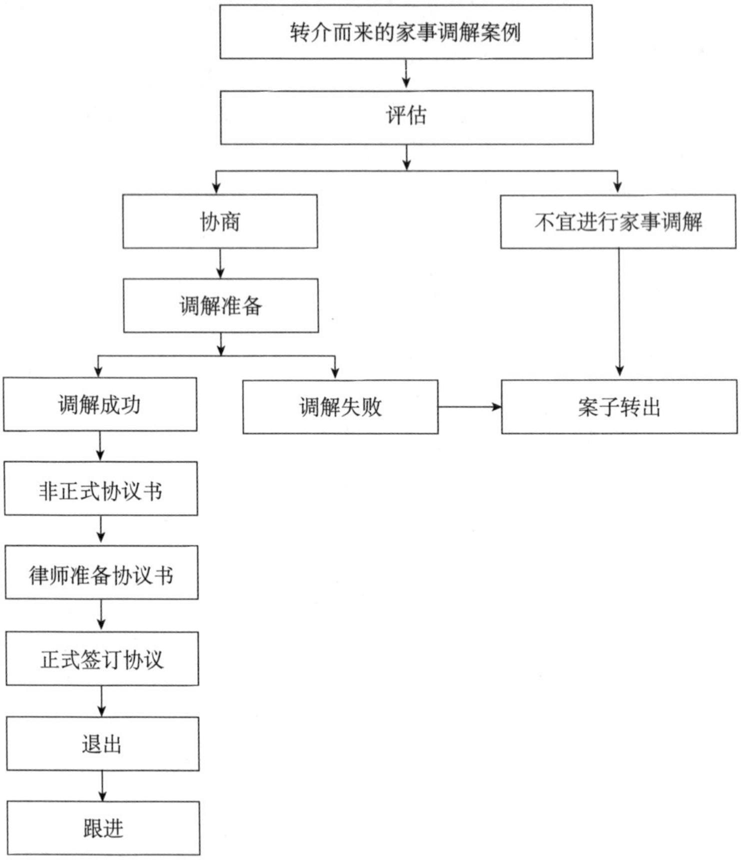

图 6-7　治疗性家事调解程序

资料来源：参考岳云（Howard H. Iring）编著：《家庭调解：适用于华人家庭的理论与实务》，苌英丽、王振福、袁菊花译，中国社会科学出版社，2005，第74页图片绘制。

本章总结

本章分别从理论基础、方法工具以及实务板块三方面对婚姻家庭社会工作进行了概括性介绍。

婚姻家庭社会工作是指以婚恋关系、家庭以及其中的人为对象，对因社会或个人原因而陷入困境的个体和家庭开展专业性服务的实践，其目的在于协助解决婚恋和家庭问题，改善婚恋品质和日常家庭生活，提升个体的社会适应能力和伴侣、家庭自身解决问题的能力，促进婚恋关系、家庭关系的和谐及婚姻家庭功能的正常发挥。

以工作目标为导向，婚姻家庭社会工作的主要任务在于恢复伴侣或家庭系统的社会功能，使其能够正常发挥作用。工作者在协助伴侣或家庭成员角色方面，不仅要促进成员角色承担意愿、态度和能力的改变，同时要改善伴侣或家庭内部的互动和关系，推动伴侣或家庭获得系统性的改变。

婚姻家庭社会工作有其自身的工作理念和原则。首先，婚姻家庭社会工作是一项充满情境性的工作。中国的婚姻家庭社会工作实践必须从本国的政治、经济、社会、文化情境出发，以对婚姻、家庭本质和中国家庭结构、家庭关系、家庭功能、家庭伦理、家庭文化等的准确把握为基础。其次，婚姻家庭社会工作秉持社会工作助人自助的根本理念，将促进婚恋和家庭关系中的个人成长、提升个体处理婚姻家庭问题的能力作为根本遵循，并在实践中表现为坚持优势与增能的基本原则。最后，坚持尊重家庭选择自由的原则，避免出现价值和行为上的操纵。

婚姻家庭社会工作有其自身的理论框架和方法体系。家庭生态系统理论、家庭压力理论、家庭抗逆力视角以及社会性别视角等分别从社会环境、家庭系统、互动模式、信念、资源、优势、社会性别等不同概念框架解释现实婚姻家庭中的问题，为当代婚姻家庭社会工作的开展提供了通用的指导理论。个案管理、小组工作、家庭会谈、家访、家谱图、家庭生态图、家庭会议等实用的专业方法、技术和工具，为婚姻家庭社会工作实务的开展提供了操作层面的具体指导。

婚姻家庭社会工作的主要实务板块包括恋爱择偶辅导、婚姻辅导、亲职辅导以及家事调解等。恋爱择偶辅导的内容一般涉及爱情类型和择偶心理测量与辅导、恋爱沟通技巧辅导、恋爱暴力干预以及提供法律建议；婚姻辅导的内容一般包括理性婚姻期待辅导、健康婚姻关系辅导、婚内沟通技巧辅导以及提供法律信息；亲职辅导的内容一般涵盖父母角色认同和适应辅导、父母角色定位辅导、子女成长规律与管教技巧辅导以及子女健康人格培养辅导；家事调解则依据调解议题主要分为婚姻调解、离婚调解、子女监护与探望调解以及老年人养老、继承等问题的调解。

思考题

1. 婚姻家庭社会工作的主要目标是什么？
2. 婚姻家庭社会工作的主要任务有哪些？

3. 婚姻家庭社会工作的理念和原则是什么?

4. 家庭生态系统理论对于婚姻家庭社会工作实务的指导性体现在哪些方面?

5. 如何理解家庭抗逆力与家庭压力管理之间的关系?

6. 性别敏感的婚姻家庭社会工作在实务中的主要表现有哪些?

7. 为什么说个案管理是处理复杂婚姻家庭问题的有效方法?

8. 家庭会谈和家访在婚姻家庭社会工作实务中的使用情境有哪些?

9. 家谱图在婚姻家庭社会工作实务中有哪些应用价值?

10. 结合对婚姻家庭社会工作四个主要实务板块的学习，谈一谈优秀的婚姻家庭社会工作者需具备哪些知识、能力和素质?

第七章

婚姻家庭教育

学习目标

婚姻是人生的重要组成部分，积极健康的婚姻家庭观是成功人生、幸福生活的起点。人们通过婚姻组成家庭，发挥家庭的经济、生育、教育、赡养、情感、休闲等功能，经营幸福美好的生活。本章从家庭生命周期的视角，选择了婚姻准备期、婚姻建立期、家庭生育期、子女学前期、子女学龄期、子女青春期、子女成年期七个阶段，分析婚姻家庭建立与发展过程中，如何通过树立正确的婚姻家庭观以及营造积极的家庭教养环境，为家庭成员尤其是子女成长的健康发展奠定良好的家庭基础。通过本章学习，了解婚姻家庭发展每个阶段的特点和主要任务，理解婚姻家庭教育的主要内容，并能够运用本章理论知识分析婚姻家庭教育中的常见问题。

第一节　婚姻准备期和建立期

婚姻准备期是择偶阶段。择偶指的是男女两性之间以一定的生理需要、心理需要、情感需要为前提，以选择未来生活伴侣为目的，通过彼此的交流与了解，依据一定的要求与条件选择配偶。在此阶段，青年人如果能接受一定的婚姻家庭教育，树立正确的婚姻家庭观，有助于青年人形成对于婚姻的合理预期，并提升构建美满幸福婚姻的能力。

一、婚姻准备期

（一）婚姻承诺

婚姻承诺是指个体对自己的婚姻关系延续的信心，是在感情上、心理上、行为上对自己婚姻关系的认同和投入，愿意承担婚姻所涉及的各项责任和义务。婚姻承诺的内容包括：（1）以感情为基础；（2）心理认同感，即认为夫妻是一个联合体；（3）相应的行为，即在长期的共同生活中必须有行为方面的付出，同时这种付出不以等价交换为目的；（4）承担婚姻的责任和义务。

爱情是婚姻承诺的前提。恩格斯说过："如果说只有以爱情为基础的婚姻才是合乎道德的，那么也只有继续保持爱情的婚姻才会合乎道德。"[①]建立一段牢固、长久而又富有意义的婚姻必须有牢固的爱情基础。青年人在结婚前，双方都深信婚姻关系是他们所拥有的关系中最重要、最美好的关系时，两个人才会心甘情愿地并肩奋斗，共同经营好家庭和事业，相互之间的信任是婚姻承诺的核心。如果两个人之间缺乏信任，经常猜疑，将导致未来的婚姻有可能无法持续下去。

婚姻承诺注重的是对婚姻的维系。很多研究表明，程度较高的婚姻承诺可以促进夫妻关系的稳定，生活满意度更高，沟通和解决问题更为积极，也更倾向于做出更多的迁就行为，如牺牲短期的幸福感、处理姻亲关系、接纳伴侣的错误、原谅对方。个

① 中共中央马克思恩格斯列宁斯大林著作编译局：《马克思恩格斯选集》第 4 卷，人民出版社，1984，第 74 页。

体之所以做出这些行为，是因为他/她对关系的忠诚，而不是因为将自身利益最大化。[①] 因此，青年人在结婚前要忠实婚姻承诺，婚姻承诺对婚姻中消极因素的破坏性起到了缓冲作用。

（二）家庭责任

家庭责任主要是指家庭成员依据自身的社会角色应履行的社会义务，主要包括夫妻间的基本责任、抚养和教育子女的责任、赡养老人的责任和提高家庭生活质量的责任。家庭成员在享有家庭带来的幸福的同时，要担当起应有的责任，履行相应的义务，努力为发展家庭贡献自己的力量。对于正处于恋爱阶段的青年人来说，通过教育指导，培养起他们对家庭的责任感，有利于青年人未来步入婚姻后更好地履行家庭责任。

1. 夫妻之间

夫妻之间最重要的就是忠实。忠实指的是夫妻之间互相诚实、互敬互爱、坦诚相待，对婚姻、配偶忠诚，不能喜新厌旧、移情别恋；不能恶意遗弃配偶，不得为第三人的利益牺牲、损害配偶的利益；同时也要求夫妻双方都只能以对方为唯一的配偶，并且只能以配偶为唯一的性伴侣。夫妻双方要感情专一，不得在精神上背叛配偶，不得对配偶权利构成精神损害。精神出轨是指夫妻一方通过语言、书信和网络等交流方式对婚外的同性、异性或虚拟的第三人或物产生爱意、迷恋等感情，甚至幻想与其发生亲密身体接触的行为，作为违背婚姻忠诚义务和破坏婚姻关系的表现形式，不论现实世界还是虚拟世界，"精神出轨"的严重性和后果甚至会超过单纯的身体出轨对婚姻造成的危害。[②] 在财产权益方面，夫妻双方均有对共同资产情况的知情权，对家庭财产合理的支配权以及保护家庭财产不受侵害。

夫妻忠诚协议是指男女双方在婚姻家庭关系存续期间订立，以维护婚姻家庭关系稳定为目标，要求在婚姻家庭关系存续期间违反忠实义务的一方当事人实施一定行为的约定，表现形式有"保证书""保婚书"等，表述方式有"净身出户""无条件同意对方一切请求"等。[③] 实践中，夫妻忠诚协议往往包含人身关系的解除、财产的分配、子女的抚养等诸多内容，协议的对象甚至涉及男女一方父母，在性质认定方面往往模棱两可，给具体裁判也带来了一定难度。由于家事纠纷的身份性、伦理性和复杂性，不仅涉及法律规定，还涉及感情、亲情和道德等诸多因素，不能用简单的合同关系和

---

① 侯娟、方晓义：《婚姻压力与婚姻质量：婚姻承诺和夫妻支持的调节作用》，《心理与行为研究》2015 年第 1 期。

② 胡洁人、王婷：《夫妻忠实义务之"精神考量"》，《法律适用》2020 年第 11 期。

③ 顾晓丹：《从夫妻忠诚协议看合同规则在婚姻家庭领域的应用》，《法制博览》2021 年第 12 期。

规则来解决。

2. 亲子之间

亲子关系指的是以血缘和共同生活为基础的父母与子女间相互作用所构成的自然关系和社会关系的统一体。亲子关系包括三层含义：(1)生物学视角的血缘关系。自然血亲关系包括婚生子女与父母的关系，也包括非婚生子女与父母的关系。(2)社会学视角的法律、制度、地位等关系，如民法典婚姻家庭编规定，“父母有抚养教育未成年子女的义务，成年子女有赡养扶助父母的义务”。(3)心理学视角的关系，即家庭中父母与子女互动所构成的人际关系，包括亲子之间特定的情感态度、行为方式等。

良好的教养方式有助于构建和谐的亲子关系。教养方式指的是父母在养育子女的过程中所呈现出的固定模式和行为倾向，是父母的教育观念、教育行为以及对子女情感表达的综合体现，是父母各种行为特征的概括，具有相对稳定的风格。在亲子互动中，父母通过特定的教养方式，把自己的价值观念、态度、行为习惯、社会道德规范等内容传授给子女，对子女发展产生重要影响。美国著名心理学家鲍姆林特（D. Baumrind，1967），将父母教养方式划分为权威型（authoritative style）、放任型（permissive style）、专制型（authoritarian style）三种类型。在权威型家庭中成长的孩子独立性较强；在专制型家庭中成长的孩子独立性较差，社会责任感不强，而且这种特征在男性身上尤为明显；放任型家庭中的孩子缺乏自控能力，缺乏独立性和社会责任感，在社会性发展中缺乏主动性。父母能够以积极的方式对待孩子，能从孩子的角度设身处地地理解其感受，去体验他们的内心，去了解孩子的各种需求及喜怒哀乐，有助于构建良好的亲子关系，是儿童健康成长的重要条件。

3. 代际关系

代际关系是指两代人之间的人际关系。在家庭中，代际关系的两代，主要指父母辈或祖父母辈与儿女、孙子女辈的关系。著名社会学家费孝通认为，在中国传统文化中，中国人的代际关系是子代必须回报父母的养育之恩，赡养老人是子代的义务，这种反馈式的代际关系被称为“哺育”与“反哺”。[①]

在城市化与现代化转型背景下，费孝通提出的父代对子代的抚育责任的内涵在发生变化，如父代对子代的代际支持形成的代际合力对子代家庭发展能力产生很大影响。父代对子代的代际支持包括将子代养育成人、对子代的教育投入、帮子代结婚成家、婚后帮子代带孩子。[②]子代对父代的代际支持包括经济上的赡养、生活上的照顾和情感上的交流等。父代和子代之间的关系并不是简单的利益交换，是我国传统家庭美德中

① 费孝通：《家庭结构变动中的老年赡养问题——再论中国家庭结构的变动》，《北京大学学报（哲学社会科学版）》1983年第3期。

② 张雪霖：《代际责任与家庭发展能力的区域差异研究》，《南京农业大学学报（社会科学版）》2020年第6期。

代际责任的体现。如孝道产生于爱的自然亲情，正是出于对父母真诚、自然、强烈的爱，转化成对父母和家庭的责任。

二、婚姻建立期

此部分重在引导新婚夫妻学习建立和维护平等、和睦、文明的婚姻家庭关系以及提升经营幸福婚姻、建设美满家庭的能力。在确立婚姻关系前，双方仍可被认为是两个相互独立的个体，然而一旦以法律形式确立了婚姻关系，夫妻双方要承担相应的社会责任和义务。新婚夫妇要正确认识婚姻的严肃性、神圣感和使命感，进而理性、严肃地对待婚姻。

（一）建立亲密关系，形成良好互动

新婚夫妻要正确认识家庭成员间的角色、权利及责任，主动学习处理家庭关系的知识和技能。学习积极的表达方式，建立亲密的关系，为家人提供情感支持，分享爱和生活经验。加强道德修养，严于律己，宽以待人，面对婚姻冲突和问题不逃避责任、不退缩，而是积极表达感受，调适情绪，寻求问题解决办法。学会主动关怀家庭成员，尤其是需要特殊照顾的老幼病残等。学习与彼此的原生家庭建立良好的互动关系，如婆媳关系、翁婿关系等。

新婚夫妻在步入婚姻殿堂前对婚后可能出现的矛盾冲突缺乏足够的心理准备，对情感的期望值往往很高，一旦对婚姻失望就很容易迅速解体。在婚姻磨合中出现问题，只有想办法解决才是对待婚姻的科学态度。要引导新婚夫妻认识到配偶毕竟是另外一个独立的个体，婚姻是两个不同的人的结合。在热恋的浪漫激情渐渐平息之后，面对婚姻中的日常生活，必定会产生这样那样的矛盾和分歧。想要追求两个人的个性、观点完全一致的想法是不现实的，只有两个人不断相互协调、相互适应，才能建立幸福美满的婚姻。因此，新婚夫妻要改变不合理的认知观念和沟通方式，增强对彼此的了解和认识，促进双方的感情交流并积极解决婚姻中出现的问题。

（二）管理家庭资源，合理分配家务

新婚夫妻应学会管理家庭资源。家庭资源包括人力资源和物力资源。人力资源包括时间、精力、能力、知识、沟通技巧、态度、人格等，物力资源包括个人的、家庭的和社会的资源。合理规划并使用家庭资源，可以满足家庭成员的多种需求并达成家庭目标。家庭成员需要学习如何充分运用各种资源，合理制定生活目标，将家庭中的作息、家务、休闲等活动安排好，将家庭与工作平衡好，充分使用社区和公共政策、

法规资源，建设和谐幸福的家庭生活。

家务劳动是家庭成员为维持家庭生活正常运行所做的无薪劳动。常见家务劳动主要包括：日常生活用品及食品采购、做饭、洗碗、洗衣服（包括熨烫）、打扫房间、照顾老人、管理家庭财务、修理电器家具、辅导孩子学习、照顾孩子生活等。家务分工是指家庭成员，尤其是夫妻双方对家务劳动的分配承担。家务作为满足居民个人和家庭内部成员的日常生活需求所必须进行的一项服务性劳动，其时间消耗和分配会影响个体的幸福感水平以及夫妻对整体生活和婚姻关系的满意度。

家务分工不合理会影响婚姻幸福。世界银行2021年统计数据显示，中国的女性劳动力参与率为62%，在2021年全球经济总量TOP20国家里名列前茅，远高于世界平均水平的46%。据第四期中国妇女社会地位调查数据显示：我国0—17岁孩子的日常生活照料、辅导作业和接送主要由母亲承担的分别占76.1%、67.5%和63.6%，可见中国女性承担家庭照料的责任并没有相应减少。尽管近十年来夫妻家庭地位更加平等，中国双职工家庭中“男主外”已经转变成“男女共同主外”，同时也应看到女性家庭照料负担重、公共服务支持不足。“女主内”这一传统思维定式并未发生显著变化，家务劳动仍被贴上女性标签。传统的夫妻关系把家务分配给妻子，这样会给妻子带来大量耗时且频繁的重复工作，从而导致妻子产生巨大的压力。妻子花在家庭上的时间越多，就意味着没有充足的工作和闲暇时间，致使其生活质量和福利受损。

夫妻要对家务进行合理分工。家务上的付出有助于夫妻体会到共建家庭的喜悦与感动，是维持夫妻关系、增进夫妻情感的有效途径。女性的家务时间越长，其幸福感越低，而丈夫适当增加家务劳动时间，会显著提升妻子的幸福感。① 丈夫承担更多的家务，表达对妻子的爱，能使夫妻关系更融洽。因此，要改变“男主外、女主内”的家庭分工观念，适当提高丈夫承担家务劳动比例，既提升妻子在家务劳动上的公平感，也是幸福婚姻的必要条件。

（三）筹备生育计划，学习育儿知识

在结婚建立家庭之后，孩子的降生会使得婚姻生活变得更加丰富。生育、养育、教育子女在一定程度上可以提高婚姻稳定性。在共同抚养孩子的过程中，家庭成员在一起成长，夫妻的相互依赖感加强了，感情得到进一步升华。和谐幸福的婚姻家庭会使子女健康快乐地成长，反之，低水平的婚姻质量将会给子女带来心理伤害。新婚夫妻要认识到家庭是孩子成长的第一所学校。孩子通过学习效仿父母言行，逐渐形成自己的行为习惯和道德人格，并在与家庭成员的互动中，学会调节与他人的关系，进而

① 杜凤莲、宿景春、杨鑫尚：《家务分工与幸福感》，《劳动经济研究》2020年第6期。

逐渐形成约束自身社会行为的信念、习惯与规范。父母以自身的生活经验影响、教育子女，对他们在人生道路上作出有价值的选择起着重要的作用。

积极学习科学育儿知识和方法。如通过阅读和学习家庭教育指导的权威书籍、收听网上家长学校举办的各类专家讲座以及参加本社区开展的公益性家庭教育讲座等途径，学习了解家长对未成年子女抚养、教育和保护的权利和义务等，了解儿童发展各阶段的身心变化，掌握科学的育儿方法，树立正确的儿童观和家庭教育观。

第二节　家庭生育期

家庭生育期是女性怀孕到孩子出生的时期。孩子到来后，家庭生活从之前的二人世界转变为三人或三人以上的世界。家庭中出现亲子关系，家庭成员有了新的角色。养育孩子意味着承担责任，由于很多夫妻在初为父母时并没有太多的经验，导致家庭生活中产生暂时性的混乱和冲突，需要家庭成员共同努力来调整并适应这种转变。

一、优生优育，合理胎教

指导新结合的夫妻优生优育。夫妻准备生育之前，要进行孕前检查，以保证生育出健康的婴儿，从而实现优生优育。怀孕后，孕妇要定期到医院进行孕检以确定妊娠是否顺利。整个妊娠期间，孕妇需要营养均衡的饮食，不能滥用药物和抽烟喝酒，以保证孩子正常发育。

指导新结合的夫妻正确认识胎教。胎教是以调节孕期母体的内外环境，促进胚胎发育，改善胎儿素质为目的的一种科学方法。常见的胎教方法包括抚摸、言语、音乐、美育、运动等。胎教并非万能，心理学研究表明，幼小有机体的一个主要特征便是睡眠。如果选择的胎教方式和时机不当，反而会对胎儿产生负面作用。妊娠期的妇女要根据胎儿的发展阶段以及自己的身体状况，在医生的指导下确定胎教方式。

二、为分娩做准备

指导夫妻学习分娩前后的相关知识，正确应对新生儿的到来。指导孕妇认识到自然分娩的益处，科学选择分娩方式。分娩并非只是产妇一个人的事，需要全家成员共同完成准备工作，包括分娩前的安排和分娩后对产妇和新生儿的照顾。如果丈夫和其他家庭成员能在这个特殊阶段扮演积极角色，将会让准妈妈的身心愉悦和放松，以更好的状态迎接分娩，减少产后抑郁的发生率。

积极学习育儿及自我护理经验和知识。准父母应共同参与孕妇学校学习。孕妇学校是对准妈妈、准爸爸及其亲属进行孕产妇健康教育的场所，通过有组织的咨询、科普课堂，帮助、指导孕产妇了解有益于孕产妇健康的行为和生活方式，改变不良行为和习惯，预防和减轻影响健康的危险因素，保护母婴健康，促进儿童早期综合发展，使其顺利、安全、健康地度过孕产期。

对于首次做母亲的女性来说，产后期是一个迫切需要得到指导的时期。由于我国产后居家护理以及社区护理尚不完善，因此新手妈妈所面临的种种困难会造成她们精神上的压力，从而增加了经历产后抑郁症状的危险性。[①] 如果在此时期能对新手母亲的任何努力和进步给予充分的肯定和鼓励，帮助她们充满信心地面对分娩所带来的各种挑战，让她们感觉到自我价值的体现，可以避免产后抑郁症状的出现。

三、适应家庭角色改变

家庭新角色认同过程。夫妻双方作为家庭的核心成员，其母亲、父亲角色的适应情况对于家庭日后的生活及新生儿的成长发展起到重要的作用。[②] 新生儿出生后，家庭面临的至关重要的第一步就是角色认同过程。理想中的母亲角色与现实中的母亲角色往往会发生冲突，是否认可自己已经成为一个母亲，是能否顺利适应母亲角色的关键。作为核心家庭的主要成员，父亲扮演着与母亲相似的角色。父母双方可以通过与新生儿的接触、建立互动（亲子依附的建立）来推进这个过程的完成，如触摸新生儿的手指、拥抱新生儿、与新生儿进行目光交流等。同时，是否能积极主动地承担对新生儿的照顾，如是否购置婴儿用品、是否亲自喂养孩子及是否主动学习育儿知识等方面，也可以体现出父母角色适应情况。

适应婚姻生活的变化。为了满足孩子的需要，夫妻需要花费很多时间来照顾孩子，导致两人相处的时间减少；孩子出生后家务劳动工作量增加，对夫妻的职业发展和休闲生活安排产生一定影响；家庭其他成员或外来人员（如保姆）也参与到孩子的照顾中，使得家庭关系变得更加复杂等。原来的家庭生活被打乱，夫妻双方在家务的分配、教育教养观念、与家庭关系相处等方面都需要经历一个新的调整过程，形成新的家庭互动方式并逐步建立平衡。

---

① 陆虹、郑修霞：《初产妇社会支持与产后抑郁关系的探讨》，《中华护理杂志》2001 年第 10 期。

② 李从业：《实用产科护理》，科学技术文献出版社，1993，第 25-28 页。

引导夫妻共同育儿。女性十月怀胎并且在产后还需要为孩子哺乳，通常比男性花费更多的时间来照顾孩子。很多传统观点认为女性的责任就是照顾孩子和操持家务，而忽略了父亲参与照顾孩子和教育对家庭幸福产生的积极作用。如果将家务及子女的照顾视为女性的职责，夫妻无法建立良好的分工模式，会使家庭的气氛陷入不满、争吵、冷漠的危机，也将使孩子无法在和谐的成长环境中建立安全感。夫妻合理分配承担育儿和家务工作，才能建立平衡、和谐的家庭关系。很多研究显示，由家长同时带大的孩子智商高，他们在学校里的成绩往往更好，将来走向社会也更容易成功。父亲在子女的成长过程中有不可替代的作用，如对子女的性格、社交、创造力和智力都有明显的促进作用。夫妻在育儿过程中要合理分工，引导父亲主动参与育儿过程，才能更好地促进儿童健康成长。

四、为孩子选择合适的照顾者或机构

女性生育后重返职场，需要请其他人来代为照顾孩子。在我国，年轻的夫妻通常会首选父母来照看孩子。老人的加入使家庭结构发生变化，家庭关系将变得复杂，需要建立良好的沟通方式。由于两代人的成长经历和知识背景不同，在孩子照顾和教养问题上容易产生分歧。夫妻在处理家庭关系时，要让家庭成员进行深入的沟通，尽可能在育儿问题上达成一致。有的家庭选择从家政公司雇用保姆来照顾孩子，要慎重选择看护者，要详细了解家政公司的资质、提供服务的品质以及服务者的看护经验。决定雇用保姆后，要通过签订正式协议的方式明确照料职责，确保服务的安全性和规范性。有的家庭选择将孩子送到托育机构代为照顾，家长需要对托育机构的人员素质、设备设施、管理和服务水平等方面进行全面的考核，以保障孩子的安全和健康。

第三节　子女学前期和学龄期

子女学前期和学龄期阶段，家长已经不像应对新生儿那般紧张无助，家庭主要的任务转变为适应儿童的成长。对于夫妻来说，儿童成长需要占用大量的精力和时间，家务及子女教养工作更加繁杂，夫妻需要合理地分配时间，在养育儿童之外需要留出单独相处的时间以维持良好的亲密关系，调适生活中的各种压力。

一、子女学前期

子女学前期指的是孩子处于婴儿和幼儿的时期。家庭生命周期中的子女学前期阶段指的是家庭中最大的子女小于 6 岁的时期。

（一）调适生活中的各种压力

1. 经济压力

经济高速发展带来的是生活必需品价格不断上涨，住房、教育、医疗等费用的家庭支出大幅攀升，只有夫妻双方都进入劳动力市场，才能获取足够的经济收入，保证家庭的生活质量。养育孩子所需的衣食住行、托管、教育费用等是每个家庭都要面对和正视的问题。当前，激烈的社会竞争使家长不愿让孩子“输在起跑线上”，又加重了养育的经济压力，迫使不少父母不得不投入更多的时间和精力在工作上，以赚取更多的收入来满足家庭的刚性需求。

2. 育儿压力

夫妻作为家庭中承担育儿责任的主体，育儿工作对其身心健康产生直接影响。由于缺乏儿童教养经验以及社会支持的不足，导致部分夫妻尤其是母亲产生一定的育儿焦虑，如担心自己的方法不够有效；为了照顾孩子导致睡眠不足；教育孩子时感觉到方法不当，在孩子不听话时感到为难；受到社会主流教育观点的影响，担心孩子输在起跑线上；育儿环境不完备，社会缺乏普惠性的托育机构和服务等，使得年轻夫妻在育儿过程中经受诸多压力。

3. 工作压力

在计划经济时期，自上而下的国家意志，辅以抚幼制度和服务上的长期保障，成功地帮助女性走出家庭、参与社会劳动。改革开放后，公共抚幼机构逐渐流失，儿童照料成本几乎全部落到家庭尤其是女性身上。传统的社会性别分工规范又要求女性承担更多的育儿责任，丈夫在家庭教育中参与不足，导致职业女性常常处于工作和家庭的两难兼顾的疲惫之中。

4. 代际压力

孩子的出生给家庭带来了趣味、兴奋和希望，增进了家庭团结，子代与父代围绕一个共同的目标——“培育孩子健康成长”结成了共同体。在两代人共同合作育儿的过程中，由于父代和子代存在育儿观念的差异，容易产生代际冲突，以婆媳之间的矛盾较为常见。青年夫妇更加强调科学育儿，而父代则更加相信自己的育儿经验，往往导致“科学的妈妈”和“传统的祖父母”之间的冲突，也是“密集式育儿”和“粗放式育儿”观念之间的冲突。比如，老一代人往往更溺爱、迁就孙辈，认为现在孩子小，等孩子长大懂事了，自然就好了，而子女多认为娇纵的育儿方式不利于孩子形成良好习惯。解决矛盾，需要两代人重新协商家庭儿童照顾的责任分担并尽可能在教养观念上达成共识。同时，孩子父母应积极在社区、社会、工作单位以及其他相关部门寻求育儿服务和指导，在有条件的情况下让老人也参与学习，形成积极的育儿态度，为孩子成长营造和谐的家庭氛围。

（二）为子女营造良好的教养环境

1. 在家庭中立德树人

家庭是孩子成长的第一所学校。立德树人是家庭教育的根本。父母要将对子女的要求融入生活之中，培养社会的合格公民。如培养儿童对家乡和祖国的朴素情感，让孩子知道自己是中国人、会唱国歌，能说出自己家乡并为之自豪。培养孩子与家庭成员相亲相爱的能力，知道自己是家庭的成员，引导孩子用语言和行动表达对家人的关爱，学会与不同人群相处，尊重长辈、体谅家长、与兄弟姐妹团结友爱。培养孩子的好品德，让孩子正确理解诚实守信、孝敬、感恩、责任、尊重、自律、宽容、节俭、遵守公共规则、爱护生命等良好品德的含义，父母言行示范，做好孩子的第一任老师。

2. 创设良好的教育环境

父母要在家庭生活中为孩子营造一个多姿多彩的教育环境，让孩子接受各种正面引导，如语言、游戏、探索、书籍、音乐和合适的玩具，关注孩子需求，丰富感知、刺激大脑活动，鼓励孩子探索周边环境并从中学习。父母要多抽出时间在家庭中陪伴儿童成长，分享孩子的快乐，激发他们的想象力和好奇心。

父母要充分挖掘各类教育资源，带孩子去参观当地科技馆、博物馆、美术馆，开阔儿童的眼界；有条件的情况下多带孩子外出旅行，参观风景名胜、著名建筑、独特物产等，丰富孩子的见识。同时应该及时对孩子进行安全教育，消除居室和周边环境中的危险性因素。

3. 培养良好饮食习惯

据《中国居民营养与慢性病状况报告（2020 年）》显示，我国 6 岁以下儿童超重肥胖率达到 10.4%。肥胖正成为制约孩子体质的瓶颈问题，尤其是微量营养素摄入不足、超重和肥胖持续上升，都与不健康的饮食习惯密切相关。父母要学习一些营养学知识，帮助孩子从小养成营养、健康的饮食习惯。

1 岁以内的孩子，父母要重视母乳喂养的重要性和科学方法。在孩子能够与家人共同吃饭以后，父母在搭配食物时，认真做好食物多样和营养搭配，合理烹调、油盐定量、清淡饮食，在满足能量的同时也满足蛋白质、脂肪、碳水化合物和各种营养素的需要。同时，父母应言行示范，在家庭、食堂、购买零食、在外就餐时教孩子小分量取餐、光盘、不浪费，养成勤俭节约、珍惜食物的好习惯。

4. 鼓励孩子游戏探索

活泼好动是孩子的天性，父母应鼓励孩子充分发展运动能力，对孩子身体发育和智力发展均有好处。父母应多带孩子开展适当的运动和游戏，增强体质。如为婴儿提供种类多样的玩具和游戏活动，如抓握、把玩、涂鸦、拆卸等活动的机会、工具和材料，用多种形式发展儿童的小肌肉精细工作和大肌肉活动能力。此阶段要特别注意孩子的安全问题，父母要给孩子做好安全教育，既要鼓励他们勇敢地探索环境，又要小心监管他们的活动，确保不出安全问题。如果家庭中资源不足，父母可以充分利用附近的资源如社区活动中心、公园、运动场、游乐园等设施，丰富孩子的生活。

5. 制定良好的家庭规则

家庭规则是指全体家庭成员可以做什么、不能做什么的协定。家庭规则的制定不仅仅在于约束孩子，同样也对父母及其他家庭成员有约束性。如果家庭成员都能依规则行事，家庭冲突会减少，家庭生活就充满秩序。家庭规则在制定过程中应该达成一致意见，确保公平、合理，一旦订立，全体家庭成员需要严格执行。

为了养成孩子良好的生活习惯，家长可以跟孩子沟通后，共同设定规则，比如起床、吃饭、睡觉、外出等情况应遵守哪些约定，并指导孩子如何去执行规则。要让孩子明白，规则是全家人共同遵守的，好的行为会得到奖励，错误的行为则会受到惩罚。孩子表现出良好的行为，父母应及时表扬和奖励，奖励应以精神性为主。孩子违反规则，父母可以进行理性处罚，如威严的声音和警告，应避免使用体罚。处罚的目的是让孩子认识到自己的错误并努力改正。家长要以身作则，教育孩子时要注意言行一致，不能随意修改规则，在孩子犯错时理性施教，控制好自己的情绪，为孩子树立良好的榜样。

6. 提高生活自理能力

自理能力的形成，有助于培养孩子的独立意识和独立性格。父母要培养孩子的生活自理能力。如鼓励孩子完成力所能及的事情，学习和掌握基本的生活自理方法，参与简单的家务劳动，保护孩子的劳动兴趣。让孩子参与家务劳动，学习家务劳动技巧，提高家庭责任感，并了解对家庭作出贡献的重要性，培养孩子协助、分享和关怀他人的能力。

孩子 3 岁之后，就要进入幼儿园过群体生活。为了帮助孩子尽快适应幼儿园的生活，父母需要提前帮助孩子做好入园准备，让孩子形成良好的任务意识、规则意识、时间观念，学会控制情绪，能正确表达自己的主张，逐步培养孩子通过沟通解决同伴问题的意识和能力，摒弃让孩子超前学习小学课程的错误倾向。

（三）做好家庭再生育准备

随着家庭中的大孩逐渐长大，夫妻适应了工作和生活的新节奏。有的家庭会选择要第二个孩子，二孩的到来会将家庭的已有秩序再次打乱，夫妻需要重新协调各种关系并建立新的平衡。对于家长来说，二孩出生绝不是简单的工作量的翻倍。特别是大孩年龄尚小，家长还需要教两个孩子如何相处。

第二个孩子的到来可能会产生一些家庭矛盾。如有的父母没有提前和大孩协商生育二孩计划，突然到来的二孩很容易对大孩造成冲击和影响，产生敌对心理，[①]认为二孩的出生势必会夺走父母对自己的关爱，影响自己的家庭地位，进而加大了两个孩子之间争吵的可能性。

建立正向的二孩家庭的手足关系。第一，家长应有意识地让大孩接触家庭关系和谐的多子女家庭，让其了解并适应多子女家庭的相处模式，学习和弟弟妹妹相处的方法，学习如何正确面对二孩出现可能对自己造成的影响。具体来说，家长可以每天留出特定的时间给大孩——一起阅读、玩游戏、听音乐，或仅仅是一起散散步，保护好他 / 她的感情，让其感觉自己是特别的。二孩到来之前，家长还可以提前鼓励大孩参与到小婴儿的准备工作当中，教导他们如何成为大哥哥（或大姐姐）。第二，在条件允许的前提下，尽量早生育二孩，减小两个孩子之间的年龄差，同时降低高龄生产的风险。第三，已有二孩的父母，须公平地对待两个孩子，避免差别对待。第四，加强与大孩之间的沟通，对其异常情绪要包容和开导。第五，强化亲子教育，加深两个孩子之间的联系，增强家庭凝聚力。

二、子女学龄期

学龄期是指儿童从六七岁到十一二岁，这个时期又称为小学期。家庭生命周期中的子女学龄期阶段指的是家庭中最大的子女小于 12 岁的时期。儿童进入学龄期，家庭发展进入一个新的阶段。从幼儿园升入小学，是接受系统、全面的学校教育的开始，家庭生活需要根据孩子入学后的安排重新调适。

（一）维持高质量的婚姻关系

此阶段孩子逐渐长大，家庭开销继续增加，家务工作有增无减，家庭成员需要相互理解和支持，齐心协力完成家庭中的各项任务。夫妻经过多年的相处，更加了解对

① 查小青、杨丹、查曼等：《“二孩政策”下的同胞关系及相关影响因素分析》，《广西教育学院学报》2021 年第 3 期。

方，为了保持家庭关系的和谐，需要家庭成员彼此耐心倾听并进行良好的沟通，才能减少误解并化解危机。

高质量婚姻关系有助于孩子心理健康。随着时间推移，夫妻双方愈加了解，生活日趋平淡，激情和亲密水平下降，加上隔代教养可能产生的家庭冲突，导致夫妻之间言语交流和性行为急剧减少，进而影响婚姻质量。父母的婚姻质量会直接影响到子女的抚养行为和亲子互动过程，进而影响子女的成长和心理健康。父母婚姻质量低，容易忽视孩子或者将孩子作为情绪宣泄的工具，可能导致孩子出现攻击性行为，也可能出现焦虑、抑郁等负面情绪，以及同伴冲突、学业成绩落后等诸多问题。高质量的婚姻关系，夫妻的凝聚力强、满意度高，在抚养孩子的过程中容易产生积极的教养行为，儿童与父母之间更容易保持亲密的亲子关系，从而促进儿童的身心健康成长。

（二）重视儿童的养成教育

1. 培养好思想和好道德

父母要引导孩子认识国旗、国徽以及国歌的由来，以及知道“没有中国共产党就没有新中国”，给孩子解释什么是爱国，引导孩子爱国、爱家乡并且爱自己的小家。父母应为孩子作表率，培养儿童良好的道德行为习惯。在日常生活中教育孩子尊老爱幼、与人为善、诚实守信。

父母要引导孩子珍惜生命、尊敬自然。可以带孩子去各地自然和人文景观进行研学，认识自然界的生命现象，让孩子建立热爱生命、珍惜生命、呵护生命的意识；注重对孩子进行自我保护和基本自救知识和技能的教育；引导孩子树立尊重自然、顺应自然、保护自然的发展理念，养成勤俭节约、低碳环保的生活习惯。

2. 培养健康生活习惯

教育家叶圣陶先生说过：“什么是教育？简单一句话，就是养成良好的习惯。”当孩子拥有良好的习惯，就会受益终身。在孩子学龄阶段，父母要注意引导孩子关注个人卫生和环境卫生，养成良好的卫生习惯；培养孩子良好作息，保证睡眠充足；教育孩子正确用眼和用耳，定期检测视力和听力；引导孩子坚持开展体育锻炼，定期做好儿童健康检测；让孩子认识到劳动的价值，从日常生活中培养孩子的劳动习惯和热情，教授劳动技能，根据孩子年龄、性别和身体状况适度安排劳动内容。

3. 提高自我管理能力

学龄期的孩子已经具备一定的自我控制能力，父母要注重提升孩子的自我管理意识以及自我管理能力，如注意自身安全、养成良好习惯、保持端正品德、行为表现合适有礼等。鼓励孩子独立解决问题，在遇到困难时，父母及时提供引导，帮助孩子克服困难。如孩子在解决问题过程中遇到挫折，父母要及时给予鼓励和支持。孩子独立性的增强，可以进一步提升其责任感和自信心。

4. 鼓励参与社交活动

进入学校之后，孩子同伴交往活动逐渐增加，开始建立友谊关系，并对友谊有了进一步的认识。这个阶段，父母要引导并鼓励孩子多参与各类集体社交活动，儿童会从与同伴相处的过程中获益，学会跟人和谐相处。帮助孩子学会社会交往和建立友谊所需的技巧，增进彼此的关系，并获得归属感。让孩子在社交中学习领导和沟通能力，学会合作，更好地理解自己的角色和游戏规则。

（三）协助孩子适应学校生活

1. 合理确定学业期待

在孩子入学前，夫妻应充分沟通对于孩子的学业期待、孩子上下学的接送安排、家庭内的学习环境布置、孩子的学业辅导等问题。同时帮助孩子提前了解学校生活，让其认识到学校教育与个人发展的关系，建立积极的学习态度。

帮助孩子建立规律的日程安排。父母要让孩子认识到，小学阶段的学习与幼儿园的游戏存在不同，小学生具备更强的能力，可以学习各种系统的文化知识，习得写字、算术、阅读等能力，这些都是未来完成自己梦想的基础。如果孩子在此阶段无法适应学校生活、与同学关系不佳、家长与老师的关系紧张等，都可能成为孩子进入下一阶段发展的障碍。

2. 培养良好学习习惯

家庭与学校不同的地方在于，家庭是一个生活场所，父母是孩子的第一任老师，除了教育孩子成才，更重要的是引导孩子成人。父母不像学校老师那样受过专业的教育教学训练，下班后也没有过多的时间和精力辅导孩子学习，因此明确父母在孩子学习中的定位至关重要。

在孩子的学习中，父母扮演的更多的是一个学习环境的营造者、学习习惯的引导者、学习兴趣的激发者。首先，父母要为孩子提供一个安静、舒适的学习环境；其次，父母要引导孩子明白学习是自己的事，需要付出不断的努力才能取得良好的成绩。正确认识作业的意义，作业是对已学知识的巩固和检查。父母要培养孩子认真专注做作业的习惯，鼓励其独立思考。尤其是放学后，让孩子按时做家庭作业，帮助孩子消除各种干扰，集中精力学习。引导孩子正确看待考试和学习成绩，考试是一种工具，其意义在于检测学习效果，目的是了解学习过程中的不足并更好地学习。如果将考试结果看得太重，反而容易忽视对学习过程的关注。再次，父母要注意培养孩子的学习兴趣，激发学习动机并保护好奇心，鼓励孩子自由探索，增强其自信心。当孩子学习遇到困难时，父母要及时给予引导和帮助。

3. 合理安排课余生活

任何的学习都要以孩子的兴趣为出发点。部分父母为了让孩子赢在起跑线上，于是让孩子在课后参与各类学习辅导培训，沉重的学习负担挤压了孩子有限的休息时间。过多的课外班安排会影响孩子自主学习和探索，学习效果也有限，甚至会让孩子对学习产生抵触心理。严重的还可能造成孩子的心理负担，进而影响孩子的生长发育。因此，父母在课外时间安排中要尊重孩子的意见，合理安排课余生活，确保劳逸结合，促进孩子身心健康发展。

4. 建立良好家校关系

家庭和学校作为儿童成长中的重要场所，只有形成教育合力，才能为孩子成长营造一个良好的环境。父母可以通过参与家长会、课堂教学开放活动、帮助制作教具、为学校募集资金等方式与学校建立联系。

父母要掌握与孩子学校老师沟通的技巧。第一，跟老师沟通要选对时间。老师除了工作，也有自己的家庭生活，在跟老师沟通前要说明情况并最好提前预约。第二，跟老师沟通要有所准备。父母要思考孩子为什么会有这样的问题，再试着想办法看自己能不能解决，实在解决不了再去求助老师，跟老师说明孩子的基本情况，比如孩子的家庭生活背景、性格特点、优势与劣势等，孩子最近有什么问题，家长觉得是什么原因，都做了哪些事情，这样方便老师进行判断，进而给家长提出有针对性的建议。第三，负起家长责任。父母对孩子有着义不容辞的教育责任，不能将孩子的学习问题都推给学校。部分家长在孩子学习出现问题时认定是老师的原因，而不去思考自己平时是否注意做好家庭引导，导致跟老师沟通中出现分歧，不利于孩子教育问题的解决。

第四节　子女青春期和成年期

一、子女青春期

青春期是处于儿童期和成人期之间的一个发展阶段，从十二三岁开始，一直持续到十七八岁。在此阶段，家庭中的家长一方面要帮助青春期的孩子逐渐走向成熟、独立，另一方面还要面临彼此父母的衰老。这种“上有老、下有小”的压力会促使家庭成员进行新的调整以适应新的阶段。

（一）建立和谐的家庭关系

父母在家庭中要以身作则，传承尊老爱幼等家庭美德，营造良好的家庭氛围。遇到生活和工作中的问题，和孩子平等、坦诚地沟通，倾听孩子的意见，让孩子意识到自己是家庭生活中的重要一员。当孩子遇到问题时，引导其主动说出来，为孩子提供强有力的支持，让其感受到家庭的关爱。

父母的婚姻关系对青春期孩子的社会适应能力产生重要影响。父母的频繁冲突，会使得青少年的自尊水平降低。有研究显示，成长在矛盾家庭中的中学生可能会感到自卑，主观上认为自己和自己的家庭与同伴存在差距，难以融入集体，觉得自己不被同伴所接受和喜爱，进而更容易陷入心理危机。① 因此，当父母发生婚姻冲突时，青春期的孩子更加容易产生批判性与反抗性的言行，对孩子外部人际关系产生重要影响，也是其结交不良同伴的一个重要诱因。如孩子在父母婚姻冲突的环境中受到创伤，可能通过交往不良同伴来转移由冲突带来的负面情绪，并通过分享不良行为的经历来获得支持与填补家庭情感的缺失。不良同伴是指孩子交往具有违反学校规章制度、社会道德甚至法律行为的同龄朋友。因此，此阶段的夫妻要重视营造和谐的家庭关系，为青少年更好地发展建立良好的家庭环境。

（二）共同分担家庭责任

在这一阶段，夫妻的工作已较稳定，家庭经济状况有一定改善。同时，彼此的父母可能进入老年阶段，开始需要有人来照顾。赡养父母是家庭成员的义务及责任。谁来照顾、如何照顾，需要全体家庭成员共同协商解决。家庭任务增加，夫妻需要在工作与家庭间取得适当的平衡。在此阶段，一老一小的问题同时出现，夫妻在解决家庭问题时需要相互理解和体谅，要对时间的规划、体力负担等事项做充分的沟通与协调。

此阶段的孩子已经长大，父母不要长期包揽一切家务，应让孩子适当分担家庭责任。父母要鼓励孩子积极参与到日常家庭活动中，如打扫卫生、准备饭菜、修理家用物品等，一方面可以使他们感受到在家庭中的成就感，另一方面也体会父母在家庭中的辛劳。

让孩子做家务前，家长要指导孩子学习必要的生活技能，示范给他们看的时候，态度要愉快，让孩子觉得所要接触的、所要参与的，是一种十分愉快的活动，而不是辛苦、乏味甚至痛苦的工作。孩子做家务时，家长要多鼓励、少指责，肯定孩子的付

---

① 王淼、李欢欢、包佳敏、黄川：《父母控制、父母婚姻冲突与中学生心理危机的关系：歧视知觉的中介作用》，《心理科学》2020 年第 1 期。

出和贡献。家务劳动尽量全员参与，分工合作，让孩子认识到家庭中每个成员都是平等的，培养他们形成良好的劳动素养和正确的家庭观。父母可以跟孩子制定一份家务活儿分工表，把时间留给孩子，让孩子给自己安排时间。不要随时随地，很随便地叫孩子做事干活儿，否则容易让其产生厌烦的情绪。

（三）及时进行性教育

青少年在此阶段身心都将发生诸多变化，父母要注意科学地开展性教育（本书“婚姻家庭中的性”一章将会有更为详细的介绍）。首先，父母要选择适当的时机和方式，为孩子讲解青春期的相关知识，让其对自己身体变化有正确的认识，如身材比例的改变、身高体重增加、性器官的成熟等。由于外表变化较大，青少年对自己的身材和外貌比较敏感，父母要引导孩子悦纳自己的身体变化，认识到自己正在向成人转变。其次，父母要正确引导青少年与异性交往。要鼓励与支持孩子正常的社会交往。对于孩子的异性朋友不要过分紧张和干预，留意他们交往同伴的情况，了解他们的道德品质，发现问题及时引导孩子。在孩子与异性交往中，父母可以选择合适时机对孩子开展性心理和性道德教育，为孩子解释对异性有好感与爱情的区别，让他们了解学业与爱情、婚姻和家庭的关系。父母要让孩子了解未婚性行为对身心造成的伤害，引导他们将精力转移到当前的学业上。

（四）调整亲子沟通方式

青少年处于身心迅速发展阶段，由于生理上的变化导致心理上也发生了相应的变化，情绪非常容易波动。在这个阶段，父母要了解孩子的发展特点，及时让孩子表达自己的意见、判断和感受，以平等的姿态倾听孩子的心声。亲子沟通保持民主、和谐、平等的融洽气氛。父母在跟孩子沟通时，不要随意打断他们说话，不把自己的意见强加于人，在沟通中增进了解并达成共识，形成民主的家庭沟通氛围。

家庭中常见的亲子沟通矛盾常集中在学习方面。家长首先要思考孩子为什么不愿意主动沟通学习问题。一方面，家长要思考自己沟通的方式是否为训话的口气，沟通内容是否只是成绩等单一指标，让孩子感到压力大甚至反感。青春期的孩子情绪易冲动，如在家庭中延续课堂教学的氛围，沟通仅局限于学习，缺乏对孩子生活的关心，会使孩子感到失落和沮丧。父母需要做孩子的坚强后盾，除了在生活上给孩子良好的保障，学习上更多地做好方向性引导，如理性帮助孩子确定成长目标，不以分数为唯一目标，不增加孩子过重课外负担，保护孩子的好奇心和学习兴趣，鼓励孩子自主学习。

知识链接

家庭会议

家庭会议是促进亲子之间积极互动的一种方法。家庭会议中的常见角色有主席（主持人）、记录员和发言人，另可按情况适当添加角色并予以合理分工。首次可由父母担任以示模范，后期多以轮流担任的形式。主席与记录员的分工较多，对其能力要求略高，其中主席处于主导地位，对会议的顺利有序发展起着关键作用。发言人的身份是最基本的，包含所有其他角色及分工。每个参会成员都享有真实表达自己看法并被尊重的权利，无论长幼，均处于平等地位。

（五）理性应对升学

升学是此阶段孩子最大的压力之一，父母最重要的任务就是让孩子理性应对升学。首先，引导孩子合理规划学习生活，让孩子树立正确的学习目标，培养他们勤奋学习、持续学习的意志力。重视学习方法和学习习惯的养成，帮助他们形成制订合理学习计划的能力。[①] 其次，父母要丰富孩子的课外生活。在忙碌的学习生活之后，青少年需要适当的休息和放松。父母应多与孩子沟通，了解他们的内心需要，根据孩子的兴趣，充分利用周围的各类资源，让孩子适当参与各类丰富多彩的活动。同时，父母要及时了解孩子使用手机及电脑等电子产品的情况，引导孩子科学上网，预防网络依赖。

应对考试焦虑。考试焦虑是人在面临考试时产生的一种特殊的心理反应，它是在应试情景刺激下，受个人的认知、评价、个性、特点等影响而产生的，以对考试成败的担忧和情绪紧张为主要特征的心理反应状态。一般来说，适度的考试焦虑有助于激发学生的动机和潜能，提高学习效率和考试成绩；但考试焦虑过度则可能对孩子的身心健康造成严重的危害。当孩子出现考试过度焦虑的情况时，可能会表现出紧张、惧怕、注意力无法集中、记忆力衰退等症状，严重影响孩子的身心健康。因此，父母要引导孩子端正学习动机，形成对考试正确的认识。让孩子理解如果考试成绩不错，是对前一段积极学习的反馈，促进自己努力学习；如没有考好，则需要认真分析原因，找出学习中的问题，及时调整。引导孩子不要总是把注意力放在考试的结果上，这会给自己带来沉重的负担。让孩子明白，做好准备，形成充分而良好的考前状态，才是降低考试焦虑的最有效方法。

---

① 全国妇联、教育部等九部门：《全国家庭教育指导大纲》，妇字〔2019〕27 号。

二、子女成年期

从家庭生命周期的角度来看，子女成年后，亲子关系持续发展，表现出与前几个阶段不同的特点：一方面，子女要走出家庭进入社会，进而通过恋爱结婚开启一个新的家庭发展历程；另一方面，原有的家庭随着子女的离家逐渐萎缩，父母要适应这种转变，并为子女独立生活提供协助。

（一）子女离家

家庭空巢期，一般是指子女成年离家后，家庭中只剩下中老年父母的发展阶段。子女离家的原因包括工作、学习、结婚等。空巢家庭中的中老年人既要经历个人生命周期的转型（从中年期到老年期），还要经历家庭周期的转型（从核心或主干家庭到空巢家庭）。在这种转型过程中，若适应不好，极易诱发各种身心问题，不仅影响其生活质量，还会给家庭带来各种困难，从而导致一系列的社会问题。[①]因此，当子女离家后，父母一方面要鼓励子女在社会自立，另一方面要注意安排好自己的生活。

1. 鼓励子女独立生活

引导子女正确面对成年生活。子女离家后，父母要鼓励其准备自力更生、独立生活，并协助子女建立家庭。引导子女通过就业实现自己的职业生涯目标；树立正确的恋爱观和婚姻观，选择一个能共度一生的伴侣，承担家庭的责任和义务；学习应对随工作和成家而产生的各种社会关系，如同事关系、夫妻关系、亲子关系等。父母需注意不能对子女的生活进行太多的干预，要鼓励子女自己去克服困难、学习独立，鼓励其成为有责任感、肯负责任的人。尤其是子女成家后，不能越俎代庖替他们做决定，进而影响子女的婚姻关系。当子女遇到困境向父母求助时，可以提供适当的支持和帮助。

鼓励子女自力更生。国内多将依靠父母养活的成年子女称为“啃老族”。啃老主要表现为子女在经济与日常生活照料上对父母的依赖与索取，其实质是代际支持的失衡。有研究也表明，家庭对子女的溺爱，父母对孩子过强的责任心等，均使得子女对父母的依赖性增强，缺乏独立生活能力和责任心，最终使子女特别是独生子女成为“啃老族”。[②]老年父母长期为子女付出，也助长了子女的惰性与寄生性，促使子女惯性地享受着父母的恩惠，而无回报之心，加重了中老年父母的心理与经济负担，剥夺了父母应享有的幸福生活。因此，引导子女自力更生并独立生活，是此阶段婚姻家庭教育的重点。

① 李建新、李嘉羽：《城市空巢老人生活质量研究》，《人口学刊》2012 年第 3 期。

② 伍海霞：《啃老还是养老？亲子同居家庭中的代际支持研究——基于七省区调查数据的分析》，《社会科学》2015 年第 11 期。

2. 找到新的生活目标

子女离家后，父母过去以子女教育为中心的生活开始转变，如不能启发自己的兴趣爱好，心里话没处叙说、有时间没事可打发，容易造成精神空虚、孤独感。此阶段，父母需找到新的生活重心，以适应生活的改变。

调适夫妻的关系。孩子年幼时，父母的大部分时间都用于教育孩子，夫妻之间相处的时间较短。当孩子长大离家后，家庭生活重心失衡，夫妻的注意力又回到对方上面。孩子的外出离开使得夫妻双方不会再掩饰，过去隐藏多年的矛盾爆发可能会导致剧烈的婚姻冲突，如不能解决则会影响婚姻的持续。因此，在这个特殊的时期，夫妻要适当增强交流和关爱，只有建立新的平衡点，家庭才能够健康发展。

增加生活的乐趣。因为子女不在家，此阶段的家庭生活以及时间也变得相对自由，夫妻可以做些自己想做的事情，如可以重新安排家庭生活，将居住空间进行改造，满足自己新的兴趣爱好。此外，积极参与社区的各类文娱和志愿活动、参加亲友和老友聚会等，都可以丰富自己的精神生活。

3. 增强对父母的心理支持

很多青年人认为自己的父母身体很健康，家庭物质条件优越，父母不需要他们，则忽视了对父母的精神赡养。事实上，处于空巢期的父母由于家庭生活的突然变化，难以在短时期内适应新的生活。在这个阶段，需要子女从精神上关注父母的需求，并尽量给予慰藉和满足，有利于促进家庭和谐。如子女可以主动增加与父母的互动，打电话沟通家庭生活情况、组织家庭聚会或郊游带父母散心等，尝试表达自己的孝心，进而使父母心情舒畅，精神愉快，并增加家庭的凝聚力。

（二）与子女同住

在中国的传统文化中，父母对子女承担着“无限责任”，进而形成了老年人对下一代的“责任伦理”，即使在子女成家立业之后，父母仍然应该倾其所有对子女以及孙辈不计回报地付出，尽可能减轻子女的负担，与子女同住也主要是出于对子女有所帮助。[①]在子女成家后，有的子女为了让父母分担家务、照顾孙辈，选择和父母共同生活，一方面，老人可以得到子女的物质支持和精神慰藉，在一定程度上得享天伦之乐；另一方面，对子女而言，通过与父母共同生活，可以得到父母在家务劳动和照看孩子等方面全方位的生活照料，从而为自己的职业发展解除后顾之忧，得以轻装上阵。由于两代人的生活方式、对孩子教养观念不同，在家庭生活中可能会导致一些矛盾，需要家人相互理解和体谅，共同解决问题。

① 杨善华、贺常梅：《责任伦理与城市居民的家庭养老——以“北京市老年人需求调查”为例》，《北京大学学报（哲学社会科学版）》2004 年第 1 期。

1. 因照顾孙辈而“返巢”

很多子女在结婚后和父母分开居住，当孩子出生后，由于夫妻两人都忙于工作，无暇照顾幼儿，需要请父母承担部分或全部的照顾责任。由于隔代照顾的现实需要，父母和成年子女再次共处一室。因此，父母的家庭从“空巢”转为“返巢”状态。不同的是，这种“返巢”是已经作为祖辈的父母的“返巢”。绝大多数父母在照顾孙辈结束后，往往都会主动地迁居回自己的家中，继续延续生命中的空巢期。

父母和成年子女有不同的生活观念及习惯，双方共同生活时，需要在相互尊重的前提下，确立亲子关系的界限，如列出对财务及生活的各项限制，做好家务和孩子照料的分工，避免不必要的矛盾。子女不能将父母作为免费的保姆，将所有家务活儿以及孩子照料工作都推给父母，而不尽家庭责任。同时，父母也不应过多地介入子女的婚姻生活，尊重子女的生活方式和教养观念，尽可能在孙辈照料方面达成一致。

子女要及时感恩父母的付出，如抽时间陪父母聊天、送礼物、带父母外出游玩、分担家务等。当与父母意见发生冲突时，子女要考虑到父母因受教育程度以及年龄原因，很难短时间内改变观念，要充分意识到父母牺牲自己的休息时间而为整个家庭所作出的巨大牺牲。因此，子女应尽量在非原则性家庭矛盾中做出退让，尽量避免小摩擦扩大化。遇到原则性问题，如子女认为父母在教育孙辈的观念上有误，可通过召开家庭会议的形式，开诚布公地表达自己的想法，寻找双方能够达成一致的点，确立家庭规则，进而解决问题。

2. 适应“老漂”生活

在我国城市生活中，有部分老年人为了支持儿女事业、照料孙辈，他们像“候鸟”一样离开家乡“漂”至陌生的大城市，面临着语言不通、文化差异、两地分居、异地医保等问题。根据相关部门发布的《中国流动人口发展报告 2018》显示，中国老年流动人口数据较 2016 年近 1800 万（其中专门为照顾晚辈的比例高达 43%）相比，呈持续增长趋势。随子女流动，身体和心灵处于“双重漂泊”的随迁老人构成当今老龄化中国一幅具有代表性的图景，被称为“老漂族”。

学会化解与子女相处的矛盾。“老漂族”与子女在同一屋檐下长期生活，尤其是来自农村的老年人，他们与生活在城市中的子女在价值观念和生活习惯上存在很多差异。“老漂族”的子女配偶大都来自不同的地区，他们相互之间并不熟悉，也缺乏感情基础，朝夕相处之下很容易产生摩擦和分歧，其中以婆媳之间的矛盾最为明显和常见。针对这种问题，需要两代人积极面对现实生活中的各种问题，并主动去寻求排解方法。子女及其配偶要认识到老人对新环境的适应是需要过程的，同时老人也要及时将心中的不快与顾虑说给子女听，全家人共同出主意、想办法来解决问题。

排解心理上的孤独与寂寞。“老漂族”存在精神上的孤独感。老人们远离熟悉的家乡，难以适应大城市的人际关系和生活方式，每天过着枯燥乏味的生活。对于两地分居的老人，寂寞感更强，和儿孙子女在一起的快乐并不能代替和老伴的相守。另外，老年人普遍有对身体衰老和疾病甚至死亡的焦虑，“老漂族”在这方面的焦虑更为明显，他们担心身体衰老之后在城市生活更加不方便，担心会客死他乡。针对这种问题，一方面，老人要主动去寻找跟自己经历相仿、有共同语言的邻居，相互之间沟通支持，慢慢形成自己的交际圈；另一方面，在闲暇时间，老人可以培养一定的兴趣爱好，使其注意力转移到感兴趣的事情上，不仅心情上得到放松，生活也会过得充实，防止多重心理问题的产生。

（三）安享有尊严的老年生活

关于我国代际交换关系，费孝通先生曾有一段经典的阐述：“在中国是甲代抚育乙代，乙代赡养甲代；乙代抚育丙代，丙代赡养乙代，下一代对上一代都要反馈的模式。”这种模式所体现的父代和子女之间的互动关系是“均衡社会成员世代间取予的中国传统模式”。[①] 它体现了家庭中“育儿”“养老”之间父代和子代的一致性和平衡性，同时也维持了两代之间的传承，这种“双向反馈模式”构成了我国几千年来“养儿防老”代际关系的思想基础。随着社会的发展，家庭代际交换关系发生了显著变化，但总体来看，家庭承担的赡养功能仍是代际之间相互支持的重要体现，家庭养老是中国最传统也最广泛的养老方式。

父母在协助孩子成家立业并帮忙照料孙辈后，身体逐渐衰老。此阶段，父母无论是在身体照料还是精神抚慰上，更需要子女的反哺。对老年人的赡养可以区分为物质赡养和精神赡养两个部分。物质赡养主要是指子女、其他家庭成员或者社会成员在经济上给予老年人帮助和支持，以保障他们的正常生活的赡养形式。精神赡养则是要关注老年人心理上或精神上的需求，并尽量给予慰藉和满足，使老年人能够心情舒畅，精神愉快，心理处于最佳功能状态。

对父母的精神赡养主要包括以下几方面：第一，子女要尊重父母独立的人格和尊严。父母在年老退休后有权利选择自己的方式享受晚年生活，并得到子女的尊重。特别是丧偶的老人再婚，子女要尊重老人追求幸福生活的权利，倾听其心理感受，与老人沟通其中牵涉的法律及赡养等重要问题，在家庭成员达成一致意见后，让老人做出理性决策。第二，老年人需要从子女那里获得情感慰藉和心理安慰。随着父母身体上的衰老，对亲情和关怀的需求更加强烈。子女和晚辈不仅仅是从物质上给老年人提供保障，更要从情感上给予支持，如通过语言和情感上的交流以及日常生活中的关怀来

① 费孝通：《乡土中国》，北京大学出版社，2012，第 178-180 页。

关心父母的精神需要。这是老年人安享晚年的一个不可或缺的重要条件。第三，理解并帮助父母实现发挥余热、承担适当社会责任和实现自我价值的愿望。子女要认识到，父母虽然年老，但有着其他社会群体所不具备的个人价值以及社会价值。他们在长期的社会生产和生活中积累了丰富的经验，可以转化为巨大的社会财富。子女要认识到父母不仅有自身特有的价值，也有实现自身价值的精神需要。无论是在社会生活中还是在家庭生活中，子女都应该支持并鼓励父母充分地发挥自身价值。第四，父母有期待子女成就的精神需求。父母对子女有着强烈的期待，期待他们能够成功成才，生活幸福。父母年老后，普遍对子女有一种美好的期待心理，希望儿女事业有成、婚姻美满、家庭幸福，而作为子女更应该真正地了解父母的内心需求，除了要关心和照顾父母以外，更要努力工作，在学业和事业上取得一定的成就，生活上得到幸福，这样才能满足父母对成就的期待。第五，支持并鼓励父母参与人际交往。由于年龄的原因，父母退休后会从一定的人际关系中脱离出来，原有的人际关系的变化往往会使他们的孤独感更加强烈，使他们感到自己已经被社会所遗忘。与家人的交流仅能满足父母对亲情的需求，却不能完全满足他们对人际交往的渴望。子女应该鼓励老年人积极参与社会生活，多与他人交流和沟通。

本章总结

本章从家庭生命周期理论，选择了婚姻准备期和建立期、家庭生育期、子女学前期和学龄期、子女青春期和成年期，分析婚姻家庭建立与发展的每一阶段中婚姻家庭教育面临的任务和挑战。婚姻准备期，婚姻家庭教育的主要任务是指导青年人树立正确的婚姻家庭观，形成对于婚姻的合理预期。婚姻建立期，婚姻家庭教育的主要任务是引导新婚夫妻学习建立和维护平等、和睦、文明的婚姻家庭关系以及提升经营幸福婚姻、建设美满家庭的能力。家庭生育期，婚姻家庭教育的主要任务是指导夫妻在初为父母前后如何做出调整并适应这种转变。子女学前期，婚姻家庭教育的主要任务是指导父母为适应孩子的成长而做出各种努力。子女学龄期，婚姻家庭教育的主要任务是指导父母为孩子成长提供良好的环境，协助子女适应一个正规学习机构的生活。子女青春期，婚姻家庭教育的主要任务是指导父母帮助子女顺利跨过个体发展中第二个成长高峰。子女成年期，婚姻家庭教育的主要任务是指导父母适应子女离家以及与成年子女共同居住后的生活变化。

思考题

1. 请谈一下婚姻家庭教育的意义。

2. 请谈一下婚姻建立期婚姻家庭教育的主要内容。

3. 请设计一个子女学前期的婚姻家庭教育指导方案。

4. 请结合您的实际工作经验，谈一下如何在本部门 / 机构做好子女成年期的婚姻家庭教育工作。

第八章

婚姻家庭服务发展

学习目标

本章聚焦婚姻家庭服务，讲解在婚姻缔结、持续阶段、婚姻关系解除以及家庭生活各环节所需的专业服务，使学员掌握各项服务的内容，熟悉服务标准及相关政策法规，了解我国历史文化对婚姻家庭服务产生的影响，能够为准备进入婚姻家庭以及各种婚姻家庭状态下的社会成员提供咨询及服务，并且在实际服务过程中秉持正确的婚姻家庭观和先进的性别观，自觉维护妇女、儿童、老年人和其他弱势群体的合法权益。

第一节 婚姻家庭服务

一、婚姻家庭服务概念

（一）婚姻服务

婚姻服务，一般包括婚姻介绍服务、婚姻登记服务、婚姻档案管理服务、婚姻法律服务、婚姻建设服务和特殊群体的婚姻服务。

（二）家庭服务

广义的家庭服务（family service）涵盖了所有以家庭为对象，通过向家庭提供服务以满足家庭需求的实践。

家庭作为一个系统，是家庭服务的对象。

家庭服务的总目标在于协助解决家庭问题，改善日常家庭生活，提升家庭成员的社会适应能力和家庭自身解决问题的能力，促进家庭关系的和谐即家庭功能的正常发挥，提高家庭的资源可及性和家庭运用社会资源的能力。

（三）婚姻家庭服务

在实践中，由于婚姻家庭的内在关联，婚姻家庭服务往往合二为一，共同为建设美好婚姻家庭提供支持。

婚姻家庭服务是国家面向家庭提供的一种福利，存在显著的文化差异。中国的家文化根植传统文化，长久以来被视为私领域而较少由国家进行直接的、系统的干预。西方国家由于不同的家庭观念，在家庭方面积累了比较早的福利经验，从偏重弥补家庭供能不足，到通过非正式社会保护系统解决家庭问题，再到强化家庭功能和责任，从战略发展的角度给予家庭积极的支持。①

① 赵芳、徐非：《社会工作视野中婚姻辅导服务的本土化探索》，载《本土化社会工作理论与实务探索论文集（2011—2012）》，中国社会出版社，2012，第 177-216 页。

二、婚姻家庭服务发展概况

（一）20 世纪 80 年代之前

受国情和文化的影响，20 世纪 80 年代之前，我国几乎没有官方明确的、专业的、系统的婚姻家庭服务，婚姻家庭服务所涉及的各项内容零散地由家庭和其他社会机构如村委会、单位等承接。可以说 20 世纪 80 年代之前的婚姻家庭更多被视为私人生活领域，其所需服务极大被忽视，要么由婚姻家庭自行承担，要么由不同社会组织分散承接，未形成明确的服务体系，更缺乏高质量的国家标准。

1992 年，民政部在烟台召开全国婚姻管理座谈会，会上明确提出要开展婚姻服务。这可以被视为一个信号，开启了婚姻家庭服务在中国的专业化发展道路。

（二）妇联与社工的结合阶段

由于婚姻家庭的独特属性，全国各级妇联在很大程度上成为婚姻家庭服务领域的“无冕之王”，大量承担了相关服务工作。在常年的实践中，尤其是随着社会发展所带来的新变化、新观念、新业态，妇联逐渐意识到仅仅依靠自身的机构力量无法完全承接如此庞大而复杂的工作内容，因此摸索出与专业力量，特别是与社会工作结合的道路。

在这个阶段，部分省、市、区妇联与司法行政、法院、民政等有关部门联合下发文件，成立了婚姻家庭纠纷专业性人民调解委员会，培训专业人士开展婚姻家庭纠纷调解工作，这是妇联发挥其独特作用，培育具有社会工作专业属性雏形的婚姻家庭服务。

但这一阶段的探索遭遇了比较明显的结构性困境，即这些机构普遍存在缺乏专门经费、专职人员不足、人员流动性强等痛点，不可避免地影响了婚姻家庭服务的系统性和可持续性发展。

（三）政府购买专业社工服务阶段

伴随着社会转型、政府角色转变以及社会工作的本土化探索，在婚姻家庭服务领域已经实现了对社会工作服务机构和其他专业社会组织 / 力量的引入。

如江苏省扬州市广陵区民政局婚姻登记处从 2014 年引入并探索出“定点式”“诊疗式”和“前站式”三式服务，特别是在“诊疗式”服务中与办理离婚后的当事人建立辅导关系，进行电话跟踪以提供后续心理疏导，防治离婚后恶性事件的发生，为婚姻服务提供了良好示例。

实践证明，政府购买是婚姻家庭服务保持社会福利性和市场专业性平衡的途径之一，这样既推动了婚姻家庭服务的专业性发展，也由于政府采购保障了一定的可持续性。尽管仍旧存在一些挑战，目前以及可预见的未来一段时间内，通过政府采购、专业社工提供服务的方式为社会提供婚姻家庭服务，将与政府监管、完全商业化的婚姻家庭服务一并成为重要的服务提供途径。

第二节　婚姻服务

一、婚姻介绍服务

（一）概念

婚姻介绍服务（matchmaking service），即为征婚者介绍配偶的过程[①]，指由专业服务人员，根据规范的流程，综合双方需求，向有意愿的单身人士提供结识配偶并发展交往关系的服务。

（二）发展

婚姻介绍服务自古以来就有，比如，封建时期必须经过媒妁之言才能拥有婚姻的社会合法性。新中国成立之后，我国婚姻领域的建设集中在废除不合理的婚姻旧制和理念，对婚姻介绍服务的重视要到改革开放之后。

1984 年，中共中央书记处专门召开过一次会议，讨论 30 岁以上未婚青年问题。政府的各级组织如妇联、工会、共青团等都在一定程度上被要求将解决大龄青年的婚姻问题作为重要工作，如在全国妇联倡议之下，省、市妇联分别设立了婚姻服务处，专司婚姻介绍。但后期随着社会发展，新型的、市场自发的专业婚介所在各大城市纷纷成立，直到信息时代将婚姻介绍推向新的发展。

在行业发展中，值得关注的是 2009 年，由中华人民共和国民政部提出、全国婚庆婚介标准化技术委员会归口、中国社会工作协会婚介行业委员会等多个单位共同起草了婚姻介绍服务的国家标准，该标准规定了婚姻介绍服务在管理、资源、过程、改进等方面的要求，为婚姻介绍服务的标准化提出了国家要求。

① 《婚姻介绍服务国家标准》(GB/T 23861—2009)。

……

4.2 服务原则

a）以征婚者为中心，尽力满足其需求；

b）按统一标准提供服务；

c）应针对服务人员建立完善的培训、考核和监督制度；

d）不向征婚者提供虚假信息；

e）保护征婚者的个人信息的安全；

f）服务场所符合安全、消防、卫生、环境保护等国家有关法规和标准的要求。

……

7 服务过程

7.1 服务过程的设计

婚姻介绍服务机构应设计和实现婚姻介绍服务所需的过程。服务过程的设计应与服务质量管理体系的要求相一致（见 4.1）。

在设计服务过程时，婚姻介绍服务机构应确定以下方面的内容：

a）服务的质量目标和要求；

b）工作文件、服务过程和资源方面的需求；

c）服务过程质量控制；

d）实现服务过程以及服务是否达到质量要求的有关记录（见 5.5.3）。

7.2 服务过程的要求

a）向征婚者明确服务的内容、期限、质量要求和费用；

b）查验征婚者的身份证、户口簿、学历证书等身份证明文件；

c）让有婚史的征婚者出示离婚证明或丧偶证明；

d）要求征婚者如实填写个人信息登记表，并签署个人信息真实性声明；

e）对征婚者的档案妥善保管，保护征婚者个人隐私；

f）及时收集征婚者的反馈意见；

g）及时、妥善地处理征婚者的投诉；

h）对于征婚者提出的问题或要求，应在三个工作日内予以答复；

i）尊重不同民族、不同文化背景的征婚者的风俗习惯和特定需求；

j）应规定服务期限，不应提供无限期或介绍到成功为止的服务。

……

附录 A（规范性附录）

婚姻介绍服务合同

……

婚姻介绍服务在世界各国以不同形态普遍存在。在我国，从传统的私媒到今天的多重途径，婚姻介绍服务的内容、性质和平台已经发生了极大的变化。以珍爱网、百合网、世纪佳缘网为代表的网络平台和近年来崛起的速配社交 App 丰富了婚姻介绍服务，也在规范性、安全性、专业性、服务伦理等方面向网络婚姻介绍服务提出了挑战。

二、婚姻管理服务

（一）婚姻登记服务

1. 婚姻登记

婚姻关系的缔结，在法律和社会生活中存在一定的错位。从法律上来说，到民政部门进行婚姻登记赋予婚姻合法性，但在社会生活中，对结婚典礼的重视程度有时超过婚姻登记，以致出现先摆酒后领证的做法。从婚姻管理服务的角度，两种方式并不存在必然的冲突，婚姻登记作为行政执法，可视为公民向国家有关部门履行告知义务，是国家对婚姻关系的建立进行的监督和管理；而结婚典礼作为民间习俗，则可被视为公民向其社交圈履行告知。

在婚姻登记方面重要的规定有《婚姻登记工作规范》和《婚姻登记条例》。随着《中华人民共和国民法典》于 2021 年施行，原本对婚姻登记有影响的《中华人民共和国婚姻法》已经同时废止。

2003 年，新修订的《婚姻登记条例》正式实施，主要修订内容之一便是结婚、离婚登记无须单位证明，进一步明确了婚姻状况由当事人本人负责。新婚姻登记条例的实施，使得婚姻登记工作由政府管理变为便民服务。

在婚姻登记服务中，婚姻关系的缔结不但必须符合法律规定的条件，还必须履行法定的程序：

婚姻登记包括结婚登记、离婚登记、复婚登记。

无论是同内地居民，还是同外国人、港澳台居民或华侨办理婚姻登记（结婚登记或离婚登记），都需要在人民政府民政部门或者人民政府确定的机关。

结婚登记和离婚登记应当到男女一方当事人常住户口所在地的婚姻登记机关办理，涉外婚姻应当共同到内地居民常住户口所在地的婚姻登记机关办理。

办理结婚登记应当出具身份证明和相关证明材料。

未到法定结婚年龄、非双方自愿、一方或者双方已有配偶、属于直系血亲或者三代以内旁系血亲、患有医学上认为不应当结婚的疾病，均不可办理结婚登记。

未达成离婚协议、属于无民事行为能力人或者限制民事行为能力人、其结婚登记不是在中国内地办理的，均不可办理离婚登记。

在婚姻登记服务中，乱收费问题一度成为热点，如民政部下发《关于严格制止借婚姻登记乱收费的通知》（民函〔2004〕83号）的背景正是国务院价格管理部门在对部分省婚姻登记收费情况进行调查的过程中发现乱收费现象比较严重，包括取消项目继续收费、强制服务收费、搭车收费以及票据不规范等。

2019年，民政部社会事务司召开全国婚俗改革暨婚姻登记规范化建设工作座谈会，会上强调要加强婚姻登记规范化建设，严禁收取婚姻登记费、婚姻登记证书工本费，严禁以婚姻服务名义收费，杜绝任何形式的搭车收费，严禁婚姻登记机关与社会服务机构人员混用、场地交叉、相同着装等现象的发生，积极主动为婚姻登记当事人提供规范化、人性化的服务。

2021年，民政部社会事务司会同信息中心召开全国婚俗改革试点暨婚姻登记“跨省通办”工作推进会，指出自试点以来各地婚姻登记秩序平稳，为下一步继续推进工作、提升婚姻管理信息化建设水平、婚姻登记服务规范化和便捷化积累了重要经验。之所以试点探索跨省通办，在于目前的婚姻登记仍旧受到户籍限制，使得婚姻信息共享交换存在壁垒，容易滋生违法行为。因此，当前突破婚姻登记的户籍限制和信息共享，重点在于做好民政部门和司法部门的信息衔接、全国婚姻信息登记数据库的历史数据补录和系统完善，为群众跨地区办理婚姻登记提供便利。

2. 婚前 / 孕前保健与婚姻登记“一站式”服务

旧的婚姻登记条例规定，患有法律规定禁止结婚或者暂缓结婚的疾病者，婚姻登记机关不予登记，同时要求“申请结婚的当事人必须到指定的医疗保健机构进行检查并向婚姻登记机关提交检查证明”。2003年新修订的条例出台，强制婚前检查画上句号。

从其后的现实效应来看，鼓励自愿参加婚前医学检查和孕前优生健康检查有助于提升孕育保健水平，在一定程度上是减少出生缺陷的有效策略，因此近年来各地纷纷出台助力婚前检查的措施，其中婚姻登记“一站式”服务是被较多采纳的方式。

《健康中国行动（2019—2030年）》将“主动接受婚前医学检查和孕前优生健康检查”作为个人和社会倡导性指标纳入评估体系，并将“推广婚姻登记、婚前医学检查和生育指导一站式服务模式”作为重点任务列入了妇幼健康促进转向行动，明确由卫生健康委牵头，民政部、全国妇联等按职责分工负责。

2020年国家卫生健康委、民政部、国家妇儿工委办、共青团中央、全国妇联五部门联合下发《关于加强婚前保健工作的通知》，明确婚前保健是母婴保健服务和生育全程服务的重要内容，也是保障母婴健康，预防出生缺陷，提高婚育质量和出生人口素质的重要措施。要求婚前医学检查服务机构坚持便民利民原则，科学优化婚前医学检查场所布局及服务流程，推行“互联网＋妇幼健康”，主动公开婚前医学检查服务机构名单。还要将婚前保健作为生育全程服务的重要内容，统筹推进婚前保健、孕前优生健康检查、增补叶酸、避孕药具发放、优生咨询指导等婚前孕前优生服务落实，在依法规范开展优质服务中，着力强化质量控制与管理，不断提高服务质量和效率，促进服务更加公平、可及。

将婚姻登记与婚前/孕前保健服务并置，使得新婚夫妻能够在登记结婚的同时获取有关婚育的保健咨询及服务，大大提高了她们自愿参加孕前医学检查的概率，缩减了单独婚检的时间成本和精力成本，有力推动了妇幼保健和出生缺陷预防工作。

（二）婚姻档案管理

1. 婚姻档案

婚姻档案即婚姻登记档案，是婚姻登记机关在办理结婚登记、撤销登记、离婚登记、补发婚姻登记证的过程中形成的具有凭证作用的各种记录。[①] 查询婚姻登记档案的目的主要有购置或转移固定资产、买卖、租赁房屋、信贷活动、离婚、再婚、复婚等。作为重要的民生档案，婚姻档案不仅用于婚姻事项，也用于婚姻所涉的财产等事项。一般而言，婚姻档案资源不向全社会公开透明，而是根据需求，通过审批的方式向当事人或相关机构提供查阅与利用。

在《中华人民共和国档案法》出台前，由于婚姻档案的管理缺乏可操作的规范，且社会档案意识模糊，档案管理中存在诸多问题，如婚姻登记档案普遍遗失、损毁严重；婚姻登记程序不规范、登记材料收集不齐全、登记材料未完整归档、未按照专门档案加以规范，以及由以上问题所导致的证据力不足和婚姻档案信息资源分裂；在提供服务利用上，检索效率偏低。造成这些问题的主要原因正是婚姻登记档案管理不规范，包括归档不及时甚至不归档，整理不规范甚至不整理，无专人、固定地点保管。2006 年，民政部、国家档案局联合颁布《婚姻登记档案管理办法》，作为我国第一部关于婚姻登记档案管理的法规性文件，标志着我国的婚姻登记档案工作步入规范化、法制化建设轨道。

2. 婚姻档案信息化建设服务

婚姻登记档案的规范化和法制化显著提升了婚姻档案管理质量，但这不意味着婚姻档案管理至此高枕无忧。随着数字社会发展，在档案的信息化、网络化建设之前，由于婚姻登记和管理所涉不同部门，且各区域间难以共享，一度为违反条例的婚姻留

① 见《婚姻登记档案管理办法》（中华人民共和国民政部中华人民共和国国家档案局令第 32 号）。

下了空间。例如，传统的婚姻档案管理都在固定区域，异地使用甚至仅仅是查询都较为麻烦，且时效性难以保障，使得跨区域的重婚成为可能。

2015 年，国务院下发《促进大数据发展行动纲要》，明确提出要建立国家人口基础信息库等重大战略平台，对各部委的相关数据进行整合，这对婚姻档案管理的信息化建设提出了更高的要求，不仅要实现电子化管理，更要配合国家战略布局进行数字化共享和使用。不难看出，婚姻档案信息化建设不仅提升了档案的管理工作，而且为实用信息技术对档案数据进行分析统计，进而为管理和决策提供依据奠定了基础。

（三）婚姻法律服务

通过婚姻，两名社会成员及其家庭成员形成法律上、社会意义上的婚姻家庭关系，这不仅意味着夫妻之间有了新的权利、责任与义务，同样意味着以他们为中心的社会成员之间也有了新的交往关系。涉及婚姻的法律服务主要围绕婚前财产公证、婚姻中的财产分割约定、婚姻解体时的子女抚养和财产分割等婚姻家事纠纷开展。

1. 婚前法律服务

一般而言，即将进入婚姻关系的双方通常更多将幸福和谐等作为对婚姻的想象，而较少提前或者主动考虑到缔结婚姻关系可能涉及法律服务，这源于民众对法律的理解不全面。民众倾向于认为出现问题且无法解决时才需要法律，忽略了法律在预防问题发生方面的作用。

比如，婚前查询对方婚姻信息，实际上能够有效避免遭遇隐瞒婚姻信息、被动“重婚”等问题，但由于该服务涉及婚姻登记档案异地查询等现实难题，加上准备结为夫妻的双方较难在此阶段产生对彼此的质疑心理，因此实际查询的情况并不多见。

又比如，婚前财产公证，这是随着近年来社会观念变革而逐渐为民众所接纳的婚前法律服务之一。为了避免财产纠纷，准夫妻在结婚前通过公证的方式划分各自的财产，对婚前财产的范围、价值和产权归属进行明确，对稳定家庭关系、维护双方合法权益具有重要意义。公证的一般流程是双方提供真实有效的身份证明、婚姻状况材料、财产凭证和约定书或协议草稿，依据自愿原则向公证处提出申请。公证处受理申请后进行审查和登记，并向当事人出具公证书。

2. 离婚法律服务

白头偕老是对婚姻的美好祝福与期待，但实践中仍旧有为数不少的夫妻因为各种原因选择解除婚姻关系，即离婚。任何社会都关注和重视离婚，因为这不仅事关当事双方，还与社会稳定有关，从这个角度就不难理解为什么学术界对离婚，尤其是高离婚率的关切。婚姻解体时一般会由于离婚程序（快速离婚的诉求）、子女抚养权、财产分割等婚姻家事纠纷寻求法律服务。

关于婚姻家事法律服务的详细内容，本书另有专门章节详述。值得一提的是，婚姻家事律师作为婚姻法律服务的主要提供者，不仅应当具备合格的业务能力，更应当具有先进的婚姻观和性别观，这样才能在实践过程中自觉维护妇女、儿童、老年人等特殊群体的合法权益，维护社会公平正义。

（四）婚姻建设服务

1. 行政部门提供的婚姻建设服务

从建立婚姻关系起，不同社会力量就参与到婚姻建设过程中，通过制定行业规范、培训从业人员、提供实际服务、进行总结反思等方式促进婚姻发展。

以行政部门的参与为例，2009 年，《中华人民共和国国家标准：婚姻庆典服务（GB/T 23860—2009）》（Wedding Ceremony Service）国家标准开始实施。该国家标准由民政部提出，国家质量监督检验检疫总局和国家标准化管理委员会提出制定的标准，中国社会工作协会婚庆行业委员会、四川省社会科学院等单位参与起草。

4 基本原则

a）婚姻庆典服务机构应根据 GB/T19001 相关要求，建立婚姻庆典服务质量管理体系；

b）婚姻庆典机构在服务中应倡导健康、文明的婚姻庆典形式，尊重各民族婚礼文化习俗；

c）婚姻庆典机构服务人员应遵守良好的职业道德，树立诚实守信、爱岗敬业的服务意识。

……

6.2 人力资源

6.2.1 人员

婚姻庆典服务机构应将人力资源的开发、培训作为重要内容之一，员工应能胜任其职位要求。

6.2.2 培训

婚姻庆典服务机构应建立培训制度，包括：

……

6.2.2.1 培训内容

——婚俗文化知识和礼仪知识；

——服务意识和职业化；

——营销心理学；

——沟通技巧；

——案例分析等。

……

7.1 服务过程

婚姻庆典服务机构应做到：

a）具备婚姻庆典服务的资质许可；

b）妥善保存顾客的所有档案资料；

c）员工着正装或着本机构的统一服装，佩带工牌上岗；

d）员工熟悉本机构的服务项目、收费标准、工作程序及工作要求，在接待时使用文明规范的语言；

e）在经营场所内公示本机构的服务项目、服务人员，明码收费标准；

f）婚礼的策划宜由专业婚礼策划人员承担，策划人员要充分了解顾客对婚礼的需求，根据其要求在本机构服务项目的基础上为其策划婚礼；

g）婚礼中使用符合质量要求的设备、设施，专职人员在婚礼进行前认真检查所使用的设备、设施，确保正常使用；

h）制作的婚礼影像制品（含照片、录像带、光盘等）的内容，满足顾客在婚礼前提出的经双方协商一致的要求；

i）制作的婚礼音像制品保证质量，并在规定的时间内交付给顾客，交付时可向顾客演示音像制品的内容，交付的同时将录制过程中的所有原始资料（包括底片、录像带、数码资料等）一并交付顾客；

j）与顾客明确服务项目、服务标准及服务价格后，与顾客签订婚礼服务合同，婚礼服务合同格式见附录 A；

k）及时准确地记录顾客反馈意见，包括顾客的抱怨，所采取的弥补措施及改进方案应有明确记录。

……

除以上摘抄内容外，标准明确了行业术语和定义、婚庆服务的制度和质量管理，并对服务过程和安全卫生提出了明确要求。

2. 市场化的专业服务

在政府行政部门之外，其他社会力量也不同程度地参与到婚姻建设中。以婚姻辅导为例，从全球来看，西方部分国家的婚姻辅导服务经过长足的发展，形成福利化、体系化和专业化的特点。而在中国，中国社会工作协会[①]婚姻家庭工作委员会开设了“婚姻家庭公益热线”，探索了以“婚恋大讲堂”和“婚情社工事务所”促进婚姻家庭发展的可能性。

相较而言，由市场提供的婚姻建设服务内容覆盖面更广，社会工作专业服务属性更强。比如，上海市嘉定区从2015年起积极开展离婚干预服务，以政府购买服务的方式委托专门的社工事务所开展婚姻家庭咨询服务项目，为嘉定区的婚姻危机人群提供婚姻调解、法律指导和婚姻咨询等服务[②]，使离婚调解干预形成了从宣传教育预防到介入干预化解的全过程服务闭环。

（五）特殊的婚姻服务

1. 婚姻救助服务

在一般性婚姻服务之外，针对残疾人等社会群体还有特殊的婚姻服务，这类服务因其目标人群通常具有的弱势或边缘地位而呈现一定的救助色彩。

以残疾人婚姻服务为例，在残疾人权益保障法等相关法律中没有特别明确的保护制度，更多依靠实际工作来广泛而零散地为残障人士提供婚姻服务。我国签署了联合国大会通过的《残疾人权利公约》，根据公约第二十三条：“缔约国应当采取有效和适当的措施，在涉及婚姻、家庭、生育和个人关系的一切事项中，在与其他人平等的基础上，消除对残疾人的歧视，以确保：（一）所有适婚年龄的残疾人根据未婚配偶双方自由表示的充分同意结婚和建立家庭的权利获得承认；（二）残疾人自由、负责任地决定子女人数和生育间隔，获得适龄信息、生殖教育和计划生育教育的权利获得承认，并提供必要手段使残疾人能够行使这些权利。”[③]在实践中，由于存在对残障人士的偏见甚至歧视，他们进入婚姻关系的时间往往晚于平均婚龄，从结识配偶这一步起就容易遭遇困境，专门面向残障人士的婚姻介绍机构应运而生，而一些网络社交平台也打造了专门的残障人士情感交流空间。残障人士的婚姻不但更容易进入“残残结合”的循环之中，还更难维持良好的婚姻关系，对其进行婚姻法律救助格外重要。各级残联作为残障人士日常生活和婚姻家庭生活所需服务的主要提供者往往承担此责，如陕西省于2022年全国助残日活动中开展专项活动，由省司法厅和省残联联合开展，将婚姻家庭等民生事项列入残疾人法律援助服务范围。

---

① 协会经民政部批准，于2010年8月正式成立。

② 有关“玉兰馨香”婚姻家庭咨询民政公益服务项目的更多信息可参阅李琛、金婉仙：《用专业服务为婚姻家庭护航》，《中国社会工作》2022（22）：1；上海市嘉定区人民政府网站，http://www.jiading.gov.cn/xinwen/jddt1/msxw/content_608074.

③ 中国残疾人联合会，联合国《残疾人权利公约》，https://www.cdpf.org.cn/zwgk/zcwj/zcfg/b9401df2adc64e52b06aa18c6fd04fe0.htm.

2. 军婚服务

军人为国家作出了特殊贡献，其代价之一就是无法像普通民众一样在日常生活中经营自己的小家庭，这种职业的特殊属性和婚姻的现实情况，使得国家对其婚姻实行特殊保护政策，同时通过其他路径促进和维护军人建立婚姻家庭，这就是国家为军人提供的特殊婚姻服务。

军人因其职业特殊性，在择偶时面临的时空难题较一般民众更甚，为此，多年来各级双拥办联动协调妇联、民政、团委等部门，带领地方机关事业单位的女青年与驻地军队官兵开展军地联谊活动，为双方增进认识、帮助军人扩大社交、建立军婚提供机会。

1950 年的婚姻法并没有正式使用“军婚”一词，尽管对军人婚姻的讨论在这之前的法律上已经存在，但这一概念在公文中的首次正式亮相是在 1963 年的《关于处理破坏军人婚姻案件的意见的报告》中，关于军人婚姻的范畴在该报告中被界定为“根据兵役法的精神，军人婚姻应当是指现役军人的婚姻，其中包括人民公安部队干部、士兵的婚姻在内。退役和转业的军人、残废军人、人民警察和军事机关没有军籍的雇员的婚姻不包括在这个范围之内。……军人婚姻的概念，系指军人同已经结婚的妻子和已经订婚的未婚妻的婚姻关系而言。已订婚的未婚妻，一般是指群众和亲属都已公认的同军人有婚约关系的人”。① 军婚范畴的界定之后便是对破坏军婚的明确规定，彰显了对军人权益的维护。当然，对军婚的特殊保护经过多年的实践和讨论，已经不再是单方面、无原则地维护，也必将随着婚姻家庭变迁和社会发展臻于完善，切实维护军人及其家属的权、责、义。

除了从法律上为军婚制定特殊保护政策之外，国家还通过多种途径关心军人的婚姻家庭。以随军就业安置为例，《国务院　中央军委关于批转人力资源社会保障总参谋部总政治部军人随军家属就业安置办法的通知》（国发〔2013〕42 号）对随军家属范围界定、安置原则、军地职责、安置方式、组织领导和运作机制等进行了全面的规范，首次将随军家属区分为五种类型，即随军前是在编在岗公务员、随军前是事业单位在编人员、随军前在中央和地方实行垂直管理单位的公务员、随军前在中央和地方实行垂直管理单位的事业单位在编人员，以及烈士遗属、因公牺牲军人遗属和战时荣立二等功以上奖励军人的随军家属。对随军家属进行就业安置，事关广大官兵的切身利益，不仅有助于维护军队战斗力的建设，更是通过服务“小家”建设“大家”，充分体现了国家为军人这一群体提供的独特婚姻服务。

3. 海峡两岸婚姻服务

随着海峡两岸民事、商事往来日益密切，从两岸恢复交流到 2003 年，通婚情况逐步增加，2004 年到 2007 年通婚从高峰开始滑落，而至 2007 年后通婚规模逐步稳定，

① 《最高人民法院关于处理破坏军人婚姻案件的意见的报告》，1963 年。

平稳发展。随着两岸婚姻当事人的相关服务诉求不断增加，涉及婚姻、收养、就业、医疗、公证、出入境、户籍等众多领域。海峡两岸婚姻家庭服务中心由民政部筹备成立，目的是为两岸婚姻当事人提供相关的咨询和辅导服务，进一步加强两岸婚姻家庭交流合作。

4. 涉外婚姻服务

在涉外婚姻中，从现实情况来看，作为妻子的一方更多处于实际的弱势地位。尽管没有明确的保护措施，但《中华人民共和国涉外民事关系法律适用法》（中华人民共和国主席令第三十六号）对婚姻家庭领域的法律适用做了专门规定，从立法上明确提出保护弱者利益，为涉外婚姻中弱势一方在结婚、人身和财产、离婚、扶养与收养等婚姻家庭议题方面提供法律保障服务。

第三节　家庭服务

一、家庭服务

（一）概念

国内外目前尚未形成对“家庭服务”这一术语确定、统一和广泛被采纳的概念和定义。比如，欧盟的定义是：“由公共、私营或第三部门提供的，代替家庭内传统的无薪工作，需要支付薪酬的工作。”这一定义侧重家庭服务的属性，对其内容未做界定。

在我国，由于观念和历史的原因，家庭服务在学术话语体系和实务实践中与家政呈现复杂的交织关系，一般认为家庭服务从内涵、外延上更为宽泛和丰富，而家政属于家庭服务中最为典型的内容。

综合不同观点来看，家庭服务以家庭成员个人及家庭整体为服务对象，以促进家庭成员身心健康、家庭人际关系协调、家庭功能发挥等为目标。

（二）家庭服务业

家庭服务业，即为居民家庭提供处理家庭内部各项事务的服务。《国务院办公厅关于发展家庭服务业的指导意见》（国发办〔2010〕43 号）开篇就指出“家庭服务业是以家庭为服务对象，向家庭提供各类劳务，满足家庭生活需求的服务行业”。

2013年，商务部出台的《家庭服务业管理暂行办法》中将该行业界定为："以家庭为服务对象，由家庭服务机构指派或介绍家庭服务员进入家庭成员住所提供烹饪、保洁、搬家、家庭教育、儿童看护以及孕产妇、婴幼儿、老人和病人的护理等有偿服务，满足家庭生活需求的服务行业。"

对家庭及其成员而言，家庭服务业能够有效提升生活质量，协助家庭充分发挥功能。而对社会来说，家庭服务业的发展不仅能够改善民生，还有显著扩大内需、吸收劳动力、促进就业、推动经济发展等积极作用。这种作用在社会转型的大背景下尤为凸显，因此国家将发展家庭服务业提升到国民经济的高度，前后出台多项文件鼓励和引导家庭服务业的有序发展。

（三）家庭服务内容

从家庭服务业的概念来看，家庭服务内容琐碎繁杂，几乎涵盖衣食住行方方面面。从《商务部　财政部　全国总工会关于实施"家政服务工程"的通知》附的家政人员专业技能考核标准来看，家政服务员需要："会使用日常礼貌用语；会制作两种以上主食、五种以上的家常菜；懂得家庭居室清洁卫生的基本要求和工作步骤，能使居室整齐清洁、厨房卫生间整洁无异味；会鉴别服装面料，并科学合理地予以分类洗涤（按照衣服特性用洗衣机或手工洗涤）、晾晒、收藏；会使用一般的家庭电器（电视机、电冰箱、电风扇、电饭锅、吸尘器、电热水器）及燃气具（燃气热水器、煤气灶）；懂得常见花卉养护、一般家庭宠物的饲养；掌握有害生物防治的基本常识（如灭蟑螂、苍蝇、老鼠）；掌握基本的护理产妇、新生儿的技能；掌握婴幼儿生理心理特点，能安全看护婴幼儿；能对老年人进行饮食起居护理；能对病人进行简单的生活护理。"

二、家政服务

（一）家政发展简史

家政，比家庭服务更早出现在国家话语（公文）和学术话语（科研）中。从"家政"向"家庭服务"的术语流变，也呈现了我国行政权力和科学研究对家庭服务认知的变迁。

1955年，劳动部首次在公文中使用了"家政服务员"，来代指"从事家庭劳动类社会职业的工作人员"[①]。

① 劳动部：《关于颁发保育员、家庭服务员国家职业技能标准的通知》，1995-10-20。

2001 年，劳动部颁发《家政服务员国家职业标准》，将“家政服务员”定义为“根据要求为所服务的家庭操持家务，照顾儿童、老人、病人，管理家庭有关事务的人员”[①]。同年，深圳市出台《深圳经济特区家庭服务业条例》。作为地方性法规，该条例对家庭服务经营者，家庭服务人员，家庭服务消费者的权、责、义进行了规定。

2009 年，中央机构编制委员会办公室颁布《关于建立推动家庭服务业发展促进就业部门协调机制的通知》（中央编办发〔2009〕14 号），指出“大力发展家庭服务业，对满足广大人民群众的生活需求、增加就业、服务民生、扩大内需、构建和谐社会具有非常重要的意义”。该通知确立了由人力资源社会保障部门牵头负责，发展改革委、民政部、财政部、商务部、全国总工会、全国妇联、共青团中央等部门（单位）参加的协调机制，要求各部门（单位）在协调机制框架下尽快完成研究并形成工作方案，拿出推动家庭服务业发展促进就业的指导意见。经此，“家庭服务”取代家政服务成为被广泛接纳的概念。

同年，《商务部　财政部　全国总工会关于实施“家政服务工程”的通知》（商商贸发〔2009〕276 号）宣布 2009 年起“运用财政资金支持开展家政服务人员培训、供需对接、从业保障等工作，扶持城镇下岗失业人员、农民工从事家政服务”。该通知附的家政服务员培训大纲还明确了家政服务员专业技能及其考核标准。商务部还和财政部发布《关于推进家政服务网络体系建设的通知》（商商贸发〔2009〕149 号），计划推动全国各地级以上城市建设“家政服务网络中心，整合服务资源，培育服务企业，培训从业人员，形成比较健全的家政服务体系，为扩大城乡居民便利、安全的服务消费提供有力保障”。

也是在 2009 年，部际联席会议机制和家庭服务办公室成立，标志着家庭服务业发展的新起点。

2010 年，国务院办公厅下发《关于发展家庭服务业的指导意见》（国办发〔2010〕43 号），商务部发布《商务部关于加快家政服务业发展的意见》（商商贸发〔2010〕165 号）。

2011 年，《中华人民共和国国民经济和社会发展第十二个五年规划纲要》第十六章第三节“鼓励发展家庭服务业”明确提出，要“以家庭为服务对象，以社区为重要依托，重点发展家政服务、养老服务和病患服务，鼓励发展残疾人居家服务，积极发展社区日间照料中心和专业化养老服务机构，因地制宜发展家庭用品配送、家庭教育等特色服务，形成多层次、多形式的家庭服务市场和经营机构。加快建设家庭服务业公益性信息服务平台。加强市场监管，规范家庭服务业市场秩序”。从表述可见，家政成为家庭服务业的核心内容之一，对家庭服务业的规划也覆盖了内容、形式、监管全流程。

---

① 中国就业培训技术指导中心：《发展家政服务扩大就业工作指南》，中国劳动社会保障出版社，2002。

随后在2012年，国务院印发《服务业发展“十二五”规划》(国发〔2012〕62号)，将大力发展生活性服务业作为规划目标，其中对家庭服务业的规划强调“健全家庭服务业相关法规、政策体系和监管措施，完善家庭服务业促进体系”，为家政和家庭服务业发展营造良好的政策环境。同年财政部发布《关于2012年开展家政服务体系建设有关问题的通知》(财办建〔2012〕14号)，支持在部分城市开展家政服务体系建设试点和家政服务人员培训。

截至2012年，多个地方各级政府相继出台扶持家庭服务业发展的政策法规，包括《江苏省家政服务业行业管理规定》(2008年)、《上海市家政服务合同示范文本(2011版)》、《宁夏回族自治区家庭服务业条例》(2011)、四川省《关于发展家庭服务业的实施意见》(2011)。

2013年2月起施行的《家庭服务业管理暂行办法》，对家庭服务业进行了界定，即本文采用的定义：以家庭为服务对象，由家庭服务机构指派或介绍家庭服务员进入家庭成员住所，提供烹饪、保洁、搬家、家庭教育、儿童看护以及孕产妇、婴幼儿、老人和病人的护理等有偿服务，满足家庭生活需求的服务行业。该办法所确定的承担全国家庭服务业行业管理职责的商务部，接连发布《商务部办公厅关于加强家政服务培训工作的通知》(商办服贸函〔2013〕152号)、《关于做好2013年家政服务体系建设和大众化早餐工程工作的通知》、《财政部　商务部关于印发中央财政促进服务业发展专项资金管理办法的通知》(财建〔2013〕4号)等文件。

2014年，人力资源社会保障部、发展改革委、民政部、财政部、商务部、全国总工会、共青团中央和全国妇联联合下发《关于开展家庭服务业规范化职业化建设的通知》，明确提出“努力实现家庭服务行业规范化、家庭服务从业人员职业化的目标”。

2015年国务院印发《关于加快发展生活性服务业促进消费结构升级的指导意见》提出重点发展居民和家庭服务、健康、养老等十大生活性服务领域。

2017年国家发改委等17个部委印发《关于印发〈家政服务提质扩容行动方案(2017年)〉的通知》(发改社会〔2017〕1293号)，指出家政服务业“仍存在供需矛盾突出、市场主体发育不充分、专业化程度较低、管理机制不健全等问题”，由此制定了引导家政企业做大做强、加强对行业发展的政策扶持、健全培训提升职业化水平、完善家政服务标准和服务规范，以及强化监管优化市场环境的工作任务。

(二) 市场化的家政服务

行业标准规范的达成是家政服务市场化的新阶段，相关标准包括《家政服务基本规范》(SB/T 10643—2011)、《家政服务机构等级划分及评定》(GB/T 31772—2015)、《家政服务母婴生活护理服务质量规范》(GB/T 31771—2015)、《家政服务员培训规范》(SB/

T 10848—2012)、《家政服务业通用术语》(SB/T 10847—2012)、《家政服务业应急快速反应规范》(SB/T 10849—2012)、《家政服务网络中心运营管理规范》(SB/T 10981—2013)、《家政服务网络中心建设技术规范》(SB/T 10980—2013)。这些文件规范了家政行业，促进产业标准化发展。

同时，由于家政服务事涉民生，目前在市场运作之外也强调要与政府引导相结合，由政府为家政服务业的发展提供良好的政策环境和社会环境，而家政服务业则报以劳动力吸纳、社会经济发展等良性后果。

（三）政策与市场的特点

家庭服务业的快速发展，也遭遇了一系列挑战，如社会重视程度低、从业人员整体能力素质有待提升、消费者信任不足、市场供需不平衡、行业规范性和标准化程度有待完善、权益保障不足等，制约了行业健康发展。这些问题通常无法仅仅依靠市场的自我调节来应对，这时就需要政府适当介入。

政策是政府用于应对市场失灵、补充促进市场发展的有力手段，而政策的制定又总是与市场的发展动态密切相关，例如，商务部每两年召开一次全国家政服务工作会议，促成行业内现场经验交流，对接政府的指导和市场的需求，形成“市场发展—政府调控”的良好互动。

三、家庭综合服务

（一）托幼 / 托育

生育和养育的行为不仅仅是一个家庭的内部事务，更是社会发展、文明延续的重要事项，特别是伴随着社会转型出现的低生育率等问题，更将托幼 / 托育放置在了极受关注的位置。

新生命带给家庭欢声笑语，当然也有经济、人力和时间方面的负担。由于女性更多成为人力和时间方面的承担者，进而导致自身职业发展受影响甚至中断，反过来抑制了生育意愿，造成了引起社会热议的婚育行为变迁。各项研究表明，鼓励生育不但要从经济补贴和法律制度保障入手，更重要的是创设生育友好型社会，使生育责任的主要承担者——妇女群体能够摒除后顾之忧，释放生育意愿。

能够显著减少对生育女性时间、精力消耗的托幼 / 托育服务大致包含两类，一类是 3 岁及以上幼童进入各类幼儿园，另一类是 0—3 岁婴幼儿的托管。第一，这两类服务都不属于我国义务教育体系，需要家庭承担相应的托管费用。第二，无论是传统的育儿观念，还是受西方儿童教育科学影响的育儿观念，都更强调婴幼儿在“父母—家人—家庭”的环境中度过生命早期，使得托幼 / 托育服务既存在需求缺口，又较难普遍铺开。第三，加之各地的托幼服务还存在种种问题，如服务内容标准不一、收费不一、开办机构和工作人员爆出问题的新闻频现，增加了对社会力量举办的托幼 / 托育机构的不信任。

2022 年的政府工作报告提出多渠道发展普惠托育服务，同年国务院决定设立 3 岁以下婴幼儿照护个人所得税专项附加扣除，以此为例，可见由国家提供的、协助家庭育儿的服务并不停留在实务领域，而是一个在此基础上由政策、市场等其他领域所共同构建起来的服务体系。

（二）养老

老龄化是近年来我国乃至世界人口结构的重要特征之一，对国家经济社会发展和人口可持续发展影响深远。我国从多元主体共同参与养老照护的角度陆续出台多项政策，形成了“居家社区结构相协调、医养康养相结合”的目标体系，多元照料主体相融合、多项照护资源相整合成为养老事业发展的趋势。

从文化方面来说，我国拥有浓厚的家文化，在家庭中走完人生是民众对美好家庭的期待，这也使得家庭照护之外的机构养老发展始终面临困境。基于现实需求和文化情感，居家养老、社区养老、机构养老在实践中并存，社区养老服务驿站、社区综合为老服务中心、社区老年人日间照料中心、社区老年人助餐服务点均有所不同侧重地向老年群体及其家庭提供部分养老服务。

四、家庭社会工作

不同学者对家庭社会工作的界定略有差异。一般来说，家庭社会工作是指运用社会工作的专业价值、理论和方法，协助家庭成员及其整体应对和解决所遇到的问题，实现家庭成员和家庭系统与社会环境之间的相互适应。

在中国，家庭社会工作主要指向三个板块，一个板块由各级妇联的相关工作组成，一个由民政等部门和社会机构（非社会工作机构）的相关工作组成，一个由专业社会工作机构提供的社工服务组成。这些服务围绕着家庭以及跟家庭密切相关的婚姻，因此也被称为婚姻家庭社会工作。

家庭社会工作主要提供四方面的服务：第一是物质性的服务，协助家庭生活有序运转；第二是法律援助和心理援助，以增强家庭的应变能力；第三是开展教育和培训，提高家庭整体素质；第四是链接资源搭建网络，促进家庭的增权和发展。

家庭社会工作使用的核心理论有家庭系统理论、家庭生命周期理论、家庭沟通理论、家庭冲突理论和家庭危机理论。其基本价值观念包括：

每个人都需要家庭；

家庭希望自身是健康的；

家庭希望每个成员能在一起克服其差异；

家庭每个成员都需要爱的滋养；

家庭成员无论性别、年龄都应彼此尊重；

家长在维系家庭关系和养育孩子时面临挑战，需要更多的支持和理解；

如果家长能够得到知识技巧和支持，他们是能够学习积极有效的方式来回应孩子的；

家长只有在他们自己的基本需求得到满足的前提下，才能积极有效地回应孩子的需求；

家长在教养孩子的想法和做法之间是存在差异的；

家长的问题是逐步发展而非一夕之间产生的；

家庭需要环境系统予以公正平等的待遇。

作为社会工作的实务领域，个案、小组、社区仍旧是家庭社会工作的主要服务手法，此外还有家庭治疗（Family therapy，Family treatment）作为该领域特有的专业工作方法。

家庭治疗以家庭而不是个人作为治疗的对象，以心理学、家庭社会学以及社工相关理论为指导，注重家庭的境况和成员的互动过程，目标是改变家庭内部不良的互动结构和方式，引导家庭向积极的方向改变。

简言之，家庭社会工作是社会工作者秉持专业伦理与原则，依据系统理论、生命周期理论等向家庭提供服务。它不仅针对有问题的家庭，同样向普遍的家庭提供发展的支持，是对政府部门提供的家庭服务的补充。

第四节　婚姻家庭服务的发展

一、婚姻家庭服务的经验

（一）大陆婚姻家庭服务的特点

大陆地区提供婚姻家庭服务的包括各级政府相关部门和群团组织、专业性社会组织、社区以及志愿组织等。相比中国港澳台地区和国外，大陆的婚姻家庭服务还处于初步专业化、非制度化以及有限供给的阶段，目前存在着比较明显的城乡、东西部之间的发展不平衡。

首先，服务供给方面，仍旧由政府作为主导，多元社会力量参与。

其次，服务内容方面，既有针对所有婚姻家庭的咨询指导教育类服务，也有针对特定家庭的辅导帮扶救助类服务。

再次，在服务水准方面，近年来呈现专业化趋势，深受社会工作专业发展的影响，且专业化引入和本土化探索齐头并进，未来发展空间仍旧非常大。

最后，在服务定位方面，曾经因为回应高离婚率等社会问题，一度被认为是解决婚姻问题的途径。经过多年来的观念变革，现在对婚姻家庭服务的期待更强调其作为建设和谐家庭的举措。

（二）我国港澳台地区婚姻家庭服务的经验

港台地区的家庭社会工作起步相对较早。

1958 年香港社会福利署成立，最先开设的服务工作就是家庭服务，目标是赈济贫民、保护妇孺和伤残人士。2002 年以来，香港逐步建立了以综合家庭服务中心、家庭危机介入中心为载体和平台的家庭服务体系，服务内容基本满足家庭衣食住行、升学就业、人际交往方面的需求。台湾的家庭社会工作发展于 1946 年成立的妇女会，以改善家庭生活、健全家庭组织、调解家庭纠纷以及从事婚姻辅导为主要目标。2007 年制定了“建构家庭福利服务系统实施计划”，旨在建立一个以家庭为中心、以社区为基础的基层社会福利服务网。

港澳台地区的婚姻家庭服务，服务手法上具有明显的社会工作专业属性，服务内容侧重经济或实务援助、咨询、教育辅导、保护、危机介入等，体系上形成了以社区为平台、专业机构为服务供给主体、志愿服务和社区互助为补充的服务机制。

（三）国外婚姻家庭服务的经验

随着社会发展，婚姻家庭的稳定运行和功能良好发挥都受到不同程度的挑战，使得国外婚姻家庭服务从无到有，自下而上，从零散到成体系，并逐步形成专业化服务。

国外一般倾向于将家庭视为私人领域，以往较少得到政府的重视和干预。20 世纪初期，针对婚姻家庭中出现的问题，首先从美国开始出现了婚姻辅导服务。20 世纪 70 年代以来，婚姻家庭遭遇的问题开始受到广泛的关注，欧美国家普遍开始推进家庭研究，制定家庭支持的公共政策，成立相关部门专司家庭事务，这个过程中婚姻家庭服务也从无到有并走上了系统化、专业化的道路。

国外发达国家婚姻家庭服务的系统化体现在成系统的制度支持和体系化的实践服

务。仍旧以婚姻辅导服务为例，从制度支持的角度来看，西方国家通过医保支付和社会服务网络来保证婚姻辅导服务的进行，比如，夫妻治疗已经成为美国精神卫生健康的重要组成部分而纳入医保。此外，婚姻辅导服务从制度安排、服务机构、从业人员到服务步骤都有明确的规定，保障了服务的系统性和可持续性。从实践来看，婚姻辅导服务从单一的心理咨询 / 治疗，发展成为包含预防、辅导和发展的一系列相互影响的过程。比如，新加坡的婚姻家庭服务由四阶段组成：阶段一由家庭教育部广泛宣传婚姻家庭的重要性，短期的宣传目标是协助未婚者了解婚姻、家庭和社会团体的重要性，长期的目标则是使夫妻在不同阶段维持感情和心理上的健康；阶段二有家庭正义中心为意欲离婚者提供各项免费辅导服务；阶段三由帮助家庭服务中心协助有需求者进行离婚后的治疗和援助；阶段四则集中在处理财产、子女等涉及纠纷的法律援助方面。

二、婚姻家庭服务的发展

（一）发展趋势

1. 观念变化

社会观念的变化影响了公众对婚姻家庭以及婚姻家庭服务的认知。以个人意志和爱情为基础缔结成婚并非自古以来就有的事情，在漫长的封建时期，婚姻强调承继祖先、繁育后代、延续血脉，因此在婚姻价值方面重家族利益而轻夫妻感情，在择偶方面重父母之命而忽视个体意愿，在婚内互动方面重规范而约束个体自由，从婚姻功能来看也更重视家庭的责任、义务而轻视个体幸福感的获得。直到封建社会被推翻，尤其是新中国成立之后，中国人婚姻中的自主才有了显著的增强结构，国家也以法律和观念宣传等形式保障和促进婚姻自由，大众的婚姻观念也逐渐转变。

基于此，未来的婚姻家庭服务工作人员需要跟进婚姻观念的转变，摒弃陈旧的婚姻家庭观念，如“宁拆十座庙，不毁一桩婚”“夫妻没有隔夜仇”“嫁汉嫁汉，穿衣吃饭”“家丑不可外扬”等，以专业的服务满足个体及家庭的需求。

2. 婚姻与家庭的变化

伴随着观念变化，婚姻家庭也在短短的数十年间发生了极为显著的变化，且带动了社会生活其他方面的改变。就婚姻家庭本身的变化而言，主要表现在形式更加多元、非典型或非主流类型日益增加、家庭结构小型化和核心化、家庭功能转移拓展、婚姻家庭关系民主化情感化。

观念的转变既是对社会变迁的回应，又会反过来进一步促进婚姻家庭的变革。

曾经，我们将婚姻家庭的一些问题理解为西方国家所独有的家庭危机，如婚外情、高离婚率等，甚至将这些问题与社会制度挂钩，认为只有资本主义国家才会面临这些社会问题。然而随着中国社会的发展与转型，婚姻家庭领域也发生了显著的变化，婚外情和高离婚率等问题浮现，原有的婚姻家庭支持系统已无力继续提供全面的服务，对专业婚姻家庭服务的需求日益彰显。

随着国家行政力量自上而下对男女平等基本国策的系统性践行，特别是性别平等教育推进之下，越来越多的年轻男女组成家庭后，夫妻之间的平权意识在增强。

尽管如此，还是应当看到父权制作为根植文化的社会深层结构，仍旧在包括婚姻家庭在内的社会生活方方面面中发挥着影响，且这种影响还会持续相当时间。基于此，针对婚姻家庭开展的服务始终应当强调从平等的立场出发，以实现家庭发展促成个体发展，个体发展带动家庭发展。

（二）发展方向

1. 专业人才培养

习近平总书记关于注重家庭家教家风建设的重要论述反映了社会对婚姻家庭的重视，以及巨大的建设需求，培养家庭服务专业人才将成为行业发展的重要推力，如2020年中华女子学院成立家庭建设研究院并开办养老服务本科专业，为系统推进该领域理论研究和实践人才培养启动了平台。

从国外的经验来看，专业化是婚姻家庭服务发展的必然要求，比如，美国的婚姻辅导服务最先由美国婚姻咨询协会（AAMC）倡导，后逐渐拓展到由婚姻家庭协会及社会工作者协会倡导，在提供服务的各专业机构受专业委员会监督认证，确保提供符合专业伦理的专业服务。在此基础上，参与辅导的服务人员都需要经过严格的培训并取得资格认证，保障了从业人员的专业素养。而学术界和实务界各自通过理论探讨和实务交流不断推动服务理论与技术日益专业化，至此实现服务机构、从业人员和行业发展的专业化。

我国曾经将婚姻家庭服务放置民间，如单位需要为结婚和离婚者出具证明，同时对在职员工的婚姻问题负有“天然的”管理职责，所以单位调解婚姻矛盾成为当时常见的现象。而当单位制解体后，市场化的婚姻家庭服务还没有成型时，街道、妇联等组织极大地承接了这一部分工作。

有别于一般的社会服务，婚姻家庭服务从业人员不仅需要熟练掌握业务技术，还应当具有社会性别意识、儿童优先和特殊保护家庭弱势群体利益等理念，这样能够在提供服务的同时更好地维持公平正义。

此外，考虑到婚姻家庭服务业发展现状中的难点之一，即从业人员（尤其是家政业）素养良莠不齐，影响民众体验感，制约规模效应发挥，形成不利于产业发展的恶性循环。

综合考虑以上方面，婚姻家庭服务未来发展的重点之一必将是专业人才培养，来推动更标准化、规范化、专业化的发展。

2. 行业平台搭建

随着婚姻家庭服务专业化的发展，为了更好地提供服务，拓展服务内容、提升服务质量、拓宽服务范围、提高服务成效和满意度，一个集研究、促进交流、互动的平台必将应运而生。

从政府角色变化的趋势来看，服务型理念的推进将进一步深化政府相关部门与市场的合作，将分散在各行政部门的婚姻家庭服务推向市场，推动复合型婚姻家庭服务项目。

从市场发展来看，在政府监管下形成规模化发展的过程中必然需要整合资源，依托监管部门或者行会搭建平台。

3. 法律制度完善

近 30 年来，欧洲家庭政策的调整和完善，正是基于婚姻家庭观念转变下家庭模式和功能的变化，比如，通过增强国家干预来减轻儿童照顾、日常家务对女性造成的负担。

目前我国并没有专门的家庭法，也缺乏一个成熟完备的家庭政策体系，已有一些探索较为分散。如 2020 年民政部和全国妇联联合下发《关于加强新时代婚姻家庭辅导教育工作的指导意见》（简称《意见》）（民发〔2020〕99 号），在指导思想中明确“以创新服务供给方式为途径……不断加强和改进婚姻家庭辅导教育工作，有效提高群众营造幸福婚姻、建设美满家庭的能力……”。其主要目标是“到 2022 年底，婚姻家庭辅导教育工作广泛开展，服务主体多元化，服务队伍专业化，服务方式多样化，服务管理标准化，工作体系和长效机制不断健全……”。《意见》还指出工作内容应当“探索开展婚前辅导……县级以上婚姻登记机关要设置婚姻家庭辅导室（婚姻家庭纠纷调解室）和社会工作专业岗位，引入社会工作专业力量，……支持开展婚姻家庭社会工作服务，……”。2021 年 9 月出台的《中国妇女发展纲要（2021—2030 年）》首次新增“妇女与家庭建设”领域，对婚姻家庭领域如何实现与妇女的共同发展、共同促进提出了监测目标和策略措施，为地方政府推动性别敏感的婚姻家庭服务提供了原则指导。

重视家庭在社会和谐中的基础作用，就需要从法律的角度，不仅为婚姻家庭的变化做好准备，也为相应的服务开展做好保障，使婚姻家庭服务有法可依，依律开展。

本章总结

习近平总书记在2015年春节团拜会讲话中强调，不论时代发生多大变化，不论生活格局发生多大变化，我们都要重视家庭建设，注重家庭、注重家教、注重家风，紧密结合培育和弘扬社会主义核心价值观，发扬光大中华民族传统家庭美德，促进家庭和睦，促进亲人相亲相爱，促进下一代健康成长，促进老年人老有所养，使千千万万个家庭成为国家发展、民族进步、社会和谐的重要基点。做好家庭工作，维护婚姻家庭的和谐，向婚姻家庭提供高质量的服务不可或缺。

婚姻服务主要包括婚姻介绍服务、婚姻登记服务、婚姻档案管理服务、婚姻法律服务、婚姻建设服务和特殊群体的婚姻服务。家庭服务内容庞杂，以家政、托幼、养老、家庭社工为主要内容，涵盖家庭持续发展的方方面面。

婚姻家庭服务在我国起步较晚，经历了由政府主导供给向多元主体供给、行政工作为主向社会工作专业手法为主的转变，正在往专业化、系统化、法制化、规范化和可持续化的方向发展。充分考虑到婚姻家庭的特殊属性，婚姻家庭服务的提供者不仅需要掌握专业的理论知识和熟稔的工作手法，还需要在学习和实践中牢固树立先进的性别意识，切实在服务过程中维护妇女、儿童和老年人的权益，维护社会公平正义。

思考题

1. 在实践中，婚姻服务人员可以通过哪些方法增强准夫妻的婚前医学检查意愿？
2. 怎样促进家庭社会工作在我国的本土化发展？
3. 为什么婚姻家庭服务从业人员需要具有性别敏感性？

第九章

婚姻家庭与人口发展

学习目标

通过学习本章内容，理解婚姻变迁、家庭变迁、人口转变、人口发展等相关概念，能够利用相关数据说明我国婚姻家庭演变趋势与人口发展趋势，并基于此分析婚姻家庭与人口发展的关系。

第一节　婚姻家庭演变趋势

一、婚姻变迁

1950 年我国第一部婚姻法颁布，废除了一切封建婚姻家庭制度，提倡婚姻自由、男女平等，使传统的婚姻、家庭关系发生了重大变化。随着现代化进程的深入，世俗化、个人主义、自由主义、性别平等和性解放等新观念不断涌现，诸多革命性的思潮和社会运动都再次对传统的婚育文化和家庭观念带来了巨大冲击和震撼。在婚姻方面，逐渐形成了既区别于西方崇尚自由的婚恋观念，也区别于“父母之命、媒妁之言”“婚姻是两个家庭的事情”的传统婚姻观念，促使呈现不同的婚姻现状，具体表现为：一是初婚与初育年龄大大推迟；二是婚姻不再神圣，不婚和离婚盛行；三是传统家庭不再是唯一的生活安排，单身、非婚同居与无婚生育的观念和行为得到更大范围的传播和认可，并逐渐得到法律认可。虽然，在择偶方面仍然保留着一些传统的观念，“门当户对”的观念依然盛行，但越来越多的年轻人看重人品个性，且这种现象呈现出从大城市到乡镇到农村阶梯式下降的趋势。以下将结合国家统计局、中国妇女社会地位调查等相关数据，结合未婚、已婚、离婚、丧偶四种婚姻状态对我国婚姻演变趋势进行简要分析。

（一）未婚

如图 9-1 所示，根据国家统计局的数据[①]，虽然我国平均初婚年龄不断推迟，从 1990 年的 22.07 岁，到 2000 年的 23.31 岁，再到 2010 年的 24.67 岁，20 年间增加了 2.5 岁左右，但两性的未婚比例均随年龄组的上升而快速下降。从图 9-1 可知，20—24 岁年龄组均有很高的未婚比例，随着年龄的增长而迅速降低；及至 30 岁组，未婚比例低于 3%；35—39 岁组低于 2%；40—44 岁组未婚的占比更不到 1%。综上，尽管我国婚姻的形式和初婚的年龄发生了变化，但依旧是一个普婚的国家，即家庭依旧对婚姻十分重视，或者说，结婚仍是新家庭形成的标志。

① 根据三次普查数据计算。

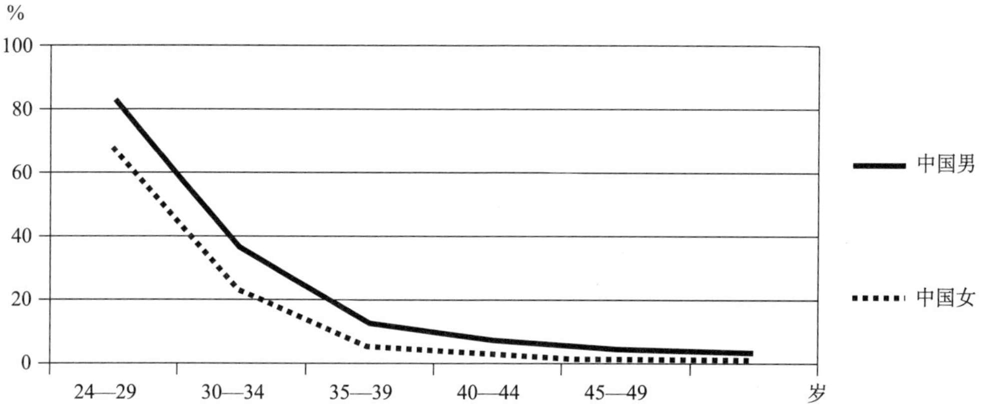

图 9-1　分性别、分年龄组的未婚比例

（二）已婚

根据 2010 年中国妇女社会地位调查数据，从初婚年龄的峰值（众数）来看，男性和女性都有两个峰值，但女性较男性早。女性的初婚峰值年龄为 20—23 岁，男性为 22—24 岁。与乡村相比，城镇初婚年龄只有一个峰值年龄且明显晚于乡村，在 24 岁左右。乡村初婚年龄的峰值年龄在 20—22 岁。与汉族相比，少数民族初婚年龄的峰值较为提前，提前了 1 岁左右。而教育对初婚年龄有延长作用，随着教育程度的升高，初婚年龄的峰值也升高，中学程度的初婚年龄峰值比小学及以下的高 2—3 岁，而大学及以上程度的初婚年龄峰值又比中学程度的高 1—2 岁。

国家统计局数据显示（见表 9-1），1978—2013 年，我国结婚登记对数一直呈现波动增长的趋势，2014 年至今结婚登记对数呈现下降趋势。其中，初婚人数从 1990 年到 2000 年左右呈现下降趋势，2000 年至 2005 年间略有浮动，2006 年至 2014 年呈现上升趋势，2015 年至今我国初婚人数逐年减少。而再婚人数从 1996 年开始一直呈现增长趋势。

表 9-1　1978—2020 年我国结婚数据①

年份	结婚登记总数（万对）	登记结婚人数（万人）	初婚人数	再婚人数（万人）	恢复结婚（对数）	每千居民之结婚宗数（结婚率）
1978	597.8					6.2
1979	637.1					6.7
1980	720.9					7.3
1981	1041.7					10.4

① 数据来源：表 9-1 和表 9-2 数据均来自《第三产业统计年鉴 2021》。

续表

年份	结婚登记总数（万对）	登记结婚人数（万人）	初婚人数	再婚人数（万人）	恢复结婚（对数）	每千居民之结婚宗数（结婚率）
1982	836.9					8.3
1983	765.4					7.5
1984	784.8					7.5
1985	831.3					7.9
1986	884.0					8.2
1987	926.7					8.6
1988	899.2					8.3
1989	937.2					8.4
1990	951.1		1819.13	78.24		8.2
1991	953.6					8.3
1992	957.5					8.3
1993	932.4					7.8
1994	932.4					7.8
1995	934.1		1776.07	83.35		7.7
1996	938.7	1877.4	1781.7	86.2	48044	7.7
1997	914.1	1828.3	1726.0	92.2	62752	7.4
1998	891.7	1783.4	1675.4	97.9	69160	7.2
1999	885.3	1770.6	1659.4	100.5	57815	7.1
2000	848.5	1697.0	1581.4	102.6	56324	6.7
2001	805.0	1610.0	1481.7	112.5	63442	6.3
2002	786.0	1572.0	1440.3	117.2	68081	6.1
2003	811.4	1622.8	1483.9	123.3	68204	6.3
2004	867.2	1734.4	1569.6	152.0	84799	6.7
2005	823.1	1646.2	1483.0	163.1	115003	6.3
2006	945.0	1890.0	1705.6	184.4	107113	7.2
2007	991.4	1982.8	1779.7	203.1	138967	7.5
2008	1098.3	2196.6	1972.5	224.1	162244	8.3
2009	1212.4	2424.8	2168.8	256.0	181162	9.1
2010	1241.0	2482.0	2200.9	281.1	190356	9.3
2011	1302.4	2604.8	2309.9	294.9	209781	9.7
2012	1323.6	2647.2	2361.2	286.0	229607	9.8

续表

年份	结婚登记总数（万对）	登记结婚人数（万人）	初婚人数	再婚人数（万人）	恢复结婚（对数）	每千居民之结婚宗数（结婚率）
2013	1346.9	2693.8	2386.0	307.9	298766	9.9
2014	1306.7	2613.5	2286.8	326.7	348285	9.6
2015	1224.7	2449.4	2109.0	340.4	398527	9.0
2016	1142.8	2285.6	1913.3	372.4	473905	8.3
2017	1063.1	2126.2	1746.3	379.9	52.3 万	7.7
2018	1013.9	2027.9	1598.7	429.2	56.3 万	7.3
2019	927.3	1854.7	1398.7	455.9	61.9 万	6.6
2020	814.3	1628.7	1228.6	400.0		5.8

（三）离婚

虽然我国仍然是普婚国家，但从表 9-2 可知，近年来我国粗离婚率不断上升。离婚不仅可能影响家庭成员之间的相互关系，也可能影响家庭的其他功能，如生育、教育等。以离婚对生育功能的影响为例。离婚事件对生育的影响可能是柄双刃剑，也可能因国家而异：一方面，因打断婚姻而降低生育；另一方面，再婚可能带来生育率的上升，因为再婚人群可能再次生育。

表 9-2　1978—2020 年我国离婚数据

年份	离婚总数（万对）	民政部门登记离婚数（万对）	法院部门办理离婚数（万对）	每千居民之离婚宗数（离婚率）
1978	28.5	17.0	11.5	0.2
1979	31.9	19.3	12.6	0.3
1980	34.1	18.0	16.1	0.4
1981	38.9	18.7	20.2	0.4
1982	42.8	21.1	21.7	0.4
1983	41.8	19.7	22.1	0.4
1984	45.4	19.9	25.5	0.4
1985	45.8	19.6	26.2	0.4
1986	50.6	21.4	29.2	0.5
1987	58.1	23.6	34.5	0.6
1988	65.5	26.4	39.1	0.6
1989	75.3	28.8	46.5	0.7

续表

年份	离婚总数（万对）	民政部门登记离婚数（万对）	法院部门办理离婚数（万对）	每千居民之离婚宗数（离婚率）
1990	80.0	30.1	49.9	0.7
1991	83.1	30.1	53.0	0.7
1992	85.0	31.6	53.4	0.7
1993	91.0	33.6	57.4	0.8
1994	98.2	35.5	62.7	0.8
1995	105.6	36.8	68.8	0.9
1996	113.4	39.4	74.0	0.9
1997	119.9	44.0	75.9	1.0
1998	119.2	46.6	72.6	1.0
1999	120.2	47.8	72.4	1.0
2000	121.3	48.9	72.4	1.0
2001	125.0	52.8	72.2	1.0
2002	117.7	57.3	60.4	0.9
2003	133.0	69.0	64.0	1.1
2004	166.5	104.6	61.9	1.3
2005	178.5	118.4	60.1	1.4
2006	191.3	129.1	62.2	1.5
2007	208.8	145.7	64.1	1.6
2008	226.9	161.0	65.9	1.7
2009	246.8	180.2	66.6	1.9
2010	267.8	201.0	66.8	2.0
2011	287.4	220.7	66.7	2.1
2012	310.4	242.3	68.1	2.3
2013	350.0	281.5	68.5	2.6
2014	363.9	295.7	67.9	2.7
2015	384.1	314.9	69.3	2.8
2016	415.8	348.6	67.2	3.0
2017	437.4	370.4	66.9	3.2
2018	446.1	381.2	64.9	3.2
2019	470.1	404.7	65.3	3.4
2020	434.0	373.6	60.3	3.1

（四）丧偶

丧偶对个人情绪、健康影响都较大，对于老年人而言，尤其如此。英国一项研究显示，夫妻任一方死亡，都会增加其配偶的死亡风险，而且对男性作用明显大于女性。女性在丧偶第一年内死亡的风险是丈夫健在者的 2 倍，而男性在丧偶后第一年内死亡的风险将增加 5 倍，此后，两性的死亡风险都逐渐降低（张红红、韩志涛，2008）。另一项研究也证实了这种“寡居效应”的存在，并发现大约有 40% 的女性以及 26% 的男性会在其配偶去世之后的三年内死亡（黄永明，2011）。配偶是老年时相互照顾、相互慰藉的主要提供者，丧偶持续时间越短，就越有利于夫妇在晚年相互搀扶；而如果丧偶持续时间长，加之老年人丧偶后再婚的比例相对较低，因此对丧偶老年人的照料只能更多地依靠子女（周云，2000）。一般而言，平均丧偶年龄越高，累计丧偶持续时间就可能越短，相互搀扶的可能性就越大，但是平均预期寿命不断延长的速度大于平均丧偶年龄提高的速度，因此，累计丧偶持续时间不断增加。

1990—2010 年，随着老年人口总体规模的不断增大，各婚姻状态的老年人口规模也不断增大，但婚姻结构基本不变。与男性老年人相比，女性老年人丧偶的规模更大、比例更高，但随着时间的推移，这一趋势有所缓解，女性有配偶老年人的比例越来越高。丧偶老年人的规模不断增大，为长期照料带来挑战。

二、家庭变迁

关于家庭变迁的理论研究颇丰，学者们分别从结构功能理论、社会冲突理论、符号互动理论和社会交换理论等视角对家庭变迁的原因、过程和影响等做了非常细致的分析。

结构功能理论认为家庭是社会的一个子系统，承担着一定的社会功能，家庭变迁是社会变迁的一部分，家庭的变迁可以反映和折射社会的变迁。结构功能理论对家庭变迁的解释着眼于家庭结构和家庭功能的变化，主要关注的是家庭成员的多少（即家庭规模）、家庭成员之间的相互关系以及家庭对各成员的支持作用。众所周知，我国传统强调“家本位”，因此传统中国家庭的功能极为复杂，涉及生命历程和日常生活的方方面面，如生育、养育、教育、消费、生产、养老、情感、娱乐、司法和宗教（供奉祖先）等。随着社会、经济的发展，家庭结构和家庭功能受到外部环境变化的影响，出现巨大的变化。如由于学校教育和社会保障制度的普及，家庭抚育、教育、养老等功能逐渐弱化；大家族里宗法制度随着国家法律的执行不复存在；等等。而消费、情感功能却在现代社会中得到强化，随着互联网、交通工具的发展，家庭成员之间的

“距离”更近了。结构功能理论能够较好地解释在相对稳定的社会条件下，家庭是如何发挥它自身的功能，实现与社会其他系统之间的协调统一的。但在解释家庭变迁如何开始，并逐步实现的过程方面，结构功能理论显得不够充分，且无法解释家庭功能与家庭结构之间的冲突和不适应，以及社会剧烈变迁下的家庭内外部矛盾和斗争。这一缺陷为社会冲突理论在家庭变迁研究中的应用提供了契机。

社会冲突理论的基本假设是冲突是自然存在的，不可避免。它彻底否定了家庭是一个稳定的、功能完备的社会子系统，主要从冲突和变迁的角度研究家庭变迁。它认为是冲突促进了社会、家庭和人际关系等的变迁，并促使资源（权力、金钱、教育、职业机会等）实现再分配，形成新的均衡。这种从冲突到平衡的过程是不断循环的，即变迁。社会冲突理论对家庭变迁的研究可以分为宏观和微观两个层次。宏观分析强调家庭外部社会经济、文化制度等条件的变化对家庭的决定性影响。微观分析则强调家庭内部对社会条件变化的调适是家庭变迁的主要原因。社会冲突理论为解释家庭变迁的原因提供了理想的分析范式，但它假设家庭变迁是家庭适应冲突的过程，否定了家庭的稳定性；无法支持家庭变迁是一个渐变的过程，特别是在解释中国传统社会“超稳定结构”的家庭制度方面，社会冲突理论的解释显得无力。而且社会冲突理论忽略了家庭成员之间的行为和角色互动，也否定了家庭内部成员之间协调和规范化的家庭行为的存在。

符号互动理论弥补了这一缺陷。符号互动理论重视家庭行为、家庭成员之间的互动，认为家庭变迁实际上是社会环境变化所导致的语言、行为、角色等方面的差异。符号互动理论强调家庭角色的概念，而各种角色是被我们生存的社会定义的。即这种角色又可称为社会角色，诸如性别、年龄、民族、婚姻、职业等，每一个角色都适应一定的社会文化，是社会期望和文化背景的产物。符号互动理论对家庭变迁的研究产生了很大的影响，却因过于强调微观家庭环境和家庭内部的互动、忽略了宏观社会制度和社会过程对家庭变迁的影响而受到诟病。

同符号互动理论一样，社会交换理论也被认为可以改善社会冲突理论的不足。社会交换理论更多地关注家庭成员之间的关系和相互交往，并且认为这种关系和交往是人们理性选择的结果。该理论认为家庭变迁即交换过程、家庭成员资源占有的变化，而这种资源的变化导致家庭关系和家庭权力的形成和分配，进而导致家庭变迁。以婚姻市场为例，假设个体在婚姻市场中所占据的资源是不平等的，按照相应的交换原则和标准选择配偶，最终占据资源最少的人群可能无法找到配偶，从而形成了婚姻市场的挤压。虽然社会交换理论从理性人的视角对家庭成员之间的关系和行为进行合理性分析，但社会交换理论框架将家庭内部行为和关系都看作理性的交换，否认了家庭成员之间非理性或者利他性行为的存在，对家庭情感性、利他性的行为缺乏解释力。

基于上文的理论回顾，此处对本研究的几个关键词进行界定，以更加清晰地利用当前数据和文献分析我国转型时期的家庭变迁。关于家庭的定义，根据《现代人口学辞典》的解释，家庭主要是根据因结婚、生育或领养而形成或产生的关系所确定。这些关系都由法律和风俗习惯加以规定。① 也就是说，从家庭关系的角度来看，包括以父子关系为主的代际关系和以夫妻关系为主的姻亲关系。从家庭规模或成员结构来看，家庭可以分为以下三类：一是核心家庭，是指由一对夫妇及其未成年子女组成的、作为一个独立的社会单位的家庭。家庭中的基本关系是夫妇关系、亲子关系和同胞兄弟姐妹之间的关系。其形式包括：一对夫妇，一对夫妇及其未成年子女，夫妇一方和未成年子女等。简单家庭和基本家庭，常为生物学家庭和核心家庭的同义词。二是主干家庭，又称直系家庭，指由两代或两代以上的夫妻组成，每代最多不超过一对夫妻，且中间无断代的家庭。三是扩大家庭，是更大的家庭单位，通常由数个核心家庭合成。复合家庭和联合家庭，常为扩大家庭的同义词。②

除了如上关于家庭的定义和分类，按照不同的标准，家庭还有更加广泛和细致的分类，如同居、单身家庭、单亲家庭、丁克家庭等。而不同家庭类型所具有的功能是有差异的。如传统的大家庭同时具有生育、养育（包括养育子女和传宗接代）、教育、消费、生产、养老、情感（心理）、司法（家法）和宗教（供奉祖先）等功能，涉及个人生命历程和日常生活的方方面面。本节以结构功能主义为理论基础，以家庭规模、成员结构关系以及家庭功能为主要内容，探讨转型时期我国家庭变迁情况。

（一）家庭规模变迁

随着社会的转型，人们的生活方式和思想观念也在不断改变，并在家庭规模、家庭结构、家庭功能和代际关系等方面显现出来。1947 年，家庭规模为 5.35 人，但在 1953 年新中国第一次人口普查时，家庭规模不到 4.5 人；1964 年第二次人口普查时有所回升；1974 年，家庭规模达到新中国成立后之最大，但亦未逾 5 人；1990 年，家庭规模首次低于 4 人，2000 年略超过 3.4 人，2010 年和 2015 年分别仅为 3.1 人。在 1953—2015 年的 62 年间，家庭规模降低了 31.1%（杨菊华，2017）。到 2020 年，平均每个家庭户的人口数再次下降到仅为 2.62 人，家庭规模史上最小（见表 9-3）。

① 谭琳、李建民主编《现代人口学辞典》，天津大学出版社，1994。

② 联合国国际人口学会：《人口学词典》，杨魁信、邵宁译，商务印书馆，1992。

表 9-3 1953—2020 年人口普查家庭规模情况[①]

普查年份	1953	1964	1982	1990	2000	2010	2020
家庭户规模（人 / 户）	4.33	4.43	4.41	3.96	3.44	3.10	2.62

（二）家庭结构变迁

总体而言，我国家庭结构进一步往核心家庭方向发展。从家庭成员的相互关系来说，由过去的亲子关系向夫妻关系转化（即由以纵向关系为主转为以横向关系为主），老人的权力与地位逐渐衰落，夫妻的权力与地位（尤其是女性的权力与地位）逐渐上升（刘燕舞，2009）。大家庭比例减少，单身家庭、单亲家庭、丁克家庭、核心家庭逐渐增多。空巢家庭比例持续攀升，空巢时间延长。1982 年的普查资料显示，空巢家庭占老年人家庭总数的 12.64%；中国社会科学院在 1987 年开展的 60 岁以上老年人口抽样调查的数据表明，空巢家庭的占比为 16.3% ；据全国老龄委的数据，1999 年，空巢家庭已占 25.8%；2016 年中国老年社会追踪调查数据显示，老年人家庭空巢率已超半数。有研究发现，20 世纪 40 年代、50 年代、60 年代三个出生队列户主在家庭进入空巢期时的平均年龄分别是 57.5 岁、51.3 岁和 44.4 岁，即 1980 年后组建的家庭与 20 世纪 60 年代组建的家庭相比，大约提前 13 年进入空巢期。

2010 年第六次全国人口普查、2020 年第七次全国人口普查数据显示，十年间，全国总家庭户数目大幅增长，从 2010 年 4.02 亿户增加至 2020 年 4.94 亿户，其中一代户类型家庭数量从 2010 年的 1.37 亿增加到 2020 年的 2.45 亿。2020 年一代户类型的家庭比例已经达到了全国家庭户总数的 50%，成为最常见的家庭类型。相比之下，二代户类型和三代户类型家庭比例都呈现显著的下降趋势。家庭户规模、户类别的变化趋势展现出了如今家庭结构的变迁：从多代同堂的大家族逐渐向小家庭变化（见表 9-4）。

表 9-4 2010、2020 年家庭户类别情况[②]

年份	总家庭户数目	一代户数目	一代户比例	二代户数目	二代户比例	三代户数目	三代户比例	四代户数目	四代户比例
2010	401934196	137363112	34%	192237846	48%	69562135	17%	27711013[③]	1%
2020	494157423	244615023	50%	181471659	37%	65528182	13%	2540015	1%

① 数据来源于 2020 年第七次全国人口普查数据。
② 数据来源于 2010、2020 年全国人口普查数据。
③ 2010 年统计类别为“四代户及以上户”数目。

（三）家庭功能变迁

传统的家庭功能包括生理（性和生育）、养育（养育子女和传宗接代）、教育、消费、生产、养老、情感（心理）、娱乐、司法（家法）和宗教（供奉祖先）等。如果根据家庭生命周期理论，以成年子女的离家为划分标准，家庭的功能可以主要分为两方面（或阶段）：抚养功能和赡养功能。由于人口流动的影响，加之生育率的降低，这两种功能都在发生变化。

随着家庭中老年人的决策地位不断下降，家庭养老的方式逐渐向社区养老、社会助老等新型养老模式转变。有研究认为，由于社会转型时期极端个人主义的盛行，传统的生命来源观念可能会被改变，从而影响子女对父母养育之恩的认可，进而削弱子女对父母的赡养意识，使中国传统家庭养老方式陷入新的困境。此外，这种代际关系的改变还将进一步导致中国的家庭核心化，使得子代与父代共同居住比例下降，扩展家庭、联合家庭的大家族形式逐渐消失（谢楠，2011）。从我国人口转变情况来看，死亡率从 1949 年的 20‰下降到 2010 年的 7.11‰，出生率从 1949 年的 30‰下降到 2010 年的 11.9‰。但出生率的下降较为缓慢，到 1990 年左右才下降到 20‰以下，而死亡率的下降就显得迅速很多，早在 1964 年就已下降到 10‰以下。[①] 这种先于生育率的死亡率快速下降，奠定了我国庞大的人口规模；且随着生育率的不断下降，预期寿命的不断延长，少儿人口比例相对减小，老年人口比例不断增大，1999 年我国便已进入老龄化社会。另据统计，我国现有失能失智老人近 4000 万人，预计本世纪中叶老龄化高峰期将增长至 1 亿人。[②] 然而家庭的养老功能却因人口大规模流动和家庭子女数量的减少而减弱，传统的家庭养老向以家庭养老为主、社区养老为辅、机构养老为补充的形式转变。新修订的老年人权益保障法明确规定：国家将逐步开展长期护理保障工作，保障老年人的护理需求。党的十八届五中全会也进一步指出，探索建立长期护理保险制度，从而从制度上保障了家庭养老功能减弱带来的影响。

（四）家庭关系变迁

总体而言，家庭关系趋于平等，以纵向的父子关系为主转变为以横向的夫妻关系为主。在家庭权力关系上，由传统的父权、夫权变得趋于平等。且相较于父子关系，夫妻关系越来越成为家庭关系的核心。如根据第三期中国妇女社会地位调查数据，与 1990 年相比，2010 年赞成“男主外，女主内”的比例显著下降。从家务分工模式来看，虽然女性的家务劳动时间依旧大大超过男性，但女性更多的社会劳动参与和性别平等

---

① 数据来源于国家统计局官方网站。

② 我国失能老人近 4000 万，人民网，http://politics.people.com.cn/n1/2015/1218/c70731-27943571.html，访问日期：2023 年 5 月 26 日。

理念的倡导，的确在很大程度上冲击着传统的家务分工模式，越来越多的丈夫参与家务，且做更多的家务。

第二节 我国人口发展状况

自1978年改革开放以来，我国各项事业都有了迅猛发展。随着生产力的不断提高，人民生活的日益改善，家庭这一社会生产生活的基本单元也随着社会的变迁发生着剧烈的变化。为此，有学者提出所谓的“家庭危机”，他们认为：传统的主干家庭比例不断降低，核心家庭越来越占据主要地位；传统的孝道文化逐渐淡化，家庭权力关系发生转变；两性关系愈发开放，婚前性行为、婚前同居现象增多；家庭关系从以父母为中心转为以子女为中心等（熊楚汉，2000）。

家庭的变迁只是经济、社会发展到一定程度的必然结果，是一种家庭新常态。如家庭核心化，实际上更加有利于将优势资源集中到孩子身上，培养高质量的子女，实现优生优育，促进家庭的向上流动。当然，这种新常态可能给我们的经济发展、社会生活带来一定的挑战，尤其是对劳动力结构和养老的挑战。如今，很多学者认为“三孩政策”的出台是解决这一问题或迎接这一挑战的重要举措。新的人口政策是否会缓解家庭变迁带来的社会问题，或者产生新的家庭结构、家庭关系、家庭功能，解决劳动力短缺问题和养老问题，是当前社会和学界都十分关注的问题。一方面，由于当前婚姻制度的原因，婚姻家庭的变化必然影响着人口长期均衡发展；另一方面，人口政策、人口结构的变化也势必影响婚姻家庭的形成与发展。本节以已有研究和联合国的相关数据为基础，分析我国人口发展情况。

一、人口结构变化趋势

（一）年龄结构

从表9-5中反映的人口抚养比来看，近几十年，我国少儿抚养比随着生育率的下降呈现降低趋势，但老年抚养比则逐步上升。人口老龄化是人类经济社会发展的必然过程，是一个国家和地区生产力发展，公共卫生事业进步，死亡率、出生率相继下降，实现人口转变的必然结果。因此，任何国家和地区都不可能避免，都将经历老龄化过程，差别只是进入老龄社会的早晚和老龄化进程的快慢。自1999年我国进入老龄化社会以来，老年人口规模持续增长。2010年第六次全国人口普查数据显示，我国60岁及以上人口达1.78亿，占总人口的13.26%，比2000年人口普查上升2.93个百分点，其中65岁及以上人口接近1.2亿，占总人口的8.87%，比2000年人口普查上升1.91个百分点。而民政部《2014年社会服务发展统计公报》显示，截至2014年年底，我国60岁及以上老年人口超过2.1亿，占总人口的15.5%，比2013年增加了1001万，其中65岁及以上人口超过1.37亿，超过总人口的10%。2015年1%抽样调查数据显示，2015年年末，我国60岁及以上老年人进一步增加到了2.22亿，占总人口的16.1%，其中65岁及以上老年人达到1.44亿，占总人口的10.5%。

表9-5　我国人口抚养比

	老年抚养比	少儿抚养比	总抚养比
1950	7.2	55.3	62.5
1955	6.9	64.5	71.4
1960	6.5	70.5	77.0
1965	6.2	74.3	80.5
1970	6.7	72.4	79.1
1975	7.3	71.1	78.3
1980	7.9	60.5	68.4
1985	8.3	48.1	56.4
1990	8.6	43.5	52.0
1995	9.2	40.4	49.6
2000	10.0	36.2	46.2
2005	10.4	28.2	38.6
2010	11.0	25.5	36.5
2015	12.9	24.9	37.7
2020	17.0	25.2	42.2

（二）性别结构

我国人口不仅呈现出老龄化趋势，而且老年人口中呈现出女性化趋势。与绝大多数国家一样，我国也存在老年人口的女性化现象，但由于我国社会中长期存在性别歧视，导致女性死亡水平相对偏高，因此在相当一段时间内，我国老年人口中的女性比例低于世界多数国家的水平，且老年女性中高龄老人所占比重相对较低。但随着未来我国经济社会的发展，尤其是女性各年龄死亡风险的进一步降低，我国老年人口的女性化程度将进一步加深（贾云竹、谭琳，2012）。我国 60 岁及以上的老年人口规模约 2.2 亿，位居世界各国首位（翟振武等，2016）。1950—2020 年，老年女性与老年男性的结构比例大致呈现出一个“先上升、后下降、再微‘抬头’”的过程；而 60 岁及以上的老年人口的性别比变化趋势要比 80 岁及以上的老年人口的性别比变化趋势更加平缓，波动较少；80 岁及以上的老年人口的性别比是 60 岁以上老年人口性别比的 1.4—2 倍，可见老年女性化现象在高龄老年群体中更为显著，呈现出“高龄人口女性化”特征（见图 9-2）。

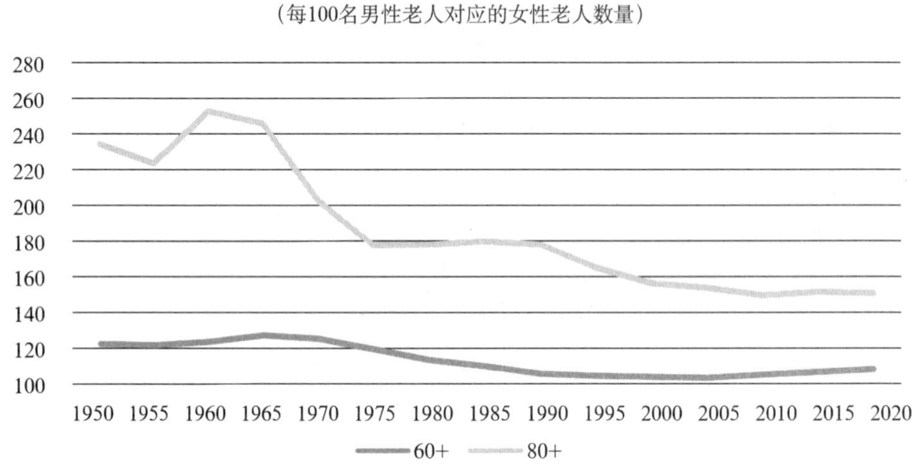

图 9-2　1950—2020 年中国老年人口性别比[①]

二、人口转变与人口发展

（一）人口转变理论

人口转变理论最早由汤普森于 1929 年提出，诺特斯坦于 1945 年整理完善，在其发表的论文中，详细阐释了生育下降的原因。诺特斯坦根据欧洲的人口情况，将人口转变分为四个阶段，即高死亡率、高出生率、低人口增长率的前工业时期；死亡率开始下降，生育率依旧保持较高水平的工业时期前期；生育率开始下降的工业时期后期；低出生率、低死亡率、低人口增长率的后工业时期。

虽然生育率在持续下降，但其下降原因却发生了变化，如婚育年龄推迟，同居现象被普遍接受，生育意愿下降，两性更加平等等。为此，一些学者提出了第二次人口

① 通常而言，性别比指每 100 名女性对应的男性人数，为更加清晰判断老年女性化趋势，此处的老年人口性别比指每 100 名男性老人对应的女性老人数量。

转变理论（Lesthaeghe，1995）。科尔曼（2006）将欧洲和美国由于其他民族高水平的迁入率、本土民族持续低水平生育率造成的人种结构的改变称为第三次人口转变。

对于第二次人口转变和第三次人口转变，虽然学界的反响和分歧很大，但仍具有很大的价值和启发性。随着人口的迁移流动，不仅种族结构发生改变，其他人口结构也会发生相应改变，家庭生命周期也会受到一定影响。如人口流动可能导致子女离家的标志事件或时间发生变化，使得离家时间更早，进入空巢期的时间提前。人口流动带来的人口年龄结构的变化也可能会扩大家庭生命周期的地区差异。另外，由于流动人口受到流入地生活方式、价值观念的影响，可能会改变其原本的婚姻或生育安排等，进而影响其家庭生命周期。

（二）生育率变化趋势

同婚姻一样，生育也受到社会转型的巨大冲击。一方面，由于性观念的不断开放，生育与婚姻发生断裂，从异性婚到同性婚，从婚内生育到非婚生育，婚育选择更加多元；另一方面，平均初育年龄不断推迟，平均生育子女数不断下降。

根据 1982—2010 年四次人口普查数据中的分年龄平均活产子女数来看，妇女终身生育子女的数量随着时间推移不断减少，2010 年 40—44 岁组的平均活产子女数大约为 1.7 个，35—39 岁组平均生育子女数只有 1.5 个左右。尽管如此，利用三期中国妇女社会地位调查数据，对 30—49 岁人群无孩比例的计算可知，无论性别、城乡、年代，中国人的无孩比例都十分低。虽然与 1990 年和 2000 年相比，2010 年的无孩比例明显提升，但均不过 2%（见图 9-3）。可见，虽然丁克家庭和人数的占比不断提升——2000 年为 11 万人，2005 年升至 51 万人（中国人口经济统计协会，2008），但即便人们年轻时不打算生孩子，最终可能因种种原因而放弃初心，选择生育。由此，生育仍然是家庭的主要功能之一。

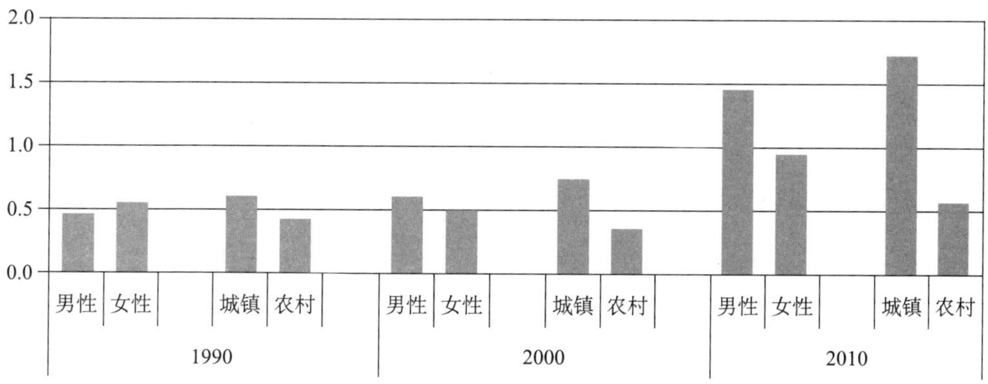

图 9-3　分性别、城乡、年代的无孩比例

同初婚一样，初育年龄的集中分布趋势非常明显，且按城乡、教育、民族和户口的分布与初婚年龄的分布极其相似，不同在于：一是母亲生育第一个子女的年龄分布都是单峰分布，没有两个峰值的现象；二是其峰值相较于初婚年龄晚了1—2岁，这里的时间差距可以视为初婚初育间隔。

但在不同流动经历的人口中间，可以很明显看出与初婚年龄分布的不同。与从未外出的人相比，曾经外出、现在已经返乡的初育年龄几乎没有差别，但现在流动人口的初育年龄分布明显右移，平均右移了1岁左右。

生育最后一个子女的年龄分布与初婚年龄和初育年龄都不一样。初婚年龄和初育年龄在不同人群中间其峰值年龄是不同的，生育最后一个子女的年龄峰值在不同人群之间却是一样的，而集中趋势不同。

与乡村相比，城镇生育最后一个子女的年龄更加集中；与农业户口相比，非农业户口生育最后一个子女的年龄分布更加集中；与汉族相比，少数民族生育最后一个子女的年龄更加集中；随着教育程度的升高，生育最后一个子女的年龄分布更加集中。不论城镇与乡村、农业户口与非农业户口、少数民族与汉族，其峰值年龄都在25岁左右。与从未外出者和曾经外出、现在已返乡者相比，正在流动者生育最后一个子女的年龄分布更加集中，且峰值年龄相对较高。

从联合国公布的出生率和死亡率来看，两者均呈现下降的趋势，粗出生率从20世纪50年代的42.5‰下降到了目前的11.9‰，下降超过30个千分点。而死亡率则从22.6‰下降到了7.1‰。总体而言，人口仍然呈现增长趋势，但从净再生产率来看，人口的内生增长力已经下降到更替水平以下（见表9-6）。换言之，人口增长的加速度已经由正变负，当人口惯性消失，人口规模将开始呈现下降趋势。

表9-6　我国人口变动趋势

	粗出生率（‰）	粗死亡率（‰）	人口变动比例（%）	净再生产率	总和生育率
1950—1955	42.5	22.6	1.98	2.019	6.11
1955—1960	36.4	21.3	1.52	1.841	5.48
1960—1965	39.4	20.7	1.85	2.045	6.15
1965—1970	39.5	12.8	2.67	2.488	6.30
1970—1975	31.9	9.2	2.25	2.042	4.85
1975—1980	22.5	7.1	1.53	1.316	3.01
1980—1985	21.2	6.6	1.46	1.128	2.52
1985—1990	24.8	6.7	1.80	1.225	2.73
1990—1995	17.4	6.7	1.06	0.811	1.83

续表

	粗出生率（‰）	粗死亡率（‰）	人口变动比例（%）	净再生产率	总和生育率
1995—2000	14.6	6.7	0.78	0.718	1.62
2000—2005	13.1	6.6	0.61	0.715	1.61
2005—2010	12.8	6.8	0.56	0.725	1.62
2010—2015	12.7	7.0	0.55	0.747	1.64
2015—2020	11.9	7.1	0.46	0.780	1.69

（三）死亡率变化趋势

从表 9-6 可以看出我国人口粗死亡率呈现波动下降的趋势。从 20 世纪 70 年代开始，粗死亡率一直保持在个位数水平。但近年来随着人口老龄化不断加深，粗死亡率也呈现出微幅上升的趋势。与死亡率相关的平均预期寿命指标同样反映出人口老龄化的态势。如表 9-7 所示，我国人口 0 岁时的平均预期寿命从 20 世纪 50 年代的 40 岁左右增加到了目前的接近 80 岁，增长了几乎一倍。60 岁时的平均预期寿命同样表现出增长态势，从 20 世纪 50 年代的 10 岁左右增加到目前的 20 岁左右。

表 9-7　我国人口平均预期寿命（岁）

	0 岁时平均预期寿命			60 岁时平均预期寿命		
	合计	男性	女性	合计	男性	女性
1950—1955	43.83	42.54	45.29	11.00	10.06	11.90
1955—1960	44.47	43.04	46.10	10.64	9.60	11.68
1960—1965	44.55	43.32	45.92	11.09	9.99	12.13
1965—1970	55.47	53.55	57.48	14.33	13.15	15.38
1970—1975	61.68	60.20	63.18	15.23	14.15	16.19
1975—1980	65.51	64.14	66.90	16.11	15.08	17.05
1980—1985	67.75	66.26	69.30	16.73	15.63	17.78
1985—1990	68.92	67.41	70.52	17.25	16.19	18.29
1990—1995	69.37	67.48	71.49	17.39	16.08	18.77
1995—2000	70.58	68.63	72.77	17.79	16.44	19.25
2000—2005	72.26	70.59	74.09	18.26	17.09	19.50
2005—2010	73.68	71.89	75.67	18.62	17.31	20.03
2010—2015	75.14	73.07	77.45	19.19	17.63	20.88
2015—2020	76.62	74.47	78.97	20.21	18.55	21.95

第三节　婚姻家庭与人口发展

一、婚姻家庭与生育

（一）婚姻家庭与生育的关系

在市场化改革使得儿童照顾回归家庭的同时，计划生育政策的推行使得家庭的结构和功能也不断发生变化。全面两孩政策的出台，意味着严苛的生育政策彻底退出历史舞台。如今三孩政策实施，家庭结构从“4—2—1”转向“4—2—3”，这无疑加重了家庭的照料负担。生儿育女本是夫妻的共同决策，照料子女理应是由夫妻共同承担的事务和责任，但由于经济、文化等多种因素的影响，这一责任仍旧主要由女性承担，女性被认为是儿童照料的主要责任者（张航空，2016）。十城市“0—3 岁托育服务需求调查”数据显示，在被访的全职母亲中，有 1/3 以上是因为孩子无人照料而被迫中断就业，其中超过 3/4 的全职母亲表示，如有人帮助带孩子，将会重返职场。2010 年中国妇女社会地位调查的数据显示，在城镇 18—29 岁女性中，有 0—6 岁孩子的女性就业率明显低于未婚或已婚未育女性，前者比后者低了 8.4 个百分点；在未就业女性中，有八成不是不想工作，而是因为需要照料 3 岁以下的孩子，与工作时间发生冲突，而不得不放弃工作（蒋永萍、杨慧，2013；杨慧等，2016）。而且，二孩对女性的冲击大于男性，相比于有两个孩子的城镇青年男性，女性“为了家庭而放弃个人发展机会”的比例高出 3.55 倍（杨慧，2016）。换言之，生育给女性工作—家庭平衡带来的冲击远大于男性。

（二）生育意愿与行为

从表 9-8 中数据可以看出，我国生育水平呈现下降趋势。在当前托幼服务体系缺失、托幼服务不足的情境下，民众的生育意愿必然受到影响。调查数据表明，我国目前大多数家庭，尤其是城市双职工家庭，工作生活比较紧张，时间、精力不够，生育二孩压力比较大。“养不起”“工作太忙没人照顾”是群众谈到最多的影响生育的因素。国家卫生计生委 2015 年生育意愿调查的结果显示，因为经济负担而不愿意生育第二个子女的比例最高，达到 74.5%；其次是太费精力和无人看护，分别占到 61.1%、60.5%。可见，无法平衡工作与育儿之间的关系已经成为阻碍生育二孩的重要因素。许多女性并非“不想生”，而是因为经济压力和照料压力而“不敢生”和“生不起”。

表 9-8　分年龄女性的生育率

	15—19	20—24	25—29	30—34	35—39	40—44	45—49
1950—1955	96.6	278.6	289.6	244.4	194.3	102.6	15.9
1955—1960	72.4	253.2	262.0	231.3	175.3	89.8	12.1
1960—1965	65.2	285.4	306.3	266.9	207.9	88.5	9.8
1965—1970	51.7	299.9	337.7	274.7	194.1	91.9	10.1
1970—1975	30.0	243.5	289.0	205.7	134.8	59.2	7.8
1975—1980	17.2	175.4	208.5	116.7	54.8	24.7	4.7
1980—1985	18.3	185.5	198.8	65.3	24.5	9.6	2.1
1985—1990	26.7	225.6	178.3	78.9	27.4	7.6	1.5
1990—1995	15.8	158.4	132.6	44.9	9.6	3.8	1.0
1995—2000	11.7	142.9	117.5	40.0	8.4	2.7	0.9
2000—2005	8.7	131.2	114.1	52.2	12.6	2.2	0.9
2005—2010	7.3	124.3	111.9	57.2	17.7	4.7	1.0
2010—2015	7.4	120.0	113.7	60.7	19.4	5.9	1.0
2015—2020	7.6	116.7	117.2	63.1	23.2	9.2	1.0

二、婚姻家庭与养老

（一）家庭养老责任与负担

不论社会的习俗以及社会发展阶段如何，因为外出上学、当兵、就业、结婚、分家等事件，子女可能早早离开家庭，使父母陷入空巢期。与 1957 年相比，家庭空巢期从 13.71 年①增加到了 25.31 年②。

在独生子女家庭与非独生子女家庭的比较中，谭琳（2002）认为如果按照 20 世纪 80 年代较高的城镇平均初婚年龄（女性 25 岁，男性 27 岁）来计算，假设平均初婚初育间隔为 2 年，独生子女 18 岁离家时，进入空巢家庭生活的父母的平均年龄在 45—47 岁。如果城市人口的平均预期寿命为 70 岁，这些独生子女的父母可能将在空巢家庭中生活 25 年左右。潘金洪（2006）则认为独生子女父母要比非独生子女父母提前 10 年进入空巢期，甚至要提前 20 年进入空巢期，且独生子女父母比非独生子女父母要度过更长的空巢期。但两者都是在经验基础上假设得到，并没有实际数据支持。风笑

① 参见 1989 年杜鹏的硕士论文《关于家庭生命周期的研究》。
② 根据 2010 年第三期中国妇女社会地位调查数据计算。

天（2009）通过对1245名城市在职青年社会调查数据的分析，推测出“独生子女父母在48岁左右进入空巢期，空巢期平均为23年左右；但独生子女父母空巢期开始的平均时间比人们预计的要晚，且空巢期持续的平均时间比人们预计的要短；特别是，他们的空巢期与同龄非独生子女父母的空巢期之间长短差别也没有现有研究所预言的10年那么多，二者相差只有3年左右”。城市独生子女上大学是造成父母进入空巢期的最重要因素，大约有45%的独生子女父母是在子女上大学时进入空巢期的。而大约有25%的独生子女父母是在子女结婚时进入空巢期。

如果说空巢家庭中，老人尚可以互相做伴，互相照料生活起居，那么当其中一方过世后，老人的生活很可能陷入困境。这种困境主要包括以下几方面：一是老年贫困问题，二是老年照料问题，三是老年心理问题，四是老年人的社会参与和适应问题。

以老年丧偶女性为例，根据国家统计局人口普查数据，2010年我国有老年丧偶女性334.48万人，占全部老年女性的36.96%，占全部老年人口的18.94%。不论是城市还是乡镇，老年丧偶女性依靠家庭其他成员供养的比例都在70%左右，这就意味着有超过2/3的老年丧偶女性难以靠自己或政府独自生活。一旦子女的经济能力或者时间有限，她们的生活便可能陷入混乱。更糟糕的是，2010年人口普查数据显示，老年人基本健康的比例不到50%。可以想象，当老年人失去家庭这一重要支撑，其生活会变得怎样？

（二）家庭老年人口比

不仅总人口中的老年抚养比呈上升趋势，随着家庭子女数量减少，家庭人口年龄结构也呈现老化态势。普查资料显示，1982年，家庭中65岁及以上人口数量仅为0.22人，2010年升至0.41人；0—14岁少儿人口数量从1982年的1.48人降至2010年的0.51人。可见，在1982—2010年，家庭老年人数量增加了近一倍，少儿人口数量减少了约2/3。同时，据普查及1%人口抽样调查资料，2000年、2010年和2015年，全国总户数分别为3.405亿户、4.015亿户和4.101亿户。2015年，在全部家庭户中，1亿多户至少有一个65岁及以上的老年人，超过全部家庭的1/4，比2010年增长3个多百分点，比2000年增长了近5个百分点；有两个65岁及以上老年人的家庭户数占总家庭户的9.27%，约超过2010年3个百分点、2000年近4个百分点。

（三）家庭养老发展趋势

随着社会、经济的发展，家庭变迁是必然的。我们应该正确认识家庭变迁的原因、过程及影响，积极应对家庭变迁可能带来的挑战。而家庭变迁对老年人的影响相对较大，为此应该重视老年人的自我发展和对失能老人的长期照料问题，防止由经济、情感、照料等造成的老无所依、老无所养问题。

首先，应该加大教育投入，使所有家庭成员具有向上流动的机遇与能力。家庭规模与结构的变迁离不开生育率的下降。而生育是家庭成员之间的理性决策，当医疗卫生条件较差、死亡率较高时，家庭会选择多生育以满足必要的生产生活需要。如今，医疗卫生有了极大改善，养育成本不断增加，出于成本收益考虑，家庭自然会选择少生孩子。为此，国家应该继续重视教育的投入，完善生育支持措施，帮助家庭缓解生育与发展之间的冲突，并减少城乡和地区差异，使得家庭有足够的机会和能力实现社会阶层的纵向流动。

其次，家庭功能的变迁（尤其是养老功能的变迁）需要国家和政府重视老年人。目前，我国老龄化呈现出高龄化、失能化、空巢化、慢病化的特点，这意味着我们需要同时做好医疗保障、养老保障和服务保障。在家庭难以提供如上服务的时候，发展养老产业是一项重要解决措施，如老龄健康业、老龄文化业、老龄宜居业、老龄金融业。另外，政府和学界都在积极探讨“医养结合”，不可否认，这是非常有创见性的。然而在实施过程中，我们需要注意以下几点：一是“医养结合”是全面转型，而不是对现存医疗保险和养老保险或其他相关政策的小修小补；二是“医养结合”的根本问题在医而不是养，因为老年人在身体健康时可以自己照顾自己，一旦患有疾病，则病来如山倒；三是“医养结合”的重点在社区和家庭，而不是简单地依靠医院和养老院；四是“医养结合”不是以治病为主，而是以健康管理、长期护理、临终关怀为主，也就是说其目的不是治疗而是控制和预防，为老年人提供更加适宜的晚年生活；五是“医养结合”的主要力量是医院、社区、家庭和老年人，而不只是医生；另外，还需要注重对专业人才的培养。

最后也是最重要的一点，要重视家庭成员、家庭自身发展能力的提高。同样以养老为例，除了国家、社会和家庭的扶持，老年人应该树立自己应对老年生活负责的观念：在有能力积累资源时，就应该考虑老年的安排。对政府来说，要重视以人为本，在这个前提下，做好政策设计和引导，满足老年人的基本生活保障，并提供更高水平的服务和支持。现在关于养老的基本共识是家庭养老为基础、社会养老为支撑、政府养老为补充。但实际上，养老模式是多样化的，重点是创造宜居的养老环境，增强老年人自我扶持的能力。如可以将互联网养老和智慧经济结合起来，将远程的医疗保障和社会服务体系结合起来，给予老年人更好的保障和支持。也可以让老年人发挥作用，成立老年人志愿者协会，使老年人可以为自己、为社会、为大家贡献余热。

本章总结

本章基于联合国、国家统计局和中国妇女社会地位调查等相关数据，从未婚、已婚、离婚、丧偶四方面对我国婚姻演变趋势进行了分析，从家庭规模、家庭结构、家庭功能和家庭关系四方面对我国家庭变迁特点进行了分析，从人口规模、人口结构等方面对人口发展趋势进行了简要分析，并从生育和养老维度，简要讨论了婚姻家庭与人口发展的关系。

思考题

1. 什么是婚姻变迁？试用相关数据说明我国婚姻家庭演变趋势。
2. 什么是家庭变迁？试用相关数据说明我国家庭变迁特征。
3. 什么是人口转变？试用相关数据说明我国人口现状与发展趋势。
4. 婚姻家庭与生育、养老的关系如何？

第十章

婚姻家庭心理知识

学习目标

学完这一章，您能够了解：判断夫妻关系质量的指标、夫妻关系如何影响子女的人格发育和功能、青少年抑郁等心理困扰与家庭成员的互动模式如何相关、如何选择对症的心理治疗。

本章聚焦于核心家庭夫妻关系和父母子女关系的心理学知识。前者是关于好的婚姻关系和不良婚姻关系的指征，以及被动离婚者的心理感受。后者是关于不同子女抚育方式带来的后果，以及如何理解青少年抑郁现象。最后介绍几种适应的心理治疗方法。

第一节　婚姻关系中的心理学知识

一、良好的婚姻关系

人们说，婚姻是否幸福，只有婚姻关系中的人自己知道，这就跟我们穿的鞋子是否合脚，只有脚知道一样，似乎很难有一个统一标准。但是，国内外心理学家，通过心理治疗 / 咨询临床实践，大致给出了良好的婚姻关系普遍具有的特点。以下各举一例说明。

（一）国外心理专家的观点

国际精神分析协会前主席、美国威尔·康奈尔大学医学院荣休教授、精神病学家奥托·F. 科恩伯格（Otto F. Kernberg）近几年来在给中国学员上移情焦点疗法团体督导课时多次强调：人们走入婚姻，是为了能互相支持和帮助，更好地享受生活。以下是他谈到的夫妻快乐生活的源泉。①

1. 能一起享受性

性是建立良好和稳定的婚姻关系不可或缺的重要部分。如果双方都能享受性，都能够被对方性唤起，都能够达到性高潮，这就是一个好的、令人满意的性关系，同时也有很大的概率是一个好的婚姻关系。因此，性生活质量是评估婚姻关系质量的重要指标。②

---

① 科恩伯格医生写过 36 本书、300 多篇杂志文章，主要内容涉及客体关系理论，边缘人格组织的概念，边缘和自恋人格障碍的概念，针对严重边缘人格障碍的移情焦点治疗，爱情关系、精神分析技术和精神分析训练等。2018 年以来，美国威尔·康奈尔大学医学院人格障碍研究所与杭州怡宁人格障碍研究所合作举办线上移情焦点治疗培训课程。作为该疗法的创始人，科恩伯格医生是学员的团体督导师之一。2019 年下半年到 2020 年年初，笔者所在的 6 人小组每周五晚上接受他的督导。上文总结的四个要点结合了笔者自己的团体督导课笔记和段锦矿《什么是好的爱情（婚姻）》一文的内容，参见“帛石心理咨询中心”微信公众号，2021 年 5 月 20 日。

② 中国人受传统文化影响，很少谈论自己在性关系中的感受。中国的心理咨询师也很少会与来访者讨论这个问题。但是，科恩伯格医生总是把夫妻能否共同享受性生活这一点作为评估夫妻关系最重要的指标，并在讲座和不同小组的团体督导课上反复强调性关系在维系婚姻关系中的重要性。他认为来访者的性生活情况能够呈现出的信息如此之多，这些信息对找到困扰来访者的问题如此重要，以至于在他任我们小组督导师的半年时间中，我们小组全部 6 位咨询师都被要求去了解来访者的性生活情况，并在下一轮汇报个案时要有这方面的信息。

2. 尊重彼此的兴趣爱好

双方可以有不同的兴趣爱好，但要有愿意一起做的事和一起参加的活动，还要有一些单独的活动时间。丈夫可以对宗教、政治、体育、文化等感兴趣，闲暇时间可以去跟自己的朋友打球、玩牌等。妻子可以对同样或者相似领域感兴趣，也可以对不同的领域感兴趣。闲暇时间可以和闺密一起读书、聊天、逛街、运动、旅游等。总之，双方要能够支持或者至少不反对对方有自己的爱好和兴趣，自己能够参与到对方的兴趣中去，并能够与对方分享。

3. 有相同的价值观

夫妻双方有相同的价值观，夫妻生活的一些重要方面才能达成共识。比如，是否生育的问题。有的人婚后想要孩子，觉得成为父母，共同养育下一代才代表双方共同建立了一个新家庭。新家庭取代各自的原生家庭，即双方不再是原生家庭的一员，不再遵循原生家庭父母定下的某些规则和生活习惯，而是共同建立新家庭的规则，适应新的生活习惯。也有的人因为自身成长经历的影响或者现实的限制，不想要孩子或暂时不想要孩子，只想要享受婚后的二人世界。无论做出什么样的决定，只要双方在这些方面能达成共识就好。除此之外，养育孩子的方式，与双方亲友的相处方式，也要达成共识。这些都是婚姻关系得以持久的重要因素。

4. 有平等和尊重的意识

理想的婚姻关系中，双方享受平等的权利，也尊重对方拥有的权利，同时为维护和完善婚姻关系共同承担责任。换句话说，夫妻双方不仅要对自己的行为负责，还要对自己的行为会如何影响婚姻关系负责。即使争吵甚至生气，也知道不会影响彼此相爱的情感。

拥有以上四方面快乐的源泉，婚姻关系就能被滋养得长长久久。[①]

（二）国内心理专家的观点

2022 年 3 月下旬，“曾奇峰心理工作室”微信公众号上发布了国内著名的存在主义团体治疗带领者李仑老师的一个小视频讲座。镜头中，李仑老师用头碰头、心碰心、伤碰伤、身碰身作为家庭关系质量的四个维度。[②] 他的讲解生动，通俗易懂，笔者很是认同。摘编如下：

---

① 针对婚姻关系中出现的种种问题，科恩伯格医生推荐学员阅读：Henry V. Dicks，Marrital Tensions：*Clinical Studies towards a Psychological Theory of Interaction*，Routledge & Kegan Paul Limited，1993。

② 李仑：“家庭关系是否健康，这四点请注意”（视频），载“曾奇峰心理工作室”微信公众号，2022 年 3 月下旬。

1. 头碰头

虽然是同一家人，但我们不必想法一样，观点一致。我们对人、对事、对物和对世界的认知，都可以有自己的想法或观点。我们可以和家庭成员分享自己的想法或观点，而不必担心受到批评，即所谓“我可以不同意你的观点，但是我誓死捍卫你说话的权利”。你的观点可以影响到我对人、对事、对物和对世界的态度，我的观点对你也有同样的影响力。

2. 心碰心

家庭成员之间可以彼此分享内心的感受。我愿意倾听你的感受，用心去感受你的心，我们之间的情绪感受可以互相对话、共鸣、镜映，也可以互相容纳。

3. 伤碰伤

当你谈到你的痛苦时，会让我联想到我的痛苦，引发我类似的痛苦，但我不排斥。我愿意跟随你，到你的痛苦中，去体验你正在感受的痛苦、脆弱、无助和绝望。

4. 身碰身

夫妻之间和父母子女之间可以毫无障碍地以身体接触来表达亲昵和情感，这对于双方建立和维持情感连接很重要。唯一需要注意的是，孩子到了青春期，父母要帮助孩子设定身体的边界，同时，异性家长自己也要注意在和孩子身体接触时应当保持的适当边界。

以上两位心理专家对于好的婚姻关系都提出了自己的判断标准，除了评估维度的顺序不太一样，基本要素没有大的差别。唯一的区别是，对于性在夫妻关系中的重要性，国外的专家直截了当，将其置于首位。国内的专家含蓄，将其作为最后一点。

二、破坏婚姻关系的行为

人们都知道配偶的外遇行为会严重影响夫妻感情，但以下三方面对婚姻关系造成的破坏性作用，有过之而无不及。

（一）性关系不和谐

如前所述，爱与被爱的心理需求，是人们进入婚姻的主要动力。感受爱与被爱，主要通过亲吻、拥抱和性生活等身体接触。令人满意的性生活，可以在相当程度上提升双方在心理上的亲密感、信任感、自我价值感和对婚姻关系的满意度。虽然令人满意的性关系不一定等于令人满意的婚姻关系，但是令人不满意的性关系一定代表婚姻关系中的某方面出现了问题。事实上，那些最终劳燕分飞的夫妻，在离婚前的一段时间内，性生活已经缺席了。

在不好的婚姻关系中，有的人从未建立起稳定的性关系，有的人的性生活是工具性的、单向的，只为满足一方的生理需要。有的人把性生活当成一种奖惩工具，比如，在没有外遇的情况下，除了受到疾病（特别是手术）、抑郁、焦虑、害怕、疲劳、工作压力的影响而在某段时间性欲望下降外，一方仅仅因为双方就某件事无法达成一致意见，就以拒绝性生活来惩罚对方或者要挟对方妥协；还有的人把强制、侮辱、谩骂作为性生活“前奏”。这两种行为都是控制型夫妻互动模式。前者伤害了被拒绝一方的情感，反复发生可能导致对方失去婚内性趣，影响夫妻感情，甚至导致被拒绝的一方转而向外寻求补偿。后者通过暴力和精神伤害的手段满足自己的生理需要，其本质是家庭暴力和婚内强奸。它们都是导致离婚的“帮手”。

（二）与原生家庭共生

如前所述，人们结婚，是为了离开原生家庭，建立新家庭，更好地享受生活。然而，婚姻关系中，常常有一方或者双方未完成与原生家庭的分离个体化，导致婚姻关系遭到原生家庭意志的侵入而受到破坏。

共生，原是指自然界两个不同物种之间相互依赖又相互抑制的关系。精神分析理论中的共生，是指两个成年人之间互相没有边界的人际互动模式。你离不开我，我也离不开你，“相爱相杀”，描述的就是这种关系类型。精神分析理论认为，人类婴儿出生后，在生理上和心理上都无法离开母亲独活。对婴儿来说，与母亲共生则活，与母亲分离则死。[①] 因此，母婴之间的共生关系是正常的，也是必要的。但是，如果一个人成年后，特别是婚后，仍与父母保持不分彼此，遇事不跟伴侣商量，总跟自己的父母商量，事事听从父母的意见，常跟父母煲电话粥，过年过节各自回自己的父母家，甚至牺牲新家庭的利益来满足原生家庭的需要，大多数情况下，这些做法会使伴侣生出怨恨情绪，而怨恨是婚姻关系的一大“杀手”。女性围产期的抑郁、很多婆媳“战争”的硝烟背后，往往都能看到夫妻关系中至少有一方与原生家庭共生的影子。几年前，笔者看到过几篇法官撰写的关于离婚问题的论文，其中大数据研究显示，相当一部分年轻夫妻仅仅因为春节去谁的父母家过相持不下而引发离婚大战。

（三）家庭暴力

家庭暴力更是婚姻关系的一大“杀手”。虽然传统文化认为，家庭暴力只是夫妻之间日常的吵打，属于家务事，即使造成了伤害后果，也不应该计较，甚至有人认为夫

---

① 有必要指出，自从弗洛伊德以来，精神分析领域主要的心理治疗理论和实践均将育儿责任赋予母亲，而对父亲的缺席没有异议。从社会性别视角出发，此处应理解为婴儿与主要养育者的共生关系。主要养育者可以是母亲，也可以是父亲。

妻之间“打是亲、骂是爱”。事实果真如此吗？当然不是。

家庭暴力从来都是一方通过故意伤害另一方以实现权力和控制目的的手段。它之所以有效，是因为受害方会因为害怕再次挨打而屈从。爱是支持和保护，是愿意为对方付出，暴力是伤害，它与爱的性质完全不同，无法同时存在。

英国伯明翰大学法庭（犯罪）与家庭心理学家教授凯文·布朗（Kevin Browne）和英国爱克斯特大学临床与社区心理学教授马丁·贺伯（Martin Herbert），将家庭暴力分为主动型的和被动型的。主动型家庭暴力是指施暴人故意伤害和胁迫受害人，限制其社会交往和人身自由，恐吓、贬低、羞辱受害人，强奸受害人或者强迫受害人以违背其意愿的方式发生性关系等行为。主动型暴力是施暴人直接将怒气发泄到受害者身上，造成受害者身体、心理和性方面的伤害后果。被动型家庭暴力是指施暴人忽视或者故意不满足受害者在身体、心理和性方面的需要，以此表达愤怒，从精神上折磨和伤害受害人。被动型家庭暴力不涉及胁迫，更多是隐喻性的和象征性的，但因为家庭暴力的发生是有规律的，受害人很了解施暴人释放出的信号，因此被动型家庭暴力同样可以给受害者造成身体上和心理上的伤害。[①]

女性主义临床心理治疗师朱迪斯·沃瑞尔（Judith Worell）和帕米拉·利默（Pmela Remer）强调家庭暴力行为的控制性特征。她们认为，有些行为虽然不属于具体的殴打行为，却都符合家庭暴力的核心特点，比如，强迫配偶去做违背本人意愿的事，把配偶关在门外不让进屋或关在屋里不让出门，不允许配偶单独外出，甚至拔掉家里的电话线，不允许配偶与亲友联络等行为，都是通过控制配偶的行为而将其在家里置于囚犯或者人质的地位，从而对其造成巨大的身心伤害。因此都属于婚姻关系中的暴力行为。[②]

家庭暴力使受害方产生紧张、害怕、恐惧、无助、委屈和愤怒情绪，而家是这些感受的“生产车间”。无论是主动型暴力，还是被动型暴力，都是施暴方恃强凌弱，用以“驯服”受害人，获取婚姻关系中的权力和控制地位的手段。通过家庭暴力建立的婚姻关系是不平等的，背离了人们进入婚姻的宗旨，因此必然破坏正常的婚姻关系，导致双方貌合神离，也易使受害方萌发去意，最终放弃婚姻。

三、被动离婚引发的痛苦情绪

离婚对任何人来说，都是一件影响重大的生活事件。主动离婚者，大多是经过深

---

① Kevin Browne, Martin Herbert：《预防家庭暴力》，周诗宁译，台湾五南图书出版社，1997，第 9-11 页。

② Judith Worell, Pmela Remer. *Feminist Perspectives in Therapy*: *Empowering Diverse Women* (2nd ed.)，John Wiiley & Sons，Inc., 2002，p. 248.

思熟虑后决定要放弃婚姻的，虽然也是生活中的重大变化，但毕竟是自己想要追求的结果，因此比较容易从中恢复过来。被动离婚者则不然。

美国华裔临床心理学家黄维仁认为，大多数被动离婚人士都会经历震惊和否认（以逃避难以承受的痛苦）、迷茫和困惑（生活失控，以前的身份认同消失了，现在不知道自己是谁，以后去往何方，生活的意义在哪里）、孤寂与凄凉（即使是意志坚强者，也难免感受到孤独、寂寞，悲从中来，担心自己从此孤苦终老）、抑郁与哀伤（被抛弃感引发的无价值感和无助感，易使人对前途感到悲观失望，难以自拔）、愤怒与怨恨（自尊心严重受损，美好生活的憧憬被粉碎）的心理过程。①

这些离婚初期的剧烈感受是被动离婚者的正常反应，也几乎是被动离婚者必经的心理过程，但正常情况下，这些情绪感受将随着时间的流逝而渐渐平缓。但是，如果被动离婚者在 6 个月以后工作和生活依然受到被动离婚造成伤痛的困扰，考虑求助于专业的心理治疗 / 心理咨询，是比较合适的。

第二节 父母子女关系

一、养育方式要满足孩子的五个核心需要

绝大多数当了父母的成年人，都希望自己的孩子能身心健康地长大成人，但不是所有的父母都知道如何达成目标。图式疗法创始人杰弗里 · E. 杨认为，要让孩子成为心理功能良好的成年人，父母需要满足孩子的五个核心需要。它们是：基本安全感、自主性、人际连接、自尊和规则意识。②

（一）基本安全感

与动物的幼崽不同，人类的婴儿在出生后好几年时间里，生命都是脆弱的，无法独立生存，无论生理上还是心理上，都需要依赖父母或其他养育者（以下统称父母）。因此，对人类婴儿来说，安全感是首要的、关乎生死的。父母被期望悉心照顾和保护孩子，为孩子营造一个安全、稳定的生存环境。在这个环境中，父母的行为是可预期

---

① 黄维仁：《窗外依然有蓝天——婚姻伤害医治》，中国轻工业出版社，2005，第 5-14 页。

② 杰弗里 · E. 杨、珍妮特 · S. 克罗斯科：《性格的陷阱——如何修补童年形成的性格缺陷》，王怡蕊、陆杨译，机械工业出版社，2019，第 27-36 页。

的，比如，在生活上，孩子饿了，父母喂食；孩子渴了，父母喂水；孩子要排泄，父母协助。在情感上，父母陪伴孩子，为孩子提供情感支持和温暖，做孩子的“安全基地”，让孩子安心地去探究周围环境。

在这样的家庭环境中长大的孩子，是有基本安全感的，这样的孩子能够放松并信任他人。这是孩子未来发展的一切基础。

（二）自主性

在一个健康的家庭关系中，父母注意培养孩子自我照顾的能力，训练孩子良好的判断能力，鼓励孩子承担自己该承担的责任，同时保护孩子对外面世界的好奇心。在这个过程中，孩子在心理上完成了与父母的分离，相信自己能行，可以在不依赖父母的情况下，作为独立的个体自由地探索外面的世界，以及拥有自己的生活，知道自己是谁，有自己努力的方向和想要实现的具体目标。这是一个人自主性的体现。

（三）人际连接

孩子在与父母的互动中，能感受到爱、关注、理解、尊重、共情和引导，就可以感受到世界是友好的，自己是有价值的，别人是可以信任的。这样的孩子，在家庭内，可以与家庭成员建立起良好的情感连接。在家庭之外，也能感受到自己是被小伙伴接纳的。这样，他就有足够的信心与他人建立良好的关系，融入同龄人的小团体，与小伙伴建立起情感连接。这种能力是孩子未来适应社会的基础。

（四）自尊

自尊是个体感受到的自我价值感。生活在这个世界上，每个人都需要适度的自我价值感。自我价值感的来源是父母对孩子的爱、欣赏、尊重和接纳。自我表达的自由是孩子发展出自我价值感的重要组成因素。父母通过允许孩子自由表达的方式，让孩子意识到自己的需要、感受（包括愤怒、委屈、无助、悲伤等不良情绪）和兴趣爱好是有价值的，是被父母看见、理解和尊重，能获得允许和支持的。这样，他就可以自由地去做让自己开心的事，去追求和发挥自己的兴趣爱好，想玩儿的时候也可以尽情地去玩儿，而不必感到内疚。

有自我价值感的孩子，在面对挑战时较少焦虑，在学业和事业上更容易获得成功。

（五）规则意识

规则意识是自由的另一面。在健康的家庭中，父母给孩子设立行为的边界，让孩子意识到自由是有边界的，一个人在享受自由的同时，也要有理解和考虑他人需求的意识。如果自己的自由和他人的自由发生冲突，不能把自己的自由建立在侵害他人自由的基础上，要有平衡自己的需求和他人需求的能力，否则就需要承担不利后果。

规则意识包含一个人自我控制和自我约束的能力。这是孩子走上社会想要达成自己的既定目标，同时避免受到社会性惩罚的重要基础。

二、父母无法满足孩子核心需求的五类行为

（一）父母总是批评孩子

总是批评孩子的父母会把孩子变成他们批评的样子。如果父母总是批评孩子，老是觉得孩子这不够好、那不够好，孩子的自尊，即自我价值感，就会因不断受到否定而难以形成。遇到不好的事情，孩子常常归因于自己，觉得自己浑身都是缺点，并且觉得这是不可改变的现实。家里人不喜欢自己，学校的老师、同学和邻居小伙伴也一定不喜欢自己。慢慢地，他会觉得自己事事不如别人，甚至对别人的批评或拒绝过于敏感，面对挑战过于焦虑。为了应对焦虑，只好逃避，或者表现得差强人意。[①]在这种环境中长大的孩子，就真的变成了一个这也做不好、那也做不好的低自尊者。这样的父母是孩子未来人生的预言家，而且作出的是失败的预言。

（二）父母虐待孩子

1. 父母虐待孩子的主要类型

如前所述，人类的婴儿需要高度依赖父母才能生存。当虐待和伤害来自原本被期望提供照顾、关爱、安全保护的父母时，孩子就会失去基本安全感，并体验到痛苦、无助、愤怒和绝望情绪。临床上，心理治疗师常常把父母对儿童的虐待分为情绪和情感虐待、肢体虐待和性虐待。[②]

情绪和情感虐待。父母不善于应对生活中的逆境，心情不好或者压力过大时，常常对孩子大喊大叫、辱骂孩子、拿孩子出气。孩子不明白这是父母自己的问题，渐渐内化父母的责骂，觉得自己什么事都做不好；父母对孩子期望过高，或教育方法不得当，经常批评、贬低孩子，导致孩子自卑，觉得自己笨，是一个糟糕的孩子；孩子目睹父母实施家庭暴力或者情感虐待另一位家庭成员，感到害怕或内疚。前者因为害怕

---

① 杰弗里·E. 杨、珍妮特·S. 克罗斯科：《性格的陷阱——如何修补童年形成的性格缺陷》，王怡蕊、陆杨译，机械工业出版社，2019，第 31 页。

② 约翰·弗瑞尔、琳达·弗瑞尔：《小大人症候群：重塑我的家，拾回完整自我》，江家纬译，台湾心灵工坊文化事业股份有限公司，2013，第 109-115 页。

自己成为下一个受害者而不得不变成“乖孩子”，后者因为目睹家人挨打而自己无力阻止而产生罪恶感[①]或幸存者内疚。事实上，国内外社会的共识是：让儿童目睹自己爱和赖以生存的一位家长殴打另一位家长，其引发的替代性创伤的严重程度和伤害后果，一点儿也不亚于孩子自己直接挨打。

另一种更隐蔽的儿童虐待形式，是被很多心理专家称为情感乱伦或隐性乱伦的情感虐待。父亲或母亲认为配偶无法满足自己的情感需要，就诱使孩子扮演小配偶的角色，甚至把孩子扯进自己的婚姻冲突中，利用孩子满足自己的情感需要。他们和异性孩子建立的关系，其密切程度远远超过其与配偶的关系，在家庭中形成了二人对抗一人的情形，使整个家庭无法发挥正常的功能。一般来说，还不懂事的孩子愿意扮演这个角色，以为成为父母一方的小配偶是一件好事，实际上这是对孩子严重的情感虐待。这样的孩子被剥夺了在该做孩子的时候好好做一个孩子的权利和好好发展相应能力的机会。童年被赋予这个角色的孩子，长大以后很可能会在亲密关系中受到身体或情感虐待，因为他/她在童年期角色的边界没有得到重要他人的尊重所造成的创伤，会导致其成年后不断地、非有意识地让自己陷入身体边界得不到尊重的类似环境中而无力自拔。[②]

身体虐待。现代社会，随着住房条件的改善，人们住在钢筋水泥森林里，很少来往，常常不清楚邻居家发生的事。即使有时候听见邻居打孩子的声音，在“子不教，父之过”“棍棒底下出孝子”等传统观念潜移默化下，大多数人见怪不怪。日常生活中，儿童虐待行为，在没有造成严重身体伤害或者死亡后果的情况下，也很难被外人发现。但是，在心理治疗室中，儿童虐待行为却是心理治疗师常常听见的情节。心理治疗室中常听见的身体虐待行为包括打耳光；用开水或烟头烫、用火烧；抓住孩子的肩膀用力摇晃；拧嘴、掐胳膊、脚踢；用厨具、棍棒、电线、水管殴打等。

刑事判决书中那些构成犯罪的家长虐待孩子的行为更是触目惊心。其手段不仅有冻、饿这样的被动型虐待，更有各种作为型的主动型虐待。比如，有同居男友对同居女友的幼女拳打脚踢，打伤孩子还强迫孩子洗衣、擦地、倒脏水的；有同居女友以同居男友的幼子不听话、经常偷东西为由，每隔几天用铁衣架、木棍、扫把殴打孩子的；有亲生母亲因为儿子年幼爱哭，用皮带抽和用衣架打孩子，并纵容同居男友用铁管戳孩子、用烟头烫孩子、拿孩子的头撞墙、抱起孩子重重地摔在地上的；也有亲生父亲以儿子不写作业、不听话为由，掐、拧、踢、烫、打或者冻、饿孩子的；甚至还有亲

① 约翰·弗瑞尔、琳达·弗瑞尔：《小大人症候群：重塑我的家，拾回完整自我》，江家纬译，台湾心灵工坊文化事业股份有限公司，2013，第110-113页。

② 约翰·弗瑞尔，琳达·弗瑞尔：《小大人症候群：重塑我的家，拾回完整自我》，江家纬译，台湾心灵工坊文化事业股份有限公司，2013，第83-84页。

生父母，因对从小不在自己身边长大的幼女的生活习惯不满而踢打、用水果刀割、用铁衣架打、用绳子反绑吊打女儿、不让她吃饭睡觉的。类似这样的儿童虐待造成严重伤害后果，甚至死亡的，在司法实践中并不少见。

性虐待。家长对孩子的性虐待，包括主动型的性虐待，也包括被动型的性虐待。前者包括强奸、猥亵、强迫孩子帮自己手淫或口交等。后者包括当着孩子的面，裸体在家里走来走去；要求孩子陪自己看色情片；夫妻性生活不避讳孩子；抚摸孩子身体的敏感部位；脱光孩子的衣服在大街上示众等。① 对孩子的性羞辱方式，看起来匪夷所思，但笔者确实在一次儿童保护研讨会上见过这样的个案。视频中，一位父亲脱光了青春期儿子的衣服，逼儿子坐在自行车座上，父亲推着自行车上街示众。这种虐待行为必然给孩子造成终生难以修复的心理创伤，羞耻感会像大山一样压在孩子身上，让孩子抬不起头来，影响孩子此后各方面的功能。

2. 儿童虐待的创伤性后果

童年被虐待会给一个人造成严重的创伤性后果。美国心理学家珍妮弗·J. 弗里德（Jennifer J. Freyd）通过研究发现，若危险来自照顾者，儿童会把危险解离掉，而不是破坏自己对照顾者的依恋。如果必须在依恋关系和安全感之间二选一，儿童常常选择依恋关系。②

弗里德还提出了“背叛创伤”这一概念。它指的是一个成年人对自己童年期被虐待经历的记忆提取存在延迟的现象。弗里德认为，父母的虐待行为，是孩子不堪忍受的，但是，因为人类幼童出生后相当长的一段时间内必须依赖照顾者才能生存，为此孩子又必须应对困境，孩子只好把自己被虐待的认知贮存在不受意识监控的神经网络中。成年后，当由于生存不再需要依赖虐待者，或者自己的孩子也到了当年自己开始被虐待的年龄时，这些记忆信息在大脑意识层面被读取，被遗忘的心理创伤和痛苦情绪被激活。③

美国西雅图大学心理学教授、女性主义临床心理治疗师和督导师劳拉·S. 布朗（Laura S. Brown）也认为，孩子天生有依恋父母的强烈需要。即使父母虐待孩子，孩子也会不惜一切代价维持虐待型依恋关系。因为说出自己被虐待的事实，就要冒着破坏依恋关系的高风险，而与父母的依恋关系对孩子来说生死攸关。孩子因此常常把自己被虐待的事实合理化，认为自己不好，应该被虐待，或者把自己被虐待的信息解离掉。只有被虐待的孩子到了不再需要这种依恋关系的年龄，或者身边另一个孩子也到

① 约翰·弗瑞尔、琳达·弗瑞尔：《小大人症候群：重塑我的家，拾回完整自我》，江家纬译，台湾心灵工坊文化事业股份有限公司，2013，第 114-115 页。

② 劳拉·S. 布朗讲《女性主义和创伤治疗》16 讲视频课程之第 9 讲，2022 年 6 月录制完成，首播待定，载“证道心理”微信公众号。

③ 劳拉·S. 布朗：《女性主义疗法》，戴辰忱译，重庆大学出版社，2021，第 85-86 页。

了同样年龄，面临被同一位虐待者虐待的高风险时，其童年被虐待的记忆才会浮上意识层面。[①]

另一位美国心理学家约翰·布洛尔（John Briere）报告说，童年被虐待的孩子，成年后会出现许多创伤性症状，比如失眠、性功能失调、解离、易怒、自残、自杀念头、酗酒、吸毒等。他们在亲密关系中普遍遭遇困难。童年虐待造成的创伤是这个群体成年后寻找心理治疗的主要原因之一。[②]

儿童虐待，无论是情绪情感虐待、身体虐待，还是性虐待，都是成年人恃强凌弱、欺负孩子的行为。在传统文化中，父母对孩子的情绪情感虐待、身体虐待常常被冠以教育之名而大行其道。这是非常错误的！被虐待的孩子，余生在任何地方、任何人际关系中，内心都不会再有安全感。因为在他们的童年经历中，在本该最安全的家中被虐待和被伤害，本该爱他们和他们所依恋的人，会做出背叛和伤害他们的事。成年后，他们总是不安地预期别人会伤害、虐待、羞辱、欺骗、操纵或利用他们。对他们来说，世界是不安全的，危险无处不在，任何人都不可相信。[③]

（三）父母过度保护孩子

过度保护孩子的父母，往往是自身经历过磨难，且因此造成的心理创伤未经处理的人。他们太害怕孩子也会遇到他们经历过的磨难，因此不敢让孩子探索世界，不敢让孩子在生活中试错来获得人生经验。他们相信孩子不可能靠自己的判断和决定安全地渡过人生中的难关。他们警告孩子这个世界是危险的。他们替孩子做所有的决定，替孩子处理所有的事情。孩子因此无法发展出独立自主、自食其力的能力。

这样的父母对孩子没有恶意，他们其实是很爱孩子的。但他们受困于自己内心的恐惧而非有意识地剥夺孩子在适当年龄发展自主性的机会。他们为孩子做得太多，实际上没有帮到孩子，反而害了孩子。因为，在这样的家庭环境中长大的孩子，通常会有自我身份认同方面的问题。他们很可能会相信，没有比自己强大的人的支持和帮助，自己就无法有效处理外在世界的事情。他们往往也不敢独立面对挑战。凡事寄希望于依靠和依赖父母。即使父母离开了自己，他们也会与一个类似的替代人物建立依靠和依赖的关系，比如配偶、单位领导等权威人物。因为他们不知道自己是谁，不知道自己的兴趣爱好是什么，不知道自己人生的目标和方向是什么，只能依附于权威人物，以权威人物的生活或工作目标为自己的生活或工作目标。

---

① 劳拉·S. 布朗讲《女性主义和创伤治疗》16 讲视频课程之第 9 讲，2022 年 6 月录制完成，首播待定，载“证道心理”微信公众号。

② 朱迪思·赫尔曼：《创伤与复原》，施宏达、陈文琪译，机械工业出版社，2015，第 115 页。

③ 杰弗里·E. 杨、珍妮特·S. 克洛斯科、马乔里·E. 韦夏：《图式治疗：实践指南》，崔丽霞等译，世界图书出版社，2010，第 13 页。

（四）父母溺爱孩子

如果父母溺爱孩子，要星星不给月亮，允许自己被孩子的情绪控制，只要孩子发脾气就可以为所欲为，而没有给孩子的行为设定合理的边界，孩子就意识不到人际交往需要遵循互惠的原则，导致孩子既无法约束和控制自己的行为，也无法理解和顾及他人的感受，更无力平衡自己和他人的需要。这样的孩子成年后，会觉得自己很特殊，甚至有特权，想干啥就干啥，周围人则会觉得他（她）自私、苛刻和控制欲过强。由于童年被溺爱的人想要满足自己需要时没有能力同时兼顾他人的需要，大部分人成年后很难达成自己长远的目标，也不知道如何避免社会惩罚，但他们受挫时往往指责别人，而意识不到自己才是问题的根源所在。①

（五）有问题的亲子关系成为孩子成年后不良人际关系的模板

精神分析理论认为，一个人童年期与父母的关系模式，是其成年后建立所有人际关系的模板。童年受到家庭暴力、虐待的伤害，会造成发展性创伤。未经处理的心理创伤总是让受创伤者无意识地重演童年期的痛苦体验。这种类型的孩子包括：

小大人型的孩子。婚姻中的许多问题是由原生家庭延伸而来的过往的心理创伤造成的。在与伴侣的互动中，童年创伤常常被激活，受害者的期待是，过去在与父母的关系中没有得到满足的，可以在与伴侣的关系中得到补偿，甚至得到加倍的补偿。美国华裔心理医生黄维仁在《窗外依然有蓝天——婚姻伤害医治》一书举过这样一个例子：A 长得帅，条件好，招异性喜欢，但他的初恋女友是抑郁患者，自杀未遂。第二任女友有进食障碍问题。第三任女友在婚姻关系中得不到爱，绝望中遇到他。A 总是被患病或者痛苦中的女性吸引。这不是因为他运气不好，而与他自己的童年经历密切相关。12 岁时，他的父亲有了外遇，母亲因此精神崩溃，需要频繁住院。他成了家中照顾母亲的小大人。小大人的角色使得他在童年那个阶段的身心成长需求得不到满足。成年后，他总是像小时候照顾母亲那样去帮助那些有病或者处于痛苦中的女性。在潜意识里，他希望自己的照顾能够让她们从病中或者从痛苦中痊愈，然后有能力爱他。这就是创伤的强迫性重复。②这当然是不现实的。但是，人就是这样不断地在创伤中强迫性地重复同样的行为模式，无望地想要拯救当年无助的自己。

情感疏离型父母的孩子。情感疏离的父母，即使在物质生活上给孩子提供了无微不至的照顾，情感上也很难给孩子提供爱、理解、支持和尊重。孩子无法在与父母的互动中体会到被爱的感觉，就无法感受到自己。感受不到自己，就很难感受到别人。

---

① 杰弗里·E. 杨、珍妮特·S. 克罗斯科：《性格的陷阱——如何修补童年形成的性格缺陷》，王怡蕊、陆杨译，机械工业出版社，2019，第 33-35 页。

② 黄维仁：《窗外依然有蓝天——婚姻伤害医治》，中国轻工业出版社，2005，第 183-184 页。

感受不到别人，就很难感受到爱。感受不到爱，就容易困在孤单里。[①]孩子无法在与父母的互动中体会到被理解、支持和尊重的感觉，就体会不到自我价值感。而体会不到自我价值感，孩子就很难建立起自信和自尊。

情感疏离的父母往往也无法通过身体接触给孩子传递情感。这种情感连接体验的缺失，会阻碍孩子和自己、和他人、和外在世界建立联系。成年后，即使看上去在人际关系中有很好的融入感，内心深处仍会感到孤单、感觉自己与他人格格不入，认为没有人真正理解和关心自己，并因此不得不与别人保持一定距离。在亲密关系中，一个适龄青年可能不断相亲，却找不到中意的伴侣，或者虽然进入了婚姻，却不自觉地把自己与伴侣的关系保持在肤浅的层面，不敢让对方离自己太近。

严重情况下，父母有酗酒习惯的，孩子成年后，大概率会找一个酗酒者结婚，或者自己成为酗酒者。父母暴力对待孩子或在情绪情感上严重虐待孩子的，孩子长大后，大概率会找一个施暴者 / 施虐者结婚，继续把自己困在暴力型或虐待型关系中，或者自己变成了施暴者 / 施虐者，去暴力对待或虐待伴侣和 / 或孩子。[②]

在社会性人际关系中，被家长过于严厉管教的孩子，也会重复和父母的关系模式。他们要么容易被别人操控，要么苛求自己，同时也带着苛刻标准要求和指责别人，导致人际关系不良。被家长性侵的孩子，成年后，女性往往发现自己反复处于被性侵的环境，或者成为性工作者。男性也可能成为难以自控的性侵者。没有心理干预，他们往往会不由自主地在创伤性关系中进进出出，循环往复。

三、青少年抑郁

据《光明网》大健康公众号 2021 年 9 月 2 日报道，2018 年，在全球范围内，儿童和青少年经历过抑郁的比例是 20%。在我国，这个比例是 19.85%，其中，中部地区为 23.7%。另据《中国国民心理健康发展报告（2019 ~ 2020）》，我国青少年抑郁检出率为 24.6%，重度抑郁检出率为 7.4%。其中，高中生中重度抑郁检出率为 10.9%—12.5%。[③]这些数据显示，我国有四分之一的家庭需要应对孩子抑郁的问题。这在一定程度上说明抑郁不再是成年人的“专利”。

① 许皓宜：《与父母和解，疗愈每段关系里的不完美》，如何出版社有限公司，2015，第 46 页。

② 杰弗里 · E. 杨、珍妮特 · S. 克罗斯科：《性格的陷阱——如何修补童年形成的性格缺陷》，王怡蕊、陆杨译，机械工业出版社，2019，第 6 页。

③ 《困在抑郁里的少年想要走出来》，载“北青深一度”微信公众号，2021 年 9 月 22 日。

（一）如何理解青少年抑郁

1. 孩子的问题很多时候是父母关系和亲子关系的镜映

据《2020大众心理健康洞察报告》，我国有3000多万青少年（12—18岁）被抑郁所困。其中三分之一的受访青少年表示，除了学业压力外，父母的管教、沟通方式、高期望造成的压力是重要的焦虑来源。研究认为，青少年抑郁高发的背后，是父母那只无形的推手。①

有国内心理专业人士把孩子比喻成一株植物，认为家庭就是这株植物赖以生存的土壤。如果土壤充满了紧张、焦虑和不稳定因子，植物自然会吸收这些成分。②这个比喻很贴切。很多时候，夫妻的问题就是孩子的问题。③如果夫妻关系出了问题，孩子就很难安定下来。临床心理治疗实践发现，很多时候，孩子常常在家庭关系中扮演着消防队员的角色，孩子出现的症状是为了维护父母的婚姻关系。也有人认为孩子抑郁是父母和孩子的互动模式出现问题引发的，主要包括：孩子童年期与父母形成了不安全依恋类型，父母对孩子要求过高导致孩子形成了无限的完美主义情结，父母的过度控制或拒绝使孩子的基本心理需要得不到满足而导致了无望感，以及孩子遇到问题就错误地归因于自己的不好造成的等。④孩子的抑郁是一面镜子，镜映出父母对待孩子的态度以及亲子互动方式存在的问题。

国际上，有人认为，抑郁是心智的一种状态。它不是“单一配方”，而是多种原因共同作用的结果。有些人是因为童年受到父母的惩罚太多，觉得自己不好，成年后觉得自己做人很失败；有的人是因为父母的苛刻要求而形成完美主义情结，长大后事事想要完美，又很难达到永远“上不封顶”的完美标准，因而长期心理压力过大；还有的人是长期无法与自己的情感连接，不清楚自己基本的心理需要，或者不知道自己是谁、想要什么、人生要朝哪个方向努力，导致长期的空虚感等。⑤

上述观点，从临床到理论研究，从国内到国外，对抑郁成因的看法大致相同，符合心理学理论和心理治疗界主流观点。

2. 症状即痛苦，症状即反抗

女性主义心理治疗理论将人类心理疾病非病症化，认为症状是痛苦的呈现。个体

---

① 武志红：《每4个孩子就有一个抑郁：拿什么拯救你，不快乐的孩子？》，载“武志红”微信公众号，2022年5月19日。

② 安洁：《治疗师手记系列：给父母的治疗秘方》，载“家之源”微信公众号，2022年3月17日。

③ 萨而瓦多·米纽庆、麦克·尼可、李维榕：《家庭与伴侣评估：四步模式》(第三版)，林丽纯、杨淑智译，台湾张老师文化出版社，2010，第77页。

④ 祝卓宏：《孩子抑郁了怎么办？帮助孩子升级心理操作系统》，载“祝卓宏”微信公众号，2017年3月5日。

⑤ 国际图式治疗学会（ISST）前副主席、临床心理治疗师Remco van der Wijngaart讲《图式治疗》网络课程第六讲，载“心盟心理”微信公众号，2020年11月至2021年10月。

对生病、不幸、功能失调等的主观体验都是人类对痛苦的体验，且大多数人痛苦的根源是被内化的外部压迫所致。痛苦与个体长期的失控感有关。抑郁是关系中处于弱势和没有权力的个体的正常体验，而不仅仅是其想法、情感和行为模式引发的心理疾病。把抑郁纳入心理疾病的诊断范围，是父权制文化建构出的带有压迫性质和去权功能的规范。①生活中，假如孩子感受不到父母的爱、温暖、关心、支持，却常常感受到被苛刻标准、完美主义控制，甚至被父母虐待、殴打，抑郁就是孩子面临持久压力无力摆脱时的正常体验。同样，如果男性内化了“男儿有泪不轻弹”的社会性别规范，他在遇到悲伤忍不住落泪时，就很可能体验到自责和焦虑。如果社会性别规范和一个人的天生气质以及身体或心理的脆弱相互作用，就更容易产生痛苦的情绪感受，比如，性格悲观者或天生易感者，如果发现自己的行为违反了被自己内化的压迫性社会规范时，很容易体验到抑郁（或焦虑）情绪。②

同时，症状也是反抗的表现。当人类心理上的痛苦无法表达出来时，身体就成了表达心理痛苦的载体。抑郁是个体对自己被压迫体验的反抗，也是个体应对内心无力感的尝试。③无论抑郁者是成年人还是孩子，男性还是女性，穷人还是富人，概莫如此。

女性主义心理治疗理论将心理问题非病症化的原则，为我们理解抑郁提供了一个有效的方法论。

（二）可能与抑郁相伴的症状

抑郁还常常与其他心理症状“相伴而行”。

焦虑可能是一个抑郁的孩子对自己学习成绩下降的焦虑。意识上这个孩子希望自己能快点儿提升成绩，好让父母高兴，潜意识却告诉他选择“躺平”，作为反抗父母只关注自己学习成绩好坏而忽略自己情感需要的态度和方法。

厌学是孩子跟父母的关系出了问题。云南昆明丑小鸭中学校长詹大年和他的团队经过多年研究发现，厌学不是一个学习的问题，而是关系问题，是孩子和父母的关系出现问题，反映在孩子的学习上了。④

进食障碍中，厌食症可能是孩子用来对抗父母的控制，以夺回自己的权利和掌控权。厌食症也可能是受困于追求完美的家庭环境中的孩子表达窒息感的唯一方式。⑤厌食症孩子的父母，无论曾经对孩子多么严格、多么控制，都会向疾病屈服，从一个极

---

① 劳拉·S. 布朗：《女性主义疗法》，戴辰忱译，重庆大学出版社，2021，第 76 页。

② 劳拉·S. 布朗：《女性主义疗法》，戴辰忱译，重庆大学出版社，2021，第 77 页。

③ 劳拉·S. 布朗：《女性主义疗法》，戴辰忱译，重庆大学出版社，2021，第 88 页。

④ 詹大年：《没有真正意义上厌学的孩子，他只是不喜欢你教》，载《新京报》微博视频号#师说 talks 家庭教育专辑#，2021 年 6 月 20 日。

⑤ 南希·麦克威廉斯：《精神分析案例解析》，中国轻工业出版社，2015，第 13 页。

端转向另一个极端。[①] 贪食症可能是孩子用吃来缓解心理压力或负面情绪的手段。[②]

强迫症可能是孩子从小在苛刻要求下逐渐内化的完美主义情结所致。孩子事事想要做到无限好，以至于出现了无法停止的重复行为；也可能是孩子为了缓解内心冲突或者减轻自责自罪的超我焦虑，如强迫性反复洗手；还可能是疾病可以带来的好处，比如，高三学生学习压力过大，有了强迫症以后，就可以休学、住院，得到父母特殊的关心和照顾，可以暂时摆脱学习压力；更可能是心理创伤导致的强迫性重复，想要修复自己的创伤。

拖延症背后的动力也是如此。拖延症本质上是为了回避某件事。被拖延的往往不是孩子不想做的事，就是孩子信心不足，认为自己即使去做也做不好的事情。孩子无法直接反抗父母的高标准、严要求，于是，潜意识发出指令，用症状让他“躺平”，以挫败父母苛刻的不合理要求。

当痛苦无法表达，愤怒转向外部时，痛苦就变成了攻击和伤害他人的行为。比如，二孩效应。一个家庭有了二孩后，发现原来很乖的老大，常常趁父母外出时打骂老二，还威胁老二不许告诉父母。表面上看，老大成了问题孩子，但是，老大的行为背后，是其内在的脆弱和悲伤，因为老大认为老二“夺走”了父母原本给予自己的全部的爱和关注。

第三节　心理治疗方法的适用症

一、婚姻和亲子关系议题——适用和例外

一般来说，如果一个人感觉自己在婚恋家庭关系中或者亲子关系中出现心理困扰，想寻求心理治疗，任何流派的心理治疗都是适用的，无论是一对一治疗，还是家庭系统治疗。唯一例外的是，如果婚姻关系或者亲子关系中存在家庭暴力、虐待、性侵，寻求家庭治疗（婚姻治疗、伴侣治疗）就不仅不适用，而且有风险，甚至可能给受害方带来更大的伤害。具体理由如下：

---

① 萨而瓦多·米纽庆、麦克·尼可、李维榕：《家庭与伴侣评估：四步模式》(第三版)，林丽纯、杨淑智译，台湾张老师文化出版社，2010，第 219 页。

② Lauren Moses：“当我压力大或心情不好时，会吃很多东西……如何控制冲动进食？”（小视频）载“糖心理”微信公众号，2022 年 5 月 27 日。

1. 不公平

家庭治疗视家庭为一个系统。家庭中任何成员出现问题，都意味着整个家庭系统出了问题，因此每个家庭成员都负有责任，区别只在于责任的大小。在这样的假设下，受害方也要为自己受暴负责。这是不公平的。

2. 可能给受害方带来危险

家庭治疗要求夫妻双方积极参加，讲述过去发生的事，表达各自的情感和诉求，而暴力关系中双方的权力地位不平等，如果受害方说了施暴方认为不该说的话，双方离开治疗室后，施暴方的怒气就可能爆发，受害方可能还没有回到家便再次挨打。

3. 把社会问题病理化和个人化

家庭暴力是一个全球性的社会问题，我国也不例外。据有关部门的权威调查，我国家庭暴力的发生率在 29.7%—35.7%（不包括调查暗数），其中 90% 以上的受害人是女性。[①] 把施暴方的侵害行为淡化为心理病理，是把家庭内的侵害行为病理化，把社会问题个人化，无益于制止家庭暴力，保护受害人，有为父权和夫权制服务之嫌。

二、女性主义治疗

我们的人际互动模式是人格层面的东西，很多时候，心理问题是童年创伤造成的，“所有的问题探索到根本，都与原生家庭脱离不了关系”，“父母不只给你基因，也给你命运”。[②] 而现代心理创伤的疗愈模式很大程度上源自女性主义治疗师和女性主义积极分子的工作成就。[③]

女性主义心理治疗萌芽于卡伦·霍妮（Karen Horney）的女性观。作为新精神分析学派的代表人物之一，她在 20 世纪 30 年代开始质疑弗洛伊德关于“女人天生不如男人”“男人和女人天生具有不同的人格”的观点，提出社会文化和权力对两性的影响远远大于生物学因素的女性观。她认为，男女不平等的社会剥夺了女性接受平等受教育和平等工作的机会，这才是造成两性巨大差异的根本原因。她用自己在精神分析领域的卓越成就证明了这一点。[④]

女性主义心理治疗伴随着 20 世纪 60 年代西方妇女解放运动而诞生，于 20 世纪 80 年代成为美国心理协会（APA）第 35 分会。[⑤] 与其他心理治疗流派不同，女性主义心

---

① 最高人民法院中国应用法学研究所：《涉及家庭暴力婚姻案件审理指南》（2008），第四条第一款。

② 许皓宜：《与父母和解，疗愈每段关系里的不完美》，台湾如何出版社有限公司，2015。

③ 劳拉·S. 布朗讲《女性主义和创伤治疗》16 讲视频课程之第 9 讲，2022 年 6 月录制完成，首播待定，载“证道心理”微信公众号。

④ Jerry M. Burger：《人格心理学》（第六版），陈会昌等译，中国轻工业出版社，2004，第 82-83 页。

⑤ Gerald Corey：《心理咨询与治疗的理论与实践》（第七版），石林等译，中国轻工业出版社，2004，第 233-234 页。

理治疗是许多女性治疗师集体努力的结晶，没有唯一的创始人，但不同的女性主义心理流派的共同点是：把女性从一切形式的压迫中解放出来。①

女性主义治疗也可以为男性来访者提供有效的治疗。社会性别规范要求男性控制情感，即喜怒不形于色，好恶不言于表，悲伤不溢于面；它过度强调男性要拥有权力，特别是男性要获得管理社会的权力；它过于强调成就对于男性的重要性，即男性必须养家糊口，事业有成，否则人生就不算成功，甚至被妻儿看不起等。这些父权制下专门针对男性的社会性别规范，对男性来说，都可能是性别压迫，需要被解构。女性主义治疗师也经常与有家庭暴力行为的男性来访者一起工作，治疗目标主要是帮助男性提升建立亲密关系的能力和表达感情的能力，平衡工作成就和亲密关系的需求，接纳自己作为人也有人类共有的脆弱，在工作和生活中建立平等的合作关系等。②

女性主义心理治疗是一个建立在女性现实体验上的理论。女性的现实体验包括：婚恋家庭关系中的暴力和虐待（婚姻暴力、恋爱暴力、约会暴力、儿童虐待）、性侵（强奸、性虐待、性骚扰、猥亵）、进食障碍（厌食、贪食）、体重议题、性别歧视议题，等等。③

女性主义心理治疗适用于父权制思想和性别歧视的压迫性环境中产生的心理创伤的疗愈。

三、边缘人格障碍的四大治疗方法

（一）边缘人格概述

人格是指一个人看待自己、他人和世界的方式，是一个人在社会化过程中形成的独特心理过程。病理性人格主要分为神经症型人格、边缘型人格和精神病型人格。人群中占大多数的是神经症型人格，这种人格类型的人，基本上属于健康的人格结构，通常情况下这种类型的人格结构者功能良好，只是人格的某一方面不够灵活。边缘型人格者在身份认同、人际关系、防御机制、攻击性、道德方面的功能不同程度受损，但现实检验能力基本完好。

一般认为，边缘人格的形成，一是因为先天气质，二是因为后天不良的养育方式，导致孩子正常的人格结构发育出现停滞或者混乱。早在2000年前，美国就有研究发现，

① Gerald Corey：《心理咨询与治疗的理论与实践》（第七版），石林等译，中国轻工业出版社，2004，第248-251页。

② Jerry M. Burger：《人格心理学》（第六版），陈会昌等译，中国轻工业出版社，第82-83页。

③ Gerald Corey：《心理咨询与治疗的理论与实践》（第七版），石林等译，中国轻工业出版社，2004，第240页。

边缘人格障碍者中有 33% 的人在童年期受到过性虐待，而住院治疗的边缘人格患者中，75% 的人在童年期被父母施暴和 / 或性虐待。[①]

近几年来，随着研究的发展，人们发现，边缘人格障碍者在普通人群中大约占比 2%—6%，超过被诊断为双相情感障碍和精神分裂症患者人数的总和。虽然在这个群体中，看起来女性患者人数大约占 75%，但实际上男女人数比例相当，只是因为女性患者会主动寻求心理治疗，而男性患者经常被误诊为反社会人格障碍，或因为伤害他人造成伤害后果而被关进监狱。[②]

边缘人格障碍严重者的问题，是他们的自杀行为与难以控制的自杀念头。据调查，在边缘型人格障碍者中，80% 的人有过自杀未遂行为。在他们的一生中，自杀未遂的次数平均为 3 次。一般来说，每 23 次尝试自杀，会有一次成功。他们的自杀率为 3%—10%，是普通人群自杀率的 5 倍。青少年非自杀性自伤行为，一般情况下没有紧迫的现实危险，但会成为其成年后自杀风险的预测因子。[③]

精神病型人格不在本章讨论的范围。

（二）针对边缘人格障碍的四大心理治疗方法

20 世纪 70 年代前，心理治疗界视边缘人格障碍者为油盐不进、无药可救的群体，因为他们稍有不满，就可能辱骂、殴打、威胁、索赔、控告或者投诉心理治疗师，许多心理机构避之唯恐不及。[④] 但是，20 世纪 70 年代以后，情况有了巨大变化。以下四大治疗方法，就是专门为了治疗边缘人格障碍者被开发出来的。

移情焦点治疗（Transference Focused Psychotherapy，TFP）是针对边缘人格障碍和其他严重人格障碍者的治疗方法，由奥托 · F. 科恩伯格教授和他的研究团队在 20 世纪 70 年代创建。该疗法将边缘人格结构者分为高功能、中功能和低功能三个维度。高功能边缘结构水平者人格功能轻度受损，因此接近于神经症人格水平。中等功能 / 低功能边缘人格结构者，人格受损较为严重，接近于《精神疾病诊断与统计手册》中的边缘人格障碍的诊断。移情焦点治疗认为，边缘人格障碍者的功能不良体现在以下方面：

身份认同弥散。他们不知道自己是谁、喜欢什么，他们对自己和他人都没有深刻

① Neil S. Jacobson、Alan S. Gurman：《夫妻心理治疗与辅导指南》（下册），贾树华等译，中国轻工业出版社，2001，第 752 页。

② psyByond 团队："与边缘型人格障碍患者的家庭一起工作：Elizabeth Mccrave《Family Connections 项目》讲座听课笔记"，载"psyByond 心理"微信公众号，2022 年 5 月 19 日。

③ psyByond 团队："良好精神科管理：Lois Choi-Kain 教授讲《治疗边缘型人格障碍的经验：利用真实关系来改善现实生活》讲座听课笔记"，载"psyByond 心理"微信公众号，2022 年 5 月 11 日。

④ John F. Clarkin、Frank E. Yeomans、Otto F. Kernberg：《边缘性人格障碍的移情焦点治疗》，中国轻工业出版社，2012，李梦潮推荐序，第 I-II 页。

的体验和认识。

人际关系不稳定。他们很难控制或者调整自己的情绪感受。情绪不稳定影响了他们的人际关系，人际关系不良使他们情绪感受更不好，这让他们痛苦不堪。

防御方式原始（初级）。他们过度依赖否认、投射性认同和分裂等防御机制。他们常常在别人身上看到并痛恨实际上是他们自己身上存在的缺点，他们作为人类应有的攻击性被压抑或过强。因此，他们要么压抑自己的攻击性无法表达，要么对自己（如反复用刀割自己的手腕）和对他人都有难以控制的攻击性。

道德功能不良。他们的价值观和理想不稳定，伴有不同程度的不道德或反社会行为。

现实检验能力轻微受损。虽然在压力大的情况下会呈现精神病性特点，但常态下现实检验能力尚可，因此他们是精神正常的人，不是精神病人。

移情焦点治疗方法经过在美国和欧洲进行的随机对照实证研究发现，患者经过一年期的 TFP 治疗，可以改善症状，减轻自杀倾向，降低住院率，减少自伤和伤害他人，并带来人格结构水平、反思功能、依恋状态以及叙事连贯性的独特改变。①

移情焦点治疗方法经过几十年的拓展和治疗实践以及完善，现在不仅适用于 13 岁以上边缘人格障碍和其他人格障碍者，也同样适用于神经症人格水平者。

辩证行为治疗（Dialectical Behavior Therapy，DBT）是专门为治疗准自杀而开发的一种治疗方法。②它整合了认知行为疗法和东方禅学的辩证思想，强调在“改变”和“接受”之间寻找平衡。该疗法由美国华盛顿大学心理学家玛莎·莱恩汉（Marsha M. Linehan）研发。玛莎·莱恩汉自己曾是边缘人格障碍者，青春期突然发病后，曾入院接受两年多精神科治疗。但药物和电击治疗对缓解她的症状无效。她备受折磨。痛苦中，她烧自己、用刀割自己、用头使劲撞墙，多次自杀未遂，这同时让医务人员感到强烈的受挫、绝望、无助和愤怒。她后来出院，是因为她的疾病“无法治愈”。她后来发誓要找到一种有效方法，把像她一样被困在痛苦深渊中的人救出来。经过不懈努力，她成功了。③

辩证行为疗法主要教给边缘人格障碍者四种方法：正念技巧、情绪调节技巧、人际效能技巧、承受痛苦技巧。不同于其他心理治疗方法的单一性，辩证行为疗法的治疗模式需要来访者同时接受个体治疗、团体治疗、电话指导和治疗师咨询团队的支持。④

---

① 伊芙·卡利格、奥托·F. 科恩伯格、约翰·F. 克拉金、弗兰克·E. 约曼斯：《人格病理的精神动力性治疗》，仇剑崟、蒋文晖、王媛、王兰兰译，化学工业出版社，2021，前言。

② 伊芙·卡利格、奥托·F. 科恩伯格、约翰·F. 克拉金、弗兰克·E. 约曼斯：《人格病理的精神动力性治疗》，仇剑崟、蒋文晖、王媛、王兰兰译，化学工业出版社，2021，第 241 页。

③ Marsha M. Linehan. *Building A Life Worth Living: A Memoir*, Random House, Forward, 2020.

④ 马修·麦克凯：《辩证行为治疗》，王鹏飞译，重庆大学出版社，2009，内容介绍。网址：http://www.tushu007.com/ISBN-9787562447900.html。

辩证行为治疗可以有效且大幅度减少边缘人格障碍者非自杀性自伤、自杀性冲动。

图式治疗（Schema Therapy，ST）。由于传统认知行为疗法在治疗人格障碍者过程中受阻，美国哥伦比亚大学精神病学系教授杰弗里·E. 杨（Jeffrey E.Young）和他的团队拓展了传统认知行为的治疗方法和概念，融合了认知行为、依恋、格式塔、建构主义和心理动力学等理论，创建了图式治疗。与女性主义疗法一样，图式疗法也将人类心理障碍正常化，认为每个人都有图式、应对风格和模式，边缘人格者的图式只是更极端、更严苛、更适应不良而已。① 适应不良的图式是“与伤害个体的童年经历相关的记忆、情绪、身体感觉和认知，在个体的一生中不断重复”。②

图式治疗在开发之初主要用于难治的边缘人格障碍者，10 年后更广泛地应用于慢性抑郁、焦虑、童年创伤、犯罪、进食障碍、婚姻治疗、物质滥用戒断后的复发等，疗效显著。③

基于心智化的治疗（Mentalization-Based Treatment/Therapy，MBT）。心智化是一个概括性术语，基本意思是对自己和他人心理状态的觉察。④ 该疗法是 20 世纪 90 年代由伦敦大学学院客座教授、伦敦安娜·弗洛伊德中心精神医学顾问和临床心理治疗师安东尼·贝特曼（Anthony Bateman）以及英国精神分析学会培训和督导师、伦敦安娜·弗洛伊德中心执行主任、临床心理分析师彼得·福纳吉（Peter Fonagy）共同研发，用以治疗边缘人格障碍和反社会人格障碍者。MBT 整合了神经心理学理论和心理动力学理论，认为边缘人格障碍的根源在于其不安全型依恋影响了他们理解自己和他人的能力，也因此影响了他们的人际交往能力和人际关系。⑤ 其治疗核心是在个体失去心智化能力时重新点燃它，在心智化能力存在时维持它，以增加个体的心灵弹性，维持和有效改善边缘人格障碍者在生活和人际交往中的功能。⑥

一般认为，基于心智化的治疗对于提升品行障碍和反社会人格障碍个体识别、理解自己和他人的心理状态的能力，效果较好。

上述四种针对边缘人格障碍的治疗方法，适用于被父母或伴侣施暴、虐待、性侵或忽视的经历，目前又有吃药不见效的抑郁、焦虑、空虚、无聊等症状，或伴有长期

---

① 杰弗里·E. 杨、珍妮特·S. 克洛斯科、马乔里·E. 韦夏：《图式治疗：实践指南》，崔丽霞等译，世界图书出版社，2010，自序第 7 页。

② 杰弗里·E. 杨、珍妮特·S. 克洛斯科、马乔里·E. 韦夏：《图式治疗：实践指南》，崔丽霞等译，世界图书出版社，2010，译者序第 3 页。

③ 杰弗里·E. 杨、珍妮特·S. 克洛斯科，马乔里·E. 韦夏：《图式治疗：实践指南》，崔丽霞等译，世界图书出版社，2010，自序第 6 页。

④ 乔恩·G. 艾伦：《创伤与依恋——在依恋创伤治疗中发展心智化》，机械工业出版社，2022，第 124-125 页。

⑤ psyByond 团队，“良好精神科管理：Lois Choi-Kain 教授讲《治疗边缘型人格障碍的经验：利用真实关系来改善现实生活》讲座听课笔记”，载“psyByond 心理”微信公众号，2022 年 5 月 11 日。

⑥ 安东尼·贝特曼、彼得·福纳吉：《人格障碍的心智化》，邓衍鹤、马江烨、陈云祥等译，中国轻工业出版社，2021，内容介绍。网址：https://baike.baidu.com/item/ 人格障碍的心智化治疗 /61598902?fr=aladdin。

酗酒、嗑药、进食障碍，非自杀性自残（反复用小刀割腕），反复出现自杀念头或自杀未遂等行为的人群。

本章总结

夫妻关系是家庭和睦的“定海神针”。孩子的问题是一面镜子，映照出父母之间的关系和父母对待孩子的方式。心理治疗/心理咨询可以协助困境家庭找出真正的问题，化解冲突，让家庭成员能更好地相处和享受生活。

思考题

1. 好的婚姻关系有哪些特点？
2. 有人说，精神暴力对人造成的伤害甚于身体伤害，您同意吗？为什么？
3. 父母和孩子的哪些互动方式可能影响孩子的人格发育？
4. 边缘人格型抑郁和普通型抑郁服用抗抑郁药的反应有什么不同？

第十一章

家庭健康管理

学习目标

通过本章的学习，理解健康、亚健康、健康评估与健康管理的概念，掌握健康评估的内容与方法，能够分析影响家庭健康的因素，依据不同家庭成员的健康需求开展健康管理。本章将从家庭健康评估与家庭健康管理两方面进行阐述。

第一节　家庭健康评估

一、家庭健康发展

健康是生命之基，是人生最为宝贵的财富。拥有健康的身心不仅关系到个人的幸福，而且关系着社会的进步。健康是促进人的全面发展的必然要求，是经济社会发展的基础条件，是民族昌盛和国家富强的重要标志，也是广大人民群众的共同追求。中共中央政治局 2016 年 8 月 26 日召开会议，审议通过《“健康中国 2030”规划纲要》。

《“健康中国 2030”规划纲要》是今后 15 年推进健康中国建设的行动纲领。坚持健康优先、改革创新、科学发展、公平公正的原则，以提高人民健康水平为核心，以体制机制改革创新为动力，从广泛的健康影响因素入手，以普及健康生活、优化健康服务、完善健康保障、建设健康环境、发展健康产业为重点，把健康融入所有政策，全方位、全周期保障人民健康，大幅提高健康水平，显著改善健康公平。

推进健康中国建设，要坚持预防为主，推行健康文明的生活方式，营造绿色安全的健康环境，减少疾病发生。要坚持共建共享、全民健康，坚持政府主导，动员全社会参与。家庭是构成社会的细胞，家庭健康不仅关系到每个家庭成员，也关系到全社会的健康水平。

健康管理通过对个人或人群的健康危险因素进行全面管理，是做好预防疾病发生、保障人群健康的重要措施。健康管理主要是指基于个人体检结果，建立专属的健康档案，做出健康状况评估，并有针对性地提出精准、个性化的健康管理或治疗方案，使个人从社会、心理、环境、营养、运动等多个角度得到全面的健康维护和保障服务，从而能够满足家庭中不同个体，如儿童、老人、妇女等不同人群的个性化需求。

二、家庭健康评估的概念及内容

“健康评估”起源于临床护理，是对疾病或功能损害程度的判断。随着慢性病的危害日益严重，“健康管理”的重要性越来越凸显出来，健康评估也逐渐延伸到临床以外，开始用于评估各方面的健康状况，成为健康管理的一个重要环节。通过健康评估，掌握健康状况及健康需求，为健康管理提供明确的依据。

（一）健康评估概念

1. 健康与亚健康的概念

（1）健康的定义

1948 年，联合国世界卫生组织（WHO）提出健康的定义，即“健康不仅是没有疾病和虚弱，而是包括躯体健康、心理健康和社会适应的完好状态”。

由此可知，健康不仅仅是指躯体健康，还包括心理健康和社会适应良好，当人体在这几方面同时健全，才算得上真正的健康。

①躯体健康一般指人体生理的健康，即躯体的形态结构与生理功能相适应，生理指标处于正常水平，身体处于内外平衡状态。

②心理健康是指个体的心理活动处于正常状态，即认知正常，情感协调，意志健全，个性完整和适应良好，能够充分发挥自身的最大潜能，以适应生活、学习、工作和社会环境的发展与变化的需要。

③社会适应良好指一个人的心理活动和行为能适应当时复杂的环境变化，为他人所理解，为大家所接受，能够扮演好自己的社会角色，适应社会环境。

健康的三个维度，即躯体健康、心理健康、社会适应良好之间相辅相成，相互影响。躯体健康是心理健康的基础，心理健康是躯体健康的条件，社会适应性可以调整关系。

（2）世界卫生组织对健康的定义细则

①有足够充沛的精力，能从容不迫地应付日常生活和工作的压力而不感到过分紧张。

②处事乐观，态度积极，乐于承担责任，事无巨细不挑剔。

③善于休息，睡眠良好。

④应变能力强，能适应外界环境的各种变化。

⑤能够抵抗一般性感冒和传染病。

⑥体重得当，身材均匀，站立时，头、肩、臂位置协调。

⑦眼睛明亮，反应敏锐，眼睑不易发炎。

⑧牙齿清洁，无空洞，无痛感，齿龈颜色正常，无出血现象。

⑨头发有光泽、无头屑。

⑩肌肉、皮肤有弹性，走路轻松有力。

（3）影响健康的因素

影响健康的因素包括五大类：生物因素、心理因素、环境因素、生活方式和医疗保健服务。

①生物因素

生物因素包括生物性的致病因素、遗传因素及其他因素。

生物性致病因素即由病原微生物引起的传染病、寄生虫病和感染性疾病。遗传因素指由于携带致病基因而导致的遗传性疾病，如血友病、地中海贫血、糖尿病等，以及遗传倾向较大的肿瘤、心血管疾病等。此外，生物因素还包括年龄、性别等其他因素导致的健康风险差异，如动脉硬化多发生于成年人，百日咳多见于儿童；女性患胆囊炎、胆石症、地方性甲状腺肿的发病率较高，而男性疝气的发病率较高。

②心理因素

心理因素主要通过情绪和情感发挥作用。《黄帝内经》提到“怒伤肝”“喜伤心”“思伤脾”“忧伤肺”“恐伤肾”，说明了情绪与健康之间的关系。心理因素对人体的健康有很大影响，比如，当心情特别愉悦、快乐时，身体各个脏器会呈现出非常活跃的状态，整个人变得特别轻松。当出现抑郁、紧张、焦虑情绪时，会引起消化不良、胃溃疡、慢性胃炎、肝胆疾病等，或者导致原有的疾病加重，比如，心脏疾病发作或高血压患者血压迅速升高等。

③环境因素

健康的维持、疾病的发生与多种环境因素相关，环境因素包括自然环境和社会环境。影响健康的自然环境因素包括气候、空气污染、水污染、土壤污染、辐射以及噪声等；社会环境包括经济、文化、教育、风俗习惯、职业、社交、婚姻、家庭及福利等。环境因素通常作用时间较长、影响范围较大。良好的环境是生存的基础、健康的保障，清洁、舒适、安静、优美的环境，还能满足人类更高层次的需求。环境污染则会对健康带来不利影响，现代环境与健康问题多与忽视可持续发展、不注重环境保护有关。

④生活方式

生活方式是人们长期受一定文化、民族、经济、社会、风俗、规范，特别是家庭影响而形成的一系列生活习惯、生活制度和生活意识。包括个人在工作、活动、娱乐和饮食方面的日常行为和功能。生活方式作为健康的一个重要因素，越来越受到研究者的关注。根据世界卫生组织的研究结果，60% 的个人健康和生活质量相关因素与生活方式相关。数百万人遵循着不健康的生活方式，因而遭遇疾病、残障甚至死亡。代谢疾病、关节和骨骼问题、心血管疾病、高血压、超重、暴力等问题，都可能由不健康的生活方式引起。生活方式与健康的关系应该得到高度重视。

⑤医疗保健服务

医疗保健服务包括预防、医疗、康复、保健、健康咨询、营养指导等内容。医疗保健服务在满足个人生存、发展、享受需要方面，在提高人们的生命质量和生活质量方面起着重要作用，而且在维护劳动力、保证社会生产发展，促进民族繁荣昌盛，建设精神文明方面起着重要作用。人们对医疗保健的需要是无限的，而医疗保健的资源是短缺的，而且存在着地域分配不平衡，有些地区医疗水平低，存在过多误诊、漏诊；有些地区尤其是农村地区，卫生技术人员不足，初级保健不健全，卫生资源分配不合理，因而影响基本的医疗保健服务提供。在我国的医疗保健服务中，普遍存在重治轻防的问题，做好三级预防是健康促进的首要和有效手段，是现代医学为人们提供的健康保障。

（4）亚健康

按照世界卫生组织关于健康的定义，健康与疾病并不是非此即彼的关系，没有疾病并不一定就是健康，在健康与疾病之间存在第三状态，即亚健康状态。

①亚健康的概念

亚健康是指人体处于健康和疾病之间的一种状态。处于亚健康状态者，不能达到健康的标准，表现为一定时间内的活力降低、功能和适应能力减退的症状，但不符合现代医学有关疾病的临床或亚临床诊断标准。

②影响亚健康的因素

导致亚健康的主要原因有：不良生活习惯、缺乏运动、精神紧张、过度工作压力、长期不良情绪等（林沅锜，2017）。

不良生活习惯：现代人缺乏户外活动，饮食失衡，尤其是年轻人晚上应酬多，暴饮暴食，使肠胃受伤，并代谢紊乱，出现肥胖、高脂血症等。

缺乏运动：很多人大部分时间都是在操作电脑，缺乏运动，长期处于缺氧状态，致使许多人患上颈椎病、骨质疏松等症，产生头晕、目眩、恶心等亚健康症状。

精神紧张：现代生活中人们的压力无处不在，升学压力、就业压力、工作压力、升迁压力等使人精神过度紧张，种种压力对人们的身体产生长期影响，慢慢形成亚健康。

过度工作：在 21 世纪人们的生存压力越来越大，工作时间也越来越长，超负荷的工作强度和过长的工作时间会导致亚健康状态。

负面情绪：中医讲“喜伤心、怒伤肝、思伤脾、忧伤肺、恐伤肾”。面对各方面的压力，一旦学习、工作、事业、感情等方面受到挫折，容易产生自卑、焦虑、烦躁情绪，长期不得纾解，逐渐发展到亚健康状态。

信息污染：现代社会，报纸、广播、电视、电影、电话、手机等有大量的信息，不管你愿不愿意都得塞进你的大脑。信息接收得太多，造成“信息污染”，大脑也会“消化不良”。信息污染可涉及每个人，中老年人面对信息更新过快，跟不上时代的步伐，与年轻人无法沟通，于是心神不安，大脑处理信息更加迟钝，出现忧郁、血压升高等亚健康状态，青少年出现学习兴趣下降、心烦意乱、失眠等症。

从健康到疾病是一个动态变化的过程，亚健康作为健康与疾病的中间状态，处理得当可向健康转化，处理不当将直接导致严重的疾病，故及时消除影响亚健康的因素，对这些因素进行调整和干预，能够使人体恢复到健康的状态，而非走向疾病状态（见图 11-1）。

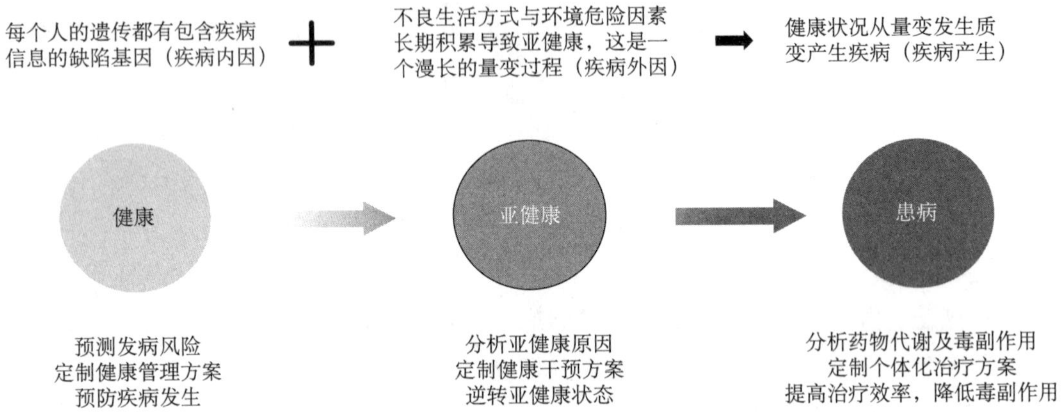

图 11-1　健康与疾病动态变化图

2. 健康评估的概念

健康评估是有计划地系统收集、整理、分析评估对象的健康资料，以明确其健康状况、所存在的健康问题及其可能的原因，确定其健康需要，进而作出健康诊断的过程。健康评估是健康管理的一个重要组成部分。

（二）健康评估的内容

1. 身体健康评估

人体正常生理指标是衡量健康与否的重要标志，主要内容包括体温、心率、呼吸、血压、血糖、血脂等，可以通过常规体检获取上述生理指标的信息。

2. 心理健康评估

心理健康一般有三方面标志：

第一，人格完整，情绪稳定，有自控能力，有自知之明。能保持心理平衡，自尊、自爱、自信。

第二，在所处的环境中，有充分的安全感，能保持正常的人际关系，能受到别人的欢迎和信赖。

第三，对未来有明确的生活目标，能切合实际，不断地进取，有理想和事业的追求。

3. 社会健康评估

社会健康体现为良好的社会适应能力，良好的社会适应性是指能适应并积极改造现实环境，有积极的处事态度，与社会广泛接触，对社会现状有较清晰和正确的认识，心理行为顺应社会进步的趋势，勇于改造周围环境，以达到自我实现与对社会奉献的协调统一。适应社会的标准包括：

第一，具有生活自理能力，在生活上能自己处理日常生活琐事，比如做饭、吃饭、打扫卫生、购物、学习等，满足自己的日常生活所需。

第二，人际交往和沟通能力，一是提高理解别人的能力，二是增加别人理解自己的可能性。

第三，工作、学习和适应社会环境变化的能力，主动融入社会，提高自身融入社会的能力；当个人需要和愿望与社会的要求、集体的利益发生冲突时，能够迅速地自我调节，达到与社会协同一致。

第四，遵守社会道德、法律、行政法规和社会风俗、规则等能力。

三、家庭健康评估的方法与指标

（一）收集健康评估资料的方法

1. 会谈

与家庭成员会谈是收集家庭成员健康资料的重要方法之一，在会谈中可以收集不同家庭成员的详细资料，如儿童、成人、老人等不同家庭成员，他们既往及当前的健康状况、患病经历、诊疗过程及效果等，以及他们对健康的诉求和期待，进而对健康状况进行分析和评估。

会谈中要注意会谈技巧的运用，如鼓励、专注、倾听、同理、澄清等，通过会谈既收集到健康评估所需要的资料，也能够给予评估对象支持和关怀，增强他们提升健康水平的信心和能力。

2. 观察

观察包括观察病人的精神状态、营养发育状况、面容与表情、体位、步态、皮肤、四肢活动能力等。

3. 周期性健康检查

周期性健康检查是根据家庭成员的性别、年龄、职业等健康危险因素的差异而为不同家庭成员设计的个性化健康检查计划。在设计健康检查计划时，需要参考有关的流行病学资料：（1）在本地区内，危害居民健康的主要疾病和问题有哪些，可以预防的程度如何；(2) 在无症状的人群中，这些疾病和问题能否被早期检测出来，检出后能否取得显著的预防和治疗效果；(3) 这些疾病和问题好发于哪些高危人群；(4) 对不同年龄、性别的人应该做什么检查，检查的内容、方法和时间间隔；(5) 针对不同个体，可以采取哪些预防措施。

4. 自测健康评定量表的使用

个体的健康应该是生理健康、心理健康和社会健康的总和。基于世界卫生组织的健康定义，顺应生物医学模式向生理—心理—社会医学模式以及健康测量从一维到多维、群体到个体、负向到正向的转变。许军等人采用 Delphi 法和现场调查法，从生理、心理和社会三方面筛选自测健康评价指标，建立了适合我国国情和文化背景下的自测健康评定量表（Self-rated Health Measurement Scale，SRHMS），这是根据我国实际情况研制的一种本土化的健康评价工具，自 1998 年研制成功后得到了广泛的应用。SRHMS 由自测生理健康、心理健康和社会健康三个评定子量表组成，可用于 14 岁以上各种人群（尤其是普通人群）的健康状况评价，从定量化的角度，较为直观、全面、准确地反映了个体的健康状况，且易于管理和操作（完整量表见附件 2)。

SRHMS 由 10 个维度，48 个条目组成，涉及个体健康的生理、心理和社会三方面，其中 1—18 条目组成自测生理健康评定子量表，19—34 条目组成自测心理健康评定子量表，35—48 条目组成自测社会健康评定子量表。SRHMS 的构成见表 11-1。

表 11-1　SRHMS 维度及其条目分布

	维度	条目数	条目在 SRHMS 中的分布
1	身体症状与器官功能	7	1，2，3，4，5，6，7
2	日常生活功能	5	8，9，10，11，12
3	身体活动功能	5	13，14，15，16，17
4	正向情绪	5	19，20，21，22，23
5	心理症状与负向情绪	7	24，25，26，27，28，29，30
6	认知功能	3	31，32，33
7	角色活动与社会适应	4	35，36，37，38
8	社会资源与社会接触	5	39，40，41，42，43
9	社会支持	3	44，45，46
10	健康总体自测	4	18，34，47，48

SRHMS 的各条目分、维度分、子量表分和量表总分的计算办法如下：48 个条目评分采用模拟线性方式，各个条目原始分的回答是在一条有两个极端点的 10 厘米线上画上标记（如画上“*”号)。48 个条目中正向评分的条目有 37 条，反向评分的条目有

11 条。因为有反向评分的条目，需要对 48 个条目的原始分进行重新评分，正向评分条目的重新评分与原始分相同，反向评分条目的重新评分等于 10 减去原始分。SRHMS 的 10 个维度包括不同的条目，评分方法概括地说有三点：（1）有 11 个反向评分条目；（2）有 37 个正向评分条目；（3）健康总体自测维度即维度 10 中的 4 个条目不参与子量表分和总量表分的计算，将以分类变量的形式进行独立分析，如效标关联效度研究等。

SRHMS 的每个条目的理论最高值是 10，最小值为 0；自测生理健康、自测心理健康、自测社会健康三个评定子量表分和自测健康评定量表总分的理论最高值分别为 170、150、120、440；理论最小值均为 0。

SRHMS 的得分高低能够直接反映健康状况的好坏，得分高说明健康状况好，例如，条目 7 得分高，说明身体疼痛轻；日常生活功能维度得分越高，说明身体完成日常生活功能越强。各维度、子量表和总量表的评分结果可以与常模进行比较，解释不同评分值的实际意义。有关 SRHMS 的常模研究正在进行之中。

使用 SRHMS 的注意事项：有以下几种情况时，需要对条目进行标记，便于资料的统计分析。

1. 被试对某一条目同时在一个标尺的不同位置上画上两个“*”号，可任取其中之一作为该条目的评分值，同时对该条目进行标记；

2. 被试对某一条目同时在一个标尺的不同位置上画上三个或三个以上“*”号，把该条目作为缺损值标记；

3. 被试给予某一条目的答案是在标尺的两个极端之外的位置画上“*”号，把该条目作为缺损值标记；

4. 有 11 个反向评分的条目，应给予标记；

5. 没有作出评价的条目，应作为缺损值标记。

（二）健康需求评估

结合体检结果、会谈和观察收集资料，以及 SRHMS 量表各维度的得分，对家庭成员的健康进行综合分析，从以下三方面评估不同家庭成员的健康需求，为制订健康管理计划提供基础资料。

1. 身体健康需求。

2. 心理健康需求。

3. 社会健康需求。

第二节　家庭健康管理

一、健康管理的理论基础

（一）生—心—社全人健康模式

有关“全人健康服务模式”概念的界定，主要有两种：一种是香港大学陈丽云教授提出的“身心灵全人健康模式”（陈丽云，2009）；另一种是延续世界卫生组织对于“健康”的界定提出的“生—心—社健康模式”。

基于世界卫生组织对健康的定义，本节采用的是“生—心—社全人健康模式”。“生—心—社全人健康模式”中，“生”“心”“社”三个层面健康的具体界定见本章第一节关于健康的定义。

生—心—社全人健康模式的含义：第一，“生理功能”“心理功能”“社会功能”三者组成互为影响的整体，任何一部分的改变会影响其他部分功能的改变；第二，健康同时包括生理健康、心理健康和社会健康，生—心—社全人健康模式考虑部分功能对整体健康的影响，同时要针对个体的生理功能、心理功能及社会功能进行综合评估，制定个性化的健康管理计划并开展健康管理干预服务，达到个体的全人健康（见图 11-2）。

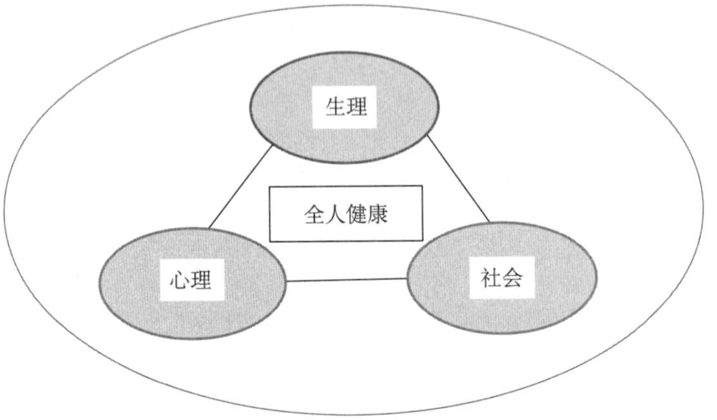

图 11-2　生—心—社全人健康模式

（二）家庭生命周期理论

家庭生命周期理论认为家庭从形成到解体呈循环运动过程，在家庭生命周期的各个阶段有不同的家庭成员扮演不同的家庭角色，不同的角色扮演有着不同的角色期待，而随着时光流逝，年岁渐增，个人观念因受外在环境的影响也不断改变。家庭成员的健康会随着家庭生命周期的变化而被影响，因此在实施家庭健康管理过程中，需要考虑处在不同家庭生命周期的家庭成员面临的角色和任务对其健康的影响。

表 11-2　家庭生命周期

家庭生命周期阶段	特点	任务和要求
1. 家庭组成阶段	新婚期（没孩子）	脱离原生家庭，组成新的家庭，形成夫妻角色分工与规则，发展相互满足的婚姻生活； 怀孕及将成为父母的适应，适应彼此的亲戚网络。
2. 学前子女家庭阶段	抚养孩子的家庭 育儿期（从第一个孩子出生到两岁半）	建立父母角色（适应子女的诞生、成长）； 调整夫妻角色。
3. 学龄子女家庭阶段	学龄前期（从第一个孩子两岁半到 6 岁）	培养孩子的独立性； 对学校等社会机构和社会成员保持更大的开放性； 接纳家庭角色的变化（以激发性、成长方式适应学龄期子女的重要需求；充沛的精力适应及满足子女需求，父母因此缺乏隐私）。
4. 学龄期	第一个子女 6 岁到 13 岁	有学龄子女的家庭以建设性的方法适应社区的生活； 鼓励子女教育上的成就。
5. 青少年时期	孩子 13 岁到 20 岁	为子女独立生活做准备； 接纳和促进子女的独立要求； 青少年在自由与责任之内取得平衡； 发展中年父母的兴趣和工作。
6. 家庭调整阶段	空巢期（从第一个子女到最后一个子女离开家）	成年子女离家就业、服兵役、上大学、另组新家庭等，重新调整夫妻角色； 接受孩子独立的成人角色； 维护支持性家庭关系。
7. 中年夫妇家庭阶段	中年父母期（空巢到退休）	适应新的、不以子女为中心的角色要求； 新的婚姻关系重建； 维护年老的及年幼的亲属关系； 放手让孩子独立，重新面对彼此。
8. 老年家庭阶段	退休到双亲死亡	适应退休生活； 应对丧偶及独处； 亲近家人或适应老年生活。

二、关于健康管理

（一）健康管理的概念

健康管理是对健康人群、亚健康人群、疾病人群的健康危险因素进行全面监控、分析、评估、预测和维护的全过程。

（二）家庭健康管理的概念

家庭健康管理是指基于家庭成员健康体检结果，建立专属健康档案，给出健康状况评估，并有针对性提出个性化健康管理方案（处方），根据健康评估结果和健康管理方案，由专业人士提供一对一咨询指导和跟踪辅导服务，使每个家庭成员从身体、心理、社会环境、营养、运动等多个角度得到全面的健康维护和保障服务。

三、健康管理的流程

健康管理的服务过程为环形运转循环，包括健康监测（收集服务对象个人健康信息，是持续实施健康管理的前提和基础）、健康评估（预测各种疾病发生的危险性，是实施健康管理的根本保证）、健康干预（开展健康教育，帮助服务对象采取行动控制危险因素，是实施健康管理的最终目标）以及健康指标动态监测，整个健康管理过程通过不断循环运行，以减少或降低危险因素的个数和级别，保持低风险水平。

（一）信息采集

包括个人基本信息、健康体检、家族病史、既往病史、当前病症、生活习惯、家庭幸福感、社会幸福感等。

（二）预测评估

第一，评估当前健康情况；第二，评估未来患某病的概率。健康管理服务由具有执业资格的“健康管理师”来提供。我国“十三五”之后提出“大健康”建设，把提高全民健康管理水平放在国家战略高度。根据规划，群众健康将从医疗转向预防为主，不断提高民众的自我健康管理意识。

（三）健康教育

通过有计划、有组织、有系统的社会教育活动，使人们自觉地采纳有益于健康的行为和生活方式，消除或减轻影响健康的危险因素，预防疾病，促进健康，提高生活质量。

（四）健康干预

1. 饮食干预

通过干预饮食，达到预防及治疗患者的目标。

2. 运动干预

通过体育运动，使个体或团体形成一种健康生活方式，使他们由消极的状态转化到积极状态的过程。

3. 心理干预

疾病的困扰不只是身体上的，心理同样会受到影响，长期病魔困扰得不到救治会让人产生轻生的念头，适时寻求心理援助也很必要。

4. 营养干预

中老年人，尤其是老年人，消化系统功能减弱，能够获得的营养素减少，尤其是蛋白质与微量营养素摄入不足。需要营养补充，营养干预就是有选择性地补充营养。

（五）健康指标动态监测

健康管理师将会指导不同个体定期进行健康指标动态监测，包括体重、腰围、血压、心率、血糖、血脂，并结合周期性体检的其他指标，不同个人的健康状况和需求不同，因而需要重点监测的内容也不同，如针对高血压个体重点监测与血压相关的数据，针对糖尿病个体重点监测空腹血糖、餐后 2 小时血糖以及糖化血红蛋白等指标，以便及时了解血压和血糖变化，便于进行血压和血糖管理，从而持续评估健康干预方案的有效性程度，及时调整干预方案。

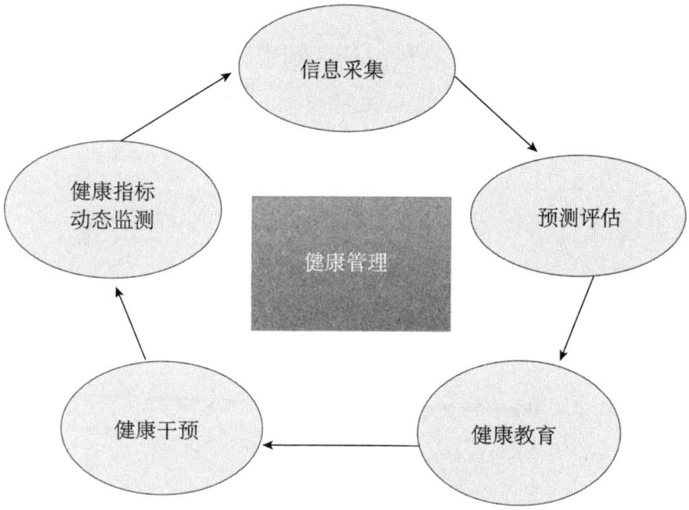

图 11-3　健康管理的流程

四、健康管理与疾病的三级预防

健康管理充分体现一、二、三级预防并举。

（一）一级预防

一级预防即无病预防，又称病因预防，是在疾病（或伤害）尚未发生时针对病因或危险因素采取措施，降低有害暴露的水平，增强个体对抗有害暴露的能力，预防疾病（或伤害）的发生或至少推迟疾病的发生。

（二）二级预防

二级预防即疾病早发现、早诊断、早治疗，又称临床前期预防（或症候前期），即在疾病的临床前期作好早期发现、早期诊断、早期治疗的“三早”预防措施。这一级的预防是通过早期发现、早期诊断而进行适当的治疗，来防止疾病临床前期或临床初期的变化，能使疾病在早期就被发现和治疗，避免或减少并发症、后遗症和残疾的发生，或缩短致残的时间。

（三）三级预防

三级预防即治病防残，又称临床预防。三级预防可以防止伤残和促进功能恢复，提高生存质量，延长寿命，降低病死率。

五、健康人群、亚健康人群、疾病人群的个体健康管理

个体健康管理是根据个人生活习惯、个人病史、个人健康体检等方面的数据分析，提供健康教育、健康评估、健康促进、健康追踪、健康督导和导医陪诊等专业化健康管理服务。

（一）健康人群

健康的群体已认识到健康的重要性，但由于健康知识不足，希望得到科学的、专业的、系统的、个性化的健康教育与指导，并拟通过定期健康评估，保持健康危险处于低风险水平，尽享健康人生。

（二）亚健康人群

亚健康人群处于疾病与健康之间的状态，指出现四肢乏力、心力交瘁、睡眠不好等症状人群。由于从事的行业不同，社会竞争以及家庭负担的压力，这类人群自我明白处于亚健康状态，但不知道如何改善，强烈要求采取措施提高工作效率和整体健康水平。

（三）疾病人群

患有疾病的人群在治疗的同时，希望积极参与自身健康改善。需要在临床治疗过程中配以生活环境和行为方面进行全面改善，从而监控危险因素，降低风险水平，延缓疾病的进程，提高生命质量。

以家庭作为一个整体，家庭中既可能会存在健康的家庭成员，也可能会存在亚健康状态的家庭成员，以及患病的家人，因此对不同需求的家庭成员进行健康管理具有非常重要的现实意义。对健康个体以健康促进为目标，对亚健康个体以预防疾病发生为目标，对疾病人群按照确诊的慢性病类别进行规范化管理，提高空置率，预防残障的发生。

第三节　家庭成员健康管理内容

家庭中特别需要关注的成员是儿童、妇女和老人。本节主要聚焦在儿童、妇女和老人的健康管理，立足社区，为儿童、妇女和老人提供健康管理服务。

一、儿童健康管理的服务内容

（一）新生儿家庭访视

新生儿出院后 1 周内，医务人员到新生儿家中进行访视，同时对产妇进行产后访视。了解出生时情况、预防接种情况，在开展新生儿疾病筛查的地区应了解新生儿疾病筛查情况等。观察居家环境，重点询问和观察喂养、睡眠、大小便、黄疸、脐部情况、口腔发育等情况。为新生儿测量体温，记录出生时体重、身长，进行体格检查，同时建立《母子健康手册》。根据新生儿的具体情况，对家长进行喂养、发育、防病、预防伤害和口腔保健指导。如果发现新生儿未接种卡介苗和第 1 剂乙肝疫苗，提醒家长尽快补种。如果发现新生儿未接受疾病筛查，告知家长到具备筛查条件的医疗保健机构补筛。对于低出生体重、早产、双胎、多胎或有出生缺陷等具有高危因素的新生儿，根据实际情况增加家庭访视次数。

（二）新生儿满月健康管理

新生儿出生后28—30天，结合接种乙肝疫苗第二针，在乡镇卫生院、社区卫生服务中心进行随访。重点询问和观察新生儿的喂养、睡眠、大小便、黄疸等情况，对其进行体重、身长、头围测量，体格检查，对家长进行喂养、发育、防病指导。

（三）婴幼儿健康管理

满月后的随访服务均应在乡镇卫生院、社区卫生服务中心进行，偏远地区可在村卫生室、社区卫生服务站进行，时间分别在3、6、8、12、18、24、30、36月龄时，共8次。有条件的地区，建议结合儿童预防接种时间增加随访次数。服务内容包括询问上次随访到本次随访之间的婴幼儿喂养、患病等情况，进行体格检查，做生长发育和心理行为发育评估，进行科学喂养（合理膳食）、生长发育、疾病预防、预防伤害、口腔保健等健康指导。在婴幼儿6—8、18、30月龄时分别进行一次血常规（或血红蛋白）检测。在6、12、24、36月龄时使用行为测听法分别进行一次听力筛查。在每次进行预防接种前均要检查有无禁忌证，若无，体检结束后接受预防接种。

（四）学龄前儿童健康管理

每年为4—6岁儿童提供一次健康管理服务。散居儿童的健康管理服务应在乡镇卫生院、社区卫生服务中心进行，集居儿童可在托幼机构进行。每次服务内容包括询问上次随访到本次随访之间的膳食、患病等情况，进行体格检查和心理行为发育评估，血常规（或血红蛋白）检测和视力筛查，进行合理膳食、生长发育、疾病预防、预防伤害、口腔保健等健康指导。在每次进行预防接种前均要检查有无禁忌证，若无，体检结束后接受预防接种。

（五）健康问题处理

对健康管理中发现的有营养不良、贫血、单纯性肥胖等情况的儿童应当分析其原因，给出指导或转诊的建议。对心理行为发育偏异、口腔发育异常（唇腭裂、诞生牙）、龋齿、视力低常或听力异常儿童等情况，应及时转诊并追踪随访转诊后结果。

二、妇女健康管理的服务内容

（一）新婚及备孕人群健康管理

通过村/居委会、街道、民政、妇幼保健机构等途径获得新婚及计划妊娠妇女名单，开展新婚人群及孕前保健人群随访，尽早发现孕产妇，及时纳入健康管理。

（二）孕早期健康管理

1. 早孕建册

为孕妇在 12 周前建立《孕产妇保健系统管理手册》，评估孕妇健康状况，并免费提供一般体检、妇科检查和血常规、尿常规、血型、肝功能、肾功能等检测。

2. 孕早期保健指导

开展孕早期个人卫生、心理和营养保健指导，指导孕妇继续补充叶酸到三个月，特别要强调指导孕妇避免致畸因素和疾病对胚胎的不良影响；指导孕妇到适宜助产机构接受规范产检服务，孕 9—20 周到有条件的医疗保健机构进行唐氏筛查等产前筛查和产前的相关知识；宣传妇幼保健基本公共卫生服务包等惠民政策。

3. 加强高危因素孕妇指导

对孕妇进行高危因素评定，对具有妊娠高危因素的孕妇进行相应监护类别高危分类转诊指导，并随访转诊结果。

（三）孕中期健康管理

进行孕期的个人卫生、心理、运动和营养指导，开展预防出生缺陷的产前筛查和产前诊断的宣传告知。督促孕妇接受全程规范化产前检查，及时将异常孕妇转诊至上级医疗机构，随访产检结果。

（四）孕晚期健康管理

督促孕产妇在孕 28—36 周、37—40 周到有助产资质的医疗卫生机构进行产检。指导孕产妇自我监护，开展促进自然分娩、母乳喂养等知识的健康教育，提供孕期并发症、合并症防治指导。

（五）产后访视

接近孕妇预产期时主动与孕妇联系，得到产妇分娩的信息后，应在得到产妇出院信息后进行产后访视（与新生儿访视同步），加强产褥期健康管理、母乳喂养和新生儿护理指导。通过观察、询问和检查进行产褥期营养、心理卫生及避孕方法等指导；宣传儿童基本服务包等惠民政策。发现有产后感染、产后出血、子宫复旧不佳、妊娠合并症未恢复者以及产后抑郁等问题的产妇，应及时转至上级医疗保健机构治疗。

（六）产后 42 天检查

指导产妇按时到生产医院进行产后 42 天检查，提供性保健、避孕、生殖道感染、纯母乳喂养 6 个月等方面知识的指导。

（七）定期举办妇女健康讲座

结合不同年龄阶段及不同类型妇女的实际需求，开展适宜的妇女健康讲座或主题沙龙，开展健康教育与健康交流。

三、老年健康管理的服务内容

随着年龄的增长，老年人的心、肾等脏器生理功能减退，免疫功能降低，易患高血压、糖尿病、冠心病及肿瘤等各种慢性疾病。老年人健康管理是国家基本公共卫生服务项目之一，接受健康管理的老年人能早期发现疾病，早期开展治疗，可以预防疾病的发生发展，减少并发症，降低致残率及病死率，从而提高老年人生活质量，减轻社会、家庭经济以及人力负担。

（一）生活方式和健康状况评估

通过问诊及老年人健康状态自评，了解其基本健康状况、体育锻炼、饮食、吸烟、饮酒、慢性疾病常见症状、既往所患疾病、治疗及目前用药和生活自理能力等情况。

（二）体格检查

包括体温、脉搏、呼吸、血压、身高、体重、腰围、皮肤、浅表淋巴结、肺部、心脏、腹部等常规体格检查，并对口腔、视力、听力和运动功能等进行粗测判断。

（三）辅助检查

包括血常规、尿常规、肝功能（血清谷草转氨酶、血清谷丙转氨酶和总胆红素）、肾功能（血清肌酐和尿素氮）、空腹血糖、血脂（总胆固醇、甘油三酯、低密度脂蛋白胆固醇、高密度脂蛋白胆固醇）、心电图和腹部 B 超（肝、胆、胰、脾）检查。

（四）健康指导

告知评价结果并进行相应健康指导。

1. 对发现已确诊的原发性高血压和Ⅱ型糖尿病等患者，同时开展相应的慢性病患者健康管理。

2. 对患有其他疾病的（非高血压或糖尿病），应及时治疗或转诊。

3. 对发现有异常的老年人，建议定期复查或向上级医疗机构转诊。

4. 进行健康生活方式以及疫苗接种、骨质疏松预防、防跌倒措施、意外伤害预防和自救、认知和情感等健康指导。

告知或预约下一次健康管理服务的时间。

老年人健康管理是建立在健康档案基础上的连续、综合、可追踪的个人及家庭健康管理服务。除了接受常规体检服务以外，医务人员将结合体检结果以及老年人生活方式对老年人进行健康状况评估，并根据评估结果进行个体化的健康指导，对高血压、糖尿病老年患者提供健康管理服务。

本章总结

本章以理解健康、亚健康、健康评估与健康管理的概念为基础，围绕影响健康的因素，学习健康评估的内容与方法，在评估健康状况及健康问题的基础上，制定家庭健康管理方案。

思考题

1. 如何理解健康与疾病的关系？
2. 影响健康的因素有哪些？
3. 开展健康评估时收集哪些方面的资料？
4. 如何使用自测健康评定量表（SRHMS）开展健康评估？
5. 结合健康评估资料，如何为家庭中特殊个体开展健康管理服务？

（自测健康评定量表见附件 2）

第十二章

婚姻家庭中的性

学习目标

性是婚姻家庭的重要基石。保持自身性与生殖健康、建立亲密关系、做好计划生育、养育孩子、发挥家庭功能，都与性密切相关。家庭中的性是婚姻家庭专业指导工作中不可或缺的核心内容之一。通过本章内容的学习，应该了解男女生殖器官的解剖结构、生理功能和卫生保健；掌握受孕、怀孕与分娩的基本过程；熟悉做好计划生育、调整生育功能的方法，为在婚姻家庭中促进性与生殖健康、稳定亲密关系、加强家庭功能搭建一定的知识框架。

第一节 生殖系统及卫生保健

一、女性生殖系统及卫生保健

（一）女性生殖系统结构与功能

女性生殖系统由外生殖器官、内生殖器官及相关组织组成。外生殖器官又称外阴或阴户，包括阴阜、阴蒂、大阴唇、小阴唇、阴道口。内生殖器官包括卵巢、输卵管、子宫、阴道。

1. 外生殖器官

（1）阴阜

阴阜位于耻骨上方，呈圆形，为脂肪组织。青春期开始在阴阜上生长出呈倒三角形分布的阴毛。阴阜内有丰富的神经分布，对性刺激产生反应。

（2）阴蒂

阴蒂由两个海绵体组织组成。阴蒂上有相当丰富的神经末梢，对性刺激敏感，目前已知的生理功能是感受性刺激、体验性愉悦。平常状态下，阴蒂被阴蒂包皮覆盖，在性刺激下，阴蒂充血变坚挺。

（3）大阴唇

大阴唇为一对隆起的皮肤皱襞，其外形个体间差异很大。大阴唇外侧肤色较深，进入青春期后长出阴毛，内侧平滑、无毛。

（4）小阴唇

小阴唇位于大阴唇内侧，为一对表面光滑、无毛的皮肤皱襞。两侧小阴唇在阴蒂上方形成阴蒂包皮。小阴唇内含有丰富的血管和神经，是体验性愉悦的重要部位。

（5）阴道口

两侧小阴唇覆盖的部分是阴道口。阴道口的周围长有结缔组织，称处女膜。阴道口的上方是尿道口。

2. 内生殖器官

（1）卵巢

卵巢是一对呈扁椭圆形的性腺器官，分别位于子宫两侧。女性刚出生时，卵巢内大约有 100 万个原始卵泡，其中大部分在童年期退化，从青春期开始到绝经后，约有 400 个原始卵泡会发育成熟并释放，形成卵细胞，通常左右卵巢交替排卵。到了绝经期，停止排卵。卵巢在形态和功能上发生周期性变化，称为卵巢周期。卵巢周期也是卵泡的发育和成熟、排卵、黄体形成及退化的过程。一般情况下，成熟女性每月排出一枚卵细胞。由于卵巢本身没有管道和外界相连，排出的卵细胞会被输卵管尾部的输卵管伞拣拾进输卵管中。

（2）输卵管

输卵管是一对细长弯曲的肌性管道，内侧与子宫相连，外侧是游离的输卵管伞。输卵管壶腹部的管腔比较宽大，卵细胞受精通常发生在这一部位。输卵管内有纤毛细胞，这些纤毛细胞的摆动帮助把未受精的卵细胞和受精卵运送到子宫内膜。

（3）子宫

子宫位于盆腔中央，前面是膀胱，后面是直肠，下面连着阴道，是呈梨形的中空器官。子宫分为子宫底、子宫体、子宫颈三部分。子宫上部较宽的部分是子宫体，子宫体的顶端为子宫底，子宫下部细窄的部分是子宫颈，子宫颈与阴道相连。子宫体壁内侧即为子宫内膜，子宫内膜随月经周期的激素影响发生变化，先增厚再部分脱落，并随经血排出。如果卵细胞受精，受精卵即着床于子宫内膜。

（4）阴道

阴道是对外开口于阴道前庭，向内连接子宫的中空的肌性管道。阴道是性交器官，也是接收精液、排出经血、娩出胎儿的管道。阴道壁由黏膜、肌层和纤维组织构成，富于伸展性。在性交时，阴道可根据阴茎的运动适应阴茎尺寸，又能在分娩时使胎儿娩出。

（二）女性生殖系统卫生保健

1. 自然防御机制

女性的外阴与阴道的解剖结构及生理特点形成了自然的防御机制，分别是解剖屏障和化学屏障。

（1）解剖屏障

①两侧的小阴唇和大阴唇自然闭合，遮盖阴道口与尿道口，防止部分病原体进入阴道，具有一定的保护作用。

②阴道的前后壁相互紧贴使阴道口闭合，子宫颈内口平时的紧闭状态，也防止了

部分外界病原体的入侵。

由于外阴经常受到阴道分泌物、尿液、粪便（阴道口距肛门很近）、经血的刺激，若不注意及时清洁外阴皮肤则容易引起外阴发炎，所以平时要每天清洗外阴。

（2）化学屏障

①正常情况下，阴道内有多种微生物寄居，形成阴道微生物群。这些微生物群与阴道之间保持一种生态平衡，维持阴道的正常生理功能。

②卵巢分泌的雌激素使阴道维持酸性环境（pH ≤ 4.5），抑制了一些病原体生长。在阴道正常菌群中，乳酸杆菌除维持正常的酸性环境外，还可抑制或杀灭其他细菌。

一旦阴道生态平衡被打破，就有可能发生炎症。在婴幼儿期和老年期，由于雌激素分泌量少，乳酸的转化也减少，化学屏障的作用减弱，婴幼儿期和老年期因此易发生阴道感染，更应注意日常外阴的清洁。平时使用清水清洗外阴即可，不要频繁使用肥皂、护理液等清洗。此外，阴道冲洗、长期使用抗生素等都会抑制乳酸杆菌的生长，引起炎症。

2. 阴道分泌物

阴道分泌物，又称为“白带”。白带是由阴道黏膜渗出物、宫颈管及子宫内膜腺体分泌液等混合而成，其形成与雌激素作用有关。白带内有阴道上皮脱落细胞、白细胞、乳酸杆菌等。

正常的生理性白带量少，外观呈白色稀糊状，一般无气味，量不多，对健康没有不利的影响。通常在接近排卵期时，白带量会增多，质地变清澈，像蛋清一样。排卵2—3天后，白带量减少，质地变黏稠。在性交前后、月经期前后、妊娠时，由于雌激素水平升高，盆腔充血，子宫颈内膜分泌旺盛，白带量也会增多。这些都属于正常生理现象，但要注意清洗外阴，保持外阴清洁、干爽。

3. 保持外阴卫生

女性外阴皱褶较多，容易积聚污垢，阴道口又靠近肛门，易被污染。如果不经常清洗，则容易滋生病原体，引起外阴的炎症等。保持外阴的清洁，最主要的方法就是清洗外阴和勤换内裤。平时应每天清洗外阴一次，月经期最好早晚各清洗一次。清洗时，要使用干净的盆和干净的毛巾，用温水擦洗，或者用流动的温水冲洗。注意不要盆浴，不要让外阴浸泡在水里，以防止污水进入阴道内。洗具一定要单独使用，并要与洗脸、洗脚用具分开，也不要与他人混用。清洗外阴前，要先用肥皂清洗双手。清洗外阴时，先清洗大阴唇内侧，接着是小阴唇、阴蒂及阴道口和尿道口。然后再清洗大阴唇外侧、阴阜和大腿根部内侧，最后清洗肛门。一般用清水清洗即可，不要频繁使用肥皂或者含药物的清洗剂等，以免打破阴道正常的酸性环境，破坏化学屏障。

除清洗外阴，内裤也应该每日换洗。另外，化纤材质的内裤不透气，容易引起异味或炎症，故宜穿舒适、易透气的内裤。内裤也不宜过紧，以免压迫阴蒂引起盆腔充血。清洗内裤的用具也应该专人专用，不要和其他衣物混洗，用肥皂清洗即可。清洗后的内裤最好放到阳光下晾晒。

4. 月经期卫生及保健

（1）月经期卫生用品使用

大部分女性在月经期使用卫生巾吸收经血，也有部分女性选择内置卫生棉条和月经杯等。卫生巾是体外使用，内置卫生棉条和月经杯放置于阴道内使用。

①卫生巾

卫生巾的使用方法很方便，使用时贴在内裤里面，当吸收一定的经血后，需要立即更换。卫生巾是目前较为普遍的经期卫生用品，在选择和使用时也有一些注意事项：如在选择带有香味的卫生巾时需要谨慎，因香味成分多为化学成分，要避免发生过敏造成阴道瘙痒等。另外，某些药物会打破阴道正常的化学屏障，引发感染等。所以，健康女性不必选用含药物的卫生巾。使用卫生巾前要清洁双手，及时更换卫生巾，2 小时更换一次为宜，最长不超过 4 小时。

②内置卫生棉条

内置卫生棉条使用时需要放置阴道内，其吸收力较强，体积较小，不会限制身体行动，因此，一些女性在经期进行某些运动（如游泳）时会使用。但需要注意的是，由于内置卫生棉条阻塞阴道形成密闭空间，若不及时更换，容易造成葡萄球菌的过量滋生，从而引发中毒性休克综合征，严重时还会危及生命。所以，内置卫生棉条可以在经血量少时使用，使用时一定要遵照说明书仔细置入阴道，并且要及时更换，非经期不要使用。

③月经杯

月经杯是一种由医用级硅胶、乳胶或橡胶制成的用于收集女性经血的容器，柔软且富有弹性，利于变形后塞入女性阴道，主要作为卫生用品用于女性经期。其容量大约为 10—38 毫升，使用时将其放入阴道，流出的经血被收集在容器中。月经杯可分为阴道杯和宫颈杯两种类型。阴道杯通常呈钟形放置在阴道内，便于承接子宫内流出的经血和子宫内膜剥落的细胞组成物，在下端附有柄状、环状等握柄，用于放入与取出月经杯。宫颈杯像避孕用的子宫帽，放置在阴道内深处的子宫颈周围。

在使用月经杯时，应该每 4—12 小时清空一次，使用时长取决于月经流量和杯子的类型。月经杯的使用寿命可达 10 年，可重复使用，不仅环保省钱，也能让使用者每月观察经血量，异常时可寻求医生协助。也有一次性月经杯可供选择。

放置月经杯时，因为要把手指伸到阴道深处，所以需要确保双手的清洁卫生，以及指甲边缘应光滑。放置时，可采取立、蹲、坐等姿势，方便双腿张开，阴道口较为放松。拇指和食指紧紧压住折叠好的杯身，以与尾骨平行的方向，水平置入阴道内。放入后，先抓住杯子底部，转动一圈，确保杯身弹开，再将剩余部分推入阴道内，直至推到耻骨后的宫颈下方。月经杯应放置于阴道口较深处，主要是为了使阴道内无异物感，并使经血不会外流。取出月经杯时，捏住整个杯的底部（如果只是拉住杯柄则容易造成侧漏），让杯身到达阴道口，捏住杯底，解除真空封闭环境后再取出。取出时注意防止经血洒出。

每天使用后，可用专用洗液或者温和肥皂清洗，开水浸泡更佳。月经期结束后，可用开水煮 5—10 分钟，晾干，放置于空气流通处保存。避免放在塑料袋等密闭环境中。随着使用时间的延长，月经杯可能会因使用、清洁、储存等原因有一定变色。若发现杯子产生异味，可用开水煮沸，无须更换杯子。如果煮沸后异味仍然存在，则需要更换杯子。

比起需要频繁更换的卫生巾，月经杯的使用周期更长，产生的垃圾会更少。且月经杯发生泄漏的风险较小，减少了清洗染血衣物的机会。月经杯使用得当会降低病原体感染的风险。使用月经杯的人比使用卫生巾的人患细菌性阴道病的概率低，月经杯的惰性材料可能有助于维持健康的阴道 pH 值和微生物组群。由于使用周期长，需要更换的次数少，与卫生棉条相比，月经杯成本适中，相对节约。

使用卫生巾、内置卫生棉条或月经杯，都是个人的选择。但无论选择哪种月经期卫生用品，都要注意及时更换。另外，也要用正确的方法及时清洗外阴上的经血。使用专用的干净的毛巾和盆，从前到后，温水擦洗。

（2）痛经

痛经就是在月经期前或月经期出现下腹部疼痛、坠胀，伴有腰酸或其他身体不适，并严重影响生活质量的现象。痛经的强度依靠自身的感觉，暂时没有客观方法来测量。痛经分为原发性和继发性。原发性痛经多指功能性的，即生殖器官没有器质性的病变，这类痛经占绝大多数。继发性痛经是指生殖器官出现器质性病变而引起的痛经。

①原发性痛经主要与月经时子宫内膜前列腺素含量增高有关。前列腺素可使子宫肌肉收缩，引起疼痛。原发性痛经多见于青春期，一般在经期第一日最剧烈，持续 2—3 日后可缓解。疼痛通常位于下腹部，可放射至腰骶部及大腿内侧。原发性痛经还常伴有虚弱、手足冰冷、乏力、恶心、腹泻等症状，严重时还会面色苍白、出冷汗，但妇科检查不会有异常发现。原发性痛经发生时，应注意消除紧张和压力，对缓解疼痛有一定的效果。此外，食用温热的食物和饮料、将温热的物品放置腹部、轻抚腹部、散步等都能起到减轻疼痛的作用。若疼痛不能忍受时，应该及时去正规医疗机构就医。

②继发性痛经可能是继发于盆腔炎、子宫内膜异位症、宫颈狭窄或其他疾病，这种情况最好的解决办法是就医诊治，不要自行单纯止痛。

（3）经前期综合征

经前期综合征是指月经来潮前的7—14天出现周期性的以生理、心理上的各种症状为特征的综合征。一旦月经来潮后，症状就会自然消失。目前，经前期综合征的形成原因尚无定论，但可能与卵巢激素水平变化、心理因素有关。

经前期综合征主要表现为生理上、心理上的症状。生理上症状包括头痛、乳房胀痛、背痛、胀气、便秘、体重增加、食欲增加等。心理上症状包括易怒、焦虑、疲劳、情绪不稳定、性欲改变等。许多女性在不同的月份里，这些症状的严重程度会有不同。

对于经前期综合征，尽管目前还没有特效办法防止其发生，但健康的生活方式有助于缓解部分症状，包括合理的饮食及营养，适当的身体锻炼，提高碳水化合物的摄入，避免烟酒，限制茶、可乐、咖啡、盐的摄入等。也有一些药物，比如抗前列腺素药物、抗黄体酮药物等可以缓解一些症状。

（4）闭经

闭经就是没有月经。女性青春期前、怀孕期、哺乳期、绝经后，没有月经是正常的生理现象。闭经一般分原发性闭经和继发性闭经两类。

①原发性闭经。年龄超过16岁、第二性征已发育，还无月经来潮，或者年龄超过14岁、但第二性征未发育，无月经来潮的情况属于原发性闭经。原发性闭经较为少见，往往与遗传因素或先天发育缺陷有关，大部分原发性闭经可经激素来治疗。

②继发性闭经。继发性闭经是指原本已经建立起了正常的月经周期，但此后因某种病理性原因一连几个月都不来月经的情况。继发性闭经发生率高于原发性闭经，其病因也很复杂。常见的是由各种原因导致机体处于紧张的应激状态，如从事紧张工作的脑力劳动者，畏惧妊娠或盼子心切等强烈的精神压力等。体脂肪率过低、营养缺乏、剧烈运动、某些药物以及厌食症也可能导致继发性闭经。当一名女性在没有怀孕、哺乳或激素水平失调的情况下出现继发性闭经，应该就医。

大多数女性在月经期可以照常生活、学习和工作，但也要避免重体力劳动和剧烈的运动。有些人认为，在月经期不宜用冷水洗脚、食用冰冻的食物和饮料，但因人而异，接触了冷水或冰冻食物等也无须担心会留下什么后患。总之，以自我感觉舒服为准。

5. 异常白带

生理性白带是白色稀糊状或蛋清样，无臭味，高度黏稠，量少。当生殖道有炎症或发生癌变时，白带在数量、颜色、质地上也会发生病理性改变。常见的异常白带有以下几种。

（1）透明黏性白带

这种白带在外观上与生理性白带一致，但量明显增加，可能是由于卵巢功能失调、阴道腺病或在使用雌激素类药物及阴道避孕药之后。

（2）灰黄色或黄白色泡沫状白带

当白带为灰黄色或黄白色，呈泡沫状，且有臭味时，大多为滴虫阴道炎，这种情况还可伴有外阴瘙痒。

（3）豆腐渣样白带

白带若呈凝乳块状，像豆腐渣样，为霉菌性阴道炎的特征，常伴有严重的外阴瘙痒或灼痛的症状。

（4）灰白色白带

白带颜色呈灰白色，并有鱼腥臭味，多见于细菌性阴道病，也多伴轻度的外阴瘙痒症状。

（5）脓性白带

细菌感染所致的阴道炎、急性宫颈炎及宫颈管炎的白带呈黄色或黄绿色，黏稠，多有臭味。脓性白带还见于阴道癌或宫颈癌并发感染等疾病。

（6）血性白带

若白带中混有血液，血量多少不定，这种白带应警惕生殖器官癌变的可能。如宫颈癌、子宫内膜癌、宫颈息肉或子宫黏膜下肌瘤等。放置宫内节育器也可能出现血性白带。

（7）水样白带

白带呈淘米水样，且恶臭，一般见于晚期宫颈癌、阴道癌等。若是间歇性出现清澈的、黄红色或红色的水样白带，有可能是输卵管癌。

6. 外阴瘙痒

外阴瘙痒是较为常见的妇科症状。外阴瘙痒多由各种病变引起，外阴正常者也有可能发生。如果得不到适当的治疗，可以反复发作，延长病程。当瘙痒严重时，甚至会影响患者的生活。

引起外阴瘙痒的原因很多，有局部原因也有全身原因。最为常见的局部原因是阴道假丝酵母菌病和滴虫性阴道炎。细菌性阴道病、阴虱、疱疹、湿疹等疾病也会引起外阴瘙痒。另外，不良的卫生习惯、化妆品刺激或某些药物过敏等也是引发外阴瘙痒的原因。

外阴瘙痒的全身原因见于糖尿病、黄疸、重度贫血、白血病、维生素 A、B 族维生素缺乏等疾病。还有一些属于不明原因的外阴瘙痒。

外阴瘙痒多位于阴蒂、小阴唇附近，也可发生在大阴唇、会阴甚至肛门周围。如果得不到及时治愈，长期搔抓瘙痒部位，会出现抓痕、血痂或继发毛囊炎。外阴瘙痒通常在夜间加重，常为阵发性，也可为持续性发作。症状严重时，奇痒难忍，坐卧不安，甚至会影响正常的生活、学习和工作。

若患有外阴瘙痒，严禁搔抓病发部位，应及时就医。另外，要加强个人卫生，保持外阴的清洁、干燥，消除病因。

二、男性生殖系统及卫生保健

（一）男性生殖系统结构与功能

男性生殖系统分为外生殖器官和内生殖器官两部分。男性外生殖器官包括阴茎和阴囊。男性内生殖器官包括睾丸、附睾、输精管、射精管、前列腺、精囊腺、尿道球腺。

1. 外生殖器官

（1）阴茎

阴茎由阴茎头、阴茎体和阴茎根三部分组成。阴茎头又叫龟头，它的末端有较狭窄的尿道外口。阴茎体为圆柱形，悬垂于体外，由阴茎根连接在身体上。阴茎根固定在身体上，是整个阴茎与身体的连合部分。阴茎由两条阴茎海绵体和一条尿道海绵体构成，这三条平行的海绵体内含有丰富的血管。在性唤起过程中血管扩张、血流量明显增加，致使阴茎勃起。阴茎皮肤在阴茎颈的前方呈双层游离皱襞，包绕阴茎头，称为阴茎包皮。阴茎头冠和颈部的小腺体可产生一些松软的豆腐渣样的物质，称包皮垢。包皮垢有特殊的气味，但无生理作用。

阴茎是男性的性交器官。一直以来，对阴茎的长短和粗细都有某些谬误存在，如“阴茎越大或者越长，更容易让性伴侣得到满足”“男性的手掌、手指、身高、体型或其他等因素与阴茎的尺寸有关”“阴茎尺寸与性能力有直接关系”等。事实上，阴茎的尺寸是遗传基因决定的，与男性的体型、身高、种族、性倾向等没有特定的关系。而阴道本身可以根据阴茎的尺寸进行自我调节，不管阴茎是大是小，阴道都可以紧紧地收缩适应。所以阴茎尺寸与男性性能力和使性伴侣得到性满足的程度无关。

（2）阴囊

阴囊位于阴茎的后下方，是一个呈囊袋状结构的悬垂物，里面有睾丸、精索和附睾等。阴囊外层的皮肤颜色较深，有阴毛和汗腺分布。内层的膜含有可舒缩的平滑肌纤维。阴囊沿中线有一条纵行的阴囊缝（外层）和阴囊中隔（内层），将阴囊分为左、右两部分。阴囊的皮肤形态在不同条件下会发生变化，比如，在性唤起过程中或受到冷刺激时，阴囊的平滑肌会收缩，以便将睾丸拉近身体；在受到热刺激时，阴囊平滑肌舒张，睾丸会远离身体，有利于散热。阴囊皮肤随温度变化发生改变，主要是为睾丸等内部器官提供适宜的温度环境，从而利于精子的生长和发育。

2. 内生殖器官

（1）睾丸

睾丸是位于阴囊内的男性生殖腺，左右各一。两边的睾丸通常是不对称的，一般左侧略低于右侧。每个睾丸的上端被精索悬挂在阴囊内，精索内主要有输精管、血管、淋巴管、神经和肌纤维等。睾丸内上千条的生精小管（又称静曲小管）产生精子，生精小管之间的间质细胞能够分泌睾酮。所以，睾丸的主要功能是产生精子和分泌雄激素。胎儿时期，男性睾丸在盆腔内发育，一般到妊娠末期，睾丸会自动下降至阴囊内。

（2）附睾

附睾紧贴在睾丸的后外侧，头部由睾丸输出小管组成，体部和尾部由附睾管组成。睾丸内生精小管生成的精子，通过输出小管进入到附睾，在这里得到进一步成熟，获得能量。

（3）输精管

附睾管的末端向上弯曲直接延续成为输精管，左右各一，其作用主要是输送精子。

（4）射精管

射精管是精囊的排泄管与输精管汇合而成的肌性管道，左右各一，开口于尿道前列腺部。

（5）附属腺

男性内生殖器官有三种附属腺，分别是前列腺、精囊腺和尿道球腺。

①前列腺是不成对的生殖器官，位于膀胱正下方，前面贴耻骨联合，背面与直肠仅有一层筋膜相隔，所以临床做直肠指诊时可触及前列腺的背面。前列腺分泌的乳白色的前列腺液是精液的成分之一，含有多种成分，其中有纤维蛋白溶酶、锌离子和柠檬酸等物质。

②精囊腺位于前列腺的后上方，也就是膀胱的后面，成对存在。它们在激素的刺激下，会分泌淡黄色的液体，也是精液的组成成分。

③尿道球腺在前列腺的下面，是一对豌豆状的圆形腺体，与尿道相连。尿道球腺会在射精前分泌一种清凉、黏稠的液体，里面可能含有上次射精后留存在尿道内的，或者从壶腹部渗透出的少量的精子。精液由精子、前列腺液和精囊腺分泌物混合组成。

（二）男性生殖系统卫生保健

1. 阴茎的卫生保健

阴茎体的表面由一层松弛柔软的皮肤覆盖，皮下没有脂肪。这层皮肤一直延伸到阴茎头，并重叠包裹住阴茎头的上半部，这层覆盖物称为包皮。包皮有内、外两层皮肤，包皮内层与阴茎头紧贴。虽然包皮内层皮肤没有毛和汗腺，但有皮脂腺（即包皮腺），包皮腺的分泌物和脱落的上皮形成一些松软的、豆腐渣样的物质，这就是包皮垢。由于包皮垢是在包皮下聚集形成的，所以有特殊的气味，聚少成多就会发臭，还容易滋生细菌，导致炎症和其他疾病。因此，为避免感染，男性应该每天清洗阴茎和包皮。清洗时，要注意把包皮翻上去，彻底清洗阴茎头和包皮内侧，把包皮垢清洗掉，以保持阴茎的卫生。

幼儿时期的包皮较长，包裹整个阴茎头，这属于"生理性包茎"。一般到3岁以后，阴茎头和包皮之间的轻度粘连自行消失。包皮能轻易向后退缩、上翻，露出阴茎头。如果包皮过紧、过长，不能轻易上翻露出阴茎头，这种情况称为包茎。包茎较为少见，但严重时不仅会影响排尿，甚至有可能造成整个泌尿系统的功能障碍。如果不能随时保持包皮清洁，也很容易因包皮垢导致细菌感染，发生慢性炎症。长此以往，还存在诱发癌变的危险，对生殖健康产生不利的影响。此外，包茎还往往会影响男性性快感，甚至阴茎勃起时因包皮牵扯引起疼痛。因此，一般会采取手术，即包皮环切术治疗包茎。

2. 阴囊与睾丸卫生保健

阴囊的表面有稀疏的阴毛，颜色比其他身体部位颜色深。阴囊的皮肤极薄且柔软，皮下组织缺少脂肪，平时应避免使用碘酒及刺激性强的药物，以防造成阴囊表面的损伤。前面提到，阴囊的形态结构在不同温度条件下会发生变化，这有利于精子的生长和发育。所以，在炎热季节，男性应尽量穿薄而透气、吸汗的内裤，避免穿厚重、质地较硬的牛仔裤等。而在寒冷季节，也应该注意保暖。另外，由于阴囊的皮肤皱襞的凹陷容易藏匿细菌，在每日清洗阴茎时也不要忽略阴囊的清洗。

睾丸的体积较小，活动度较大。睾丸不仅表面有一层坚厚的白膜（纤维膜）保护，还深藏于阴囊内，一般受到外伤的情况不多见。但在平时生活中也应避免睾丸受到撞击、暴力挤压、踢打等。由于睾丸是精子的生成器官，若外伤严重，治疗不及时，则有导致不育的风险。

男性青年晚期和成年早期可发生睾丸肿瘤，睾丸的自我检查可以帮助自身及早发现。在做睾丸的自我检查前，可以先洗个热水澡，这样阴囊的温度有所升高，睾丸会比较远离身体，更易被触摸。轻轻用拇指、食指和中指依次触摸每个睾丸，检查其中有没有小硬块或隆起。若发现任何肿块、隆起等情况，要及时就医。

日常生活中，除了要保持生殖器官的干净，也要时刻留意它们的变化。若出现红肿、坠胀、疼痛等现象时，应及时到正规医院诊治。

3. 前列腺的卫生保健

有些人认为前列腺是内生殖器官，位于盆腔内，并不是日常护理的重点。其实不然，前列腺也是重要的需要护理的器官。目前，医学已认识“前列腺炎”不是一种病，而以不同形式或综合征发生，这些综合征有独立的原因、临床表现和结果。前列腺炎可出现的症状：后背疼痛，会阴、肛周疼痛，尿频，尿急，尿痛，夜尿多等，若出现这些症状，就应该就医了。

和睾丸一样，前列腺也可以进行自我检查。检查的目的还是看前列腺是否有硬块、不平整或者和之前摸到的感觉不一样。进行前列腺自我检查时，需要侧躺，双膝弯曲靠近胸口，戴上手套并涂上润滑剂，手指缓慢地、轻轻从肛门进入，找到前列腺。需要注意的是，前列腺自我检查必须在充分了解生殖系统解剖学结构的基础上进行。

第二节　受孕、怀孕与分娩

一、受孕

（一）受精的过程

一个精子和一枚卵细胞的结合标志着一个新生命的开始，或称受孕。对一个有生育能力、性欲旺盛且又想要孩子的女性来说，一般平均需要 6 个月能够成功受孕。在女性排卵期间一次性交有 21% 的机会可以导致受孕。大约有 90% 的女性在尝试一年之后可以成功受孕，另有 5% 需要 2 年时间。

卵细胞受精标志着新生命的诞生，也是妊娠的开始。精液射入阴道内后，精子进入子宫腔，并在子宫与输卵管获能。从阴道到输卵管末端的距离约为 15 厘米，精子大约需要运行 30 分钟。而后，精子在输卵管壶腹部（也即输卵管外上 1/3 处）遇到卵细胞。

受精是精子与卵细胞结合形成受精卵的过程，一般发生在输卵管壶腹部。由于在一般情况下，卵细胞的寿命不超过 24 小时，所以，通常在排卵后 12 小时内受精。精子在女性生殖道内存活的时间通常为 12—48 小时，不过一些精子的存活时间可长达 5 天左右。因此，女性若要受孕，必须在排卵前五天至排卵后一天期间进行性交。安全期避孕法则是基于避开受精有效期性交，但需要注意的是，排卵日期并不容易准确测定。

通常，一旦有一个精子进入卵细胞，卵细胞的透明带结构会发生变化，经历透明带反应，阻止其他的精子再进入。偶尔，也有不止一个精子同时进入卵细胞，但这样的异常受精最终都不能成功。

精卵结合后，分别释放出各自的23条染色体，相互混合形成二倍体的受精卵，最后形成具有人体细胞特征的、含23对（46条）染色体的完整复合体。此时，完成了受精过程。受精的整个过程大约需要24小时，受精卵的形成也就是新生命的开始。受精的基本条件是发育正常并已获能的精子与发育正常的卵细胞在限定的时间相遇。使用避孕套、子宫帽等避孕工具，采取输精管结扎等措施，可以阻止精子与卵细胞相遇，从而达到避孕的目的。

来自父母双方基因的重新组合决定了新生命的遗传特征，由于遗传物质是随机组合，同时，生殖细胞在减数分裂时曾发生染色体联合和片段交换，所以，新的生命既继承了父母的遗传特点，又具有与亲代不完全相同的性状。新生命的性别在受精时就已经决定了。带有Y染色体的精子与卵细胞结合，发育为男性；带有X染色体的精子与卵细胞结合，发育为女性。因此，新生命的性别决定于是哪种类型的精子与卵细胞的结合。

受精卵形成后，借助输卵管蠕动和纤毛推动继续向子宫运行，并同时进行细胞分裂。大约在30小时后，受精卵分裂成两个子细胞，再由此二分四，四分八，依次分裂下去。子细胞在分裂期间并不增大，所以，随着细胞数目增加，细胞体积逐渐变小，这种特殊的有丝分裂称卵裂，卵裂产生的子细胞称卵裂球。在受精卵形成后的第3天，卵裂球达12—16个。这些卵裂球共同组成一个桑葚样的实心胚，故称桑葚胚，又叫早期囊胚。桑葚胚的细胞继续有丝分裂，当卵裂球达到约100个时，细胞排列在桑葚胚圆球的周边，桑葚胚的中央是由细胞间的间隙汇合形成的一个大腔，中间充满液体。这种结构称为“胚泡”。受精后的第4天，胚泡形成，并进入子宫腔。

（二）着床

胚泡埋入子宫内膜的过程称着床，又称植入，着床大约于受精后第6—7天开始，约1周完成。着床的正常部位位于子宫（通常在子宫后壁上部），而受精卵在子宫体腔以外部位着床称为异位妊娠，习称为宫外孕，常发生在输卵管。异位妊娠的胚胎多因营养供应不足，早期死亡，少数胚胎发育较大后导致输卵管破裂，还将引起大出血。

受精卵着床需经过定位、粘着和穿透3个阶段。着床必须具备如下几个条件。

1. 在着床时，卵细胞透明带完全溶解消失。

2. 胚泡与子宫内膜接触的滋养层，分化为内、外两层。外层细胞称合体滋养层，内层细胞称细胞滋养层。

3. 着床时，也需要胚泡和子宫内膜的发育同步且功能协调。

4. 孕妇体内必须有足够数量的黄体酮。着床过程还依赖于母体雌激素和孕激素的精细调节，若母体内分泌紊乱或受药物干扰，子宫内膜周期性变化则与胚泡的发育不同步，着床就不能完成（紧急避孕药的药理正是基于此）。

5. 胚泡的着床还需要子宫腔内有一个正常的内环境。子宫内膜有炎症或有避孕环等异物，均可阻碍胚泡着床。

双胎又称孪生。双胎有两种情况，当两个卵细胞同时受精，则出现双卵双生，即同时有两个受精卵。它们有各自的胎膜与胎盘，性别可相同或不同，相貌和生理特性的差异如同一般兄弟姐妹一样。若受精卵在着床前分裂，则会产生单卵双生，这种孪生儿的遗传基因完全一样，因此，不仅性别一致，相貌、体态和生理特征等也极其相似。双胎中，大多数都是双卵双生。

（三）胚胎和胎儿的发育

胚泡在着床过程中，内细胞群（胚泡内的一团细胞）的细胞继续增殖分化，并逐渐形成圆盘状的胚盘，胚胎的各部分最终将由胚盘衍生而来。胚盘邻近滋养层的细胞为上胚层，邻近胚泡腔的细胞为下胚层。随后，上胚层与滋养层之间形成一个充满液体的羊膜腔，里面的液体称为羊水。羊膜腔被羊膜包绕形成羊膜囊，在分娩前，胎儿一直受该囊的缓冲和保护。

绒毛膜和突出的绒毛在第 3 周出现，大约受精后 3 周末，三胚层胚盘形成，分别为内胚层、中胚层以及外胚层。三个胚层都起源于上胚层，身体的各个部分也将由三个胚层分别逐步发育而成。

内胚层主要形成呼吸器官、消化器官、膀胱上皮等；中胚层将发育成肌肉、骨骼、血液循环器官、泌尿生殖系统、结缔组织等；神经系统、皮肤、五官、毛发、指（趾）甲等则由外胚层发育而来。

受精后第 3 周末，出现神经褶和体节；第 4 周末，胚胎血液循环建立，出现心搏，心脏开始供血。同时，脊髓和神经系统开始逐渐形成；第 5 周，胚胎屈向腹侧，出现手臂、腿的轮廓；第 6 周，出现眼睛和耳朵；第 7 周，胚胎的性腺出现，但还不能明显区分出性别。

第 8 周末，即胚胎期结束时，所有重要组织的结构已出现，胚体已初具人形。胚体外表可见眼、耳、鼻，面部特征形成，出现骨骼。胚胎的头部很大，主要脑区已出现，并可记录到脑电波。心脏血管系统充分活动。肝也很大，开始产生血细胞。

受精后 9 周起称为胎儿，从这时起，胎儿的发育主要是进一步生长和分化；到 12 周末，胎儿的四肢已基本发育完全，可以活动。此时，胎儿的外生殖器官已发育。

16 周末，可以通过外生殖器官分辨胎儿的性别；20 周末，胎儿身体向腹部弯曲，皮肤出现胎脂，全身覆盖胎毛；24 周末，胎儿各个器官都已发育；28 周末，胎儿有呼吸运动，出现眼睫毛；32 周末，胎儿面部的胎毛开始脱落，男性胎儿的睾丸下降；36 周末，胎儿胎毛明显减少，皮下有较多的脂肪；40 周末，男性胎儿的睾丸下降至阴囊，女性胎儿的阴唇发育良好，具有很好的生活力。

临床上，一般用新生儿的身长来判断妊娠的月数。在妊娠前 5 个月，胎儿身长是妊娠月数的平方，如妊娠 3 个月胎儿身长 $=3^2=9$ 厘米；妊娠后 5 个月，胎儿身长是妊娠月数的 5 倍，如妊娠 8 个月的胎儿身长 $=8\times5=40$ 厘米。

胎儿的附属物包括胎膜、胎盘、脐带和羊水。胎膜和胎盘虽然不参与胚胎本体的形成，但对胚胎起着重要作用。胎膜包括绒毛膜、羊膜、卵黄囊、尿囊和脐带。其中羊膜为半透明薄膜，羊膜腔内充满羊水，胚胎在羊水中生长发育。脐带是连接胚胎脐部与胎盘的结构。脐带中有脐动脉和脐静脉，脐动脉主要作用是将胚胎血液运送至胎盘绒毛血管，并在此与母体血液进行物质交换；脐静脉则主要将有丰富营养和氧的血液从胎盘送回至胚胎。

胎盘是母体与胎儿间进行物质交换的器官，由羊膜、叶状绒毛膜和底蜕膜组成。胎盘能产生激素、蛋白质和酶等物质，对一般的细菌具有防御功能，但对某些药物、病毒和激素没有抵御作用，因此，孕妇用药需慎重，并应预防感染。首先，胎盘内有母体和胎儿两套血液循环系统，母体和胎儿的血液在各自封闭的管道内循环，但可进行物质交换。胎儿通过胎盘从母体中获得营养和氧，同时排出代谢产物和二氧化碳。其次，胎盘的合体滋养层能分泌人绒毛膜促性腺激素（human chorionic gonadotropin，HCG），其作用是维持黄体活性，维持妊娠。此外，胎盘还控制雌激素和孕激素的合成。

胚胎发育的过程，即由一群简单的细胞发育成复杂有机体的过程，其中每一个过程都甚为严密和精细。“生命的诞生是奇迹”这句话正是对这一过程最好的诠释。

二、怀孕

（一）早期妊娠的表现

女性一旦怀孕，生理、心理都会发生一些改变。怀孕又称妊娠，妊娠是胚胎和胎儿在母体内发育成长的过程。妊娠开始于成熟卵细胞受精，终止于胎儿及其附属物自母体娩出。临床上，通常把 40 周的妊娠分为三个时期：妊娠 13 周末以前称早期妊娠，第 14—27 周末称中期妊娠，第 28 周及其后称晚期妊娠。平均妊娠时间是 266 天，有的短些，有的长些。在妊娠满 28 周至不满 37 周（196—258 天）之间出生的新生儿属于早产。此处，重点介绍母体早孕的体征。

由于胚胎、胎儿生长发育的需要，在激素的作用下，孕妇体内各系统会发生一系列适应性的解剖和生理变化。了解妊娠的主观体验和客观体征，对女性及时知道自己是否妊娠很有帮助。

1. 停经

又称闭经，是妊娠最早的症状。生育年龄有性交行为史的女性，平时月经周期规则，一旦月经过期 10 日或以上，就应该考虑是否妊娠。若停经已达 8 周以上，妊娠的可能性更大。此外，停经并不是妊娠的特有症状，还有许多其他原因可引起停经，如过量锻炼、疾病、情绪波动等。反之，阴道出现血性分泌物并不能排除妊娠的可能，因为约 20% 的孕妇有少量阴道出血的现象。短暂、轻微的出血与着床有关，通常无害，但也可能是流产的先兆。这种流血也可能被误认为是在月经期，因此，有些孕妇在受精卵着床时，并未意识到自己已经怀孕。

2. 早孕反应

在停经 6 周左右，约半数女性会出现畏寒、头晕、乏力、嗜睡、流涎、食欲不振、喜食酸物或厌恶油腻、恶心、晨起呕吐等症状，称早孕反应。

所谓晨起呕吐，表现为孕妇早晨醒来时胃部不适，厌食，甚至对某些食物的气味极为反感。某些更严重的可伴随呕吐，不愿接近食物。也有些女性会在晚上出现这种状况。少数孕妇的呕吐症状较为严重，不能进食，以致影响到身体健康，甚至威胁孕妇生命，称为妊娠剧吐症，发生妊娠剧吐症时需要处理。恶心、晨起呕吐的现象可能与妊娠期孕妇体内人绒毛膜促性腺激素（HCG）增多、胃酸分泌减少及胃排空的时间延长有关，早孕反应多于妊娠 12 周左右自行消失。HCG 是由合体滋养细胞分泌的一种糖蛋白激素，约在受精后第 6 日开始分泌，妊娠早期分泌量增加很快。

3. 尿频

妊娠早期，由于前倾增大的子宫盆腔压迫膀胱，因此，会出现尿频现象。约在妊娠 12 周以后，当子宫体进入腹腔不再压迫膀胱时，尿频症状自然消失。

4. 乳房变化

妊娠早期就可以感到乳房发胀，压之会有疼痛的感觉。这是由于妊娠以后，卵巢分泌的孕激素增加，促使乳腺小叶增生和扩张所致。怀孕初期孕妇的这种感觉较明显。另外，乳头的颜色也会加深，乳晕变黑。

5. 生殖器官变化

在妊娠 6—8 周使用阴道窥器进行检查，可以发现阴道壁和宫颈阴道部充血，呈紫蓝色。子宫峡部变软，称为黑加征。子宫也逐渐增大、变软，呈球形。

（二）早期妊娠的辅助检查

早孕反应等临床表现，仅是预测可能妊娠的依据。而妊娠辅助检查可以帮助女性及时知道自己是否怀孕。

1. 妊娠试验

妊娠试验是利用 HCG 的生物学或免疫学特点，检测孕妇体内 HCG 浓度的方法。目前，应用较为广泛的是早孕诊断试纸。具体操作方法是：将孕妇的尿液（最好是晨尿）放置于小尿杯中，用带有试剂的早孕诊断试纸条标有"MAX"的一端插入尿液中，如果在白色显示区上端呈现一条红色线条，其结果为阴性；如果呈现两条红色线条，则结果是阳性，提示妊娠。如今，这种早孕测试棒及试纸使用范围普遍，在一般药房均有售，但最终还是应该到正规医院确诊。

2. 超声检查

B 型超声显像法（B 超）是检查早期妊娠快速、准确的方法。可通过显像见到妊娠环（羊膜囊的圆形光环）。阴道 B 型超声最早在妊娠 5 周时，在妊娠环内见到有节律的胎心搏动和胎动，可确诊为早期妊娠、活胎。

还有一种超声检查方法，即超声多普勒法。在增大的子宫区内，用超声多普勒仪能听到有节律、单一高调的胎心音，胎心率多在 150—160 次 / 分钟，可确诊为早期妊娠且为活胎，最早出现在妊娠 7 周时。

黄体酮试验、宫颈黏液检查、基础体温测定等方法也可用于早孕的诊断。需要注意的是，无论哪种检查方法，都需要到正规医院进行。

当然，就各种妊娠检测而言，假阴性和假阳性的出现是难以避免的。那么，如果能测出下列 3 种情况之一，就可确诊为妊娠。

（1）听到胎心音。

（2）测出胎儿胎动。

（3）触摸到胎体，并显示胎儿骨骼影像。

（三）中、晚期妊娠的表现

相对于妊娠早期，妊娠中期的孕妇情感体验会得到提升。到了妊娠中期，早孕反应逐渐消失，孕妇会因为腹部逐渐增大而产生成就感、幸福感。同时，孕妇已能感觉到胎动。所谓胎动，就是胎儿的躯体活动。不仅孕妇能明显感受到胎动，有时在孕妇腹部表面也能看到或触到。此时，胎儿的发育也变得稳定，逐渐不用忧虑会流产，孕妇会因为新生命的成长感到幸福、满足。有的孕妇此时会担心自己体型发生变化，害怕自己不再具有吸引力。在此期间，伴侣的关心、支持和肯定可以减轻孕妇的担忧。孕妇在这段时期内，工作、家务、运动、学习、消遣等都能参加。

妊娠晚期，随着胎儿的活动增加、体积逐渐长大，使孕妇的器官受到挤压，孕妇的不适感也会逐渐增加。孕妇的面部、四肢还常会出现水肿，给孕妇的身体活动带来限制。这时，需要减少甚至停止工作、家务等。通常水肿可以通过控制饮食来减轻，严重者还需医生的帮助。

三、分娩

在妊娠过程中，准妈妈为迎接新生命的到来，在生理上会发生很多变化。怀孕的最后几个月，胎盘开始分泌松弛素，这种激素能增加骨盆部位韧带和关节的灵活性。多数孕妇还会经常感到强烈的子宫收缩，但通常不会疼痛。子宫收缩能让子宫得到足够的锻炼，做好分娩的准备。

分娩是指妊娠满 28 周及以上，胎儿及其附属物从临产开始到全部从孕妇体内娩出的整个过程。临床上，把在妊娠满 28 周与 37 足周之间的分娩称为早产；妊娠满 37 周不满 42 足周间的分娩称为足月产；妊娠满 42 周及以后的分娩称为过期产。

（一）临产和分娩

当子宫出现节律性的收缩，就标志着临产开始。宫缩是不自主发生的、有规律的收缩，并伴随疼痛感，因此，宫缩有时也被称为阵痛。从出现规律性的宫缩开始到胎儿及胎盘全部娩出的整个过程就是总产程，通常被分为三个产程。

1. 第一产程

第一产程所经历的时间最长。伴随规律性的宫缩，宫口逐渐扩张至全开（直径约 10 厘米）。此时，胎儿头部下降，但是还没有到达分娩的位置。由于胎膜破裂，会有一部分羊水流出。

2. 第二产程

经历第二产程时，胎膜多已破裂，宫缩会暂时停止。随后，宫缩会重新出现且增强，胎儿的头首先娩出，接着胎儿侧转，前肩、后肩也相继娩出，胎体很快顺利娩出。这个阶段持续时间短，一般不应超过 2 小时。

3. 第三产程

主要是胎盘剥离和娩出的过程。由于胎儿娩出后，子宫腔容积突然缩小，胎盘与子宫壁发生剥离。随着宫缩，胎盘完全剥离而娩出。这个阶段时间最短，一般不应超过 30 分钟。

新生儿降临后，开始呼吸并大声啼哭后就可以剪断脐带，从而从生理上切断与母亲的联系。

婴儿出生后，子宫还将持续收缩，排出胎盘、脐带剩余部分和胎膜。这些组织统称为胎衣。胎衣的排出标志着分娩最后阶段的结束。分娩后，护士马上会对新生儿的健康状况进行评估，主要对心率、呼吸、反射及肌肉张力等进行评分，为日后监测新生儿的身体发育提供基础数据。

（二）分娩方式

根据胎儿从母亲身体里出来的方式不同，分为自然分娩和剖宫产。

1. 自然分娩

自然分娩是指胎儿从母亲的阴道娩出，又叫产道分娩。在医院分娩时，多数情况下，医生会给孕妇实施某种形式的麻醉，并注射激素以增强宫缩，促使子宫产后的缩小。分娩时使用的这些药物通常是安全有效的。

医院在孕妇分娩的过程中有时会实施外阴切开术，通过向肛门方向切开会阴来增大产道开口。这种手术被认为可以减少分娩伤害，但近年研究发现，外阴切开术不但没有益处，反而会引起更多并发症。因此，只有当胎儿的健康面临风险，需要加速分娩时，才会考虑使用外阴切开术。

2. 剖宫产

当胎盘或脐带出现异常现象，或胎位异常等情况，有时需要选择剖宫产，即通过切开孕妇腹壁和子宫以娩出胎儿的方式。剖宫产不同于自然分娩，它属于手术，和其他大手术一样，剖宫产可能引起一些并发症，孕妇恢复较慢和较困难。

如果一个女性经历过剖宫产，并不意味着她以后的分娩也必须是剖宫产。一般来说，前一次分娩时必须采用剖宫产的原因在下一次分娩中不会存在。实际上，剖宫产后的产道分娩比重复剖宫产更加安全。

（三）哺乳

通常情况下，产妇分娩大约3日后，乳房开始分泌乳汁。其实，早在妊娠中期（第4个月至第6个月），乳头就开始分泌初乳。初乳呈黄色，含有大量蛋白质和可以预防传染病的抗体。分娩时，由于产妇体内激素的变化可以促使初乳变为乳汁。但如果产妇不坚持给新生儿喂奶，乳房很快就会不再分泌乳汁。

大量研究表明，哺乳不仅对孩子的健康成长有重要作用，而且对母亲、家庭和社会都是好的选择。哺乳可以帮助孩子预防传染病和慢性病，改善神经发育，增强心理适应性。对母亲而言，母乳喂养更便宜、经济、实惠，并容易获取。母乳喂养对社会的贡献也不可低估。很多儿科专家建议母乳喂养，认为这是保障婴儿健康、发育和成长的最佳实践，应该在全社会大力提倡。

（四）为人父母

为人父母是很多人一生追求幸福的重要目标之一。一旦把孩子生下来，养育孩子就是一个人一生都要履行的责任，没有退路可走。因此，选择做父母也是一个重要的决定，需要做好各方面的准备。新手父母需要有一个学习做父母的过程，这个过程比世间任何工作都更加复杂，也更具挑战性。

通常新手妈妈比新手爸爸承担了更大的压力，她们要每天重复性地做诸如喂奶、换尿布、安抚、做饭、洗涮、陪孩子玩等多项工作。科学的育儿观念更鼓励父亲参与到养育孩子的各项工作中来，承担养育孩子的责任。

分娩刚结束的一段时期，是家庭调适的关键阶段。分娩后 3 个月被称为产后期，是产妇身体状况平稳化和感情调适的时期。新手父母一定要对这一时期给予足够的重视，调整好自己的角色和心态，为婴儿创造一个良好的生活环境。

大多数女性在妊娠期间和分娩后性欲会降低。一般产后 12 周，多数女性已经恢复性交，但其中有不少人会出现性功能障碍，主要表现为性交疼痛和性欲低下。这时，非常需要配偶的理解，共同调适好性生活的频率和性交姿势，关心彼此的需求，避免对彼此关系作出没有根据的和伤害对方感情的猜测。

产妇分娩后，通常会伴随着情绪的巨大波动。有些人可能会出现产后抑郁。研究表明，大约有 10%—15% 的新手妈妈可能在产后第一年内出现产后抑郁症。产后抑郁症主要是因为睡眠不足、婴儿断奶和月经重新开始而产生的激素变化所引起。此时，需要新手妈妈和新手爸爸携手并肩，相互理解。必要时，寻求心理咨询的专业帮助，严重的话，求助于正规医院的专科医生。

对很多人来说，做父母是人生的头等大事之一，是步入真正成年的标志，是履行社会责任的重要内容。愿每一对新手父母都能享受养育孩子的幸福感和成就感。

第三节　避　孕

一、避孕的意义

（一）个人意义

生育对人类繁衍，对家庭和社会的可持续发展都至关重要。女性是生育的主要承担者，在怀孕和分娩的过程中会遇到各种风险，甚至危及生命。从关注女性身心健康的角度对生育进行有效管理和控制，是人类的基本需求。

如果一个女性从 13 岁月经初潮开始排卵，每月排出一枚卵细胞，月经周期平均 28 天，到 50 岁左右月经停止，不再继续排卵，能够生育的有效年龄是 20—49 岁，大约 30 年。在这 30 年中，假如生每个孩子都是自然分娩，每 2 年生一个孩子，大约可以生 15 个孩子。科学研究表明，如果想生育，一个女性一生在最佳生育期内生育 2—3 个孩子更有利于女性的生殖健康。这就需要做好计划生育。

一个女性是否要生孩子？什么时候生孩子？生几个孩子？每个孩子的间隔是多长？这些都需要经过认真思考、充分准备，也是计划生育的重要内容。如果不想生孩子，或暂时不想生孩子，就需要做好避孕。

对于个人，避孕的主要意义在于避免非意愿妊娠。尽管有一些女性选择做单身母亲，但大部分人还是希望在双方建立稳定的亲密关系，并结婚后再决定是否怀孕。对于夫妻双方来说，婴儿一旦出生，父亲和母亲即开始承担抚养婴儿健康成长的责任。一般对毫无准备的男女双方来说，非意愿妊娠带来的角色转变会产生不小的心理压力和经济压力。

避孕通常与个人的年龄、生活环境、婚姻状况、生育意愿、生育状况等相关，不同的避孕理由也将决定采取什么样的避孕措施。

（二）社会意义

联合国人口基金发布的《2022 年世界人口状况》报告显示，全球每年有将近一半的妊娠为非意愿妊娠，非意愿妊娠的数量达 1.21 亿例。非意愿妊娠对整个社会、妇女、女童以及全球健康具有深远影响。

根据第七次全国人口普查数据，中国有 14.4 亿人口，但总和生育率是 1.3，低于维持人口稳定所需的平均生育 2.1 个孩子的水平，这意味着人口将陷入负增长。采用科学的方法控制和调节人类自身的生育功能，将有助于社会稳定发展。其中，避孕具有重要意义。

二、避孕的方法

（一）避孕药品

主要是通过甾体激素进入人体，抑制排卵、改变宫颈黏液性状、改变子宫内膜形态与功能以及改变输卵管的功能等达到避孕的目的。目前，有口服、注射、皮下埋置、缓释阴道避孕环等方法。

1. 口服避孕药

口服方法被认为是最简便可行的，口服避孕药不会影响生育能力。口服避孕药的最大优点在于，性活动过程无须中断。二人可在性交前、性交中或性交后不采取任何措施。

口服避孕药主要成分是人工合成的雌激素和黄体酮，通过诸多环节的共同作用来达到避孕的目的。这些环节包括：抑制排卵；改变子宫颈黏液性状，抑制精子穿越；改变输卵管功能，影响精子运行；改变子宫内膜形态和功能，不利于受精卵着床等。

（1）口服避孕药的类型

常用的口服药物制剂类型有如下 4 种。

①复方短效口服避孕药（雌激素与孕激素的复合制剂）

复方炔诺酮片（避孕片 1 号）、复方甲地孕酮片（避孕片 2 号）可自月经周期第 5 日开始服用，一日 1 片，连服 22 日，不能间断，服完等月经来潮第 5 日继续服药。一般停药 1 ～ 3 日来月经，如果停药 7 日月经未来，确认未妊娠后可以开始服用下一个周期的避孕药。如果停经 2 个月以上，应做相应检查并排除妊娠。复方短效口服避孕药正确使用的有效率接近 100%。

②复方三相口服避孕药（简称三相片）

避孕药的全称为乙炔诺孕酮炔雌醇，也属于复方短效口服避孕药，只是其中每一相所含的雌激素和孕激素是根据女性生理周期而制定了不同的剂量，每一相药物的外观颜色也是不同的，每一片药旁都标明是星期几，以便于女性按顺序服用。服用此类药时，将 1 个周期服药日期分为 3 个阶段，每日服用 1 片。第 1 相，1—6 片，药物为浅黄色；第 2 相，7—11 片，药物为白色；第 3 相，12—21 片，药物为棕色。该类药物避孕效果可靠，不良反应也少于单相制剂。

③复方长效口服避孕药（含长效雌激素和人工合成孕激素）

此类避孕药，服用后被胃肠道吸收，储存于脂肪组织内，缓慢释放，因此，服用1次可以维持1个月的避孕效果。该类药有两种服用方法，一是在月经来潮第5日服用第1片，5日后加服1片，以后按第1次服药日期每月服用1片。另外一种是在月经来潮第5日服用第1片，第25日服用第2片，以后每隔28日服用1片。复方长效口服避孕药由于所含的激素量比较大，所以，出现的不良反应也比较多。

④速效避孕药（又称探亲避孕药）

此类药可以抑制排卵、改变子宫内膜形态和功能等，服用的时间也不受月经周期的限制。速效避孕药大多为孕激素类制剂，如甲地孕酮片、炔诺酮探亲片、炔诺孕酮探亲避孕片等。服用方法是探亲前（性交前）1日或当日中午服用1片，以后每晚口服1片，连服10—14日。

（2）口服避孕药的影响

口服避孕药的常见不良反应是产生类早孕反应，具体表现为头晕、乏力、食欲不振、恶心、呕吐等。还有些可出现阴道不规则流血、闭经、体重增加、皮肤色素沉着。

由于惧怕避孕药的不良反应（这往往是由于不恰当的宣扬所致），许多女性停止使用口服避孕药。尽管口服避孕药会有一些不良反应，但不一定每个服药的女性都会出现，许多女性服用后并没有任何不适感。另外，不良反应只是因为体内激素发生变化而出现的症状，并不是疾病。然而，口服避孕药并不能预防性传播感染。

当然，一位女性决定是否需要使用口服避孕药、服用哪类避孕药需慎重考虑，应寻求医师的指导，适当考虑其生活环境。

（3）口服避孕药的不适用人群

不适用人群包括不宜使用和禁止使用。

①哺乳期女性。

②患有急、慢性肝炎或肾脏疾病，肝肾功能异常的女性。

③患有糖尿病及有糖尿病家族史的女性。

④患高血压、高血脂、冠心病、静脉栓塞、脑血管或心血管疾病的女性。

⑤患有各种恶性肿瘤的女性。

⑥年龄在35岁以上的吸烟女性。

2. 紧急避孕药

紧急避孕药是在无保护性交后或避孕失败（如避孕套滑落、破裂，漏服短效避孕药等）后几小时或几日内服用的避孕药剂。它是通过干扰女性生殖周期而起作用，是防止非意愿妊娠的最后一道防线，但对服药后发生的性交并无避孕作用。

紧急避孕药必须在无保护性交后或避孕失败后72小时内服用，拖的时间越晚，避孕效果越差。

常用的紧急避孕药有左炔诺孕酮片（“毓婷”“安婷”“惠婷”），0.75 毫克 / 片，在无保护性交或避孕失败后 72 小时内口服 1 片，间隔 12 小时后再口服 1 片。

值得提醒的是，不能把紧急避孕药当作常规的避孕方法使用。紧急避孕药的孕激素含量是单片常规避孕药的 5—10 倍，如果频繁使用，多次大剂量激素会对身体产生一定的不良反应，影响肝肾功能，引起内分泌失调、月经紊乱、阴道不规则出血或闭经。

已经确定妊娠的女性，禁止使用紧急避孕药。紧急避孕药对已经确定的妊娠没有任何流产作用。紧急避孕药没有预防性传播感染的作用。对药物过敏者禁用紧急避孕药。

3. 注射避孕针

注射避孕针是以强效孕激素为主的激素避孕制剂，包括油溶液和微晶混悬液。注射避孕针所含的雌激素和孕激素药物经过肌肉内注射进入人体后，贮存于局部，缓慢持续释放，通过抑制排卵、干扰子宫内膜发育、改变宫颈黏液的黏稠度等作用达到长效避孕的目的。

注射避孕针有高效和长效的特点。其避孕效果取决于规律地注射，越准时、越规律，避孕效果越好。如果能够按时接受注射，使用者第一年避孕有效率可达 99% 以上。每次注射可以持续 8—13 周，免去每天使用的烦恼。但需要每次前往医院由专业人员进行注射。注射避孕针没有预防性传播感染的作用。

4. 避孕贴剂

避孕贴剂是一种柔软而窄小的黏性药贴，外形与穴位贴类似，面积大约为 20—28 平方厘米。避孕贴剂有三层，最外面一层是塑胶薄膜保护层，中间一层含有避孕药物，主要是孕激素和雌激素，这一层具有黏性，最下面一层是底纸。使用时，把底纸层去掉，中间层贴在女性皮肤上，药物缓慢、持续释放，经过皮肤吸收进入体内，从而发挥避孕作用。其功效主要体现在三方面：第一，抑制体内的反馈调节网络，停止排卵；第二，使宫颈黏液变得黏稠，阻碍精子顺利通过；第三，使子宫内膜萎缩，让受精卵不易着床。

在使用时，可将避孕贴贴在女性身体的合适部位，如腹部、外上臂、背部等，每周更换一次，对性生活不造成干扰，也免去每日操心的烦恼。

避孕贴剂以 28 天（4 周）为一个给药周期，在月经来潮的 24 小时内开始使用第一片贴剂，之后，在每周的同一时间更换一片新的贴剂，一个周期需要贴 3 剂，第四周不需要贴。每次使用贴剂时，都在每周同一天的同一个时间换贴剂。避孕贴剂没有预防性传播感染的作用。

5. 阴道环

阴道环是放置在阴道内的一种新型激素避孕药物，是质地柔软而有弹性的圆环，大约像眼镜片那么大，很容易放进阴道内。圆环内有雌激素和 / 或孕激素，激素能缓慢、持续地释放到阴道里，通过阴道黏膜的吸收作用，进入体内，通过抑制排卵、改变宫颈黏膜黏性阻碍精子进入子宫，使子宫内膜萎缩不易受孕，从而起到避孕作用。

阴道环的避孕有效率约为 98%。正确使用阴道环是提高有效率的关键，如果使用不当，会降低有效率，特别是没有及时更换阴道环。使用者可以自行取放阴道环，不需要医护人员帮助，每月更换一次，免去每日操心的烦恼。放置阴道环时，把双手洗干净，找到一个自我感觉舒适的体位，用手指捏住阴道环，使其变成细长形，轻柔地把它推进阴道，直至到达阴道的顶端。阴道环使用方便，但没有预防性传播感染的作用。

6. 皮下埋植剂

皮下埋植剂是将一根含有孕激素的小棒埋在女性皮下，小棒是用硅胶材料制作而成的，像火柴杆大小。小棒里的孕激素缓慢、持续、低剂量地释放进入体内，发挥多项功能：一是暂停排卵；二是让子宫黏膜变得稠厚，阻塞精子进入子宫的通道；三是让子宫内膜变薄，不适合受孕，从而起到长期避孕的作用，避孕时间长达 3—5 年。

皮下埋植剂是世界卫生组织推荐的最有效的长效避孕方法之一，其避孕失败率低于 1%，有效率超过 99%。由于皮下埋植剂高效、避孕持续时间长、安全性高、适用范围广、使用简单方便等，受到越来越多的女性青睐。但在使用皮下埋植剂时，需要医生帮忙做一个小手术，把小棒埋到皮下。使用皮下埋植剂，没有预防性传播感染的作用。

（二）避孕器具

主要利用机械手段来防止精子进入子宫。包括宫内节育器、避孕套和宫颈帽等。避孕器具的主要优点是，如果使用得当并与杀精子剂同时使用，有效性很高。

1. 宫内节育器

宫内节育器简称节育器，放置在女性子宫里。节育器是用金属或高分子材料做成的支架，上面带有铜丝或铜套，还有药物或孕激素，通过阻止卵细胞受精或受精卵着床而起到避孕的作用。节育器是一种安全、有效、简便、经济、可逆的避孕工具。

（1）节育器的种类

①含铜节育器

在节育器支架上有铜丝或铜套，是最广泛使用的一类活性节育器。

②含铜含药节育器

在含铜节育器的基础上，加上能控制月经出血量增多的药物（吲哚美辛）。

③释放孕激素节育器

T 型支架由高分子材料制成，并含有孕激素，可以把孕激素缓慢、恒定地释放到子宫腔内，不仅提高避孕效果，还起到明显减少出血量的作用。

（2）节育器的优点

①高效：世界卫生组织提供的含铜节育器，每100位妇女使用第一年只有0.8例妊娠，有效率高达99%，属于非常有效的避孕方法。

②长效：通常释放孕激素节育器避孕的有效期可达5年，而含铜节育器更是达到5—10年。

③使用简便：节育器由专业医生放置于女性子宫，不再需要使用其他避孕方法，没有更多就诊需要。

④作用可逆：如果女性想怀孕，请专业医生取出节育器，即可备孕，对女性的生育能力没有不利影响。

（3）节育器的不足

节育器需要在医院通过手术放置和取出，对当地的医疗条件有一定的要求。一部分使用者会出现子宫异常出血、疼痛和阴道分泌物增多等情况。但这些情况会随着身体对节育器的逐渐适应而减轻或缓解。

2. 避孕套（男用安全套）

（1）避孕套简介

避孕套，又名阴茎套，是目前唯一供男性广泛使用的可靠的避孕工具，也是最古老的避孕手段之一。避孕套主要通过阻止精子进入阴道达到避孕目的。除此之外，避孕套也有预防淋病、艾滋病等性传播感染的作用，所以也称为安全套，该方法已为很多国家采用。

现代避孕套是由优质超薄强弹性乳胶制成，呈管状鞘形，一端为盲端，有一小囊，另一端为开口并有一较硬橡胶环。小囊主要用于容纳精液。避孕套在大小、长度上也有不同的尺寸，可满足绝大多数人的需要。避孕套的种类很多，有些避孕套的外观颜色不同，有些则有螺纹突起或者其他特点，这些都是为了达到增强对阴道刺激的目的。避孕套可从各种途径获得，如从药店、实体商店、网络商店或自动售货机等购买，也可在计划生育部门或社区医院免费领到。

（2）避孕套的正确使用方法

避孕套须在男女生殖器官接触以前套在阴茎上，在射精之前才戴避孕套是不安全的。原因有二：一是虽然未射精，但可能有精液随尿道腺分泌物排出；二是男性很难控制自己射精。为避免渗漏，男性在抽离阴茎时应在阴茎根部握住避孕套。避孕套是一次性使用工具，不能重复使用，即便是洗净、晾干后也不能再使用。如果要再次性交，应使用新的避孕套。避孕套的具体购买、使用步骤如下。

在购买避孕套时，应看清生产日期和有效期，千万不能选择过期产品，因为过期的避孕套容易破裂。当然，最好选择那些质量上有保证的避孕套品牌。另外，应选择适合自己阴茎大小的尺寸（第一次佩戴如果不确定具体尺寸时，可先选择中号，再根据实际情况进行调整）。如果避孕套过大，性交时容易滑落；如果太紧，使用时容易造成破裂，都会影响避孕效果。

购买后，应将避孕套贮藏在干燥、阴凉的地方，远离酸、碱的环境，也不要放到阳光直晒的地方贮存。这些地方都容易导致避孕套变质，降低有效性。

使用前，应小心撕开外包装。不要使用剪刀等利器，以免划破避孕套。佩戴前将前端小囊内空气挤掉。佩戴时，应该在阴茎勃起，未进入对方身体前从阴茎头部位顺势向阴茎根部展开。

使用中，如果发现避孕套脱落或出现裂孔，应停止性交，用消毒剂清洗双方性交部位。如要继续性交，需更换新的避孕套。

射精后，应在阴茎疲软前用手指按住避孕套底部，与阴茎一起抽出。在阴茎完全抽离后再摘下避孕套。

摘下避孕套后，不要让避孕套里的精液外流，也不要让避孕套外的对方分泌物接触自己的身体。随后，将用过的避孕套打一个结，用纸巾包好放入垃圾桶内。

（3）避孕套优缺点

使用避孕套的优点是：除可以避免怀孕外，可预防性传播感染（能帮助抵御艾滋病病毒的传播）；防止包皮垢对阴道、宫颈的刺激，降低宫颈癌发生的危险性；避孕套还可降低阴茎头的敏感性，延长性交时间；此外，有些女性对精液过敏，用避孕套也可预防过敏反应。总之，避孕套对身体几乎无副作用。

避孕套的不足之处是在性交过程中容易滑落，此时就要采取补救措施。因此，正确佩戴尺寸合适的避孕套很重要。

3. 女用避孕套

女用避孕套，即女性使用的避孕套，也是用超薄强弹性乳胶制成的，套的两端各有一个弹性环。一个位于封闭端（直径为 6.5 厘米），一个在开口端（直径为 8 厘米）。封闭端的环便于将避孕套插入阴道并固定在宫颈处。开口端的环留在阴道外，覆盖在阴唇上。女用避孕套结合了阴道隔膜和男用避孕套的特点，因其遮盖了阴唇，性交时不仅可以帮助女性避免怀孕，还能有效预防性传播感染。缺点是目前普及率不及男用避孕套，不容易获得，费用也较高。

4. 阴道隔膜

阴道隔膜是女性使用的另一避孕用具，是由乳胶制成的拱顶形避孕工具，隔膜周边有弹性环。在性交前放入阴道，可将阴道隔成上前部分与下后部分，阻断精子进入子宫，以此达到避孕的目的。阴道隔膜与杀精剂配合使用，避孕有效率可达 95%。

阴道隔膜有不同的尺寸，选择时，要请医务人员帮忙确定应使用阴道隔膜的大小。使用阴道隔膜时，最好与杀精剂同时使用，性交后几小时后才能取出。阴道隔膜比较简便、安全，几乎无副作用，但应注意放置的时间及位置。

5. 宫颈帽

宫颈帽能正好戴在女性子宫颈上，并在子宫颈口周围形成一个几乎不透气的密封圈，是一种较小的阴道隔膜。宫颈帽有不同的尺寸，需根据女性宫颈的大小选择。宫颈帽需配合杀精剂使用，性交后至少 6 小时以上才能取下。宫颈帽可能对子宫颈表面形成损伤，甚至造成子宫颈表面黏膜的糜烂，需要在医生指导下配置并指导安放。另外，宫颈帽因戴在子宫颈上，所以对预防性传播感染的效果有限。

（三）其他方法

1. 安全期避孕法

安全期避孕法，即在排卵时期避免性交，这是一种自然避孕法。原理是根据女性生殖生理的情况推测排卵日期，以此判断出生理周期中的易受孕期。在易受孕期避免性交，从而达到避孕的目的。

（1）日历法

日历法是安全期避孕法中最原始的一种，可靠性也最差。因为，实际上月经周期并不像钟表一样精确，所以，这些推算并非绝对无误。许多生理和心理因素可以影响排卵，使此种推算完全无效。

（2）基础体温法

基础体温法是指清醒时的最低体温，可以帮助确定女性排卵的日期。基础体温测量是在每天早晨醒来后，起床前或在下床做任何其他事情之前立即测量体温，并需画出每个人自己的基础体温图。大多数女性在排卵后基础体温会轻微升高。本方法很容易出错，因为除排卵外，有许多因素可导致体温升高，而且有时也可能出现额外排卵，因此这种方法并不可靠。

2. 体外排精法

体外排精法，是在射精前把阴茎拔出阴道，将精液排在阴道外以达到避孕的目的。但此法很不可靠。尽管如此，性交时采用体外排精法，好过没有任何保护措施。

除以上介绍的几种避孕方法外，还有输卵管绝育术、输精管结扎术、杀精剂、哺乳闭经避孕、免疫避孕等避孕方法。

现在，越来越多的人已经认识到，在避孕方式的选择上存在着性别平等。事实上，在有关性的一切，男性、女性都具有平等的决策权。性别不同，可能选择不同的避孕方式，但尊重对方的选择、协商沟通是建立信任感的重要因素。尽管没有百分之百有效的避孕用品，但根据自己的年龄、生育情况、避孕现状、健康状况和性生活特征，自主、自愿地做出决定，选择适合自身的、安全、有效的避孕方法，是可以做到的。

理想的避孕措施应是男女双方皆可采用并乐意使用的，百分之百安全、有效、对人体没有副作用，不干扰正常的性生活，停用后也不影响生育能力，随时可用并且价格便宜。但是目前尚无这种避孕方法，如今比较常用的女性避孕方法有药物避孕、宫内节育器等，男性避孕方法主要是避孕套。

现在已采用的避孕方法并不是完美的，每种方法都有利有弊。所以，要根据男女双方的年龄、健康情况、子女的多少、生活习惯等的不同，自主地选择适合自己的安全、有效的方法。

第四节　非意愿妊娠与人工流产

一、非意愿妊娠

（一）什么是非意愿妊娠

无保护的性交以及避孕失败，极有可能发生意外怀孕。意外怀孕后有两种情况，如果夫妻双方有时间调整心态，做好准备，会接受接下来的妊娠和生育。但是，如果意外怀孕是夫妻双方不愿意接受的，就是非意愿妊娠，就需要考虑做出其他选择。

根据世界卫生组织的数据，每年约有 8000 万女性意外怀孕，约有 4500 万意外怀孕被终止。“需要采取若干紧急行动，包括加强计划生育服务以防止意外妊娠”已被世界卫生组织纳入生殖卫生战略。非意愿妊娠发生的原因有多种，比较常见的是未采取避孕措施、避孕措施的错误使用、采用低避孕效果（如体外排精、安全期避孕法等）的措施、强奸等。

（二）非意愿妊娠发生后的选择

1. 生下孩子并抚养孩子

虽然并非出自个人意愿，但出于各种原因，夫妻双方经过商量后，还是决定生下孩子并抚养孩子。这时要为孩子的出生做好各方面的准备，包括夫妻双方的心理建设、生孩子的物质准备和孕期准备。孕期对营养有一定的特殊要求，如果缺乏营养，尤其是铁和叶酸的补充不足，不仅会造成孕妇贫血，还会给胎儿带来不利影响。而在产前至产后的一段时间内，孕妇需要得到很好的照顾和休息。

养育一个孩子需要经济上的支持，包括生孩子和养孩子的各项花费。养育孩子还需要长时间的投入，这就不得不为照顾孩子而耽误学习或工作。在抚养孩子的过程中，也会遇到各种困难和挑战，特别需要夫妻双方的相互理解、尊重、包容，丈夫需要多承担家庭责任，包括养育孩子的责任。

2. 生下孩子让别人收养孩子

对于婚内夫妻来说，做出这种选择的情况非常少见。无论是送养孩子还是收养孩子，都牵扯孩子监护权、户口、孩子与收养人之间的权利和义务等一系列问题，这些都必须遵照明确的法律规定进行。

《中华人民共和国民法典》第一千零四十四条规定，收养应当遵循最有利于被收养人的原则，保障被收养人和收养人的合法权益。第一千零九十三条规定，丧失父母的孤儿、查找不到生父母的未成年人、生父母有特殊困难无力抚养的子女，可以被收养。第一千零九十四条规定，孤儿的监护人、儿童福利机构、有特殊困难无力抚养子女的生父母，可以作送养人。

除去法律上的规定，事实上，放弃孩子抚育的痛苦远比想象中大。

3. 人工流产

如果前述的解决办法均不可能或不愿采取，最后的选择就是人工流产。如果决定人工流产，需要早做决定。因为越早做出人工流产的决定，对健康越有利，这就是为什么女性必须严密观察自己月经周期的缘故。

（三）预防非意愿妊娠

在发现已怀孕和决定是否要做人工流产这段时间是最难的，一旦决定后，心理上的负担会随之减轻，但还将保持怀疑的态度，女性还会持续有焦虑和压抑的感觉，可见非意愿妊娠对人心理有消极的影响。有没有办法可以预防非意愿妊娠？当然有！

由于非意愿妊娠的发生原因常见于发生性交行为时未采取避孕措施、避孕措施的错误使用、采用低避孕效果的措施、缺乏责任心、强奸等，因此，预防非意愿妊娠的方法有：

1. 不发生性交行为

不发生性交行为，确切说是避免一切精子可能进入阴道的行为，就可以避免非意愿妊娠。这也是避免非意愿妊娠的最佳办法。但这对于婚内夫妻，很难且没有必要这样做。

2. 发生性交行为时采取避孕措施

如果不想生育孩子，或不想在某一阶段生育孩子，就必须在发生性交行为时采取避孕措施。

3. 正确使用避孕措施

错误地使用避孕措施，比如，射精前才戴上避孕套，佩戴方法不对导致性交时避孕套滑落，没有按时服用口服避孕药等，都可能导致非意愿妊娠。所以，正确使用避孕措施十分重要。

4. 禁用低避孕效果的措施

体外射精、安全期避孕法等，常常是导致非意愿妊娠的原因，因为这些避孕措施的安全性很低，并不能很好地起到避孕的效果。

5. 鼓励男性承担避孕责任

男性在防止非意愿妊娠中担负同样责任。具体表现在：如果伴侣不愿意发生性交行为，尊重伴侣的决定；如果发生性交行为，应该主动采取避孕措施。使用避孕套，不仅可以预防非意愿妊娠，还可以预防性传播感染。如果避孕失败，造成女性伴侣怀孕，就应该承担起责任，尊重对方的选择。

6. 事后紧急避孕

如果在性交过程之前和过程中都没有使用任何避孕措施，或发生强奸，一定要及时采取紧急避孕措施，以防止非意愿妊娠。

二、人工流产

（一）什么是人工流产

由于各种各样的原因和理由，多数人在非意愿妊娠后采取的选择是人工流产。流产，既可以是“自然的”，也可以是“人工的”。

自然流产有多种原因，如遗传因素、环境因素、母体因素、免疫因素等。当然，发生自然流产的概率并不均等，有些女性更容易流产，有些人甚至习惯性流产。连续发生 3 次或 3 次以上自然流产称为习惯性流产，每次流产往往发生在同一妊娠月份。发生原因有黄体功能不全、甲状腺功能低下、先天性子宫发育异常和子宫肌瘤等。

人工流产，就是以人工的方法中断妊娠。“人工流产”包括治疗性流产和选择性流产。治疗性流产是基于母亲的健康原因而采取的治疗性手段；而选择性流产是出于其他各种不愿要孩子的原因所做的流产。而通常所说的“预防人工流产”，指的是第二种情况。

人工流产作为避孕失败的补救措施在中国是合法的，并被广泛采用。实施人工流产解决了非意愿妊娠带给女性、配偶和家庭的后顾之忧。

（二）人工流产的方法

人工流产所采用的方法通常是根据妊娠的时间来决定的。临床上妊娠全过程分为3个时期：妊娠12周末以前称早期妊娠；第14—27周末称中期妊娠；第28周及其后称晚期妊娠。在妊娠早期，有药物流产、负压吸宫术和钳刮术三种方式。

1. 药物流产

药物流产适用于妊娠49天以内的、年龄小于40岁、本人自愿的健康女性。药物流产可避免施行手术，既减少对孕妇子宫的伤害，也可解除孕妇的思想顾虑。药物流产表现为类似月经来潮一样的阴道流血现象。目前，临床常用米非司酮配伍米索前列醇的双药物疗法。

药物流产比较自然，不用经历手术，且暂时还没有研究证明会对身体造成长期的副作用，所以，药物流产是一些女性比较中意的早期人工流产方式。但药物流产存在一定的风险。出血时间长、出血量多是药物流产的主要不良反应，除此之外，还可能有恶心、呕吐、腹痛等表现。另外，如果流产不彻底或者失败，就需要手术流产。尤其是异位妊娠（受精卵着床于子宫体腔以外的地方，如输卵管、卵巢等）误用药物流产有可能出现休克，危及生命。因此，药物流产也必须在有抢救条件的正规医疗机构进行。

2. 手术流产

即通过手术方法终止妊娠。负压吸宫术、钳刮术都属于手术流产，临床上使用较多的是负压吸宫术。

前面提到的三种人工流产方法都属于妊娠早期使用的方法，现将三种方法的优势、弊端、禁忌证归纳如下（见表12-1）。

表12-1　三种妊娠早期人工流产方法对比

人工流产方法	可适用于	优势	弊端
药物流产	49日以内的妊娠；本人自愿，年龄40岁以下	方法简便，不需进行子宫内操作，无创伤性	可能出现胃肠道的反应；若出血量过多，需急诊刮宫
负压吸宫术	妊娠10周以内，本人自愿而无禁忌证者	所需时间短；在终止早期妊娠上是安全和有效的	有可能出现手术流产并发症
钳刮术	妊娠10—14周以内，自愿要求终止妊娠而无禁忌证者	在终止早期妊娠上是安全和有效的	所需时间较长，有可能出现手术流产并发症

3. 手术流产的注意事项

（1）术前准备

确定手术流产后，要了解早期人工流产术已经是一项成熟和安全的手术，不要有过多的紧张和焦虑。还要注意的是，人工流产手术前 1 周内避免发生性交行为；手术前一天洗净身体并更换干净的衣着；避免着凉或感冒；手术当天穿着干净的内衣、内裤，早晨禁食。

（2）术中要求

手术过程中，注意要精神放松，避免情绪过分紧张，与医生密切配合。

（3）术后注意

手术后应在医院观察 1—2 小时，观察阴道流血和腹痛情况，没有特殊反应便可离开。当然，这都要遵医嘱。一般休息 2 周左右，多吃些富含营养的食物，使身体尽快恢复。保持外阴部清洁卫生，每天用温开水清洗 1—2 次，勤换卫生巾和内衣。1 个月内禁止性生活，禁止盆浴和坐浴。若发生发热、腹痛或阴道分泌物有异常气味等现象，要及时就医。手术后也不宜过早再次怀孕。因为此时子宫内膜不同程度受损，需要一个恢复过程，身体也较为虚弱，应避免再次怀孕。

（三）人工流产的影响

1. 人工流产对女性生理的影响

目前常规采用的人工流产方法相对来说成熟、安全、有效，但无论是药物流产还是手术流产，都会对女性生殖器官自身防护屏障造成破坏，对子宫内膜造成损伤，对生殖系统及其功能产生潜在危害，可能会引起一些并发症或后遗症，对健康产生不利影响。

（1）人工流产手术并发症

与人工流产手术相关的伤害称为手术并发症。少数孕妇在施行人工流产手术过程中会出现子宫出血、子宫穿孔，手术后会出现感染、宫颈 / 宫腔粘连，这些并发症可能导致继发不孕，或未来怀孕时发生流产、早产、胎盘粘连等。有研究证据表明，上述危害因人工流产的次数增加而加重。所以避免重复人工流产的发生至关重要。

还有一些与人工流产手术相关的情况也时有发生，如心动过缓、心律失常、血压下降、面色苍白、出汗、头晕、呕吐及胸闷等症状，严重者可发生昏厥、抽搐。

（2）月经不调

人工流产可能引起月经不调。其原因有：首先，过分紧张、恐惧、劳累和手术等，能通过神经内分泌抑制下丘脑、脑垂体、卵巢、子宫的功能，导致月经异常；其次，人工流产后某种孕激素骤然消失，使卵巢一时不能对垂体前叶分泌的促性腺激素发生反应，也会引起月经不调；此外，人工流产损伤子宫内膜的基底层，需要一段时间的修复，若损伤过大，子宫内膜可能不能再生，导致长期闭经。

（3）不孕不育

人工流产不当，可能会引起不孕不育。若细菌被带入宫腔，引起输卵管炎造成输卵管阻塞，阻碍精卵相遇；若手术损伤了子宫颈管和子宫内膜，引起宫颈粘连阻塞或宫腔缩小，精子就无法通过子宫颈管进入宫腔；若子宫内膜基底层受到严重破坏，则内膜无法再生，受精卵也就无法着床。此外，人工流产还可能导致以后自然流产率的上升。

做人工流产，一定要到正规医院，不要去一些非正规小诊所，甚至听信一些民间偏方打胎，造成严重后果，导致终生不孕，甚至付出生命的代价。因此，一旦需要进行人工流产，应尽早到正规医院请专业医生处理，预防不安全的流产以避免造成更大的伤害。

2. 人工流产对女性心理的影响

流产对任何女性来说，都不会感到轻松。在接受人工流产手术前和术中，可能会出现恐惧、悲痛及内疚等情绪变化。严重者还有可能因此出现抑郁。在经历了人工流产手术以后，女性会产生抑郁、沮丧、哭泣、烦躁、失眠等一系列精神症状，这是因为妊娠前后体内激素水平发生变化引起的。多数人会不治而愈。然而，手术后的调养对女性身心能否尽快恢复也有重要作用。

（四）减少人工流产的影响

1. 减少人工流产对女性生理的影响

人工流产手术后女性需要充足的时间休息，使身体在最短的时间内得到较好的恢复，心理上的波动在此期间也会得到充分缓解。而事实上，尽管早期人工流产术不是大手术，术后可以照常生活、学习、工作，但也要注意休息、有良好的作息时间。人工流产手术后1—2周内应安排一些轻松的任务或放慢生活节奏，不要有太大压力。选择一家正规而专业的医院进行人工流产手术和产后复查，寻求医生的帮助，以确保产后恢复良好。

2. 减少人工流产对女性心理的影响

环境对做流产手术女性的情绪影响很大，怀孕女性的丈夫或伴侣、家庭和朋友应该给予感情上的支持。加上得到恰当的医治，许多做人工流产手术的女性能够逐渐减轻人工流产给她们带来的负面情绪，渡过难关，而不是深受打击。

尽管人工流产的对象是女性，但男性也应承担照顾妻子或伴侣，陪伴其一同渡过难关的责任。男性在这一特殊时期表现出的理解和关心，有助于其经历过流产的妻子或女性伴侣在身心方面得以更好地恢复。如果采取人工流产，不管是在做人工流产前还是做人工流产后，男性都应该陪伴在女性身边，给她关怀和支持，尽量让她受到的心理伤害降到最低。

总之，女性在一生中有20多年的时间需要避孕，避孕直接关系到自己的身体健康和家庭幸福。为了不做或尽量不做人工流产，一是要坚持避孕，二是要选择适合自己的和可靠的避孕方法。人工流产只是避孕失败后一种迫不得已的补救措施。有些人把人工流产当作常规避孕措施，这显然是错误的。尽管早期人工流产是比较安全的，但多次手术流产，仍然会给身体造成伤害。所以，应该尽量避免做人工流产，最好的方法就是避孕。发生性交行为，一定要采取有效的避孕措施保护自己。

本章总结

本章对在婚姻家庭中涉及的部分性方面的知识做了概括性介绍，但实际上，在婚姻家庭中还有很多性方面的内容需要了解，包括亲密关系的建立和维护、性行为、性愉悦、家庭中的性别平等、养育子女、家庭性教育等。

“性”在中国还是一个敏感话题，人们很少在公开场合讨论。在婚姻家庭建设中，性是必须谈论的话题，夫妻之间、亲子之间，都需要对性话题做有效沟通。从事婚姻家庭社会工作的专业人员，首先，要自己具备相关性知识；其次，要在实际工作中，运用这些知识，为服务对象提供更好的服务。

在婚姻家庭社会服务的具体工作中，还会遇到很多与性有关的问题，建议社会工作者从本章提供的参考文献中，学习更多性知识，包括提升与服务对象谈性话题的能力。

思考题

1. 女性和男性生殖系统的解剖结构和生理功能分别是什么？
2. 女性和男性如何做好生殖系统保健？在婚姻家庭中，如何做到彼此关照？
3. 在婚姻家庭中，生育占有什么样的地位？对家庭建设有什么意义？
4. 避孕对个人性与生殖健康和家庭与社会发展有什么重要意义？
5. 学习婚姻家庭中与性相关的知识，对做好婚姻家庭工作有什么重要意义？

第十三章

婚姻家庭消费与理财

学习目标

通过本章学习，理解家庭消费及家庭理财的内涵，明确家庭理性消费和科学理财对家庭财富产生的积极影响，应用家庭消费和家庭理财基本原则，了解消费和理财认识误区，掌握家庭理财基本技能。

家庭婚姻的不同阶段，都涉及财富管理的相关问题，在结婚前期、在婚期、离婚前都需要有效保护个人财产，明确婚姻中夫妻的共同资产和共同债务，应用民法典对家庭婚姻与财产的相关规定，合法保护个人财产，科学应用遗嘱、保险及保险信托工具传承财产。

第一节　家庭消费

家庭财富就如水库，消费是出口，收入是入口，遵循“量入为出”和“开源节流”原则，管好财富水库的入口和出口。消费是家庭成员为满足生存和发展而产生的生活费支出或文化旅游教育等支出。家庭消费类型，按照内容分为物质消费、精神文化消费和劳务消费；按照消费目的，分为生存消费、发展消费及享受消费。家庭消费受多种因素影响，如家庭经济能力、家庭收入水平、家庭成员消费观念、家庭人口数量及教育水平等。家庭消费需要树立正确的消费观念，比如，适度消费，反对奢侈浪费；发扬勤俭节约的优良传统，在时间和经济能力保障前提下，适度增加精神文化、旅游度假等休闲层面的消费。

一、家庭消费基本原则

（一）消费遵循量入为出原则

马克思主义需求观认为，人的需求有三个层次，即生存需求、发展需求和享受需求。从满足人的基本需求出发，消费要量力而行，不能超越家庭的经济支付能力，更不能恶意借债透支，寅吃卯粮，让家庭承担高额消费债务。

（二）消费有利于家庭整体发展

家庭经济资源有限，要同时满足家庭所有成员发展需求，消费资源在家庭成员中合理分配，适度优先满足家庭老年人、儿童特殊群体的消费需求。因此，消费要依存家庭整体发展需要，满足家庭成员身体和精神需求，尊重每个成员的价值观念和生活习惯，不能损害家庭成员的基本权益，盲目追求个人的消费欲望。

（三）消费要维护家庭和谐幸福

习近平总书记多次强调要高度重视家庭家教家风建设，家庭美满幸福是我们追求的目标，个人幸福是建立在家庭和谐幸福的基础之上的。而现实生活中，有些人追求高消费和物质幸福，而忽略了家庭和睦。金钱越来越多，而家庭温暖越来越少，家庭成员信任感缺失，难以获得来自家庭成员的精神支持和情感互助。

（四）消费要环保节能，绿色低碳

家庭消费不仅满足自身发展，还要关怀他人，关爱社会，消费行为关乎生态环境和“双碳”目标，不能损害生态环境，更不能损害与自己命运相关的地球家园。昔日人们将野生动物搬上餐桌，毫无节制使用一次性木质筷子，塑料袋满天飞，垃圾没有分类处理等消费习惯都要彻底改变。餐饮浪费十分可耻，光盘行动势在必行！家庭消费要遵循节约、环保、绿色、持续发展的原则，服务长远规划，保护地球家园，实现人与自然和谐共存。

二、家庭消费认识误区

（一）家庭没有抵御风险的应急流动资产

家庭资产通常包括流动资产、投资资产和固定资产。流动资产如现金、银行存款及货币市场基金等；投资资产包括股票、基金、期货等证券类和黄金、房产、字画等实物类投资产品；固定资产是家庭自用资产，如自住房、家庭汽车、家具、衣物等。家庭资产要保持适度流动性，即需要一定额度的现金，在突发应急事件时，家庭应急资金储备就更加重要。山西省太原市消费者协会 2022 年对太原市居民应对新冠肺炎疫情的家庭消费情况问卷调查显示[①]，近六成居民消费需求减少，担心疫情引发收入减少，家庭现金流维持家庭的正常开支不足 3 个月的被调查家庭占比 23.3%。“北上广深”等特大城市，年轻人住房还贷款压力很大，这些家庭本来流动资产不足，家庭成员再受到失业冲击，必然对家庭雪上加霜；同时，那些没有受到失业冲击的家庭也可能面临降薪的风险，疫情引发被调查者对家庭收入的担忧，从而抑制了其他额外消费，现金流不足是主要原因。

（二）有些居民存在冲动消费

理性消费主要是让人们在有限的收入中分清哪些是最必要购买的物品，哪些不是很有必要购买的，做出理性的开支计划。而非理性消费是指在思想上对金钱的认识不够，缺乏对金钱使用的控制，容易产生对金钱的“无所谓态度”。应对突发事件，有些家庭消费会出现情绪化冲动购买，导致有些不是很重要的物品过度囤积。

① https://www.360kuai.com/pc/9691384bda76f57fd?cota=3&kuai_so=1&sign=360_da20e874&refer_scene=so_3.

2020年华兴投行消费互联网行业组通过对1000位消费者的问卷调研，得出疫情前、中、后期消费者心理变化、消费预期以及零售、生鲜电商、线上教育及美妆护肤等细分领域的走势。数据显示诸多家庭（约占比30%）存在非理性消费倾向，[①]表现在恐慌性囤积日常消费用品，过度网络采购，担心大米白面短缺超前采购，对消毒品、口罩等防护用品过度依赖等方面。

（三）家庭财富管理缺乏风险管理和长远规划

新冠肺炎疫情可能会引发家庭收入下降，但是家庭支出却是相对固定的，尤其是有房屋贷款和汽车贷款的长期负债家庭，是对家庭支付现金能力的重大考验。家庭现金储备少，尤其没有健康保险等风险管理配置，社会大众往往缺乏长期财富规划，忽略了财富目标和财务实现时间表。调查显示，从严格的财务规划标准来看，家庭真正有财富规划的只占5%，而财富规划的存在对于整个家庭实现财富目标以及资产配置有非常重要的影响。一些家庭在资产配置中有一个非常明显的缺陷是资产配置过度集中，缺乏多元化，比如，投资产品只有股票，固定资产集中在房产，对家庭刚性规划需求的子女教育金和退休养老金缺乏规划意识，财富管理市场缺乏专业化理念，盲目跟风者居多，市场也缺乏可选择的投资理财产品，不能满足个性化的资产配置需求，抑制了家庭财富管理健康、理性发展。

三、家庭消费测算指标

家庭消费记录是了解家庭支出情况的依据，有很多手机App能够实现消费记账，通过对家庭消费记录数据分析，可以发现家庭消费偏好和消费特征。通常用以下指标来计算和衡量家庭消费（一般是年度消费数据）。

1. 家庭结余比率

（收入－支出）/收入，理想值是大于30%。一般按照家庭成员年度的所有收入，包括工薪收入和投资收入，支出也包括所有日常消费支出和投资理财支出。

2. 房贷车贷支出比率

家庭年度偿还住房和汽车贷款的本金利息合计/总支出，理想值是低于40%。

3. 子女教育金支出比率

家庭为培养子女支出的学费、资料费、培训费等/总支出，理想值是低于30%。

4. 商业保险投保支出比率

家庭为成员投保商业保险的支出/总支出，理想值是10%—20%。

① https://finance.sina.cn/fund/sm/2020-03-16/detail-iimxxstf9525411.d.html.

5. 继续教育支出比率

家庭成员参加专业培训、继续教育、网络课程学习、图书资料购买等支出 / 总支出，理想值是 10% 左右。

6. 社会人情支出比率

家庭为亲友婚丧嫁娶和人际交往等支付的费用 / 总支出，理想值是 10% 左右。

第二节　家庭理财

一、家庭理财内涵

家庭理财是指通过客观分析家庭的财务状况，结合宏观经济形势，从家庭现有资产与负债情况出发，为家庭设计合理的投资组合和财务目标。家庭理财同时也是家庭风险管理的有效方式，可以通过对资产和负债的科学合理运作提高家庭财富效能。通俗来说，理财就是赚钱、管钱、花钱之道。

家庭理财内容具有系统性和连续性，包括实现家庭财务目标的相关规划，如现金规划、风险管理与保险规划、消费支出规划、子女教育金规划、退休养老规划、税收筹划、财产传承与遗产规划以及投资规划等。理财是对资产和负债的科学合理运作。通俗来说，家庭理财的含义包括“一个中心”和“三个基本点”，即以“家庭财富管理”为中心，以“攒钱”（储蓄）为起点、“生钱”（投资）为重点、“护钱”（保险）为要点，最终实现家庭财务自由目标。财务自由，是指家庭投资收入能够满足家庭全部支出。

二、家庭理财基本原则

（一）量入为出原则

家庭理财初级目标是家庭财富的保值增值，家庭成员能够得到全面发展，职业满意度不断提升。家庭理财遵循量入为出的基本原则，即依据家庭自身的收支财产状况设计理财目标，不能好高骛远盲目投资，或超出家庭支付能力超前消费。超出家庭理财承受能力的投资，可能会影响家庭正常的生活和工作。从家庭的实际收入水平出发，选择各类消费品，分清轻重缓急，标定先后顺序，确保家庭收入支出大体平衡，避免高额债务负担，寅吃卯粮。要有步骤添置家庭资产，对生活必需品优先购买，家庭耐用品按计划分期购置，倡导延期消费高档品。

（二）长期规划原则

货币的“钱生钱”功效是以长期的投资期限为前提。家庭子女教育金规划、退休养老规划等需要一定期限的长期储备，才有实际效果。举例来说，如果小钱 20 岁大学毕业参加工作后，每月月末用 100 元定期购买某指数型基金，坚持 40 年，假设平均年化收益率为 8%，那么小钱 60 岁时，他的投资账户达到 349100.78 元；如果小钱是从 40 岁再开始投资，账户额度是 58902.04 元；如果是从 50 岁才开始投资，账户额度仅仅是 18294.6 元。可见，货币具有利滚利的增长效果，但需要坚持长期性。因此，对子女教育金和退休养老金的规划，要提早开始，保持长期投资，才能有更神奇的复利增值效果。

（三）家庭类型与投资策略相匹配原则

依据家庭主要经济收入者的生理年龄，将家庭划分为青年家庭、中年家庭和老年家庭，不同类型的家庭，理财的侧重目标不同。青年家庭的理财策略应该是激进型，将可投资的资金选择股票、基金等产品，积累投资经验；中年家庭的理财策略宜攻守兼备，因为中年家庭虽然有了一定的资产积累，但是面临养育子女、照顾老人的重任，承担繁重的工作任务，投资产品应该选择不同风险组合，既有风险较高追逐高收益的股票等投资产品，也需要稳健保本型投资产品，如货币市场基金、银行理财产品等；老年家庭投资策略需稳健型，以保本金安全、资产保值、不被通货膨胀腐蚀为目标，避免追逐高收益投资高风险产品。

（四）现金优先原则

家庭有充足的现金类资产，才能财务安全。其功能有两方面：一是家庭日常生活消费储备，二是家庭意外应急储备。家庭的主要经济支柱一旦失业或其他原因失去劳动力，就会对家庭日常生活消费造成影响；另外，家庭成员在遭遇重大疾病、意外灾难、突发不测事件时，家庭急需现金应对风险，家族亲友出现生产、生活、教育、疾病等也需要亲友紧急支援储备。

（五）风险优于收益原则

在家庭理财投资市场，风险与收益呈正相关关系，高收益一定会面临高风险，家庭理财不能盲目追求高收益而忽略风险。一方面，优先考虑投资风险；另一方面，尽量做到分散化投资，在选择投资产品时，结合家庭经济支柱的风险偏好和收入支出情况，选择适宜的投资产品，既要控制投资风险，还要考虑家庭理财目标的实现程度。

（六）消费、投资与收入匹配原则

家庭理财要坚持消费、投资与收入水平匹配原则，消费支出一般是满足家庭短期需求，如衣食住行等，而投资支出目标是满足家庭资产增值需求。家庭收入水平一般呈现稳步增长趋势，消费支出和投资支出要依据家庭的收入水平设定，保持消费水平和投资水平同步提升，达到收入和消费的总体动态平衡。比如，住房消费贷款，遵循“房贷不过三”原则，即年度偿还本金利息额不超过年度收入的30%左右，考虑月供的负担不能太重，谨防成为“房奴”。信用卡具有先消费后还款的理财功能，但也不能恶意透支，享受购物节的打折优惠刷爆信用卡，如果不能按期偿还账单，要承担高额利息和被登记诚信黑名单的风险。

三、家庭理财指标

依据家庭资产负债表（见表13-1）、家庭收入支出表（见表13-2）以及日常消费记录的数据，计算家庭理财系列指标，可以知晓家庭理财的具体状况。

1. 投资资产比率

投资资产 / 总资产，投资资产既包括股票、基金、期货等金融投资资产，也包括古玩字画等收藏品实物投资资产。这一比率越高，说明家庭通过投资实现资产增值能力越强，同时强调多元化、分散风险的投资策略。

2. 财务自由度比率

理财收入 / 支出，理想值一般是大于60%，表示家庭投资理财收入对家庭支出的支付程度。如果家庭所有的支出都能通过理财收入实现，则家庭达到了理财最终目标，实现财务自由。

3. 流动性比率

流动资产 / 每月支出，理想值是3—6个月，表示家庭现金能满足家庭月支出的3—6个月，流动资产包括现金、活期储蓄、定期储蓄、货币市场基金等。

4. 负债比率

家庭负债 / 总资产，表示家庭负债（住房贷款额、汽车贷款额、信用卡或朋友借款额等）占家庭总资产的比率，理想值是50%以下。

表 13-1　家庭资产负债表（单位：元）

<table>
<tr><td colspan="6">客户：某家庭　　日期：2021 年 12 月 31 日</td></tr>
<tr><td colspan="2">资产</td><td>金额</td><td colspan="2">负债</td><td>金额</td></tr>
<tr><td rowspan="4">流动资产</td><td>现金</td><td></td><td rowspan="2">长期负债</td><td>住房贷款（未还贷款本金）</td><td></td></tr>
<tr><td>活期储蓄</td><td></td><td>汽车贷款</td><td></td></tr>
<tr><td>定期存款</td><td></td><td rowspan="2">短期负债</td><td>信用卡借款</td><td></td></tr>
<tr><td>货币市场基金</td><td></td><td>亲友借款</td><td></td></tr>
<tr><td rowspan="9">投资资产</td><td>股票</td><td></td><td colspan="2"></td><td></td></tr>
<tr><td>基金</td><td></td><td colspan="2"></td><td></td></tr>
<tr><td>国债</td><td></td><td colspan="2"></td><td></td></tr>
<tr><td>期货</td><td></td><td colspan="2"></td><td></td></tr>
<tr><td>银行理财</td><td></td><td colspan="2"></td><td></td></tr>
<tr><td>生肖邮票</td><td></td><td colspan="2"></td><td></td></tr>
<tr><td>黄金纪念品</td><td></td><td colspan="2"></td><td></td></tr>
<tr><td>投资房</td><td></td><td colspan="2"></td><td></td></tr>
<tr><td>养老金账户</td><td></td><td colspan="2"></td><td></td></tr>
<tr><td rowspan="3">固定资产</td><td>自住房</td><td></td><td colspan="2"></td><td></td></tr>
<tr><td>汽车</td><td></td><td colspan="2"></td><td></td></tr>
<tr><td>家电衣物</td><td></td><td colspan="2"></td><td></td></tr>
<tr><td colspan="2">资产总计</td><td></td><td colspan="2">负债总计</td><td></td></tr>
<tr><td colspan="6">净资产：</td></tr>
</table>

表 13-2　家庭收入支出表（单位：元）

<table>
<tr><td colspan="4">客户：某家庭　　　日期：2021 年 1 月 1 日—2021 年 12 月 31 日</td></tr>
<tr><td>年收入</td><td>金额</td><td>年支出</td><td>金额</td></tr>
<tr><td>工薪类收入</td><td></td><td>房屋或汽车按揭还贷</td><td></td></tr>
<tr><td>先生</td><td></td><td>日常生活支出</td><td></td></tr>
<tr><td>太太</td><td></td><td>教育费用</td><td></td></tr>
<tr><td>奖金收入</td><td></td><td>旅游开支</td><td></td></tr>
<tr><td>先生</td><td></td><td>孝亲费用</td><td></td></tr>
<tr><td>太太</td><td></td><td>美容健身</td><td></td></tr>
<tr><td>理财收入</td><td></td><td>保险支出</td><td></td></tr>
<tr><td>投资收入</td><td></td><td>养车支出</td><td></td></tr>
<tr><td>公积金收入</td><td></td><td>其他支出</td><td></td></tr>
</table>

续表

客户：某家庭　　日期：2021年1月1日—2021年12月31日			
年收入	金额	年支出	金额
利息收入			
房租收入			
其他收入			
收入总计		支出总计	
年结余：			

对家庭财务状况分析，都依据家庭资产负债表和收入支出表的信息，通过具体指标分析，判断家庭财务状况。

第三节　家庭消费与理财相关理论

一、消费序数效用理论

经济学家应用基数效用理论和序数效用理论来解释消费。基数效用理论在西方经济学中是研究市场的消费者行为的一种理论。其基本观点是：消费者所购得的产品效用是可以计量并加总求和的，在这种情况下，效用的大小可以用数学上的基数（比如1、2、3）来表示。所谓产品效用可以计量，就是指消费者消费某一特定物品所得到的满足程度可以用效用单位来进行计量，比如用10元钱看一场电影的效用是50，用5元钱买一杯饮料的效用是5，那么花15元钱可以得到55个效用单位。根据这种理论，可以用具体的数字来研究消费者效用最大化问题。

序数效用理论是另一种研究消费者行为的理论。其基本观点是：效用作为一种心理现象无法计量，也不能加总求和，只能表示出满足程度的高低与顺序，因此，效用只能用序数（第一、第二、第三）来定性进行研究。如刚才提到的例子，如果看电影的效用比喝饮料高，那么电影的效用就是第一，饮料是第二。

二、生命周期理论

（一）生命周期理论的内容

生命周期理论最开始是由美国诺贝尔经济学奖获得者莫迪利亚尼提出的，他认为：人的一生应该平衡现在的收入以及未来各时期预期的全部收入来合理分配各阶段的消费，使每个阶段的消费大致均等。也就是说，为了使我们以后的消费支出平均，特别是在退休养老没有收入时期，能有一个良好的生活水平，我们应该将退休前所获得的全部收入按照整个生命期限平均分配到每个阶段，这样才可以使得收入和消费保持均衡、稳定。

在生命周期理论基础上，学者们提出了家庭生命周期概念。家庭生命周期理论是家庭从形成、发展到衰老呈循环运动过程，在家庭生命周期的各个阶段扮演不同的家庭角色。家庭随着家庭组成者的年龄增长，而表现出明显的阶段性，并随着家庭组成者的寿命终止而消亡。

家庭生命周期指的是大多数家庭从结婚、子女出生到子女独立与终老的全过程，家庭人数的变化是划分家庭生命周期不同阶段最重要的标志，因此，家庭生命周期大致分为形成期、成长期、成熟期、衰老期。对于不同世代的家庭，其生命周期会出现交集重叠，比如，自己的家庭处于成长期时，父母的家庭可能已经进入成熟期。家庭处于生命周期的不同阶段，其资产、负债状况会有很大不同，理财需求和理财重点也将随之出现差异。因此，了解一个家庭正处于怎样的生命周期阶段，对于理财方法与策略的制定具有重要意义，生命周期理论也成为家庭理财的重要理论基础。

美国学者 P.C. 格里克于 1947 年从人口学角度提出家庭生命周期的概念，他根据标志着每一阶段的起始与结束的人口事件，将家庭生命周期划分为形成、扩展、稳定、收缩、空巢与解体六个阶段（见表 13-3）。

表 13-3　家庭生命周期阶段的划分

阶段	起始	结束
形成	结婚	第一个孩子出生
扩展	第一个孩子出生	最后一个孩子出生
稳定	最后一个孩子出生	第一个孩子离开父母
收缩	第一个孩子离开父母	最后一个孩子离开父母
空巢	最后一个孩子离开父母	配偶一方死亡
解体	配偶一方死亡	配偶另一方死亡

家庭财务生命周期是在家庭生命周期理论的基础上提出来的，且家庭财务生命周期只关心人生生命周期中那些与财务有关的阶段和事项。每个家庭在不同的家庭阶段其财务状况有所不同，承受风险的能力也不同，理财目标也就不同。由此，可充分运用家庭财务生命周期，根据不同的家庭特征了解相应的财务需求，进行高效的理财规划。

根据生命周期理论，对于大多数人来说，其财务生命周期经过单身期、家庭形成期、家庭成长期、家庭成熟期、家庭衰老期五个阶段。本文对于家庭财务生命周期的划分也遵循家庭生命周期的划分方式（见表 13-4）。不同生命周期阶段，消费的内容和特征均有不同。

表 13-4 家庭财务生命周期阶段与消费特征

生命周期阶段	起点与终点	年龄阶段	消费内容与消费特征
单身期 寻巢期	起点：参加工作 终点：结婚	一般为 18—30 岁	收入较少，不稳定，消费欲望强烈，防止成为“月光族”，控制不必要开销，开源节流
家庭形成期 筑巢期	起点：结婚 终点：子女出生	一般为 25—35 岁	买房、装修、买车、操办婚礼，消费额达到顶峰，不攀比、勤俭持家，量入为出
家庭成长期 满巢期	起点：子女出生 终点：子女独立	一般为 30—55 岁	养育孩子，同期叠加赡养老人，偿还贷款，努力升职，做好子女教育金储备，投保重大疾病和意外保险，有条件储备退休金，管控消费风险
家庭成熟期 离巢期	起点：子女独立 终点：夫妻退休	一般为 50—65 岁	重点储备退休金，收入最高峰，结余可投资养老房，疾病高发期，关注健康防护，消费从简
家庭衰老期 空巢期	起点：夫妻退休 终点：夫妻身故	一般为 60—90 岁	安享晚年，粗茶淡饭，稳健投资，做好遗产安排，健康养老

（二）生命周期理论在家庭消费与理财中的应用

生命周期理论将家庭分为五个不同阶段，通过对每个阶段类型的家庭特点、收支状况、储蓄情况等分析，从而得出相应的家庭理财目标，并提出科学合理的理财建议。

根据家庭生命周期理论，不同阶段类型的家庭，其家庭结构不同，承担的责任不同，面临的风险不同，所以对家庭理财的需求也不相同。因此，基于家庭生命周期理论的家庭理财研究具有非常强的针对性和可操作性，且随着家庭理财市场的快速发展被广泛应用到家庭理财领域。在家庭生命周期中，不同阶段家庭理财目标也不同（见表 13-5）。

表 13-5　不同阶段家庭的理财目标

家庭阶段	单身期	家庭形成期	家庭成长期	家庭成熟期	家庭衰老期
家庭类型	个体型	新成立型	成长型	成熟型	老年型
特点	参加工作到结婚阶段，工作不稳定。	结婚到子女出生阶段，家庭成员逐渐增加，家庭负担慢慢增长	子女出生到子女参加工作阶段，家庭成员及工作相对稳定	子女参加工作到家长退休前阶段，家庭非常稳定	家长退休后阶段，家庭成员面临减少，生活相对稳定
收支情况	家庭收入开始较少，随后有所提升，主要来源为工资收入，家庭支出为个人消费	家庭收入逐渐增加，主要来源为工资，家庭支出随着小孩出生逐渐增加	家庭收入迅速增加，主要来源为工资，家庭支出迅速增加	家庭收入稳步增长，主要来源为工资，家庭支出逐渐减少	家庭收入迅速减少，主要来源为转移性收入，随着年龄增长，支出逐渐增加
储蓄状况	储蓄水平低	储蓄水平较低	储蓄水平稳步增长	储蓄达到最高水平	储蓄水平逐渐减少
理财目标	家庭理财方式以激进型为主，理财目标主要以将来结婚和家庭资产增值为主，风险承受能力弱，家庭资产较少	家庭理财方式以偏激进型为主，理财目标主要以将来子女教育金和家庭资产增值为主，风险承受能力较强，家庭资产偏少	家庭理财方式以偏激进型和稳健型相结合为主，理财目标主要以将来子女创业金、自身家庭退休养老金以及家庭资产增值为主，风险承受能力强，家庭资产稳步增长	家庭理财方式主要以稳健型为主，理财目标主要以自身家庭退休养老金和家庭资产保值增值为主，风险承受能力弱，家庭资产达到最高	家庭理财方式以保守型为主，理财目标主要以家庭资产的保全与传承为主，风险承受能力较弱，家庭资产逐渐减少

从家庭生命周期五个不同阶段的家庭情况可以看出，家庭理财不是静态的，而是依据自身阶段的不同而变化的，家庭理财必须根据家庭所处生命周期而采取不同的方式和策略。同时，因为现实中每个家庭的基本情况是不同的，因此家庭理财还必须依据家庭的实际情况、结合自身所处阶段的特点设定。

第四节　不同生命周期的家庭消费

一、单身期

单身期是指参加工作到结婚前的一段时期，一般为 2—5 年。这一时期家庭经济的特点是收入单一，只需维持个人生活需要。刚参加工作，该时期经济收入比较低且花销大，是家庭未来资金积累期，有的开始为创业和结婚做储蓄。

（一）单身期理财需求

单身期表现为收入不多但开支较大，风险承受能力相对较弱。大部分人刚大学毕业，他们充满活力、激情，有很强的冒险精神，对新事物具有强烈的好奇心，思维敏捷、头脑灵活、善于学习。但是由于刚刚踏入社会，因此收入较低，工作不稳定，开支却较大，常常是俗称的“月光族”，财务结构有时处于失衡状态。这个时期的人群可先做好攒钱，利用小额资金，尝试股票等投资，主要目的是学习更多的投资知识，积累投资经验。攒钱是起点，努力提升职业技能，积累投资经验。

（二）单身期消费特征

单身期开始步入工作，属于提升自我、进行自我投资的一个阶段，同时在这个阶段也会通过自己的努力积累人生的第一桶金，所以为了促进自身发展，个人文化提升、结婚、寻求更好的事业发展等会成为主要理财目标。与此同时，父母会在财务上给予一定的支持。总体来说，单身期人群属于激进型理财投资者，消费要控制欲望，不能恶意透支，消费需求的先后顺序应为：应急储备＞风险投资＞节财计划＞资产增值计划＞婚嫁金＞购置住房。

（三）单身期理财消费案例

案例导读

单身期理财规划

钱女士，在某企业工作5年，存在银行的活期存款为15万元，金融投资还有市值1.6万元的股票和9000元的基金，汽车价值8万元。钱女士税后收入约为1.2万元/月，年终奖约为1.2万元/年。她一人房租3500元/月，养车费用900元/月，基本生活开支1500元/月，其他生活开支（如游玩费用等）1000元/月，钱女士每个月给父母750元左右的赡养费用。钱女士还希望在学历上有所突破，打算一两年后在国内某知名大学攻读硕士学位，花费大约1万元，同时她有买房规划，预算为50万元。在高消费和多需求的双重压力下，白领女性们应该如何做好自己的财务规划，以达到在消费水平不受重大影响的情况下，同时实现多种理财需求的目标呢？针对单身期的钱女士，理财规划的首要目标是控制消费，为将来的生活目标储蓄，努力做好考研的目标选择和准备，提升学历和专业技能；此外，通过投保商业保险，规避个人意外、重疾等风险；投资方面，遵循积少成多、积累经验的原则，采用股票型基金定投或少许股票投资的方式，不断积累投资经验。

二、家庭形成期

家庭形成期是指从结婚组建家庭到新生儿诞生前期，一般为1—5年。这一时期家庭经济的特点是家庭形成初期，产生很多新的消费需求，如住房、汽车、家庭日常用品等。家庭双方收入较单身期有所提高，由于家庭的形成，部分家庭财产可以共享，使得新家庭的日常消费需求较之单身期两人之和有所减少，家庭需为生养小孩进行必要的储蓄。因而，这一时期的家庭因为购买婚房、操办婚礼、购置家具，是消费较高的时期，经济收入增加而且生活稳定，家庭已经有一定的财力和基本生活用品，为提高生活质量往往需要较大的家庭支出，如购买一些较有档次的家庭消费用品。

（一）家庭形成期理财需求

家庭形成期阶段的家庭成员，家庭和事业均处于成长期，事业上通过几年的努力渐渐有了升职的机会，因此收入增加，逐渐呈现稳定状态，生活也逐渐趋于稳定。这个时候的理财目标开始考虑买房、买车和准备生育孩子。因此，开始建立买房基金和教育基金。另外，此时家庭成员已经具备一些投资经验，对市场的风险有一定把握能力，形成一套自己的投资风格和投资策略，因此，可以适当加大高风险产品的投资，赚取的额外收益应该尽快转移到自己的买房基金和教育基金。

（二）家庭形成期消费特征

家庭形成期，这一阶段需要对新的家庭进行各方面的建设，因此会产生较多的花费。同时需要对未来进行规划，留足子女的教育费用，同时还需要购买房屋，也是一笔巨大的支出。这一阶段父母一般不需要他们负担。总体来说，这个阶段的风险承受能力较高，理财策略侧重于风险资产的理财组合，消费需求的先后顺序应为：应急储备＞购置住房规划＞购置耐用品规划＞节财计划＞教育基金储备＞风险投资。

（三）家庭形成期理财消费案例

案例导读

家庭形成期理财规划

欧阳女士，现年25岁，在河北省某三线城市做体育健身相关工作。夏先生，26岁，在互联网电商公司工作。欧阳女士和夏先生是高中同学，高中毕业后恋爱，目前他们大学毕业工作了一年半。如今两人工作稳定，决定步入人生的新阶段——结婚，想要建立一个幸福的小家庭，近期他们希望买一套婚房。其中，欧阳女士和夏先生的收入主要来自工资和奖金，欧阳女士每月平均工资6000元，夏先生5000元，两人每年年终奖共3万元，房租每月1500元。除此之外，生活费用每月4000元，旅游费用每年5000元，两人都有"五险一金"，目前有10万元存款。面对居高不下的房价和两人经济实力有限的现状，买一套房子的梦想是否能实现呢？理财师根据欧阳女士一家的家庭情况开展以下分析和规划。

1. 家庭财务状况分析

通过欧阳女士一家的家庭资产负债表（见表13-6）可以看出，欧阳女士的家庭资产负债情况比较简单。资产方面是10万元的活期存款，目前没有负债，因此不存在还债压力，资产负债情况比较稳健。但是活期存款的资本增值能力很弱，如果考虑通货膨胀情况，容易造成资产缩水。考虑到近期买房的计划，理财师建议把活期存款中的大部分投资于货币市场基金、七天通知存款等，这些投资方式变现能力强，且利率高于活期存款。

表13-6　家庭资产负债表

家庭资产	金额（万元）	占比（%）	家庭负债	金额（万元）	占比（%）
现金定活期储蓄	10.00	100.00	房屋贷款	0	0
			汽车贷款	0	0
			其他贷款	0	0
汽车等其他资产	0	0	其他债务	0	0
合计	10.00	100.00	合计	0	0
家庭净资产	10.00				

假设欧阳女士选择了一套面积80平方米，两室一厅的房子，每平方米均价为1.2万元，那么房子总价为96万元，如果买房的首付比例三成为28.8万元，由自己的存款和向双方父母借款完成，其余67.2万元用商业贷款。假设商业银行住房贷款的利率为6.66%，贷款年限设为30年，每月需要还房贷4292元。每月还贷额占月均收入的比例为31.8%，低于40%的安全线。

2. 收入支出分析

参看欧阳女士一家的收入支出表（见表13-7），欧阳女士一家月总收入为13500元。其中欧阳女士每月收入6000元，占44.44%；夏先生每月收入5000元，占37.04%；两个人奖金收入月均2500元，占18.52%。在家庭收入构成中，夫妻收入相差不大，属于共同奋斗型。从家庭收入构成来看，来源较为单一，可以尝试通过多种途径获得兼职、投资等其他收入。

表13-7　收入支出表

收入	金额（元）	占比（%）	支出	金额（元）	占比（%）
本人月收入	6000.00	44.44	日常月支出	5500.00	92.95
配偶月收入	5000.00	37.04	贷款月供	0	0
家庭其他月收入	2500.00	18.52	其他月支出	417.00	7.05
月均收入合计	13500.00	100.00	月均支出合计	5917.00	100.00
月结余	7583.00				

目前欧阳女士家庭的月总支出为5917元。其中，日常生活支出为5500元，包括房租1500元以及其他生活开支4000元，占92.95%；其他支出主要是旅游花费，每年约5000元。家庭支出中，日常支出和其他支出占月总收入的43.83%。目前家庭月度结余资金7583元，年度结余资金90996元，占家庭年总收入的56.17%，显示欧阳女士家庭控制开支的储蓄能力不强，还存在提升空间。

根据上文的假设，如果加上买房的支出，则每月贷款月供增加4292元，但同时减少了1500元的房租费，相当于每月增加了2792元的支出。每月结余资金为4791元，年度结余资金约为57492元，这一部分资金除了还父母借给的买房首付款之外，可通过合理的投资来帮助其实现家庭未来各项财务目标。

理财师建议欧阳女士开源节流，在收入方面，由于目前收入来源比较单一，可以尝试其他途径，如做一些投资等；从开支方面可以看出，日常开支费用是比较大的，对于目前正准备投资买房的他们来说，可以适当缩减每月花费，比如，尽量使用公共交通，减少外出吃饭请客买单的次数等。

理财诊断：欧阳女士和夏先生的收入并不低，但家庭的收入来源单一，无法防范失业风险；由于平时消费较高，开支不太合理，可以做进一步缩减。为了尽快实现买房的目标，一方面，需要开源增加收入，节流减少开支；另一方面，要建立综合理财的观念，即在做好保障的情况下取得财务资源的财富增值。

家庭形成期理财特征总结：欧阳女士和夏先生参加工作两年，近期有结婚的打算，也有买房规划。两人收入来源于个人工资和奖金，刚建立的新婚家庭储蓄水平较低，理财目标主要以结婚买房和家庭资产增值为主，风险承受能力较强，家庭资产偏低。在这一家庭阶段，理财规划可选择按以下顺序进行：应急储备＞购置住房规划＞购置耐用品规划＞节财计划＞教育基金储备＞风险投资。

三、家庭成长期

家庭成长期指孩子出生到孩子长大、完成教育，然后参加工作这一时期，一般为20年左右。在这一阶段，家庭成员不再增加，家庭成员的年龄都在增长，家庭的最大开支是孩子的医疗费、学费、生活费、培育费等。同时，随着子女的自理能力增强，父母又积累了一定的工作经验和投资经验，投资能力大大增强。子女大学教育期指孩子上大学的这段时期，一般为4—7年。这一阶段子女的教育费用和生活费用增长较快，财务上的负担通常比较繁重。因而，这一时期在整个家庭生命周期中，持续时间较长，是五个家庭生命周期阶段中最为重要的时期，也是财富积累的主要时期。这一时期家庭的主要经济特点有家庭抚养孩子的生活、教育开支较大，家庭收入不断增加，有了一定的结余用于储蓄和投资，同期还要赡养老人、提升职业技能，家庭多重理财目标交叉重叠，需要多目标兼顾。

（一）家庭成长期理财需求

处于这个年龄阶段的人群已具有较为丰富的人生经历和阅历，做事稳重而理性，收入较为稳定，基本不会有太多的波动，会出现较长一段时间的均衡发展。此时的收入和支出都会出现同比增长，主要的生活开支是孩子的教育支出，以及各类贷款的还本付息。因此，此时的理财策略首先应该为保留足够应急钱，其次尽快还清各类贷款，最后剩余的资金要开始为自己建立养老基金。理财的重点是稳妥投资、积少成多。

（二）家庭成长期理财消费特征

家庭成长期，家庭的整个消费状态属于一个稳定的阶段，收入增加，也会不断促进自己的消费需求。家庭成长期需要赡养父辈，同期抚养子女。这个阶段家庭的风险承受能力低于单身阶段和家庭形成期阶段，风险承受能力适中，属于稳健偏积极理财投资者，选择无风险资产和风险资产并重的投资组合。消费需求的先后顺序应为：应急储备＞教育资金＞资产增值管理＞特殊目标规划（旅游、继续教育、投资房产）。

（三）家庭成长期理财消费案例

案例导读

家庭成长期理财规划

康先生，32岁，是某文化传播公司的艺术总监，平均每月收入在1.8万元左右。康先生妻子，27岁，为某广告公司市场部总经理，平均每月收入在1万元左右。康先生夫妇工作多年，凭借专业的知识和独特的视角，为公司创造了很大的经济利润，两人相应获得了较高的收入。两人结婚三年，尚未生小孩，有车有房，可是总的家庭支出比较大，还有90万元的房贷，房贷再加上每个月的养车费用，每个月支出为6000元左右。除此之外，还有8000元左右的日常生活和社会交际费用。到目前为止，经计算，康先生夫妇有30万元存款，每年需要给父母1万多元的赡养费用。康先生夫妇关于保险方面的配置仅为单位给其购买的社保，还想添置一些保险方面的保障，父母的保险规划也在其整体保险规划之中，再过一两年也打算要一个小孩。对于家庭资产的配置以及家庭所需要达到的一些目标，康先生表示很困惑，不知从何下手。

理财师先从康先生夫妇的家庭财务状况着手，分析其资产负债情况和收入支出情况。

1. 家庭财务状况分析

资产是指拥有所有权的财富，包括金融资产、实物资产等。债务是指由过去的经济活动而产生的，将会引起家庭现有的经济资源流出的责任，一般而言，按照期限长短，债务可分为短期负债（1年以下）、中期负债（1—5年）和长期负债（5年以上）。净资产是指家庭的资产减去债务后剩下的那一部分财富，它代表在某个时点上家庭偿还所有债务后能够支配的财富价值。

康先生家庭的资产负债表，家庭总资产192万元，由于已经还贷几年，家庭房屋贷款还剩下90万元，总资产减去总负债后的家庭净资产为102万元（见表13-8）。

表13-8 家庭资产负债表

家庭资产	金额（万元）	占比（%）	家庭负债	金额（万元）	占比（%）
现金定活期储蓄	30.00	15.60	房屋贷款	90.00	100.00
			汽车贷款	0	0

续表

家庭资产	金额（万元）	占比（%）	家庭负债	金额（万元）	占比（%）
自有房产	150.00	78.10	其他贷款	0	0
汽车等其他资产	12.00	6.30	其他债务	0	0
合计	192.00	100.00	合计	90.00	100.00
家庭净资产	102.00				

根据表 13-8 计算，康先生家庭总负债占总资产的比例为 46.9%，低于 50% 的安全水平，说明康先生家庭目前的资产状况较为稳健；家庭净资产占总资产的比例为 53.12%，也说明康先生家庭的资产负债状况比较稳健，即使在经济不景气时也有能力偿还所有债务。

家庭理财计划要从储蓄开始，没有资金，任何投资都将无从谈起，而结余资金正是投资资金的重要来源。运用开源节流的思想，增加收入，理性消费，减少不合理的开支，都将增加家庭可用于投资的资金，尤其是在家庭消费方面做好预算，通过记账等方式进行家庭财务管理都是有效的手段。

2. 收入支出分析

如表 13-9 所示，康先生家庭的月度支出中，家庭月总收入为 28000 元。其中，康先生的月收入为 18000 元，占 64.3%；配偶的月收入为 1 万元，占 35.7%；无其他收入。家庭收入中，康先生收入较高。

表 13-9　收入支出表

收入	金额（元）	支出	金额（元）
本人月收入	18000.00	家庭日常月支出	10500.00
配偶月收入	10000.00	贷款月供	3500.00
家庭月其他收入	0	其他月支出	1000.00
月均收入合计	28000.00	月均支出合计	15000.00
月结余	13000.00		

从家庭收入构成来看，工资收入占总收入的百分之百，显示其家庭的收入来源较为单一，可尝试通过各种途径获得兼职收入、租金收入等其他收入。

目前家庭的月总支出为 15000 元，其中，日常月支出为 10500 元，包括生活支出和养车支出，占 70%；父母赡养费为 1000 元，占 6.7%；房贷月供支出为 3500 元，占 23.3%。在家庭支出构成中，按揭还款占总收入的 12.5%，负担并不大；日常支出和其他支出占月收入的 41.07%，还可以进一步对支出进行控制，增加可储蓄金额。

理财诊断：目前家庭月度结余资金 13000 元，年度结余资金 156000 元，占家庭年总收入的 46.4%。这一比率称为储蓄比例，反映了家庭控制开支和能够增加净资产的能力。对于这些结余资金，家庭可通过合理的投资来实现未来家庭各项财务目标的积累。

家庭成长期理财特征总结：康先生夫妇在某公司担任高层，有较高的收入和社会地位，近期有生小孩的规划，准备储蓄教育金。夫妇两人收入主要来源于工资收入，依二人的职位判断收入水平较高，当前储蓄水平也处于较高层次，而未来新成员的加入会使得家庭支出迅速增加。家庭理财方式以偏激型和稳健型相结合为主，理财目标主要以将来子女教育金、自身家庭退休养老金以及家庭资产增值为主，风险承受能力适中，家庭资产稳步增长。在这一家庭阶段，消费可选择按以下顺序进行：应急储备＞教育资金＞资产增值管理＞特殊目标规划。

四、家庭成熟期

家庭成熟期，是指子女参加工作脱离家庭到家庭成员退休的这段时期，一般为 15 年左右。这一时期的经济特点是子女已参加工作，家庭经济负担明显减轻，家庭成员可能正处于事业的高峰期，收入较高，积累较多。在这一时期，家庭往往会为子女成婚储备必要的财富，这一时期的财富积累是退休时期的主要经济来源。因而，在这一阶段，收入从不稳定也慢慢趋于平稳，家庭财富慢慢完成了原始积累，具有一定的规模，并且具备一定的人生经验。总的来说，这一阶段自身的工作能力、工作经验、经济状况都达到高峰状态，子女已完全自立，债务已逐渐减轻，理财的重点是扩大投资。

（一）家庭成熟期理财需求

家庭到达这个阶段，随着孩子已经踏入社会工作，开始自己的独立生活，各项贷款也已经还清，家庭里的各类负债减少，并且通过前期的积累，家庭财富已经有了一定的规模，基本上达到整个生命周期的最大值。这个时候应该开始规划自己的老年生活，财富积累更多地是为自己的养老做准备。因此，根据自己的风险承受能力的降低，高风险产品的投资应该不断减少，将其转移到更多的安全性投资上，同时开始不断增加养老基金储备并建立医疗基金。

（二）家庭成熟期消费特征

家庭成熟期，这是一个更加平稳的时期，没有了抚养子女和父辈的负担，同时消费也随之减少，家庭可支配收入较高。这一时期的重点是扩大理财规模，主要关注稳健型风险较小的理财产品。家庭成熟期的家庭风险承受能力较前期下降，属于稳健型理财投资者，消费需求的先后顺序应为：应急储备＞养老规划＞资产增值管理＞特殊目标规划。

（三）家庭成熟期理财消费案例

案例导读

家庭成熟期换房规划

41 岁的周先生和 40 岁的周太太在甘肃省某县城工作，结婚 18 年，二人育有一子，在上高一，是典型的三口之家。周先生是该县事业单位编制人员，平均每月收入 3300 元；周太太是某医院护士，平均每月收入 2500 元。工作相对稳定，夫妻俩年终奖加起来约 8000 元。周先生和周太太两人有一套住房，市场价值约为 20 万元，一辆小轿车价值约为 10 万元。目前，家庭总负债为 0，总资产有 1 万元的活期存款，5 万元的定期存款，2 万元的投资基金和 3 万元的银行理财产品。家庭总支出主要有每月日常支出 2000 元，每年教育费用 3000 元。由于之前家庭条件有限，只买了一套一居室的小房子，随着生活质量的提升，希望可以换一套大点儿的房子，再加上考虑到儿子的教育费用，周先生应该如何规划家庭资产呢？

1. 家庭财务状况分析

由周先生一家的家庭资产负债表可以看出，家庭拥有固定资产和流动资产总值 41 万元，无负债，不存在还款压力。资产负债情况比较稳健，固定资产为一套价值 20 万元的房产和一辆价值 10 万元的轿车，流动资产方面是 6 万元的活期、定期存款，2 万元的股票型基金和 3 万元的银行理财产品。家庭资产的 73.17% 为固定资产，如果不变卖折现的话，则可用于达成理财目标的部分仅有流动资产 11 万元（见表 13-10）。

表 13-10　家庭资产负债表

家庭资产	金额（万元）	占比（%）	家庭负债	金额（万元）	占比（%）
现金定活期储蓄	6.00	14.63	房屋贷款	0	0
股票、基金及理财产品	5.00	12.20	汽车贷款	0	0
自有房产	20.00	48.78	其他贷款	0	0
汽车等其他资产	10.00	24.39	其他债务	0	0
合计	41.00	100.00	合计	0	0
家庭净资产	41.00				

根据周先生的购房意愿，假设购买一套面积 130 平方米三室二厅的房子，每平方米均价为 2500 元，那么房子总价值为 32.5 万元。鉴于周先生之前买房并无贷款记录，因此可按首套房来向银行贷款。如果买房的首付比例按三成计算约为 10 万元，可用存款和从理财产品中赎回的资金来支付，其余 22.5 万元可用公积金贷款，根据 5 年以上个人住房公积金贷款的基准利率为 4.7% 计算，贷款年限设为 20 年，每月需要还房贷 1448 元，每月还贷额占月均收入的比例为 38.11%，低于 40% 的安全线。

2. 收入支出分析

周先生一家的收入支出表显示，周先生一家月总收入为 5800 元。其中，周先生每月收入 3300 元，占 56.9%；周太太每月收入 2500 元，占 43.1%。另外，家庭年终奖金收入约 8000 元。家庭收入构成中，夫妻收入相差不大。从家庭收入构成来看，来源较为单一，可以尝试通过各种途径获得兼职、租金等其他收入（见表 13-11）。

表 13-11　收入支出表

收入	金额（元）	占比（%）	支出	金额（元）	占比（%）
本人月收入	3300.00	56.90	家庭日常月支出	2000.00	100.00
配偶月收入	2500.00	43.10	贷款月供	0	0
家庭月其他收入	0	0	其他月支出	0	0
月均收入合计	5800.00	100.00	月均支出合计	2000.00	100.00
月结余	3800.00				

目前周先生家庭的平均月总支出为 2000 元，主要为日常生活支出 2000 元，包括衣、食、行等方面，占 100%；其他支出主要是孩子的学杂费等，每年 3000 元。家庭支出中，日常支出占总支出收入的 34.48%。目前家庭月度结余资金 3800 元，年度结余资金 50600 元（3800 × 12+8000−3000），占家庭年总收入的 65.21%，显示周先生家庭控制开支的储蓄能力较强，可以为投资买房提供一定保障。

根据上文假设，如果周先生一家执行了买房的计划，那么加上买房的贷款月供，则支出每月增加 1448 元。在新房入住后可以把目前所住的房屋出租，每月可以获得一定的资金收入来减轻还贷负担，例如，每月房租 700 元。这样相当于每月只需增加 748 元的支出。贷款月供支付后每月结余资金为 3052 元，年度结余资金约为 41624 元，这部分资金可以通过合理的投资来为孩子未来的大学学费做储备以及达到其他家庭财务目标。

理财师建议周先生开源节流：在收入方面，由于目前收入来源比较单一，可以尝试其他途径，如做一些投资或租金收入等；从开支方面可以看出，目前日常开支费用控制得比较好，但未来赡养老人可能会增加一定的花费，这部分的可能支出应尽可能早做打算，如通过购买医疗保险等，以免出现财务困境。

理财诊断：周先生夫妇的收入在当地属于中等水平，但家庭的收入来源单一，且存在失业风险；由于平时消费安排比较合理，多年的财富积累为投资买房提供了坚实基础，但同时也要注意夫妻双方已处于中年，日后的收入应该不会有更大的增长空间，赡养老人以及孩子读书花费将会是未来数年内的重要开支项目，所以应提早做好理财规划。

家庭成熟期理财特征总结：周先生和妻子都有一份稳定的工作，近期有换房和储蓄教育金的规划。夫妇二人的收入主要来源于个人工资和奖金，收入水平稳定，储蓄水平也达到最高。家庭理财方式主要以稳健型为主，理财目标主要以自身家庭退休养老金和家庭资产保值增值为主，风险承受能力弱，家庭资产达到最高。在这一家庭阶段，消费可选择按以下顺序进行：应急储备＞换房规划＞教育金储备＞养老规划＞资产增值管理＞特殊目标规划。

五、家庭衰老期

家庭衰老期是指家庭成员不再参与工作到去世的这一时期。这一时期家庭经济特点是家庭成员不再参与工作，仅有退休金收入，子女会在一定程度上予以补贴，家庭成员由于年老多病在医疗方面的开支有所增加。因而，这一阶段的主要内容是安度晚年，投资和花费通常都趋于保守。

（一）家庭衰老期理财需求

当人退休之后，基本上没有更多的后顾之忧，尽情享受自己的晚年生活。这时候的理财以稳妥为主，不再追求财富规模的快速扩大，强调稳妥，保持身体健康以及精神愉快。资产应该首先强调安全性和流动性，再考虑收益性，不应该再去做高风险投资，留够充足的生活支出以及应急支出以后的剩余资金，就可以进行定期储蓄或购买国债等保本型投资。

（二）家庭衰老期消费特征

这一阶段，家庭收入减少，各种赡养责任消失，子女长大成人补贴家用，承受风险能力较弱。医疗保健、养老等成为这个阶段家庭的主要理财目标。处于衰老期阶段的家庭风险承受能力最小，属于保守型理财投资，消费需求的先后顺序应为：应急储备＞养老规划＞遗产规划＞特殊目标规划（旅游、老年大学等）。

（三）家庭衰老期理财消费案例

案例导读

家庭衰老期理财规划

何先生已年过六十，老伴今年也60岁了，何先生刚从某医药公司退休，老伴也退休几年了，两人每月可以领退休金分别为4000元、2600元。何先生夫妇很注重保险保障，不光有社保，还购买过住院医疗保险和重大疾病保险。何先生的家庭总资产有目前市值约70万元的房子，保留有10万元的股票，无负债。二老生活简朴，注重养生，经常在小区公园锻炼，身体一直都不错。为了提升父母的生活质量，女儿每个月会给二老1000元的赡养费，两人每月生活支出为3000元左右。女儿和女婿育有一女，由二老带着，在上小学四年级，活泼可爱。小外孙女特别招二老喜欢，也为了减轻女儿的负担，何先生希望为小外孙女筹措一笔上大学用的教育基金。面对这样的家庭情况，理财规划师应该如何进行综合性理财规划呢？

1. 家庭财务状况分析

何先生家庭净资产86万元，无负债风险（见表13-12）。但资产主要由固定资产房产和金融资产股票构成，虽说资金利用效率高，但家庭所有资产难以及时兑现，流动性配置不足，蕴含较高的风险。步入晚年，创造财富的机会越来越少，老年人主要的生财之道就是利用手中积累的钱再生钱，通过投资使财富增值。但退休后家庭收入锐减，承担风险的能力大不如前，老年人投资理财应将本金安全放在第一位，在风险得到防范的情况下再去追求更高的收益，投资工具以稳健型为主。何先生投资的10万元股票属于高风险资产，本金安全难以保障，应当大幅度削减这种高风险的投资，退出的资金可用于购买国债、货币市场基金或保本型基金等较稳妥又高于银行利息收益的理财产品。

表13-12　家庭资产负债表

家庭资产	金额（万元）	占比（%）	家庭负债	金额（万元）	占比（%）
现金定活期储蓄	6.00	6.98	房屋贷款	0	0
股票	10.00	11.63	汽车贷款	0	0
自有房产	70.00	81.39	其他贷款	0	0
汽车等其他资产	0		其他债务	0	0

续表

家庭资产	金额（万元）	占比（%）	家庭负债	金额（万元）	占比（%）
合计	86.00	100.00	合计	0	0
家庭净资产	86.00				

2. 收入支出分析

从表 13-13 来看，退休后何先生夫妇每月收入 6600 元，年总收入 79200 元，若保持退休前的生活水平，每月除去生活开支 3000 元后可结余 3600 元，年度结余资金达 43200 元。

表 13-13　收入支出表

收入	金额（元）	支出	金额（元）
本人月收入	4000.00	家庭日常月支出	3000.00
配偶月收入	2600.00	其他月支出	0
家庭月其他收入	0		
月均收入合计	6600.00	月均支出合计	3000.00
月结余	3600.00		

理财诊断：何先生二老有一定的退休金以及赡养费用使得其基本生活得以保障，由于二老年龄较大，不适宜做风险较大的投资，如股票，再加上二老想为小外孙女筹措一部分教育金，所以更应该注重稳健投资。

家庭衰退期理财特征总结：何先生和老伴已退休，目前有为外孙女上学储备教育金的规划。处于衰退期的家庭，家庭收入迅速减少，主要来源为转移性收入，如退休金、女儿赡养费，当然老股民何先生家庭也有一部分投资收入，随着年龄增长，支出逐渐增加，储蓄水平逐渐减少。家庭理财方式以保守型为主，理财目标主要以家庭资产的保全与传承为主，风险承受能力较弱，家庭资产逐渐减少。结合何先生家庭具体情况，在这一家庭阶段，理财规划可选择按以下顺序进行：应急储备＞养老规划＞教育金储备＞遗产规划＞特殊目标规划。

如果通货膨胀持续高涨，即使央行加息，也难逃银行储蓄缩水的尴尬局面，老年人群渐渐感觉到钱放在银行并不是最放心的。日益高涨的物价和相对稳定的收入催生了“银发一族”保值增值的理财需求。但老年人应特别注意自己的风险承受能力在退休后逐步降低，不再适合进行高风险的投资，通过合理的资产配置，相信老年朋友在退休后能颐养天年，过上幸福的晚年生活。

第五节　婚姻与家庭财富管理

婚姻与家庭财富管理息息相关，结婚是夫妻两个原来独立的财务账户结合，增强了家庭的财务实力，家庭更加有能力实现财务梦想，而离婚却是原本一个财务账户要分割为两个独立账户，削弱家庭经济实力。现代社会夫妻之间会存在很多矛盾，尤其以婚前婚后的财产出现的问题最多，而婚前婚后的财产问题最先摆在每个人面前，民法典对婚姻与财富管理有很多新规定。

一、婚姻与家庭财富管理相关法律规定

（一）家庭财富风险管理

保险法第二条规定，指投保人根据合同约定，向保险人支付保险费，保险人对于合同约定的可能发生的事故因其发生所造成的财产损失承担赔偿保险金责任，或者当被保险人死亡、伤残、疾病或者达到合同约定的年龄、期限等条件时承担给付保险金责任的商业保险行为。

保险是家庭财富风险管理的有效工具，投保人通过保险，将家庭成员可能面临的疾病、意外、身故等人身风险和房屋、汽车、种植养殖等财产风险转嫁给专业的保险公司，实现家庭财富有效管理。家庭的风险管理与保险规划见表 13-14。

表 13-14　家庭生命周期与风险管理

生命周期	阶段特征	面临风险	保险名称
未成年期	主要是指从出生到开始独立工作这一阶段	这时期主要面临两方面的风险：一是父母因死亡、残疾、疾病或者下岗失业而导致收入中断的风险，二是未成年人自身的疾病及意外伤害风险	1. 教育保险 2. 意外伤害保险
单身期	是指从独立工作直到结婚组成新家庭这一阶段	单从个人的角度分析，在这个阶段所面临的风险从大到小依次为意外伤害、疾病、死亡	1. 定期人寿保险 2. 意外伤害保险 3. 重大疾病保险
已婚青年期	是指从组成新家庭到 40 岁左右这个阶段	在风险方面，这个阶段除了仍然面对着意外伤害和疾病的风险之外，最大的风险是早死和收入中断的风险；如果经济方面有余力，也可以考虑养老的风险	1. 终身人寿保险 2. 意外伤害保险 3. 重大疾病保险

续表

生命周期	阶段特征	面临风险	保险名称
已婚中年期	是指从40岁到退休这一时期	从个人角度分析，这个阶段面临的风险从大到小排序，意外伤害与疾病的风险相差不大，其次是养老，最后是死亡。此时应该重点考虑养老的风险	1. 生死两全保险 2. 意外伤害保险 3. 重大疾病保险
退休老年期	是指从退休到生命结束这个阶段	从个人的角度分析，这个阶段所面临的风险从大到小排序，首先是疾病与意外伤害，其次是养老，最后是死亡	1. 意外伤害保险 2. 长期护理保险

1. 家庭财富增值保值管理

长期来看，通货膨胀对家庭财富产生较大的贬值影响。家庭财富管理，基础目标是财富收益超过通货膨胀率。1980年的万元户，如果1万元没有做任何投资，到2020年，假设平均通货膨胀率是4%，那么1万元在40年后就只能买到2082.89元的物品。还有一个案例，胡先生在40岁时，为自己攒了300万元的养老金，认为将来退休时可以高枕无忧，颐养天年了，如果这300万元没有做任何增值投资，假设胡先生65岁退休，25年平均通货膨胀率为4%，胡先生退休时，这300万元相当于112.5351万元，比预算减少了一半还多的购买力，可见财富的保值增值十分重要。

2. 做好家庭资产配置

家庭资产配置的合理程度，对家庭财务安全具有重要意义，要将家庭资产合理放置到四个象限。一是要花的钱，占10%，满足家庭6—12个月的生活费，具有家庭日常交易和应急功能；二是保命的钱，占20%，满足家庭重大疾病和意外伤害保障需求，通过投保的方式将风险转嫁给保险公司；三是生钱的钱，占30%，是家庭结余后暂时不用的钱，可以投资风险稍高的股票、基金，追求比储蓄更高的收益；四是保本的钱，家庭子女高等教育金、退休养老金等未来刚性支付的钱，必须以基金定期定额投资的方式，长线投资，依靠时间复利，保本积累。这样的资产配置，满足家庭短期支付、中期增值、长期保值的规划目标，综合权衡资产家庭流动性、安全性和收益性，实现家庭财富的科学管理和规划。

因为新冠肺炎疫情改变了居民的理性消费，占比达到57%，疫情期间养成了省钱的习惯，占比25%，个人财务状况恶化，必须缩减消费预算，占比35%，可见疫情对家庭消费理念和消费风险管理均产生不同程度的影响。要积极宣传消费风险预防知识，促使家庭有意识为家庭消费风险做好长远规划和专业设计，避免家庭财富的风险损失。①

① 华兴投行消费互联网行业组，https://finance.sina.cn/fund/sm/2020-03-16/detail-iimxxstf9525411.d.html.

（二）家庭财富的传承管理

家庭财富传承的方式包括遗嘱、保险及保险信托。

1. 遗嘱继承

遗嘱和赠与是最常用的遗产传承工具，民法典对遗嘱做了详细规定，也在原有继承法基础上，结合新时代家庭财富传承的需求，增加许多新内容。关于遗嘱的形式，增加打印遗嘱和录音遗嘱，民法典第一千一百三十六条规定打印遗嘱应当有两个以上见证人在场见证。遗嘱人和见证人应当在遗嘱每一页签名，注明年、月、日。民法典第一千一百三十七条规定以录音录像形式立的遗嘱，应当有两个以上见证人在场见证。遗嘱人和见证人应当在录音录像中记录其姓名或者肖像，以及年、月、日。关于遗产的处理，增加了遗产管理人并明确其职责。对胎儿继承权也做了明确规定，民法典第一千一百五十五条规定遗产分割时，应当保留胎儿的继承份额。

2. 商业保险的财富传承

终身人寿保险的投保人和被保险人是财产传承者，受益人是遗产继承者，保险合同规定，被保险人去世后，受益人获得合同约定的理赔金额。一般情况来说，保险的投保人是父母，被保险人是子女，父母是保单的身故受益人，而子女是满期生存受益人，不论是哪个受益人，从保险那里得到的钱都是免税的，这就是很多有钱人为什么要做保险的原因，可以合法、方便地规避遗产税，给自己添份保单，身故受益人写上子女的名字是遗产传承的有效方式。保险法第四十二条规定被保险人去世后，如果没有指定受益人，或者受益人指定不明无法确定的，保险金作为被保险人的遗产，未来可能被征收遗产税，因此，保险合同必须指定受益人，如果是多个受益人，写清受益顺序和受益比率。

案例：钱先生现年 45 岁，是某国企的中层干部，在一家商业保险公司投保了终身人寿保险，保险金额 100 万元，受益人是儿子小钱。如果将来钱先生去世，按照保险合同约定，小钱获得 100 万元保险理赔。保险法规定，保险受益金不缴纳个人所得税。国外遗产税条例也规定，保险受益金免征遗产税。钱先生名下有一套住房，未来如果开征遗产税，需要向税务机关缴纳一定额度的现金，才能继承房产，小钱从保险公司获得的理赔金，正好可缴纳遗产税，顺利实现房产传承。

3. 保险信托：更贴心的传承财富工具

保险信托是信托公司为投保人（信托人）保管人寿保险事项的信托业务。信托人是人寿保险的托保人，一般是投保人，受益人是投保者的遗嘱继承人。信托公司作为受托人，是保险金的领收人，同时还代办保险受益证券的保管和保险费的交纳等事项。在保险期满或发生保险事故时，由受托人领取保险金，然后按信托合同的规定，交给受益人，或代受益人对领到的保险金进行管理、运用和支配。作为受托者的信托公司，接受信托人的人寿保险信托，是按照信托人的意愿承办，即忠实而公正地履行合同，其所得收益归于指定的受益人。信托公司从信托人或受益人那里得到约定的信托酬金，即信托手续费。

案例：接上面钱先生保险案例，钱先生在投保终身寿险的同时，与某保险信托公司签订信托协议，根据信托协议，在钱先生去世后，保险合同规定，受益金 100 万元不是给儿子小钱，而是交由保险信托公司接管。双方约定，在小钱未来高中三年、大学四年和研究生两年读书期间，信托公司会评估小钱日常支出，并按照实际需求每月支付小钱基本生活费。小钱本人如果有突发疾病、结婚、购买住房等急需资金的情况，信托公司可以按照与钱先生协议约定的比例支付小钱应急资金。同时约定，在小钱 60 岁时，信托账户本金和利息一次性全部支付小钱，弥补养老金缺口，也解除了投保人对儿子未来养老的担忧。保险信托可以充分实现受托人（投保人）的意愿，防止受益人对得到的保险理赔金挥霍，实现了漫长的资金驰援，并覆盖受益人全生命周期的风险和资金需求，体现了保险是爱的责任。

二、婚姻与家庭财富管理案例分析

案例分析 1：夫妻在合伙企业中的出资，登记在一方名下，另一方不是合伙人的，离婚时，夫妻双方协商一致，将部分或者全部出资转移到另一方名下的，有不同分割方式。例如，如果其他合伙人同意，配偶取得合伙人地位；合伙人不同意，购买出资的，夫妻对购买款进行分割。依据《最高人民法院关于适用〈中华人民共和国民法典〉婚姻家庭编的解释（一）》第七十四条分析。

夫妻在合伙企业中的出资，登记在一方名下，另一方不是合伙人的，离婚时，夫妻双方协商一致，将部分或者全部出资转移到另一方名下的，按以下情形处理：（一）其他合伙人一致同意的，该配偶依法取得合伙人地位；（二）其他合伙人不同意转让，在同等条件下行使优先购买权的，可以对转让所得的财产进行分割；（三）其他合伙人不同意转让，也不行使优先购买权，但同意该合伙人退伙或者削减部分财产份额的，可以对结算后的财产进行分割；（四）其他合伙人既不同意转让，也不行使优先购买权，又不同意该合伙人退伙或者削减部分财产份额的，视为全体合伙人同意转让，该配偶依法取得合伙人地位。

案例分析 2：在婚姻关系存续期间，夫妻双方取得的财产一般是夫妻共同财产，而有些夫妻一方在婚内可能会转移共同财产，损害另一方的合法权益，民法典如何解释？

如何避免对方转移财产？1. 婚前、婚后财产进行公证。财产公证是对夫妻婚姻关系存续期间财产归属的确定，公证了的财产，对方是没有可能在离婚前转移的。2. 财产约定时，不仅要约定婚前财产，还应该对婚姻关系存续期间的财产以及离婚时的财产如何分割进行约定；同时，夫妻双方也可以通过签订协议的方式，私下约定婚前个人财产和婚后共同财产的归属。3. 购置高档物品后登记造册、复写购物票据等。在生活中我们会购置一些高档物品，对高档物品要保存好上面提到的材料。4. 家庭大宗财产拍照、列表，并有意识地寻找证人。这可能会激化矛盾，如果需要做的，还是秘密进行比较好。5. 留心对方存单的账号、在哪个银行存的钱，以便向法庭提供合法的证据。同时，还可以从交水电费、手机费等收据上，了解对方有哪几个银行的账号，余额还有多少。

通过上述分析知道，依据民法典的规定，婚姻关系存续期间，夫妻一方有隐藏、转移、变卖、毁损、挥霍夫妻共同财产行为的，可以认定婚内转移财产。夫妻另一方可以向人民法院请求分割共同财产。

案例分析 3：张小妹的男朋友跟她求婚了，最近双方在筹备结婚的事宜，小妹非常开心。但还是有很多事情让小妹纠结，婚前她爸爸给她买的房子支出的首付款该如何处理呢?

婚前财产是指婚姻登记以前取得的个人合法财产，包括工资、储蓄、接受的赠与和遗产、房产等。要明确长辈在婚前赠与的区分，长辈的赠与如果明确指明了对象，该财产没有争议，属于个人财产。但是常常有这种情况：两人已到了谈婚论嫁的时候，一方的长辈慷慨拿出储蓄给两人说“去买房结婚吧”，但并没有指明该赠与是给一个人还是两人，长辈去世后，也没有证据来证明，离婚时如何认定该赠与的归属呢？依民法典规定，该赠与应该属于长辈亲属的个人财产。理由：长辈碍于情面，不便于特指赠与哪一方，其真实意思肯定是赠与己方亲属，如果有朝一日晚辈夫妻离婚，长辈更是不愿把赠与分割，所以其真实意思应该是赠与己方亲属，而不是双方，离婚时应该作为婚前个人财产处理。

一种情况除外，如夫妻双方将该赠与买房，房产证写明两人的名字，则该房产是夫妻共同财产。但离婚时，可将房产评估，先将婚前赠与部分退还一方，剩余部分属于共同财产再行分割。

一方婚前买房、婚后办证房屋的区分。如果是婚前个人一次性支付房款，那么该房所有权属于其个人，毫无争议。如果是婚前一方首付，婚后夫妻双方共同还贷，那么房产仍然属于首付方，还贷部分属于夫妻共同财产，可以分割。这是司法实践的一般惯例。如果还是上述这种情况，房产增值了，那么离婚时增值部分是不是共同财产，该不该分割呢？该问题在实践中也相当普遍。法律规定应该按照比例进行分割，即把该房产上的最初投资进行比例划分，然后对现房产进行评估，房产所有方应该按照比例退还另一方的投资及其收益，而不是仅仅退还共同还贷的一半。

婚姻存续期间债权债务的划分。一方在另一方不知情的情况下产生的债务，如果是用于家庭生活需要，则属于共同债务，离婚时须双方共同偿还；如果用于个人消费或者主要用于个人消费，则属于个人债务，自己承担。

案例分析 4：房子婚前或婚后财产认定。

房子怎样才算婚前财产？法律对一般婚前财产的原则性规定：现有的法律法规没有就婚前按揭房产的分割问题作出明确的规定，只是就一般的婚前财产的分割作出了规定，即除夫妻双方另有约定外，婚前个人财产属于夫妻一方，并且婚前个人财产并不因夫妻双方婚姻关系的延续而转化为个人财产。剖析婚前按揭房产的分割：上述对婚前财产分割的原则性规定，套用到婚前按揭房产的分割上即可理解为“一方在结婚前购买的房产属于一方婚前个人财产”。

何谓“婚前”？何谓“婚前购房”？从上面的分析不难看出，婚前按揭房产的分割中有两个关键的时间点：一是“婚前”到“婚后”的时间点；二是“购房”时间点，即什么时候开始算是购买了房产。鉴于在通常情况下结婚需要进行登记才被视为合法婚姻，因此，夫妻双方自从民政部门领取结婚证之日可视为“婚前”到“婚后”的时间点，而其他诸如订婚、举行婚礼等时间点都不具备法律上的意义。

案例分析 5：婚后一方父母出资买房，是否属于夫妻共同财产？

张男和李女是大学时期的恋人，毕业后都有了工作，两人准备结婚，打算买婚房。可两人没积蓄，于是找到李女的父亲，李父答应借 40 万元给他们做房子首付款。张男和李女到某小区交了首付款，贷款购买了一套房子，房产证上写的是李女的名字。结婚两年后，小两口吵架不断，两人开始分居。张男认为两人的日子没法过下去了，要求离婚，李女不同意，于是张男起诉到法院。

法院审理时，李女要求张男和她一起还当初父亲借给他们买房的 40 万元首付款，并拿出了当时父亲借给他们钱后两人写的收据。收据中写明：若今后两人离婚，此款要还给李父，并按当时国家房贷利息标准计算利息。若两人不离婚，这笔钱就是李父赠送给两人的，不用还。

婚后一方父母出资买房主要有以下几种情况：一是出全款，房产写在自己子女名下，视为给自己子女的赠与，属于子女个人财产；二是出全款，房产写在双方名下或对方名下，属于夫妻共有；三是出首付，房产写在自己子女名下，属于婚后购房夫妻共有；四是出首付，房产写在双方或对方名下，属于首付赠与夫妻双方，而房产亦属于夫妻共有。本案中，根据李父借给他们钱后两人写的收据，这笔钱属于赠与，并有附加条件：不离婚。附加条件符合国家法律，所以有效。法院审理后作出判决，准许两人离婚，共同偿还李父的40万元。如果父母当时没以这些方式明示是给子女的，法律上就会认为是对双方的赠与。若本案中李父当初没要求写那张有附加条件的收据，张男和李女离婚时，在没有其他因素的情况下，这套房屋就一人一半，李父的钱有一半就是“白赠”给张男了。

本章总结

家庭消费与理财是家庭经济生活的重要内容，也是家庭幸福生活的基础。每个家庭都要遵守消费与理财的基本原则，要对消费理财有正确认知，避免认识误区。生命周期不同阶段，家庭消费理财的特征、需求都有差异，家庭婚姻不同阶段，对财务的处理也有不同需求，婚前财产公证，依法保护婚姻期间夫妻共同财产和共同债务，离婚前财产依法分割，保护家庭弱者权益，遗嘱是逝者安心的重要制度安排，充分利用保险及保险信托等遗产传承工具，实现财富传承。

思考题

1. 家庭理财的内容主要包括什么？
2. 家庭成长期的主要特征是什么？
3. 家庭消费情况测算的指标主要有哪些？
4. 家庭财富传承的工具主要有哪些？
5. 生命周期理论把生命划分为哪五个阶段？

参考文献

第一章

[1] 孙晓梅．中外妇女运动简明教程［M］．天津：天津大学出版社，2008.

[2] 刘继同．中国化现代家庭福利目标、政策法规体系与家庭福利服务制度化建设［J］．中华女子学院学报，2022（1）.

[3] 叶文振．社会主义家庭文明新风尚的丰富内涵和形成路径［N］．中国妇女报，2021-09-07.

[4] 宋文珍．筑牢未成年人保护的法治基石——“《未成年人保护法》的贯彻与实施”笔谈之一［J］．少年儿童研究，2021（8）.

[5] 李明舜．引领新时代中国妇女全面发展的纲领性文件——《中国妇女发展纲要（2021—2030年）》的亮点与特点［N］．中国妇女报，2021-09-29.

[6] 蒋永萍．实现家庭建设与妇女全面发展的双赢——《中国妇女发展纲要（2021—2030年）》解读［N］．中国妇女报，2021-10-25.

第二章

[1] 房绍坤，范李瑛，张洪波．婚姻家庭继承法（第七版）［M］．北京：中国人民大学出版社，2021.

[2] 杨大文，龙翼飞．婚姻家庭法（第八版）［M］．北京：中国人民大学出版社，2020.

[3] 夏吟兰．婚姻家庭继承法（第三版）［M］．北京：中国政法大学出版社，2021.

第三章

[1] 王洁秀，刘继同．发达国家现代家庭福利制度研究［M］．北京：中国社会科学出版社，2021.

[2] 张建，陈一筠．家庭与社会保障［M］．北京：社会科学文献出版社，2000.

[3] 张李玺．家庭政策与妇女发展［M］．北京：中国社会科学出版社，2016.

[4] 唐灿，张建．家庭问题与政府责任［M］．北京：社会科学文献出版社，2013.

[5] Aldous, J., Dumon, W. A. & Johnson, K. *The politics and programs of family policy: United States and European Perspective* [M]. Leuven: Leuven University Press, 1980.

[6] Millar, J. *Family policy and social policy, in Alcock*, A.,& Erskine, A., &May, M.(eds.), *The Student's Companion to Social Policy*[M]. Oxford: Blackwell Publiers,1998.

[7] Esping-Andersen,G. *The Three Worlds of Welfare Capitalism* [M]. Cambridge: The Polity Press, 1990.

[8] 王思斌．我国适度普惠型社会福利制度的建构［J］．北京大学学报（哲学社会科学版），2009（3）．

[9] 刘中一．新时代构建家庭友好型社会的实践与政策［J］．中国浦东干部学院学报，2019（1）．

[10] 刘永廷．论我国家庭政策的制度性支持［J］．中华女子学院学报，2020（3）．

[11] 刘继同．中国特色“社会政策框架”与“社会立法”时代的来临［J］．社会科学研究，2011（2）．

[12] 刘继同，左芙蓉．“和谐社会”处境下和谐家庭建设与中国特色家庭福利政策框架［J］．南京社会科学，2011（6）．

[13] 刘继同．当代中国婚姻家庭政策历史经验、结构特征、严峻挑战与发展方向［J］．人文杂志，2018（4）．

[14] 吕亚军，刘欣．家庭政策概念的辨析［J］．河西学院学报，2009（6）．

[15] 吴小英．公共政策中的家庭定位［J］．学术研究，2012（9）．

[16] 吴帆．第二次人口转变背景下的中国家庭变迁及政策思考［J］．广东社会科学，2012（2）．

[17] 李树茁，王欢．家庭变迁、家庭政策演进与中国家庭政策构建［J］．人口与经济，2016（6）．

[18] 佟新．我国的老龄化、性别和养老政策［J］．华中科技大学学报（社会科学版），2008（2）．

[19] 陈卫民．我国家庭政策的发展路径与目标选择［J］．人口研究，2012（4）．

[20] 罗红光．“家庭福利”文化与中国福利制度建设［J］．社会学研究，2013（3）．

[21] 胡湛，彭希哲．家庭变迁背景下的中国家庭政策［J］．人口研究，2012（2）．

[22] 祝西冰，陈友华．中国家庭政策研究：回顾与相关问题探讨［J］．社会科学研究，2013（4）．

第四章

[1] 中共中央马克思恩格斯列宁斯大林著作编译局．马克思恩格斯文集，第 4 卷［M］．北京：人民出版社，2009.

[2] 陈金华．伦理学与现实生活［M］．上海：复旦大学出版社，2006.

[3] 中共中央马克思恩格斯列宁斯大林著作编译局 . 马克思恩格斯全集，第三十一卷 [M] . 北京：人民出版社，1972.

[4] 黑格尔 . 美学，第 2 卷 [M] . 北京：商务印书馆，1979.

[5] 林贵长 . 中国传统家庭伦理的现代价值——“第四届两岸伦理学术研讨会”综述 [J] . 哲学动态，2005 (2) .

第五章

[1] 中共中央马克思恩格斯列宁斯大林著作编译局 . 马克思恩格斯选集，第 4 卷 [M] . 北京：人民出版社，1995.

[2] 杨心恒 . 社会学概论 [M] . 北京：知识出版社，1997.

[3] 潘允康 . 婚姻质量的家庭结构观 [J] . 理论与现代化，1997 (10) .

[4] J. 罗斯・埃什尔曼 . 家庭导论 [M] . 潘允康等，译 . 北京：中国社会科学出版社，1991.

[5] 周清月 . 家庭社会工作：理论与方法 [M] . 台北：五南图书出版股份有限公司，2001.

[6] 吴帆 . 家庭生命周期结构：一个理论框架和基于 CHNS 的实证 [J] . 学术研究，2012 (9) .

[7] 潘允康 . 家庭社会学 [M] . 北京：中国审计出版社、中国社会出版社，2002.

[8] 费孝通 . 生育制度 [M] . 天津：天津人民出版社，1981.

[9] 中共中央马克思恩格斯列宁斯大林著作编译局 . 马克思恩格斯全集，第三卷 [M] . 北京：人民出版社，1975.

[10] 丁文 . 家庭学 [M] . 济南：山东人民出版社，1997.

[11] 邓伟志，徐新 . 爱的困惑——挑战离婚观念 [M] . 上海：上海人民出版社，2001.

[12] 徐安琪，叶文振 . 中国婚姻质量：度量指标及其影响因素 [J] . 中国社会科学，1998 (1) .

[13] 易松国，风笑天 . 城市居民家庭生活质量主客观指标结构探讨 [J] . 上海社会科学院学术季刊，1999 (1) .

[14] 潘允康 . 婚姻家庭社会学 [M] . 北京：北京大学出版社，2018.

[15] 马克・赫特尔 . 变动中的家庭——跨文化的透视 [M] . 宋践，李茹等，译 . 杭州：浙江人民出版社，1988.

[16] 威廉・J. 古德 . 家庭 [M] . 魏章玲，译 . 北京：社会科学文献出版社，1986.

[17] 邓伟志，徐新 . 家庭社会学导论 [M] . 上海：上海大学出版社，2020.

[18] C. B. 科瓦廖夫 . 家庭关系心理学 [M] . 北京：社会科学文献出版社，1988.

[19] 徐新.《长江三角洲居民生活史》研究报告 [R] . 见“长江三角洲居民生活史”课题，沈关宝主持.

第六章

[1] Alison Taylor. 家庭冲突处理：家事调解理论与实务 [M] . 杨康临，郑维瑄，译 . 台北：学富文化事业有限公司，2007.

[2] Bijan Ghaznavi. 婚姻咨询与治疗（一）[J] . 胡佩诚，左月侠，王凤华，译 . 中国性科学，2004（8）.

[3] Bijan Ghaznavi. 婚姻咨询与治疗（二）[J] . 胡佩诚，左月侠，王凤华，译 . 中国性科学，2004（9）.

[4] Bijan Ghaznavi. 婚姻咨询与治疗（三）[J] . 胡佩诚，左月侠，王凤华，译 . 中国性科学，2004（10）.

[5] Bijan Ghaznavi. 婚姻咨询与治疗（四）[J] . 胡佩诚，左月侠，王凤华，译 . 中国性科学，2004（11）.

[6] Boss Pauline. 家庭压力管理 [M] . 周月清等，译 . 台北：桂冠图书公司，1994.

[7] Donald Collins，Catheleen Jordan，Heather Coleman. 家庭社会工作 [M] . 魏希圣，译 . 台北：洪叶文化事业有限公司，2013.

[8] Froma Walsh. 家庭抗逆力 [M] . 朱眉华，译 . 上海：华东理工大学出版社，2013.

[9] Lena Dominelli. 女性主义社会工作——理论与实务 [M] . 王瑞鸿等，译 . 上海：华东理工大学出版社，2015.

[10] 珍妮弗・孔兹 . 婚姻 & 家庭：别被幸福绊倒 [M] . 王道勇，郧彦辉，译 . 北京：中国人民大学出版社，2013.

[11] 王思斌，马凤芝 . 社会工作导论（第二版）[M] . 北京：北京大学出版社，2011.

[12] 徐震，林万亿 . 当代社会工作 [M] . 台北：五南图书出版有限公司，1984.

[13] 许临高 . 社会团体工作：理论与实务 [M] . 台北：五南图书出版股份有限公司，2014.

[14] 莫妮卡・麦戈德里克等 . 家谱图：评估与干预（第三版）[M] . 霍莉钦等，译 . 北京：当代中国出版社，2015.

[15] 谢秀芬 . 家庭与婚姻家庭社会工作 [M] . 台北：五南图书出版股份有限公司，1982.

[16] 王以仁 . 婚姻与家庭生活的适应 [M] . 台北：心理出版社，2007.

[17] 唐纳德・柯林斯，凯瑟琳・乔登，希瑟・科尔曼 . 家庭社会工作（第四版）

[M]．刘梦，译．北京：中国人民大学出版社，2017.

[18] 岳云（Howard H. Iring）．家庭调解：适用于华人家庭的理论与实务 [M]．苌英丽，王振福，袁菊花，译．北京：中国社会科学出版社，2005.

[19] 简·尼尔森．正面管教 [M]．玉冰，译．北京：北京联合出版公司，2016.

[20] 景云．家庭结构变迁下家庭教育问题及解决途径 [J]．教育评论，2019（1）.

[21] 来文彬．家事调解：理论与实务 [M]．北京：群众出版社、中国人民公安大学出版社，2017.

[22] 刘梦．小组工作 [M]．北京：高等教育出版社，2013.

[23] 潘允康．婚姻家庭社会学 [M]．北京：北京大学出版社，2018.

[24] 舒跃育，田晶．略论亲职教育的历史与现状 [J]．当代教育与文化，2018（3）.

[25] 王以仁．亲职教育：有效的亲子互动与沟通 [M]．台北：心理出版社，2014.

[26] 许莉娅．个案工作 [M]．北京：高等教育出版社，2013.

[27] 徐安琪，叶文振．家庭生命周期和夫妻冲突的经验研究 [J]．中国人口科学，2002（3）.

[28] 许临高．社会个案工作：理论与实务 [M]．曾丽娟，译．台北：五南图书出版股份有限公司，2010.

[29] 张锦涛，方晓义，戴丽琼．夫妻沟通模式与婚姻质量的关系 [J]．心理发展与教育，2009（2）.

[30] 张李玺．角色期望的错位——婚姻冲突与两性关系 [M]．北京：中国社会科学出版社，2006.

[31] 朱东武，朱眉华．家庭社会工作 [M]．北京：高等教育出版社，2011.

[32] Gough, H. G. *Personality assessment in the study of population*. In J. T. Fawcett (Ed.), *Psychological perspectives on population* [M]. New York: Basic Books, 1973.

[33] Buss, D.M., Barnes, M. Preferences in Human Mate Selection [J]. *Journal of Personality and Social Psychology*,1986, Vol. 50, No. 3.

第七章

[1] 中共中央马克思恩格斯列宁斯大林著作编译局．马克思恩格斯选集，第 4 卷 [M]．北京：人民出版社，1984.

[2] 侯娟，方晓义．婚姻压力与婚姻质量：婚姻承诺和夫妻支持的调节作用 [J]．心理与行为研究，2015（1）.

[3] 胡洁人，王婷．夫妻忠实义务之“精神考量” [J]．法律适用，2020（11）.

[4] 顾晓丹．从夫妻忠诚协议看合同规则在婚姻家庭领域的应用 [J]．法制博览，2021（12）.

[5] 费孝通 . 家庭结构变动中的老年赡养问题——再论中国家庭结构的变动 [J] . 北京大学学报（哲学社会科学版），1983（3）.

[6] 张雪霖 . 代际责任与家庭发展能力的区域差异研究 [J] . 南京农业大学学报（社会科学版），2020（6）.

[7] 杜凤莲，宿景春，杨鑫尚 . 家务分工与幸福感 [J] . 劳动经济研究，2020（6）.

[8] 陆虹，郑修霞 . 初产妇社会支持与产后抑郁关系的探讨 [J] . 中华护理杂志，2001（10）.

[9] 李从业 . 实用产科护理 [M] . 北京：科学技术文献出版社，1993.

[10] 查小青，杨丹，查曼，等 . “二孩政策”下的同胞关系及相关影响因素分析 [J] . 广西教育学院学报，2021（3）.

[11] 王淼，李欢欢，包佳敏，黄川 . 父母控制、父母婚姻冲突与中学生心理危机的关系：歧视知觉的中介作用 [J] . 心理科学，2020（1）.

[12] 全国妇联，教育部等九部门 . 全国家庭教育指导大纲，妇字〔2019〕27 号 .

[13] 李建新，李嘉羽 . 城市空巢老人生活质量研究 [J] . 人口学刊，2012（3）.

[14] 伍海霞 . 啃老还是养老？亲子同居家庭中的代际支持研究——基于七省区调查数据的分析 [J] . 社会科学，2015（11）.

[15] 杨善华，贺常梅 . 责任伦理与城市居民的家庭养老——以“北京市老年人需求调查”为例 [J] . 北京大学学报（哲学社会科学版），2004（1）.

[16] 费孝通 . 乡土中国 [M] . 北京：北京大学出版社，2012.

第八章

[1] 范康健，刘春华 . 建立婚姻档案服务体系的设想与探索 [J] . 档案与建设，2014（6）.

[2] 顾秀琴 . 注重社工实务　服务婚姻家庭 [M] // 李德运 . 中国社会工作协会发展蓝皮书（2009 ~ 2010）. 北京：中国社会科学出版社，2011.

[3] 郝彩虹 . 家庭服务理论与实务 [M] . 武汉：武汉大学出版社，2020.

[4] 潘允康 . 婚姻家庭社会学 [M] . 北京：北京大学出版社，2018.

[5] 王思斌，李洪涛 . 社会工作专题讲座第十四讲：家庭社会工作 [J] . 社会工作（实务版），2010（2）.

[6] 王思斌 . 社会工作导论（第三版）[M] . 北京：北京大学出版社，2021.

[7] 王志刚 . 世界家庭服务业发展比较研究 [M] . 北京：中国劳动社会保障出版社，2018.

[8] 卫小将 . 妇女与婚姻家庭社会工作的检视与建构 [J] . 妇女研究论丛，2018（5）.

[9] 巫昌祯．中国社会工作协会家和工程系列丛书：婚姻家庭法律指南［M］．北京：中国社会出版社，2013.

[10] 张李玺．妇女社会工作［M］．北京：高等教育出版社，2008.

[11] 赵芳，徐菲．社会工作视野中婚姻辅导服务的本土化探索［M］// 中国社会工作协会．本土化社会工作理论与实务探索论文集（2011 ~ 2012）．北京：中国社会出版社，2012.

[12] 赵芳．家庭社会工作的产生、实质及其发展路径［J］．广东工业大学学报（社会科学版），2013（2）．

[13] 赵钦清，赵蓬奇，邓明国．婚姻家庭社会工作服务指南［M］．北京：中国社会出版社，2017.

[14] 中国就业培训技术指导中心．婚姻家庭咨询师（国家职业资格一级）［M］．北京：中国劳动社会保障出版社，2010.

[15] 朱东武，朱眉华．家庭社会工作［M］．北京：高等教育出版社，2011.

第九章

[1] 风笑天．独生子女父母的空巢期：何时开始？会有多长？［J］．社会科学，2009（1）．

[2] 郭未，安素霞．社会性别视角下的中国老年人口不健康预期寿命及代际支持［J］．南京农业大学学报（社会科学版），2013，13（6）．

[3] 黄永明．孤独的代价［J］．东西南北，2011（9）．

[4] 贾云竹，谭琳：我国人口老龄化过程中的女性化趋势研究［J］．人口与经济，2012（3）．

[5] 刘燕舞．农村夫妻关系与家庭结构的变动［J］．西南石油大学学报（社会科学版），2009，2（3）．

[6] 谢楠．生命来源观：中国家庭养老内在机制新探讨［J］．中州学刊，2011（1）．

[7] 杨菊华．生育政策与中国家庭的变迁［J］．开放时代，2017（3）．

[8] 翟振武，陈佳鞠，李龙．中国人口老龄化的大趋势、新特点及相应养老政策［J］．山东大学学报（哲学社会科学版），2016（3）．

[9] 张红红，韩志涛．丧偶后，男性比女性的身心更易受伤害［J］．保健医苑，2008（8）．

[10] 周云．家庭成员年龄特点与家庭养老［J］．中国人口科学，2000（2）．

第十一章

[1] 鲍文欣，等．“身心灵”全人健康模式在医务社会工作中的应用——以癌症患者自我感受负担的个案工作为例［J］．中国社会工作，2022（18）．

[2] 陈丽云，等．身心灵全人健康模式：中国文化与团体心理辅导［M］．北京：中国轻工业出版社，2009.

[3] 林沅锜，等．亚健康状态影响因素的研究进展［J］．中国医药导报，2017，14（33）．

第十二章

[1] Hyde, J. & Delamater, J. *Understanding Human Sexuality*, 14 edition, New York: McGraw-Hill Education, 2020.

[2] 吴阶平．性医学［M］．北京：科学技术文献出版社，2009.

[3] 徐晓阳，黄勋彬．性医学［M］．北京：人民卫生出版社，2007.

[4] 威廉·L. 雅博，芭芭拉·W. 萨亚德，布莱恩·斯特朗，克莉丝汀·德沃尔特．认识性学［M］．爱白文化教育中心，译．北京：世界图书出版公司，2012.

[5] Jerrold S. Greenberg，Clint E. Bruess，Sarah C. Conklin. 人类性学（第 3 版）［M］．胡佩诚，译．北京：人民卫生出版社，2010.

[6] 贺兰特·凯查杜里安．性学观止（第 6 版）［M］．胡颖翀，译．北京：世界图书出版公司，2019.

[7] 中国性科学百科全书编辑委员会，中国大百科全书出版社编辑部．中国性科学百科全书［M］．北京：中国大百科全书出版社，1998.

[8] 丁文龙，刘学政．系统解剖学（第九版）［M］．北京：人民卫生出版社，2018.

[9] 谢幸，孔北华，段涛．妇产科学（第九版）［M］．北京：人民卫生出版社，2018.

[10] 吴阶平．吴阶平泌尿外科学［M］．济南：山东科学技术出版社，2004.

[11] 李继承，曾园山．组织学与胚胎学（第九版）［M］．北京：人民卫生出版社，2018.

[12] 陈守良．人类的性、生育与健康［M］．北京：北京大学出版社，2005.

[13] 熊庆，王临虹．妇女保健学（第二版）［M］．北京：人民卫生出版社，2014.

[14] 耿玉田.避孕方法知情选择咨询服务台式指南［M］.北京：中国青年出版社，2009.

[15] 李瑛，张巧．安全避孕指导手册［M］．北京：人民卫生出版社，2021.

[16] 联合国人口基金．《2022 年世界人口状况》摘要，https://china.unfpa.org/sites/default/files/pub-pdf/swp22_highlights-cn.pdf.

[17] 中华医学会计划生育学分会．临床诊疗指南与技术操作规范——计划生育分册（修订版）［M］．北京：人民卫生出版社，2017.

[18] 吴尚纯．计划生育技术［M］．北京：中央广播电视大学出版社，2012.

第十三章

[1] 汪连新 . 家庭理财实务——基于生命周期理论视角 [M] . 武汉：武汉大学出版社，2018.

[2] 汪连新 . 家庭理财财务健康诊断指标体系解析 [J] . 中华女子学院学报，2016（3）.

[3] 陈冉，马静 . 论我国家庭理财如何做好风控工作 [J] . 今日财富，2021（9）.

[4] 王丹阳 . 城镇居民家庭理财问题研究 [J] . 学理论，2020（10）.

附件 1　中国主要家庭政策法律法规基本状况一览表（1949—2022 年）

序号	时间	主体	政策法律法规名称	备注
1	1950.5	政务院	中华人民共和国婚姻法	民法典出台后废止
2	1951.2	劳动部	中华人民共和国劳动保险条例	1953、1956 年修订
3	1958.1	全国人大	中华人民共和国户口登记条例	城乡二元户籍结构
4	1980.9	中共中央	关于控制我国人口增长问题致全体共产党员、共青团员公开信	计划生育
5	1985.4	全国人大	中华人民共和国继承法	家庭成员继承顺序，私有财产的继承权
6	1988.6	国务院	女职工劳动保护规定	2012 年废止，保护怀孕、生育、哺乳女职工及产假规定
7	1990.12	全国人大	中华人民共和国残疾人保障法	2008 年修订，残疾人家庭保障措施
8	1991.4	国务院	禁止使用童工规定	被 2002 年的新规定代替，父母或者其他监护人的责任
9	1991. 9	全国人大	中华人民共和国未成年人保护法	2006、2012、2020 年修订
10	1991.12	全国人大	中华人民共和国收养法	1998 年修改
11	1992.4	全国人大	中华人民共和国妇女权益保障法	2005 年修订
12	1993.11	司法 民政部	外国人在中华人民共和国收养子女实施办法	1999 年废止
13	1994.2	民政部	婚姻登记管理条例	2003 年废止
14	1994.10	全国人大	中华人民共和国母婴保健法	2017 年修订
15	1998.8	国家 计生委	流动人口计划生育工作管理办法	2009 年废止，流动人口计划生育管理
16	1998.12	教育部	特殊教育学校暂行规程	义务教育阶段学生免收学费，与家庭教育结合，2010 年修正
17	1998.12	国务院	关于建立城镇职工基本医疗保险制度的决定	城镇职工缓解医疗压力
18	1999.5	民政部	中国公民收养子女登记办法	规范收养行为

续表

序号	时间	主体	政策法律法规名称	备注
19	1999.5	民政部	外国人在中华人民共和国收养子女登记办法	规范涉外收养登记行为
20	1999.5	中国人民银行、教育部、财政部	关于国家助学贷款的管理规定	2021 年提高额度
21	1999.6	全国人大	中华人民共和国预防未成年人犯罪法	2012、2020 年修订
22、23	1999.9	国务院	城市居民最低生活保障条例（1999.9，国务院）、最低生活保障审核审批办法（试行）（2012.12，民政部）	规范低保审核审批工作
24	2001.6	国务院	计划生育技术服务管理条例	2004 年修订
25	2001.12	全国人大	中华人民共和国人口和计划生育法	生育调节
26	2002.8	国务院	社会抚养费征收管理办法	对不符合人口与计划生育法的征收
27	2003.2	财政部、国家计委、卫生部	中共中央、国务院关于进一步加强农村卫生工作的决定	贫困农民家庭
28	2003.6	全国人大	中华人民共和国居民身份证法	人口信息管理与保护
29	2003.7	国务院	婚姻登记条例	规范婚姻登记
30	2003.9	劳动和社会保障部	因工死亡职工供养亲属范围规定	供养亲属抚恤金
31、32	2003.12	建设部、财政部等 5 部门	城镇最低收入家庭廉租住房管理办法（廉租住房保障办法，2007.11，发展改革委等 8 部门）	城市低收入家庭住房，2007 年废止
33	2004.2	中共中央国务院	关于进一步加强和改进未成年人思想道德建设的若干意见	重视家庭教育
34	2004.3	国务院批转教育部	2003—2007 年教育振兴行动计划	扶持农村家庭经济困难学生接受义务教育
35	2004.3	国资委	关于加强和改进国资委监管企业女职工工作的意见	开展文明家庭创建活动
36	2004.8	民政部	关于进一步做好城乡特殊困难未成年人教育救助工作的通知	中小学免费义务教育“两免一补”
37	2004. 10	国务院	军人抚恤优待条例	2011 年修订
38	2004.10	建设部	关于贯彻落实《中共中央　国务院关于实施东北地区等老工业基地振兴战略的若干意见》的意见	改善中低收入家庭住房条件，推进供热体制改革
39	2005.7	建设部、民政部	关于印发《城镇最低收入家庭廉租住房申请、审核及退出管理办法》的通知	根据申请家庭人均收入、人均住房面积、户口性质等

续表

序号	时间	主体	政策法律法规名称	备注
40	2006.1	民政部、国家档案局	婚姻登记档案管理办法	规范婚姻登记档案管理
41	2006.1	国务院	农村五保供养工作条例	农村五保供养
42	2006.5	国务院	关于完善大中型水库移民后期扶持政策的意见	大中型水库非农业安置移民中的困难家庭
43	2006.7	建设部	关于落实新建住房结构比例要求的若干意见	90 平方米以下住房面积须达到 70% 以上，解决低收入家庭的住房困难
44	2007.6	劳社部	关于全面推进零就业家庭就业援助工作的通知	指城镇家庭
45	2007.7	国务院	关于开展城镇居民基本医疗保险试点的指导意见	城镇非从业居民
46	2007.12	国务院	职工带薪年休假条例	维护职工休息休假权利
47	2007.12	建设部	关于在商业性房地产信贷过程中依托房屋登记信息系统查询家庭住房总面积情况有关问题的通知	住房贷款申请人家庭住房情况的查询
48	2008.2	建设部	关于做好损毁倒塌农房灾后恢复重建工作的指导意见	农村损毁倒塌房屋的灾后加固和重建
49	2008.7	全国妇联等 7 部委	关于预防和制止家庭暴力的若干意见	预防和制止家庭暴力
50	2008.10	民政部等 11 部门	城市低收入家庭认定办法	城市低收入家庭
51	2009.7	财政部等 4 部门	关于完善小额担保贷款财政贴息政策推动妇女创业就业工作的通知	根据家庭情况
52	2009.9	民政部	关于生父母一方为非中国内地居民送养内地子女有关问题的意见	规范送养行为
53	2009.9	农业部	关于推进农业经营体制机制创新的意见	家庭承包经营
54	2010.2	全国妇联与教育部等 7 部门	全国家庭教育指导大纲	2019 年修订，指导家庭教育
55	2010.4	人社部	关于加强就业援助工作的指导意见	就业困难人员和零就业家庭成员
56	2012.2	教育部	关于建立中小学幼儿园家长委员会的指导意见	家长作用，促进家校合作
57	2012.9	民政部	中国边民与毗邻国边民婚姻登记办法	规范边民婚姻登记
58	2012.9	民政部	流浪未成年人需求和家庭监护情况评估规范	由救助保护机构工作人员、专业技术人员或者委托具有相应从业资质的社会组织、相关机构开展

续表

序号	时间	主体	政策法律法规名称	备注
59	2013.1	教育部等 5 部门	关于加强义务教育阶段农村留守儿童关爱和教育工作的意见	家校联动
60	2013.3	农业部、残联	关于加强农业行业助残扶贫工作促进农村残疾人增收的通知	残疾人家庭
61	2013.7	住房城乡建设部、残联	关于优先支持农村贫困残疾人家庭危房改造的通知	农村贫困残疾人家庭危房改造
62	2013.9	教育部、公安部等 4 部门	关于做好预防少年儿童遭受性侵工作的意见	家校联系
63	2013.11	中共中央	中共中央关于全面深化改革若干重大问题的决定	单独二孩
64—66	2014.2	国务院	社会救助暂行办法（关于进一步加强农村最低生活保障申请家庭经济状况核查工作的意见，2015.3，民政部　国家统计局）（关于做好社会救助家庭不动产登记信息查询核对工作的通知，2017.12，民政部　国土资源部）（关于在脱贫攻坚中切实加强农村最低生活保障家庭经济状况评估认定工作的指导意见，2019.12，民政部　国家统计局）	最低生活保障家庭，将农村“五保”供养和城市“三无”人员救助整合为特困人员供养制度
67、68	2014.2	农业部	关于促进家庭农场发展的指导意见（关于实施家庭农场培育计划的指导意见，农业部等 11 部门，2019.8）	鼓励和扶持家庭农场
69	2014.7	住房城乡建设部等 5 部门	关于加强老年人家庭及居住区公共设施无障碍改造工作的通知	贫困残疾老年人家庭无障碍改造
70	2014.9	民政部	家庭寄养管理办法	促进寄养儿童健康成长
71	2014.9	民政部	关于规范生父母有特殊困难无力抚养的子女和社会散居孤儿收养工作的意见	规范收养登记工作
72、73	2014.10	国务院	关于全面建立临时救助制度的通知（关于进一步加强和改进临时救助工作的意见，2018.1，民政部　财政部）	因遭遇火灾、交通事故、突发重大疾病的家庭和个人
74	2014.11	商务部	关于推动养老服务产业发展的指导意见	健全家政服务体系，推动居家养老、社区养老和集中养老发展
75	2015.4	国务院	关于进一步完善医疗救助制度全面开展重特大疾病医疗救助工作的意见	最低生活保障家庭成员和特困供养人员
76	2015.7	国务院	关于全面实施城乡居民大病保险的意见	城镇居民基本医疗保险、新型农村合作医疗参保人群

续表

序号	时间	主体	政策法律法规名称	备注
77、78	2015.9	国务院	关于全面建立困难残疾人生活补贴和重度残疾人护理补贴制度的意见（关于进一步完善困难残疾人生活补贴和重度残疾人护理补贴制度的意见，民政部　财政部　残联，2021.8）	2021年民政部、财政部、残联进一步完善
79	2015.10	中共中央	中国共产党第十八届中央委员会第五次全体会议公报	全面二孩
80	2015.10	教育部	关于加强家庭教育工作的指导意见	推动家庭、学校、社会合作
81—83	2015.11	国务院	关于打赢脱贫攻坚战的决定（关于在脱贫攻坚三年行动中切实做好社会救助兜底保障工作的实施意见，2018.7，民政部　财政部　国务院扶贫办）（关于推进深度贫困地区民政领域脱贫攻坚工作的意见，2018.4，民政部）	重点向“三区三州”倾斜
84、85	2015.12	全国人大	中华人民共和国反家庭暴力法（关于做好家庭暴力受害人庇护救助工作的指导意见，2015.9，民政部　全国妇联）	家庭暴力
86	2015.12	民政部	婚姻登记工作规范	规范婚姻登记
87	2016.2	国务院	关于进一步健全特困人员救助供养制度的意见	城乡特困人员
88	2016.5	全国总工会	关于进一步做好困难职工解困脱困工作的实施意见	分类帮扶
89	2016.6	国务院	关于加强农村留守儿童关爱保护工作的意见	强化家庭监护主体责任
90	2016.6	国务院	关于加强困境儿童保障工作的意见	坚持家庭尽责、政府主导、社会参与
91	2016.7	国务院	关于统筹推进县域内城乡义务教育一体化改革发展的若干意见	贫困户家庭学生纳入资助
92	2016.8	财政部、教育部	关于免除普通高中建档立卡家庭经济困难学生学杂费的意见	家庭经济困难学生资助
93	2016.9	司法部、中央军委政法委员会	军人军属法律援助工作实施办法	军人军属申请法律援助优先办理（2023.3.1废止）
94	2016.10	国务院	“健康中国2030”规划纲要	健康家庭
95	2016.10	民政部	特困人员认定办法	2021年4月新修订，特困人员救助供养
96	2016.11	教育部等9部门	关于防治中小学生欺凌和暴力的指导意见	家庭监护责任

续表

序号	时间	主体	政策法律法规名称	备注
97	2017.1	住建部、财政部	关于做好城镇住房保障家庭租赁补贴工作的指导意见	依据申请家庭住房、收入、财产等准入条件分档确定租赁补贴标准
98	2017.4	文化部	关于推动数字文化产业创新发展的指导意见	鼓励开发家庭主机游戏，促进智能家庭娱乐等消费新领域
99	2017.7	国务院	关于进一步加强控辍保学的通知	保障贫困家庭孩子都上学
100	2017.7	团中央、全国妇联	关于在农村留守儿童关爱保护中发挥社会工作专业人才作用的指导意见	农村留守儿童关爱
101	2017.7	最高人民法院等 15 部门	关于建立家事审判方式和工作机制改革联席会议制度的意见	婚姻家庭纠纷化解工作
102	2017.11	全国总工会、民政部	关于加强工会组织与民政部门困难职工家庭数据比对和信息共享工作的通知	申请困难救助的职工家庭进行数据比对、信息共享
103	2018.1	民政部	关于开展全国农村留守儿童关爱保护和困境儿童保障示范活动的通知	农村留守儿童关爱保护和困境儿童保障
104	2018.1	交通运输部等 7 部门	关于进一步加强和改善老年人残疾人出行服务的实施意见	优化残疾人无障碍出行服务
105	2018.7	国务院	为烈属、军属和退役军人等家庭悬挂光荣牌工作实施办法	“光荣之家”
106	2018.10	教育部等 6 部门	关于做好家庭经济困难学生认定工作的指导意见	家庭经济困难学生认定，精准资助
107	2018.12	民政部、中组部等 7 部门	关于做好村规民约和居民公约工作的指导意见	回应社会关切，改变陈规陋习、树立文明新风
108	2018.12	教育部等 9 部门	关于印发中小学生减负措施的通知	家庭履行教育监护责任
109	2018.12	民政部办公厅	居民家庭经济状况信息部省联网查询办法（试行）	居民家庭经济状况信息系统互联互通、信息共享，精准扶贫、精准救助
110	2019.1	国务院	关于开展城镇小区配套幼儿园治理工作的通知	扩大普惠性学前教育资源，减轻育儿压力
111	2019.1	人社部、国务院扶贫办	关于深入推进技能脱贫千校行动的实施意见	建档立卡贫困家庭，应、往届“两后生”可免费接受技工教育
112	2019.1	民政部	关于进一步加强生活困难下岗失业人员基本生活保障工作的通知	下岗失业人员及其家庭

续表

序号	时间	主体	政策法律法规名称	备注
113	2019.3	水利部	关于进一步加大对贫困地区水土保持支持力度助力脱贫攻坚的意见	拓宽贫困人口增收渠道
114	2019.5	人社部等4部门	关于做好易地扶贫搬迁就业帮扶工作的通知	确保搬迁家庭至少一人实现就业
115	2019.5	国务院	关于促进3岁以下婴幼儿照护服务发展的指导意见	加强对家庭婴幼儿照护的支持
116	2019.5	国家税务总局	关于加强新时代税务文化建设的意见	重视文明家庭建设，整理提炼税务干部家庭的家训家规
117	2019.6	中共中央、国务院	关于深化教育教学改革全面提高义务教育质量的意见	重视家庭教育
118	2019.11	民政部、国资委等6部门	关于劳动密集型企业进一步加强农村留守儿童和困境儿童关爱服务工作的指导意见	劳动密集型企业务工人员家庭监护主体责任、企业社会责任
119	2019.12	卫健委等12部门	健康中国行动——儿童青少年心理健康行动方案（2019—2022年）	对儿童青少年及家长加强心理健康宣传和辅导
120	2019.12	工信部等5部门	关于促进老年用品产业发展的指导意见	老年人家庭进行改造、通过家庭服务机器人等提升智能化生活水平
121	2020.1	退役军人事务部	关于加强军人军属、退役军人和其他优抚对象优待工作的意见	残疾军人、“三属”、现役军人家属、老复员军人、参战参试退役军人、带病回乡退伍军人
122	2020.2	国务院应对新型冠状病毒肺炎疫情联防联控机制	关于全力做好一线医务人员及其家属保障工作的通知	疫情期间医务人员及其家属保障
123	2020.2	发改委等23部门	关于促进消费扩容提质加快形成强大国内市场的实施意见	信息基础设施建设，推进信息进村入户，降低农村信息网络使用成本
124	2020.3	工信部	工业和信息化部办公厅关于进一步做好新冠肺炎疫情防控期间宽带网络助教助学工作的通知	针对贫困家庭
125	2020.4	最高检察院	关于加强新时代未成年人检察工作的意见	加强未成年被害人关爱救助工作，帮助被害人及其家庭摆脱困境，加强家庭教育指导
126	2020.4	住建部	关于印发住房和城乡建设部2020年扶贫工作要点的通知	贫困人口住房安全有保障

续表

序号	时间	主体	政策法律法规名称	备注
127	2020.5	卫健委	关于加强婚前保健工作的通知	提高婚育质量和出生人口素质
128	2020.6	教育部等 10 部门	关于进一步加强控辍保学工作 健全义务教育有保障长效机制的若干意见	解决贫困家庭义务教育阶段学生辍学问题
129	2020.7	人力资源社会保障部、教育部、国务院扶贫办	关于进一步加强贫困家庭高校毕业生就业帮扶工作的通知	贫困家庭毕业生
130	2020.7	退役军人事务部等 5 部门	关于做好烈士亲属异地祭扫组织服务工作的意见	烈士亲属异地祭扫组织服务
131	2020.10	卫健委、教育部等 6 部门	关于印发儿童青少年肥胖防控实施方案的通知	强化家庭责任
132	2020.11	全国人大	中华人民共和国退役军人保障法	军人家属调配工作和入学等
133	2020.11	卫健委	关于倡导无烟家庭建设的通知	家庭健康
134	2020.12	最高法	关于适用《中华人民共和国民法典》婚姻家庭编的解释（一）	维护婚姻家庭稳定
135	2020.12	卫健委	关于统筹推进婚前孕前保健工作的通知	婚前孕前保健
136	2020.12	民政部、公安部、财政部	关于进一步做好事实无人抚养儿童保障有关工作的通知	认定、管理和监护事实无人抚养儿童
137	2020.12	国务院	关于促进养老托育服务健康发展的意见	老有所养、幼有所育
138	2021.1	民政部等 10 部门	关于做好因突发事件影响造成监护缺失未成年人救助保护工作的意见	弥补家庭监护缺失，安置和照护
139	2021.1	教育部	关于做好 2021 年中小学幼儿园安全管理工作的通知、防范中小学生欺凌专项治理行动工作方案	开展学生欺凌防治行动，做好家庭经济困难学生和单亲家庭学生等关爱工作，加强家庭教育
140	2021.1	医保局等 7 部门	关于巩固拓展医疗保障脱贫攻坚成果有效衔接乡村振兴战略的实施意见	医保扶贫，防范化解因病返贫致贫
141	2021.1	市场监管总局等 7 部门	关于推动农村人居环境标准体系建设的指导意见	改善农村人居环境
142	2021.2	中共中央	关于全面加强新时代少先队工作的意见	加强家庭教育
143	2021.3	教育部	关于进一步加强中小学生睡眠管理工作的通知	学校家庭共同努力，个别因家庭特殊情况，学校妥善安置
144	2021.3	财政部等 6 部门	中央财政衔接推进乡村振兴补助资金管理办法	脱贫家庭

续表

序号	时间	主体	政策法律法规名称	备注
145	2021.4	住房和城乡建设部等16部门	关于加快发展数字家庭　提高居住品质的指导意见	数字家庭系统
146	2021.4	住建部等4部门	关于做好农村低收入群体等重点对象住房安全保障工作的实施意见	危房改造、提升农房居住功能
147	2021.5	民政部、财政部、国家乡村振兴局	关于巩固拓展脱贫攻坚兜底保障成果进一步做好困难群众基本生活保障工作的指导意见	低收入人口
148	2021.5	交通运输部等6部门	关于加强高素质船员队伍建设的指导意见	制定关爱海嫂举措，帮扶存在实际困难的船员家庭
149	2021.5	国务院	关于优化生育政策促进人口长期均衡发展的决定	三孩生育政策
150	2021.5	民政部	关于开展婚姻登记“跨省通办”试点工作的通知	试点至2023年5月底，扩大到一方当事人常住户口所在地或者经常居住地办理
151	2021.5	民政部、退役军人事务部	关于做好新时代民政领域退役军人服务保障工作的意见	困难退役军人家庭
152	2021.6	财政部	关于做好义务兵家庭优待金中央财政补助经费管理有关问题的通知	家庭优待金，实施至2025年年底
153	2021.7	工信部和网信办	IPv6流量提升三年专项行动计划（2021—2023年）	智慧家庭
154	2021.7	卫健委	关于贯彻落实《中共中央 国务院关于优化生育政策促进人口长期均衡发展的决定》的通知	三孩政策的配套措施
155	2021.7	中办、国办	关于进一步减轻义务教育阶段学生作业负担和校外培训负担的意见	“双减”
156	2021.8	财政部、教育部	中央专项彩票公益金支持教育相关项目资金管理办法	高校家庭经济困难新生和困难教师
157	2021.10	残联	关于“十四五”推进困难重度残疾人家庭无障碍改造工作的指导意见	特殊困难重度残疾老年人家庭
158	2021.10	国务院	关于健全重特大疾病医疗保险和救助制度的意见	在2015年2类人群的基础上扩大
159	2021.10	全国人大	中华人民共和国家庭教育促进法	保障家庭教育
160	2021.11	财政部、全国妇联	中央专项彩票公益金支持低收入妇女“两癌”救助项目管理办法	每人一次性救助10000元

续表

序号	时间	主体	政策法律法规名称	备注
161	2021.11	退役军人事务部	退役军人、其他优抚对象优待证管理办法（试行）	维护持证人权益
162	2022.1	中共中央、国务院	关于做好2022年全面推进乡村振兴重点工作的意见	支持家庭农场、农民合作社，推动重点村发展乡村作坊、家庭工场，提高脱贫人口家庭经营性收入
163	2022.2	财政部、住建部	中央财政城镇保障性安居工程补助资金管理办法	保障城镇居民基本居住需求、改善居住条件
164	2022.3	最高法院等7部门	关于加强人身安全保护令制度贯彻实施的意见	预防和制止家庭暴力
165	2022.3	卫健委	关于推进家庭医生签约服务高质量发展的指导意见	增加家庭医生签约服务供给
166	2022.3	国务院	国务院关于设立3岁以下婴幼儿照护个人所得税专项附加扣除的通知	每个婴幼儿每月1000元标准
167	2022.3	卫健委、财政部	关于终止实施西部地区计划生育“少生快富”工程的通知	终止8个省（区）“少生快富”工程
168	2022.4	财政部、卫健委	关于提高计划生育家庭特别扶助制度扶助标准的通知	提高计划生育家庭特别扶助制度扶助标准
169	2022.4	财政部、住建部	中央财政农村危房改造补助资金管理暂行办法	农村低收入群体等重点对象基本住房安全保障
170	2022.5	最高人民法院、最高人民检察院、公安部	关于敦促拐卖妇女儿童相关犯罪嫌疑人投案自首的通告	婚姻家庭稳定
171	2022.5	民政部等9部门	关于深入推进智慧社区建设的意见	提高社区治理和服务智能化水平
172	2022.5	国务院办公厅	全国自建房安全专项整治工作方案	力争用3年左右时间完成全部自建房安全隐患整治
173	2022.7	卫健委等17部门	关于进一步完善和落实积极生育支持措施的指导意见	深入实施“三孩政策”
174	2022.7	财政部、全国妇联	中央专项彩票公益金支持“阳光驿站”项目管理办法	留守儿童关爱保护
175	2022.7	民政部等16部门	关于健全完善村级综合服务功能的意见	改善农村地区村级综合服务保障
176	2022.10	民政部等10部门	关于开展特殊困难老年人探访关爱服务的指导意见	特殊困难老年人探访关爱
177	2022.11	民政部等4部门	关于进一步做好最低生活保障等社会救助兜底保障工作的通知	细化低保边缘家庭认定条件

续表

序号	时间	主体	政策法律法规名称	备注
178	2022.11	民政部	养老机构行政检查办法	加强和规范养老机构行政检查
179	2022.11	民政部、公安部、市场监管总局、中国银保监会	关于加强养老机构非法集资防范化解工作的意见	防范和处置非法集资，依法保护老年人合法权益
180	2022.11	国家发展改革委等11部门	关于推动家政进社区的指导意见	扩大居家养老育幼等服务供给、应对人口老龄化，增加社区就业、扩大家庭消费
181	2022.12	国家标准化管理委员会、民政部、商务部	养老和家政服务标准化专项行动方案	部署养老和家政服务领域标准化试点和示范项目
182	2023.1	教育部等13部门	关于健全学校家庭社会协同育人机制的意见	推进学校家庭社会协同育人
183	2023.2	司法部、中央军委	军人军属法律援助工作实施办法	维护军人军属合法权益
184	2023.2	中共中央、国务院	关于做好2023年全面推进乡村振兴重点工作的意见	推进农村宅基地制度改革试点，保障妇女在农村集体经济组织中的合法权益
185	2023.2	中办、国办	关于进一步深化改革促进乡村医疗卫生体系健康发展的意见	完善乡村医疗卫生体系，推进健康中国建设

（注：本表系笔者以中共中央、国务院及各部委政策法律文件为基础自行编制，不包含各省文件。）

附件 2　自测健康评定量表（SRHMS）

（Self-rated Health Measurement Scale Version1.0）

自测健康是指您本人对自己健康状况的主观评价的期望，自测健康评定是目前国际上比较流行的健康测量方法之一。世界卫生组织（WHO）将健康定义为：健康不仅仅是没有疾病和虚弱，而且是心理、生理和社会三方面对自己的健康状况进行定量化测量，以便能够及时、全面、准确地了解自身的健康信息，为自己的健康保护提供帮助。

问卷实施时从这里开始：

填表要求：

本量表由 48 个问题组成，问的都是您过去四周内的有关情况。每个问题下面有一个划分为 10 个刻度的标尺，请逐条在您认为适当的位置以“*”号在标尺上作出标记。（请注意，每个标尺上只能画一个“*”号。）

例如，您的睡眠怎么样？

非常差 0-----1-----2-----3-----4-----5*-----6-----7-----8-----9-----10 非常好

0：表示睡眠非常差；10 表示睡眠非常好；在 0—10 中，越靠近 0 表示睡眠越差，越靠近 10 表明睡眠越好；图例标出的本答案（* 的位置）：5 表示睡眠一般。

1. 您的视力怎么样？

非常差 0-----1-----2-----3-----4-----5-----6-----7-----8-----9-----10 非常好

2. 您的听力怎么样？

非常差 0-----1-----2-----3-----4-----5-----6-----7-----8-----9-----10 非常好

3. 您的食欲怎么样？

非常差 0-----1-----2-----3-----4-----5-----6-----7-----8-----9-----10 非常好

4. 您的胃肠部经常不适（如腹胀、拉肚子、便秘等）吗？

从来没有 0-----1-----2-----3-----4-----5-----6-----7-----8-----9-----10 一直有

5. 您容易感到累吗？

非常不容易 0-----1-----2-----3-----4-----5-----6-----7-----8-----9-----10 非常容易

6. 您的睡眠怎么样？

非常差 0-----1-----2-----3-----4-----5-----6-----7-----8-----9-----10 非常好

7. 您的身体有不同程度的疼痛吗？

根本不疼痛 0-----1-----2-----3-----4-----5-----6-----7-----8-----9-----10 非常疼痛

8. 您自己穿衣服有困难吗？

根本不能 0-----1-----2-----3-----4-----5-----6-----7-----8-----9-----10 无任何困难

9. 您自己梳理有困难吗？

根本不能 0-----1-----2-----3-----4-----5-----6-----7-----8-----9-----10 无任何困难

10. 您承担日常的家务劳动有困难吗？

根本不能 0-----1-----2-----3-----4-----5-----6-----7-----8-----9-----10 无任何困难

11. 您能独自上街购买一般物品吗？

根本不能 0-----1-----2-----3-----4-----5-----6-----7-----8-----9-----10 无任何困难

12. 您自己吃饭有困难吗？

根本不能 0-----1-----2-----3-----4-----5-----6-----7-----8-----9-----10 无任何困难

13. 您弯腰、屈膝有困难吗？

根本不能 0-----1-----2-----3-----4-----5-----6-----7-----8-----9-----10 无任何困难

14. 您上下楼梯（至少一层楼梯）有困难吗？

根本不能 0-----1-----2-----3-----4-----5-----6-----7-----8-----9-----10 无任何困难

15. 您步行半里路有困难吗？

根本不能 0-----1-----2-----3-----4-----5-----6-----7-----8-----9-----10 无任何困难

16. 您步行三里路有困难吗？

根本不能 0-----1-----2-----3-----4-----5-----6-----7-----8-----9-----10 无任何困难

17. 您参加能量消耗较大的活动（如剧烈的体育锻炼、田间体力劳动、搬重物移动等）有困难吗？

根本不能 0-----1-----2-----3-----4-----5-----6-----7-----8-----9-----10 无任何困难

18. 与您的同龄人相比，从总体上说，您认为自己的身体健康状况如何？

非常差 0-----1-----2-----3-----4-----5-----6-----7-----8-----9-----10 非常好

19. 您对未来乐观吗？

非常不乐观 0-----1-----2-----3-----4-----5-----6-----7-----8-----9-----10 非常乐观

20. 您对目前的生活状况满意吗？

非常不满意 0-----1-----2-----3-----4-----5-----6-----7-----8-----9-----10 非常满意

21. 您对自己有信心吗？

根本没信心 0-----1-----2-----3-----4-----5-----6-----7-----8-----9-----10 非常有信心

22. 您对自己的日常生活环境感到安全吗？

根本不安全 0-----1-----2-----3-----4-----5-----6-----7-----8-----9-----10 非常安全

23. 您有幸福的感觉吗？

从来没有 0-----1-----2-----3-----4-----5-----6-----7-----8-----9-----10 一直有

24. 您感到精神紧张吗？

根本不紧张 0-----1-----2-----3-----4-----5-----6-----7-----8-----9-----10 非常紧张

25. 您感到心情不好、情绪低落吗？

根本不紧张 0-----1-----2-----3-----4-----5-----6-----7-----8-----9-----10 非常紧张

26. 您会毫无理由地感到害怕吗？

从来没有 0-----1-----2-----3-----4-----5-----6-----7-----8-----9-----10 一直有

27. 您对做过的事情经反复确认才放心吗？

从来没有 0-----1-----2-----3-----4-----5-----6-----7-----8-----9-----10 一直有

28. 与别人在一起时，您也感到孤独吗？

从来没有 0-----1-----2-----3-----4-----5-----6-----7-----8-----9-----10 一直有

29. 您感到坐立不安、心神不定吗？

从来没有 0-----1-----2-----3-----4-----5-----6-----7-----8-----9-----10 一直有

30. 您感到空虚无聊或活着没有什么意义吗？

从来没有 0-----1-----2-----3-----4-----5-----6-----7-----8-----9-----10 一直有

31. 您的记忆力怎么样？

非常差 0-----1-----2-----3-----4-----5-----6-----7-----8-----9-----10 非常好

32. 您容易集中精力去做一件事吗？

非常不容易 0-----1-----2-----3-----4-----5-----6-----7-----8-----9-----10 非常容易

33. 您思考问题或处理问题的能力怎么样？

非常差 0-----1-----2-----3-----4-----5-----6-----7-----8-----9-----10 非常好

34. 从总体上说，您认为自己的心理健康状况如何？

非常差 0-----1-----2-----3-----4-----5-----6-----7-----8-----9-----10 非常好

35. 对于在生活、学习和工作中发生在自己身上的不愉快事情，您能够妥善地处理吗？

完全不能 0-----1-----2-----3-----4-----5-----6-----7-----8-----9-----10 完全可以

36. 您能够较快地适应新的生活、学习和工作环境吗？

完全不能 0-----1-----2-----3-----4-----5-----6-----7-----8-----9-----10 完全可以

37. 您如何评价自己在工作、学习和生活中担当的角色？

非常不称职 0-----1-----2-----3-----4-----5-----6-----7-----8-----9-----10 非常称职

38. 您的家庭生活和睦吗？

非常不和睦 0-----1-----2-----3-----4-----5-----6-----7-----8-----9-----10 非常和睦

39. 与您关系密切的同事、同学、邻居、亲戚或伙伴多吗？

根本没有 0-----1-----2-----3-----4-----5-----6-----7-----8-----9-----10 非常多（10 个以上）

40. 您有可以与您分享快乐和忧伤的朋友吗？

根本没有 0-----1-----2-----3-----4-----5-----6-----7-----8-----9-----10 非常多

41. 您与您的朋友或亲戚在一起谈论问题吗？

从来不谈 0-----1-----2-----3-----4-----5-----6-----7-----8-----9-----10 经常交谈

42. 您与亲朋好友经常保持联系（如互相探望、电话问候、通信等）吗？

从不联系 0-----1-----2-----3-----4-----5-----6-----7-----8-----9-----10 一直联系

43. 您经常参加一些社会、集体活动（如党团、工会、学生会、宗教、朋友聚会、体育比赛、文娱等）吗？

从不参加 0-----1-----2-----3-----4-----5-----6-----7-----8-----9-----10 一直参加

44. 在您需要帮助的时候，您在很大程度能够依靠家庭吗？

根本不能 0-----1-----2-----3-----4-----5-----6-----7-----8-----9-----10 完全可以

45. 在您需要帮助的时候，您在很大程度上能够依靠朋友吗？

根本不能 0-----1-----2-----3-----4-----5-----6-----7-----8-----9-----10 完全可以

46. 在您遇到困难时，您主动去寻求他人的帮助吗？

从不主动 0-----1-----2-----3-----4-----5-----6-----7-----8-----9-----10 非常主动

47. 与您的同龄人相比，从总体上说，您认为您的社会功能（如人际关系、社会交往等）如何？

非常差 0-----1-----2-----3-----4-----5-----6-----7-----8-----9-----10 非常好

48. 与您的同龄人相比，从总体上说，您认为您的健康状况如何？

非常差 0-----1-----2-----3-----4-----5-----6-----7-----8-----9-----10 非常好

(正式问卷完毕之后可省略)

说明：

1. 自测健康评定量表的特点

SRHMS 为自评量表，由自测生理健康、心理健康和社会健康三个评定子量表组成，用于 14 岁以上各类人群（尤其是普通人群）的健康测量；它从定量化的角度，较为直观、全面、准确地反映了个体的健康状况，且易于管理和操作。因此，SRHMS 可以广泛应用于很多领域，是健康测量的一个有效手段。

2. SRHMS 的构成

由 10 个维度、48 个条目组成，涉及个体健康的生理、心理和社会三方面，其中 1—18 条目组成自测生理健康评定子量表，19—34 条目组成自测心理健康评定子量表，35—48 条目组成自测社会健康评定子量表。

表 1　SRHMS 维度及其条目分布

	维度	条目数	条目在 SRHMS 中的分布
1	身体症状与器官功能	7	1，2，3，4，5，6，7
2	日常生活功能	5	8，9，10，11，12
3	身体活动功能	5	13，14，15，16，17
4	正向情绪	5	19，20，21，22，23
5	心理症状与负向情绪	7	24，25，26，27，28，29，30
6	认知功能	3	31，32，33
7	角色活动与社会适应	4	35，36，37，38
8	社会资源与社会接触	5	39，40，41，42，43
9	社会支持	3	44，45，46
10	健康总体自测	4	18，34，47，48

3. SRHMS 的评分

评分的方法概括有三点：

第一，有 11 个反向评分条目；

第二，有 37 个正向评分条目；

第三，健康总体自测维度即维度 10 中的 4 个条目不参与子量表分和总量表分的计算，将以分类变量的形式进行独立分析，如效标关联效度研究等。维度分、子量表分、量表总分是基于 48 个条目的重新评分计算，具体计算方法见表 2。

表 2 SRHMS 的评分计算方法

维度	条目表	重新评分	维度分的计算	子量表分	量表总分
身体症状与器官功能	7	正向评分条目有：1，2，3，6 反向评分条目有：4，5，7	1+2+3+4+5+6+7	自测生理健康子量表分：1+2+3+4+5+6+7+8+9+10+11+12+13+14+15+16+17	1+2+3+4+5+6+7+8+9+10+11+12+13+14+15+16+17+19+20+21+22+23+24+25+26+27+28+29+30+31+32+33+35+36+37+38+39+40+41+42+43+44+45+46
日常生活功能	5	正向评分条目有：8，9，10，11，12	8+9+10+11+12		
身体活动功能	5	正向评分条目有：13，14，15，16，17	13+14+15+16+17		
正向情绪	5	正向评分条目有：19，20，21，22，23	19+20+21+22+23	自测心理健康子量表分：19+20+21+22+23+24+25+26+27+28+29+30+31+32+33	
心理症状与负向情绪	7	反向评分条目有：24，25，26，27，28，29，30	24+25+26+27+28+29+30		
认知功能	3	正向评分条目有：31，32，33	31+32+33		
角色活动与社会适应	4	正向评分条目有：35，36，37，38	35+36+37+38	自测社会健康子量表分：35+36+37+38+39+40+41+42+43+44+45+46	
社会资源与社会接触	5	正向评分条目有：39，40，41，42，43	39+40+41+42+43		
社会支持	3	正向评分条目有：44，45，46	44+45+46		